쐐기문자의 생성과 소멸
그리고 판독

이 저서는 2007년 정부(교육과학기술부)의 재원으로 한국연구재단의
지원을 받아 수행된 연구임(NRF-2007-361-AM0059)

쐐기문자의 생성과 소멸 그리고 판독

|조 두 상|

한국문화사

쐐기문자의 생성과 소멸 그리고 판독

발 행 일   2012년 9월 15일 초판 인쇄
          2012년 9월 20일 초판 발행

옮 긴 이   조 두 상
꾸 민 이   김 성 아
펴 낸 이   김 진 수
펴 낸 곳   **한국문화사**
등   록   1991년 11월 9일 제2-1276호
주   소   서울특별시 성동구 아차산로 3(성수동 1가) 502호
전   화   (02)464-7708 / 3409-4488
전   송   (02)499-0846
이 메 일   hkm7708@hanmail.net
홈페이지   www.hankookmunhwasa.co.kr

ISBN 978-89-5726-991-6 93700

■ 저자서문

 필자가 이 책을 쓰게 된 동기는 두 가지다. 그 하나는 메소포타미아의 수메르인과 그들이 사용한 쐐기문자에 호기심을 갖게 되어서 이다. 수메르어가 몽골어나 만주어와 유사하거나 같은 것으로 추정되고 있고, 수메르어가 첨가어라는 모든 학자의 일치된 소견, 그리고 어순이 한국어와 같이 주어+목적어+동사 순으로 되어 있다는 것 등의 주장을 보고, 혹시 이 수메르인과 언어가 한국인과 한국어와 어떤 인연이 있지 않나 호기심이 생겨서 수메르인들이 만든 쐐기문자를 연구해 그 문자의 발생, 소멸 그리고 판독에 관한 책을 쓰게 되었다. 또한 검증되지 않고 시중에 유포되고 있는 실증 한단고기(1998, 정신세계사)에 보면 단군 이전 시대에 환국 12연방 가운데 맨 마지막으로 언급된 수밀이국(須密邇國)이 통상 메소포타미아지역인 고대 수메르(Sumer)로 해석되고 있는데 혹시 메소포타미아지역에 한국의 옛날 흔적을 찾을 수 있을까?라는 희망을 가지고 쐐기문자에 몰두하게 되었다. 다른 하나는 세상에서 제일 오래된 글자는 어느 글자일까? 라는 의문에서 연구를 시작하게 되었다. 이집트의 상형문자, 중국의 한자, 메소포타미아의 쐐기문자, 중남미의 마야문자 등 여러 가지 글자 중에 말이다. 이런 의문을 품은 것이 쐐기문자를 연구하게 된 계기가 되었다. 글자가 그림에서 시작되었다는 것은 누구나 다 아는 상식에 속한다. 사실 그림이 글자로 발전되고, 또한 예술로도 발전되었다. 글자로 발전된 것 중에서 제일 오래된 글자는 과연 어느 글자일까? 한국의 주변 환경을 둘러볼 때에는 단연 중국한자가 가장 오래된 글자로 생각할 수가 있다. 그러나 중국의 한자가 아직 언제부터 시작되었는지 정확히 알 수 없다. 한자의 옛 모습을 발견한 때에 이미 글자로서 거의 완벽한 상태로 발견되었는데 그 글자가 바로 갑골문자이다. 이 문자는 이미 상당한 문자로서 발전된 상태로 발견되었고, 그보다 더 옛날의 증거는 사실 발견하지 못했기 때문에 아리송한 상태에 있다.

그래서 한 동안 이집트의 상형문자를 세상에서 제일 오래된 글자로 인식해 왔다. 그런데 최근에 메소포타미아 지역인 남부 이라크지역 와르카에서 수메르인이 글자를 발명해 사용한 증거를 발굴했다는 보고가 곳곳에서 나왔다. 그 연대가 약 B.C. 3000년경 전후 시기일 것으로 추정하고 있다. 그래서 세상에서 가장 오래된 글자는 메소포타미아의 쐐기문자라고 생각하게 되었다. 물론 이 주장에 반대하는 학자들도 있지만 일반적으로는 받아들이는 편이다. 이 글자가 처음에 그림에서 시작하여 쐐기문자의 형태로 발전되어 메소포타미아 문명의 역사를 기록한 글자가 되었다. 물론 이 글자는 메소포타미아지역이 B.C. 500년경에 페르시아의 다리우스 왕에 의해 점령됨으로써 그 기세가 크게 줄어들게 되었고 또한 B.C. 300년경에 마케도니아 알렉산더대왕에 의해서 페르시아제국이 멸망함으로써 쐐기문자의 운명도 같이 했다. 그 이후에 페니키아에서 발달된 알파벳글자인 아람글자가 대신 사용됨으로써 쐐기문자는 약 3000년간이나 중동과 근동지역에 사용되었던 글자로 남게 되었다. 3000년간이나 사용되었던 글자가 약 2000년 동안이나 인간의 기억 속에서 사라져 있었다. 그리고 나서 1980년대에 와서야 뜻있는 언어학자들의 눈물겨운 노력과 결과로 그 글자를 판독하게 되었다. 그래서 이 쐐기문자의 판독은 인문학자가 이룩할 수 있는 최대의 성과라고 극찬을 듣고 있고, 들을만한 가치가 있는 일이라고 생각하고 있다.

이 책은 쐐기문자의 판독에서 시작하여 생성에 관한 여러 가지 사실과 또한 소멸 및 판독에 관한 이야기들을 20장으로 나누어 살펴보았다. 제1장에서 9장까지는 쐐기문자의 발견에서 판독에 관한 사연들을 주로 다루었다. 제10장부터 20장까지는 수메르 쐐기문자의 생성과 소멸 그리고 판독으로 인류가 얻은 정보들을 다루었다. 이 책은 여러 학자들이 쐐기문자를 판독하면서 수메르어와 수메르민족과 수메르 국가의 존재를 찾아냈을 뿐만 아니라 수메르인이 후세에 남긴 여러 가지 자료를 필자의 의도에 따라 구성한 것이다. 그래서 전문서적이지만 가장 쉽게 설명하고자 노력했으므로 일반 교양서적으로도 읽을 수 있을 정도로 풀어 중복해서 설명을 해 놓았다. 사실 쐐기문자는 상당히 이색적인 글자이고 또한 현대인의 관점으로 보면 문제투성이의 글자라서 글자가 없던 시대에서 어쩔 수 없이 사용한 측면도 있었다. 그래서 페니키아의 알파벳이 중동지역에 보급되자 쐐기문자는 맥없이 밀려나간 꼴이 되었다. 쐐기문자는 사실 뜻글자라는 실체에 약간의 음절문자 기능을 갖춘 꼴에서 출발하여 음절문자로서의 기능을 완전히 숙지하고부터는 뜻글자로만 사용해도 되고, 음절 문자로만 사용해도 되고 또한 둘 다 절충해서 사용해도 되는 그런 글자로 변모해 갔던 글자다.

이 책에서 가장 고민되는 부분이 바로 중동지역과 근동지역의 지역 이름과 사람 이름을 표현하는 방법이었다. 참고한 서적이 주로 영어로 기록된 것이기에 영어식 지역 이름과 사람 이름을 표현하는 방법이었다. 참고한 서적이 주로 영어로 기록된 것이기에 영어식 지역이름이나 사람 이름을 외래어나 외국어의 표현 지침에 따르지 않고 필자가 발음하기 쉽도록 장소와 이름을 자유롭게 자의적으로 발음해서 적어놓았다. 단 장소 이름과 사람 이름은 처음에 영어와 병기해서 이해하는 데에 큰 무리는 없을 것이지만, 한국의 외국어 표기규칙을 따르지 않았던 점을 이해해 주면 좋겠다. 올해 유달리 무더운 날씨에 이 책을 교정한 편집 담당자에게 고마움을 전하면서 이 책을 출판해 준 한국문화사에 고마움을 전한다.

2012년 9월
경남 양산 천성산 기슭에서 저자 조 두 상

■ 차례

제1장 총론

    사람이 태어나서 다른 사람과 자기의 의사를 전달하는 방법에는 여러 가지가 있겠지만 그 중에서도 손쉬운 방법은 말이다. 말은 부모 형제, 공동체의 여러 구성원들로부터 시행착오를 거치면서 배우고 익히면서 의사전달을 하게 된다.

    말이 언제부터 어떻게 발생했는지 정확하게 알 수는 없다. 다만 여러 가지 추측이 있을 뿐이다. 이와 관련된 연구를 하는 학자들이 자기 나름대로 어느 한 가지 이론을 두고 강조하기 때문에 말의 기원에 관해서는 여러 가지 이론이 나오게 된다. 그 이론 중에서 가장 많이 예로 드는 것을 살펴보면 '멍-멍(bow-wow theory)설', '코 방귀(pooh-pooh theory)설', '땡-땡(ding-dong theory)설', '어기영차(yo-he-ho theory)설', '동작(gesture theory)설', '음악(musical theory)설' (Barber, 1972) 등이 있다. 이처럼 말의 기원에 대해서 많은 이론이 있기 때문에 어느 하나를 결정적인 이론으로 지적할 수가 없고 또한 결정적인 증거도 없는 그야말로 이론에 불과한 것이다.

    그러나 말의 기원에 관해서 생각해야 할 것은 말의 기본적인 기능과 동기이다. 말의 기본적인 기능은 의사소통으로 가장 가까이 지내는 이웃사람들의 행위에 커다란 영향을 끼치는 일이기 때문에 사회적인 협동 상황을 언어의 기원으로 강조하는 이론을 우선 생각해 볼 수가 있다. 그 다음은 말로 표현되는 음성을 구성하는 모음과 자음의 구조에서 말의 조음성에 관심을 두는 것도 중요한 부분이다. 만약에 말의 기원에서 음성의 구조를 설명해주는 방도를 갖고 있다면 다른 이론 보다 훨씬 믿을 수 있는 이론이 될 것이다.

인간은 소통 도구로서 말을 제일 먼저 사용해 왔으나 말을 사용하다보니 말이 가지는 한계를 알게 되었다. 그 한계란 말을 할 때에는 반드시 말을 듣는 상대방이 현존한 상태에서 이루어져야한다는 것이다. 이것은 또한 시간상으로 지금이라는 상황을 설정해야한다. 말은 순간에서 순간으로 사라지는 순간성이 있기 때문이다. 따라서 말은 공간적인 분위기, 환경 등에 영향을 크게 받기 때문에 사용하는 데에 어느 정도 한계를 가진다. 말은 음성기관을 통하여 내는 음성, 그 음성과 더불어 나오는 운율적 요소, 말하는 사람의 몸짓, 그리고 말을 구성하는 문맥 등의 요소로 이루어진다. 말을 전달할 때는 내용뿐만 아니라 음색을 통해서 그 사람이 누구인지 알아차릴 수도 있다. 말은 사람끼리 가까이 있을 때에 또는 일시적인 경우에 사용된다. 말로 표현하는 것이 문자로 표현할 때 보다 경제적일 때에 자연스러운 현상이다.

문자는 엄밀하게 말하면 말을 보조하는 방법이기 때문에 말이 가지는 한계를 문자가 보완하는 측면에서 시작되었다. 공간적으로 멀리 있는 곳에 의사를 전달하고, 시간적으로 훗날을 위해 말을 보존해 주는 불완전한 시각적인 표현이다. 따라서 눈으로 보는 의사전달이나 기록이 다 문자는 아니다. 옛날에 기억을 돕기 위한 보조물로 매듭을 만들거나 막대기에 금을 긋는 방법이 글이라고는 할 수가 없다.

말이 생겨나고 많은 세월이 흘러간 후에 글자라는 도구가 생겨났다. 처음에는 말을 보충하는 도구로서 말이 가지는 한계를 보충하는 정도에서 시작된 것이다. 그림이 원시적인 의사전달의 방식으로 사용된 경우다. 그런데 이 그림이야말로 의사소통의 이차 방법인 문자의 발달과정에 아주 중요한 역할을 했다. 왜냐하면 그림에서 글자가 처음 발달되어 나왔기 때문이다. 글자와 말의 차이점을 생각해 보면, 여러 가지 차이점 중에 뚜렷하게 차이 나는 것은 글자는 최초에 시작된 시점부터 그 발달과정을 낱낱이 밝혀낼 수가 있고 그 밝혀낼 수 있는 자료만 있다면 그 글자의 변천과정을 자세히 연구할 수가 있는데 반해서 말은 순간적이기 때문에 그 시초를 추정만 할 뿐이고 그 발달과정을 알 수가 있는 자료가 전혀 없다는 것이다.

세상에서 최초에 어떤 말을 사용했을까? 사실 답을 구하기는 불가능하다. 그렇지만 최초에 어떤 문자가 사용되었을까? 이 질문에 대한 답을 구하는 것은 가능하다.

세계 최초로 여러 곳에서 문명이 발생함에 따라서 문자가 탄생되어 그 지역의 사람들이 사용한 흔적을 찾아 볼 수가 있다. 그 중에서 인류역사상 가장 먼저 문자로서의 기능을 발휘한 문자가 과연 어떤 문자일까 이런 논의는 상당히 오래 지속되어 왔다. 그 중에서 이집트의 상형문자가 인류최초의 문자라고 인식되어 왔으나 그 뒤에 중동지역 메소포타미아(Mesopotamia) 유적 발굴로 인하여 메소포타미아 문명이 만들어 낸 수메르문자(Sumerian)가 인류최초의 문자라는 것이 지금까지 일반적으로 인정하는 경향이다. 이 수메르문자는 다른 문명의 문자보다 아주 특이하다는 평을 받고 있다. 수메르문자는 문자 이전의 형태에서부터 문자로 탄생되는 전 과정을 보여주는 증거를 현재 가지고 있다. 이 문자가 처음에 그림문자에서 발달했지만 그 뒤에 쐐기모양의 획으로 변해왔기 때문에 수메르문자에 발달되어 나온 문자를 일반적으로 쐐기문자(Cuneiform)라 한다. 그러면 인간이 이 지구상 최초로 문자를 만들어 사용한 지역은 어디일까? 여러 가지 주장이 있을 수 있지만 대체로 의견의 일치를 보이는 곳은 중동의 이라크 지역, 즉 그리스 말로 메소포타미아라는 지역에서 글자를 만들어 사용했다는 것이다. 그리고 고고학자는 이 지역을 발굴해 나온 증거품을 제시하고 있다. 그 지역에서 사용된 글자는 쐐기모양의 글자로서 쐐기문자라고 한다. 이 글자는 메소포타미아의 남부지역에 거주한 수메르인이 이 창의적인 문자를 처음 만들었고 그 다음 바빌로니아인들에게 채택되면서 보다 구체적인 면모를 갖추게 된 글자다.

샘슨(Sampson, 1985)에 의하면 수메르인이 만든 수메르글자는 두 가지 면에서 중요성이 있다. 첫째, 역사적으로 세상에서 제일 먼저 글자조직으로 만들어졌고, 그 글자의 후기단계에서 쐐기문자라고 알려진 형태로 발전되었다. 둘째, 그 글자가 후기단계의 비교적 세련된 형태가 그 이전의 단순한 시초에서 전화되어 오는 과정을 보여주는 확실한 증거를 확보하고 있다. 즉 초기 단순한 글자가 그 이전 전혀 글자로 볼 수가 없는 문화적 제도에서 진화되어 나와 시초의 글자로 진화되는 전 과정을 보여주는 증거를 가진 글자라는 사실에 특히 중요성이 있다고 했다. 다른 지역에서도 여러 가지 초기 글자들이 발굴되었지만 그 글자들은 발굴당시에 이미 거의 완성된 글자 형태를 가지고 있고 그 이전의 글자 발달과정은 찾을 수가 없거나 증거가 이미 사라진 상태에 있는 글자들이다. 그러나 수메르글자는 이들 글자와 달리 글자가 만들어지는 전과정의 증거를 발굴로 통해서 확보할 수가 있었던 글자다.

이 글자는 B.C. 4000년이나 3500년경에 만들어져 그 이후 약 3000년간 사용되었고 기원후에 곧 지구상에서 영영 사라져 사용되지 않은 죽은 글자가 되어버렸다. 거의 3000년간 약 15개 이상의 언어를 표기하면서 인류의 문명을 이루어오는데 크나큰 공헌을 한 이 글자가 약 2000년간이나 이 지구상에서 사용되지 않고 인류의 기억 속에서 사라져 있었다. 간혹 유적지나 산속 바위벽에 쓰인 모습이 발견되었지만 후세 사람들은 그것이 3000년 이상 글자로서 15개 이상의 언어를 표기한 사람의 소통 도구로 인식하지 못하고 그림이나 마술의 의식 표식 정도로 생각하면 수천 년을 보내온바 있다.

잊혀지고 사라진 쐐기문자를 판독하여 생명을 불어 넣고 고대 메소포타미아 시대의 문화와 문명을 후세 사람들에게 들려줄 수 있게 한 공로자 즉, 판독가들은 인류를 위하여 공헌한 발명품을 만든 어떤 분들보다도 더욱 빛나는 업적을 이루었다고 찬사를 받을 만하다. 이 판독가들은 이라크 나라의 모래사막에서 파묻혀 있던 찬란한 문화에게 말을 시켜 그들의 말을 후세사람들이 알아들을 수 있게 한 소통의 중재자로서 인류역사에 길이 기억 될 것이다.

앞에서 언급한 쐐기문자는 가장 오래된 문자라는 것에 대해서 여러 가지 반론이 제기되기도 했다. 최근에 윌포드(Wilford, 1999, 4월 6일자 뉴욕타임즈)가 쓴 기사에 보면 드라이어(Dr. Günter Dreyer)가 이집트 아비도서(Abydos)에 있는 무덤의 년대를 측정하기 위해 새로운 방사능 탄소로 이집트 상형문자에 새김글 날짜 측정 실험을 통해 얻은 결과로 보면 이집트 상형문자가 적어도 B.C. 3400-3200년경에 나왔다면서 이 결과를 가지고 보면 이집트 상형 문자가 메소포타미아 쐐기문자보다 조금 앞선 시기라고 발표하자 많은 학자들이 들고 일어나 그 주장은 잘못되었다고 일제히 비판 했다. 지금까지 쐐기문자가 세계에서 가장 오래된 문자라고 인식되어 있는 상황이다.

겔버(Gelb, 1952: 218-20)와 포월(Powell, 1981: 431)이 세계의 모든 글자는 하나의 조상에서 나온 것이라고 한 주장을 샘슨(1985: 46)이 자세한 설명과 비판을 한 것에서 보면 이 두 학자가 세계의 모든 글자들은 결국에는 서로 연관되어있고, 그래서 모든 글자들의 조상은 수메르 문자라는 주장을 하게 되었다고 한다. 특히 겔버는 한걸음 더 나아가서 '수메르지역 이외에 있는 근동의 글자조직은 외부로부터의 강력한 문화적인 영향 하에 존재하게 되었다.'고 했다. 즉, 근동의 글자는 수메르글자의 영향을 받아 발달되어 나왔다는 이야기다. 이 들의 주장 중에는 이해가 가지 않는 다소 심한 주장도 있는데, 중국의 한자도 서아시아의 글자와 공동의 글자 기원을 공유한다는 것이다.

샘슨(1985: 46)과 같은 학자들은 겔버와 포월이 주장하는 모든 글자는 하나의 글자 조상에서 파생되어 나왔다는 주장에 대해 부정적이다. 즉 중국 한자, 중남미의 마야문자 등은 각각 독립적인 태생의 기원을 갖고 있다는 견해를 밝히고 있다.

세계 최초의 글자인 수메르문자를 만든 문화를 살펴보면 시기적으로는 대략 B.C. 3300에서 시작했다가 바빌로니아에 흡수된 B.C. 2004년까지의 기간을 수메르문화가 생생하게 존재한 시기이다. 글자를 최초로 만들어 사용한 민족이 수메르인이면 최초의 문명을 만든 민족도 수메르인이 틀림없다. 글자는 우선 최초의 도시를 만들어 도시생활을 하면서 많은 사람들과 거래를 하면서 생긴 필요한 도구이자 없어서는 안 되는 생활필수품과 같은 것이다. 글자와 도시생활은 불가분의 관계가 있다. 따라서 문명발생은 자연히 최초의 도시와 글자발명과 서로 맞물려 생겨난 것이다. 이 관계에 대해서 샘슨(1985: 47)은 'city(도시)'와 'civilization(문명)'

은 어원적이 연관 이상의 관계가 있다고 주장한다.

'city'의 어원을 찾아보면 원시인구어에서 *kei-(눕다; 침대, 긴 의자, 가산)이고, 라틴어에서 'civitatem'(주격은 civitas: 시민)인데 시민의 조건 등이 있다. 단어 'urbs'와도 연관되어있다. 'urbs'는 도시를 뜻하지만 그 당시에는 도시 중의 도시로 인식되었다. 10세기 불어에서 'cité'(city, town), 그 뒤에 고대 불어(O.Fr)에서 'cite'(town, city)인데 13세기 초에서 city는 'a cathedral town'이지만 원래는 'any settlement'였다. 'city'와 'civilization'은 같은 어원을 가지고 있다.

쐐기문자는 B.C. 4차 천년 후반기에 그림문자에서 진화되어 나타났다. 메소포타미아의 원시 글자 시대는 B.C. 35세기에서 32세기로 추정된다. 최초의 기록은 B.C. 31세기에 명백하게 수메르어로 쓰인 것이 수메르의 우르크(Uruk)시대인 젬대트 나스르(Jemdet Nasr)에서 발견되었다. 그들은 주변에 흔히 볼 수 있는 진흙에 갈대줄기를 꺾어 뾰족하게 만들어 글자를 쓰기 시작했다. 물론 처음에는 수메르인 들이 그림을 그려 일상생활의 사업이나 행정업무를 기록했다. 그 후에 그것이 진화를 거듭한 끝에 생각을 기호로 나타내는 형태로 발전되어 갔다. 차츰 그들은 그림으로 생각을 나타내다가 소리를 표기하는 방법까지 진화시켜갔다. 수메르글자의 후기단계에서는 600개의 기호로서 뜻과 소리를 표기하기에 이르렀다.

물론 쐐기문자의 형태는 처음에 그림문자에서 시작되었다는 것이 일반적인 견해이지만 최근에는 그 당시에 사용된 물표(token)에서 그 기원(Schmandt-Besserat, 1978, 1979a, 1979b)이 있다는 주장이 제기되었다. 일반적인 견해를 따르자면 그림문자의 모습은 B.C. 4차 천년 후기(우르크 4기)부터 3차 천년기간에 점차 단순화되면서 보다 실제 물상의 모습은 사라지고 추상화되어갔다.

수메르의 우르크 도시국가 시대에서는 그들의 농산물, 음식물을 계산할 때에는 흙 물표를 사용했다. 그들은 물표를 흙 봉투에 보관하면서 흙 봉투 뚜껑 표면에 금을 그어서 안에 있는 물표 수와 종류를 표시 했다. 처음에는 흙 봉투 속에 있는 물표의 양 만큼 흙 봉투 표면에 물표수를 그 모양을 새겼지만 뒤에 가서는 흙 평판에 물건 그림을 간단하게 그리게 되었다. 즉 10개의 물표를 나타내기 위해 10개의 그림을 그리는 것을 그만두고 그 물표를 나타내는 상징물을 그리게 되었다. 이것이 바로 글자의 시작이라는 주장이 물표에 기원된 문자 탄생 이론이다.

일반적인 견해로 그림문자의 모습은 B.C. 4차 천년 후기(우르크 4기)부터 3차 천년기간에 점차 단순화되면서 보다 실제 물상의 모습은 사라지고 추상화되어갔다는 것이다. 사용된 글자 수는 처음에 비해서 점차 줄어들어 초기 청동기 시대 때에 1000개였던 것이 후기 청동기시대쯤 해서는 600-400개 정도로 숫자가 줄어들었다. B.C. 10세기에서 6세기까지의 철기시대에서 아시리아 쐐기문자는 더욱 단순화되었다. 그 예는 힛타이트(Hittite) 쐐기문자에서 보여주고 있다. 그 후에 신 아시리아(New-Assyria)제국시대에서 아시리아의 언어는 아람철자(Aramaic alphabet)로 표기되는 아람어 세력에서 밀리게 되었다. 신 아시리아 쐐기문자는 파르티아시대(Parthian times: B.C. 250-A.D. 225)에서 점차 문학작품 등에 사용되는 글자로 전환되어 갔다. 그 후 흥망성쇠의 곡절을 경험하면서 마지막 쐐기문자로 평판에 새겨진 시기는 서기 75년경으로 천문학에 관한 내용이 기록되어 있다.

그 이후 천년이상이나 일반인의 기억에서 사라졌다가 19세기에 페르시아의 옛 수도인 페르세폴리스(Persepolis)를 여행한 여행가들의 흥미와 관심으로 이 쐐기문자 흔적들이 발견되고 또한 관련 학자들의 노력으로 판독이 시작되었다. 이 쐐기문자는 처음에 주로 흙 평판에 기록되어 있었다. 필기구는 끝이 뾰족한 갈대였다. 필기구로 쓴 글자의 모습은 그림이었다가 점차 선형 모양으로 변하고 그 다음 쐐기모양으로 변하고 있어 그 모양을 보고 쐐기문자라고 후세사람들이 그렇게 칭하게 됐다.

처음에는 그림을 그릴 때에 흙 평판에 갈대를 날카롭게 만든 펜으로 세로로 새기거나, 아니면 돌에다 새겼다. 이 쐐기문자를 주로 기록한 곳은 흙 평판이었다. 처음부터 쐐기모양의 글자형태가 아니라 그림이나 선형 그림으로 나타냈다. B.C. 2900년경에는 그림들이 원래의 기능에서 벗어나 상황문맥에 알맞은 여러 가지 의미를 나타내게 되어갔다. 그래서 기호의 수가 처음에는 1500개 정도에서 첨차 줄어들어 600개정도까지 되었다. 또한 글자는 점차 물상의 뜻을 나타내기 보다는 음을 표하는 기능으로 전환되어갔다. 기호의 수가 줄어들어서 한 기호가 여러 가지 뜻을 나타나게 되자 한정사를 개발해서 그 기호의 앞에나 뒤에 두어서 기호의 뜻을 한정하게 하는 장치가 되었다. B.C. 10세기에서 6세기까지의 철기시대에서 아시리아 쐐기문자는 크게 단순화되었다.

수메르글자는 그 주변지역에서 차용되어 각 민족의 언어를 표기하게 되었는데 주로 아카디아어(Akkadian), 에블라어(Eblaite), 엘람어(Elamite), 힛타이트어(Hittite), 루위안어(Luwian), 하티어(Hattic), 후르리어(Hurrian), 우라르트어(Urartian), 고대 페르시아어(Old Persian), 우가리트어(Ugaritic) 등 10개 이상의 언어를 표기하는데 차용되었다.

수메르어는 그들 민족의 국력에 따라서 흥망성쇠를 같이 했다. 수메르어는 알타이어 계통의 첨가어에 속한 언어여서 인접 주변에 살고 있는 셈 민족과 같은 언어가 아니었기에 국력이 쇠퇴하면서 그들의 언어도 차츰 소멸해 갔고, 그 자리를 아카디아어라는 셈어(Semitic)가 대신 자리를 잡았다. 셈어는 B.C. 1세기까지 많은 사람들이 사용하는 언어가 되었고, 특히 아카디아어의 방언인 바빌로니아어와 아시리아어가 사용되었으며, 이들 언어를 표기하는 문자는 수메르어를 표기하던 쐐기문자를 차용해 사용하게 되었다. 셈어족이 수메르민족을 지배하게 되자 수메르어는 일상 언어로서의 지위는 상실되고 문학어로서 또한 학문어로서의 지위를 갖게 되어 수세기동안 유지 되었다. 쐐기문자 평판에 쓰인 언어를 보면 북시리아에서 파생되어 나온 셈어족에 속한 에블라어, 페르시아 남부지역에서 사용된 엘람어, 고대 터키지역에서 사용된 힛타이트어 등 고대 근동(Near East)지역에서 사용된 다른 여러 언어들을 볼 수가 있다.

지금까지 발견된 쐐기문자 평판에 적힌 내용을 살펴보면 주로 일상생활에 사용되는 물품구매 계약서, 영수증, 세금계산서 등이 있고, 다수의 중요한 문학작품 등이 발견되기도 하는데 그 중에서 길가메쉬(Gilgamesh) 서사시가 있고, 함무라비 법전 등이 있다. 쐐기문자로 기록된 최초의 기록물은 메소포타미아의 남부지역과 칼데아(Chaldea)지역의 언어인 수메르어로 B.C. 4차 천년 후반부에서 2차 천년까지 기록되어 있다.

성경에 나오는 도시 에레크(Erech)인 우르크지역에서 사물이 그림으로 표현된 쐐기문자가 처음 발견되었고, 숫자표시는 둥근 원이거나 획을 반복 사용하여 나타냈고, 고유이름은 소리를 표시하는 그림의 연합으로 구성되어 나타냈다. B.C. 3차 천년 경에 그림형태는 관습화된 선형 그림으로 전환되었고, 뾰족하지 않은 뭉툭한 필기구에 단단하지 않은 흙 평판에 비스듬히 기댄 형태로 쐐기모양의 형태로 눌러썼다. 글 쓰는 방향은 초기 쐐기문자에서 종서로서 위에서 아래로 기록되어왔으나 B.C. 3차 천년에는 쐐기문자의 글자가 90° 좌로 회전한 상태로 왼쪽에서 오른쪽으로 기록되어 있다.

이런 변화를 겪는 사이에 이 글자를 이웃하는 셈족인 아카디아인들이 차용해 사용하기 시작했다. 이들은 메소포타미아 지역을 침입해서 수메르 국을 제압하고 통치하기 시작하고 부터이다. 가장 초기 아카디아어 쐐기문자 새김글은 B.C. 2334년에서 1850년까지 사용되었고, 그 기간 동안에 아카드의 왕 사르곤(Sargon)의 새김글도 새겨졌다. 이 쐐기문자는 아카디아어에서 발달되어 나온 아시리아어와 바빌로니아어를 표기하는데 사용되었다.

이 쐐기문자는 이웃하는 민족인 엘람족, 카사이트족(Kassite), 페르시아족, 미타니족(Mitanni), 후르리족 등이 차용해서 그들의 언어를 표기했다. 후르리족은 이 쐐기문자를 인구어족인 힛타이트족에게 소개했다. 이 때에 힛타이트족을 지배하고 있던 민족인 루위안족과 하티족의 언어를 표기하는 데에도 사용 되었다.

그러나 B.C. 7세기에서 6세기경에 근동지역에는 페니키아에서 발달되어 나온 알파벳 철자를 사용하는 아람어가 공용어로서의 역할을 하게 되면서 쐐기문자 대신에 페니키아 알파벳철자의 사용이 증가하게 되었고, 페르시아제국의 세력이 증대되면서 메소포타미아의 정치적인 독립성을 잃어갈 무렵에 쐐기문자사용은 점점 줄어들어가고 아람어를 표기하는 페니키아글자가 득세를 하게 된다. 그러나 상당한 기간 동안에 많은 보수적인 학자와 성직자들은 쐐기문자를 보호하고 사용하고 있었다.

쐐기문자 판독에 관한 것을 살펴보면 고대 페르시아의 아케메니드 왕조(Achaemenid dynasty)에서 세 개의 언어로 기록된 새김글 중에서 고대 페르시아어 부분이 처음 판독되었고, 그다음 세 개 언어중의 하나인 엘람어는 아직도 완전히는 판독되지 않았지만 거의 판독되었다. 세 개 언어중의 하나인 아카디아어는 판독이 되자마자 그 언어가 셈어라는 사실이 밝혀졌다. 그래서 세 개의 언어로 기록된 새김글이 거의 완전히 판독되었고, 쐐기문자로 기록된 다른 언어들도 속속 판독되었다.

수메르어는 처음에 아카디아어의 특별한 언어로 생각되었고 마지막에 판독이 되었는데 이 언어는 아카디아어가 아니라 알타이어 계통의 첨가어에 속하는 언어로 밝혀졌다. 수메르어는 알타이어 계통의 첨가어에 속한 언어라 주변에 살고 있는 셈족과 같은 언어가 아니었기에 국력이 쇠퇴하면서 그들의 언어도 차츰 소멸해 갔고, 그 자리를 아카디아어라는 셈어족언어가 대신 자리를 잡았다.

제2장 쐐기문자와 수메르어의 발견

오랜 기간 황량하고 삭막한 사막에 묻혀있었던 아시리아, 바빌로니아, 수메르인들의 부활을 보게 한 것은 19세기 고고학자들의 끈질긴 노력과 깊은 호기심의 결과이다. 여러 학자들이 수메르인들의 부활을 위해 노력해 왔지만 그중에서 수메르 언어를 표기한 쐐기문자 판독에 심혈을 기울여 직접적인 공로를 세운 4명의 유명한 학자 그로테펜드(Grotefend), 힝크스(Hincks), 로린슨(Rawlinson), 오페르트(Oppert)의 역할이 뛰어났다.

세계 4대 문명발생지에서 사용된 글자 중에서 제일 처음 사용된 문자가 메소포타미아 문명의 쐐기문자다. 이 쐐기문자는 여러 세대를 거치면서 여러 가지 명분으로 이루어진 철자법의 원칙에 따라 결합되어왔기 때문에 매우 복잡한 조직으로 구성되어 있다.

이 문자는 언제부터 시작되었는지는 정확하게는 알 수 없지만 대략 B.C. 4차 천년의 마지막 세기 때에 이미 존재해 있은 것으로 추정하고 있다.

처음으로 수메르어의 존재가 알려지기로는 아시리아의 수도 니네베에서 B.C. 7세기의 왕립 도서관에서 발견된 수메르어와 아카디아어로 구성된 이중 언어로 쓰인 텍스트를 발견했을 때부터다. 한 동안 많은 학자들은 수메르어는 전혀 언어가 아니고 암호의 형태이거나 서자생의 속임수 기호에 지나지 않는 것이라고 무시했다. 그러나 뒤에 수메르어만으로 쓰인 대량의 고문서가 발견됨으로써 이러한 주장은 끝이 났다. 문제는 이 수메르어가 이미 알고 있는 인구어도 셈어족에도 속하지 않는 언어였기에 학자들에게는 정말 생소한 언어였다. 수메르인들이 인류 최초로 문자를 만들어 사용함으로서 약 2000년간이나 모든 중동지역 사람들이 이 문자를 차용해서 자기언어를 표기하는 문자로 사용하였다. 그래서 서부아시아의 초기역사에 대하여 오늘날 알고 있는 지식들은 거의 모두가 수메르인들이 만들어 사용한 쐐기문자로 기록된 수천 개의 흙 판 기록에서 나온 것이며, 이 흙 판은 고고학자들이 발굴했고 판독가들에 의해서 판독되었다. 이 수메르 민족은 인구어족, 셈어족도 아닌 교착어를 사용한 몽고족이었다.

수메르인들이 처음부터 쐐기문자를 사용한 것이 아니다. 그들이 거주한 메소포타미아의 남부지역인 우르크(성경에는 에레크), 키쉬(Kish), 라가쉬(Lagash), 니플(Nippur), 우르(Ur), 쉬루팍(Shuruppak)등지에서 발견된 최초의 기록물에는 쐐기문자가 아니고 그림문자로 수메르인의 언어가 표현 되고 있었다. 초기에는 그림에서 시작하여 그 다음 단계에서 선으로 그려진 선형그림으로 발전되었다. 그 뒤에 가서야 쐐기문자로 발전되었다. 쐐기문자를 새긴 재료는 주로 태양에 말린 흙 판이거나 아니면 오래 지탱할 수 있게 불에 굽은 흙 판들이었다. 흙 판에 그림을 그리는 작업이 쉽지 않게 되자 점차 쉬운 방향으로 그림문자가 단순화되면서 쐐기문자로 변화되어 눌러 찍는 방법이 도입되었던 것으로 짐작할 수가 있다. 처음에는 그림문자가 흙 판에 쓰기 쉽도록 단순화되고 관습화 되면서 결국에는 선으로 연결되는 그림이 등장하기에 이르렀다. 그러다가 흙 판에 그림문자를 새기는 서자 생들이 흙 판에 새기기 용이하게 흙 판을 돌려서 편하게 조각하도록 글자 모양이 90° 누워있는 모습으로 나타나게 되었다. 세월이 지나자 이런 형태가 대세를 이루게 되면서 글자모양이 결국 90° 뒤로 눕는 형태가 되었다. 또한 글 쓰는 재료가 흙 판이기에 습기 있는 흙 판에 글을 갈겨 새기기 보다는 눌러쓰면 훨씬 빨리 쓰고 또한 더 잘 쓰인다는 사실을 발견하게 됐다. 곡선, 원, 미세한 긴 선들은 만족할 만한 정도로 갈겨쓰지 않기에 그것들은 수직, 수평, 짧고 곧은 선이나 직각 등으로 대치되었다. 이렇게 쓰다 보니까 직사각형의 넓은 머리를 가진 필기구 끝으로 비스듬히 또는 찍어 써내려갔던 것이다.

한동안 수메르 국, 수메르인, 수메르어에 대해서 전혀 알려지지 않았었다. 처음 메소포타미아 유적지를 발굴할 때에 발굴 목적은 수메르 문명을 찾고자 함이 아니었고 오로지 아시리아의 문명을 찾고자 함이었다. 그 당시에는 수메르에 대해서는 어떠한 정보도 갖고 있지 않았다. 고고학자들은 그리스나 히브리어로 된 확실한 자료를 통해서 아시리아인들의 문명에 관한 정보에 바탕을 두고서 발굴에 임했던 것이다. 사실 수메르인에 관해서는 그들이 거주한 땅, 언어, 민족에 대해서 어느 하나 흔적이 없었기 때문에 전혀 지식을 가지고 있지 않았다. 그러니 당연히 아시리아 문명에 관한 지식만 가지고 있었다. 물론 수메르에 관한 기록은 약간 성경에 기록되어 있었지만 아주 변형되어 낯선 형태로 기록되어 있었기 때문에 그 정보로는 수메르 정체를 조금도 눈치체지 못했다. 따라서 수메르문명은 2000년 이상이나 알려지지 않은 문명으로 땅속이나 모래 속에서 잠자고 있었다.

수메르 문화와 문명은 실제로 아시리아어나 바빌로니아어라고 알려진 셈어의 하나인 아카디아어의 판독을 통해서 알게 되었고, 아시리아어와 바빌로니아어도 수메르어와 같은 쐐기문자로 쓰여 있었다.

아카디아어의 판독 계기는 고대페르시아어에서 그 단서를 찾을 수가 있었다. 이 고대 페르시아어는 인구어족으로서 B.C. 1000년 동안 이란지역을 지배한 고대 페르시아인 또는 메디아인(Medes)들의 말이다. 언어로 말하자면 바빌로니아인과 아시리아인들의 언어는 아카디아 어이며 셈어족에 속한 언어이다.

처음에 쐐기문자의 판독은 문명이 발생하고 쐐기문자를 최초로 사용한 메소포타미아의 지역에서 판독의 계기가 생겨난 것이 아니고, 동쪽의 페르시아 옛날 도시 페르세폴리스에서 그 단서가 제공된 것이다. 수메르 문명을 일으킨 원동력 중의 하나는 그들이 말을 기록하는 글자를 만들고 나서부터다. 그런데 그들이 만든 쐐기문자는 여러 언어를 표기하기 위해서 인접한 여러 나라로 차용되어 갔다. 그래서 쐐기문자를 판독해도 수메르어를 알 수 있을 가능성이 그리 많지 않았다. 특히 수메르어 판독에 어려운 점은 제일 오래된 언어라는 점도 있지만 참고할 만한 자료가 거의 없었다는 점에 있다. 아카디아어의 판독은 수메르어 판독보다는 어렵지 않았다. 아시리아, 바빌로니아의 경우에 서유럽학자들은 이 언어를 연구할 때에 참고할 수가 있는 자료가 많았다. 그중에서도 가장 좋은 자료는 기독교의 성경이었다. 그 밖에 고전 문학작품과 역사 자료 등에서도 관계 정보를 얻는데 큰 어려움은 없었다. 특히 아시리아, 바빌로니아 등의 이름은 이미 알려져 있었을 뿐만 아니라 그 민족의 문화도 어느 정도 알려져 있었다.

그런데 수메르민족과 그들 언어에 대한 정보는 전혀 예상치 못한 곳에서 얻게 되었다. 역사적으로 보면 수메르어의 판독은 아카디아어의 판독의 결과에서 나온 것이다. 또한 아카디아어의 판독은 고대페르시아어의 판독의 결과에서 나온 것을 보면 정보가 서로 맞물려 있었다. 아카디아어의 판독 결과에서 수메르어의 지식을 얻게 되어 판독의 가능성을 얻게 되었다. 바빌로니아어와 아시리아어 판독의 선두 인물은 아일랜드의 에드워드 힝크스 목사였다. 그는 1851년에 이란의 베히스툰새김글에서 아카디아어의 텍스트와 음역, 번역 등을 기록한 책을 발간했다. 1855년 초까지 만해도 수메르어에 대해 어떤 언급도 기록도 없었다.

1850년 초에 처음으로 힝크스는 아시리아와 바빌로니아에 거주하고 있던 셈족들이 쐐기문자를 발명하여 사용한 것에 대해 의심을 품기 시작했다. 그 이유는 간단했다. 셈어에서 자음은 변화가 거의 없는 안정된 요소인 반면에 모음은 극히 변화무쌍하고 안정된 요소가 아니라는 것은 누구나 알고 있었다. 그런데 쐐기문자 글자조직에서 보니 모음이 자음만큼이나 안정적이고 변화하지 않는 음절 조직을 갖고 있었다. 그래서 셈어족이 모음이 자음만큼 안정적이고 변화하지 않는 요소를 가진 음절문자 조직을 만들었다는 것은 참 이상한 일이며 자연스럽지 못한 있을 수가 없는 일이라는 생각을 하게 된 것이다. 만약 셈어족이 이러한 문자를 발명했다면 그들은 이러한 문자의 음절 음가를 셈어 단어에서 충분히 추적해 찾아낼 수가 있을 것으로 기대했다. 그러나 셈어 단어에서 이러한 문자의 음절음가를 찾을 수가 없었다. 따라서 힝크스는 메소포타미아에 셈족이 이 땅에 들어오기 전에 이미 비 셈어족의 민족이 들어와서 살면서 이 쐐기문자를 발명했을 것이라고 최초로 추정하게 된다.

1855년에 로린슨은 아시아학회 기관지인 'Journal of Royal Asiatic Society'에서 니플, 라르사, 우르크와 같은 남부 바빌로니아지역에서 발굴된 벽돌과 흙 평판에서 비 셈어계의 새김글을 발견했다고 언급한 비망록(Memoir)을 발간했다.

1856년에 힝크스는 이 새로운 언어가 어떤 것인가에 대해서 깊이 있는 연구를 시작했다. 연구결과 수메르어 언어는 첨가어(Agglutinative)의 특성을 가지고 있다는 사실을 발견했다. 그리고 아시리아 수도인 니네베를 발굴하면서 발견된 이중 언어로 된 최초의 예를 제시했다. 이 새로운 언어이름으로 처음에 스키타이어'Scythic' 또는 아카디아어 'Accadian'라고 명칭을 붙였다.

1869년에는 오페르트가 'king of Sumer and Accad'라는 왕의 칭호를 근거삼고, 또 'Accad'는 셈족이 거주하는 땅이라는 것을 참고해서 새로운 언어 이름을 수메르어'Sumerian'라고 이름 지었고 이 이름이 지금까지 계속 사용되고 있다. 그래서 쐐기문자를 발명한 비 셈어계 민족들이 사용한 언어를 수메르어라고 칭하게 됐다.

그러나 아시리아 학자들 대다수는 수년 동안 수메르어라고 부르지 않고 그냥 아카디아어라고 사용해서 명칭은 동일하지만 내용적으로 아카디아어와 수메르어를 호칭하는 이름이 되어 왔다. 그래서 다소 혼란스러운 시기가 상당기간 지속되었다.

수메르어의 존재를 확인하고도 수십 년 동안 실제적으로 수메르어의 판독과 연구에 동원된 자료들은 셈어가 집중적으로 사용된 지역인 니네베에서 발견된 아쉬르바니팔 도서관에서 나온 이중 언어 평판, 음절표등에 의존한 실정이었다. 이 자료들은 B.C. 7세기부터 만들었던 것이며, 수메르라는 국가의 정치적인 존재가치가 사라진지 1500년 후의 자료들이라 크게 도움이 되지 않았다. 초기에 수메르 지역에서 나온 자료로서는 아주 소규모의 벽돌, 평판, 원통 등이 있었는데 이들은 수메르시대와 수메르 후기시대에 나온 것으로 대영박물관에 보존되어 있는 것뿐이었다.

1877년에 가서야 비로소 최초로 수메르 지역의 발굴이 시작되었다. 불란서인 드 사르제(De Sarzec)가 수메르 지역인 라가쉬의 텔로(Tello)지역 발굴에 착수했다. 이 지역에 최초의 중요한 수메르 기념비들이 출토되었는데 즉 라가쉬의 왕자들 또는 이샤큐스(Ishakkus)의 물건과 새김글들이 발굴되었다. 이곳에서 사르곤 왕 이전에서 우르 III시기 시대로 추측되는 수십만 점의 흙 평판이 발굴되었다. 그래서 수메르국가, 수메르인, 수메르어 등을 확실하게 존재했음을 알게 되었다.

제3장 이란의 페르세폴리스 새김글 판독과 초기 공헌자들

왼쪽. 베히스툰(Behistun)에 새겨진 다리우스(B.C. 522-486)의 새김글과 돋은 새김

오른쪽. 이집트의 설화석고병. 이 병에 이집트 상형문자와 쐐기문자 3가지 글자로 적혀 있었음. 이집트 상형문자로 '크세르크세스, 위대한 왕'으로 쓰인 것을 샹폴레옹이 판독하고, 그 옆에 새겨진 I, II, III 클래스의 쐐기문자에서 클래스 I은 그로테펜드가 판독한 것과 같은 글자로 '크세르크세스, 위대한 왕'이 확실하게 적혀 있는 것을 성 마틴이 확인한 병임. 그로테펜드의 판독이 정확함을 이 병의 새김글로 확인함. 이 병 화보는 1762년에 불란서에서 발행되었음.

쐐기문자의 발견과 판독의 동기는 18세기 유럽의 학자들이 성경에 기록된 장소와 그 장소에 얽힌 사건에 대한 증거를 찾아 나서면서 시작되었다. 여행가들, 골동품수집가들 및 초보 고고학자들은 고대의 중동과 근동을 여행했고, 그 곳에서 니네베 같은 큰 도시를 발견하기도 했다. 그들은 현지에서 수집한 가공품 등을 선물로 유럽에 가져왔는데 그 가운데에는 쐐기문자가 기록된 흙 평판이 수천 개나 되었다.

학자들은 수천 년이나 어느 누구에서도 들어보지도 못했던 낯설고 이상한 기호를 판독해 보려고 무척 노력을 했다. 이런 이상한 기호로 된 문자를 많은 학자들의 노력 덕분에 차츰 그 정체가 들어나게 되었다. 학자들이 이 이상한 글자가 쐐기문자라는 것과 그 표기 언어는 수메르어라는 것을 알아차리고 판독을 어느 정도 했던 해가 1857년이었다. 쐐기문자로 표기된 수메르어에는 아직도 완전히 이해할 수 없는 요소가 많아 연구는 계속되고 있다.

지금까지의 판독 결과를 기초로 해서 고대 메소포타미아의 고대세계를 연구하고 소개하고 있다. 고대 세계를 우리에게 알려주는 매체는 주로 물물 교환이나 상거래에 관한 자료, 건물 및 정부에 관한 행정정보, 거대한 문학작품, 역사 및 그 지역의 일상생활용품 및 기록들이다.

1. 페르세폴리스에 대한 정보

오랜 기간 동안 불모지나 다름없는 사막의 유적지에 묻혀 있었던 아시리아, 바빌로니아, 수메르인들의 문화와 문명을 부활시켜 인류에게 소개한 사람들은 19세기 학자들이다. 17, 18세기에서도 전반적인 것은 아니지만 단편적인 연구는 있어 왔고 그들 노력의 결과가 조금씩 모여서 다음

연구의 실마리를 제공해 주곤 했다. 이 실마리들이 하나 둘 발견되면서 보다 진전된 결과로 나타나고 그 결과가 모여서 19세기의 판독을 이루게 되었다.

이란의 옛날 도시 페르세폴리스에는 거대한 궁정 건물들의 잔해가 여기저기 서있는데, 크고 아름다운 돌기둥들이 여기저기 자태를 뽐내고, 조각된 여러 종류의 기념물들이 산지사방에 흩어져있다. 그 도시주변에는 거대하게 조각된 바위에 둘러싸인 무덤들도 있다. 이 무덤 중에는 왕의 무덤들도 있다.

페르세폴리스 유적에는 글자 형태의 모형이 새겨져 있었는데 18세기 말까지 바빌론에서 나온 벽돌에 새겨진 형태를 보고 학자들은 글자와 비슷하다고 생각을 하고 있었다. 더구나 19세기 중엽에는 쐐기문자로 새겨진 세 가지 언어 새김글 중의 하나가 고대 페르시아어라고 판독이 되었고, 이 언어가 그 새김글의 세 번째인 바빌로니아어를 판독할 수 있는 고유명사의 단어 군을 제공해 주었다. 그래서 이것으로 인해 이라크에서 발굴된 바빌로니아어 새김 판을 판독할 수가 있었다.

바빌로니아어의 판독과정을 보면 페르세폴리스에 있는 세 개의 언어로 된 첫 새김글의 언어, 즉 고대 페르시아어를 판독한 것이 계기가 되었다. 그런데 이 페르세폴리스 유적지는 17세기에 이미 유럽에 알려져 있었다. 그 유적지에서 발견한 단서들을 찾아보면 다음과 같다.

❚ 단서 1

1320년: 탁발 수사인 오도리쿠스(Odoricus)가 최초로 페르세폴리스 도시를 방문한 기록이 있다.

▌단서 2

1472년: 조서페트 바르바로스(Geosofat Barbaros)주 페르시아의 베니치아 대사 일정표가 1543년에 베니스에서 발간되었는데 이 일정표에 보면 그 대사가 페르세폴리스 유적지를 돌아보고 감탄했다는 기록이 있고, 또한 주 페르시아 스페인대사가 페르세폴리스에 대해 언급한 것이 있었다.

▌단서 3

주 페르시아 스페인과 포르투갈 겸인 대사인 안토니오 드 구에카(Antonio de Goueca)가 1611년 스페인 리스본에서 발간한 책에서 페르세폴리스에 대하여 언급했다. 그는 책에서 페르세폴리스의 기념물에 새겨진 글자가 페르시아어, 아랍어, 아르메니아어 및 유대어의 글자는 아니라고 말했다. 구에카의 후임자인 돈 가르시아 실바 피구에로아(Don Garcia Silva Figueroa)는 1620년에 안트워프(Antwerp)에서 발간한 책에서 디오도루스 시쿠루스(Diodorus Siculus)의 설명을 인용하면서 페르세폴리스의 유적들이 페르시아의 아케메니드 군주인 다리우스(Darius) 왕의 궁전임을 언급했다. 기념비에 쓰인 글자들은 칼데아, 히브리, 아랍, 그리스글자 등과 닮지 않았고, 글자모양이 길고, 삼각모양이 마치 피라미드 같은 형태이며, 철자들이 그들의 위치만 제외하면 서로서로 크게 차이가 나지 않는다고 말했다.

▌단서 4

데랑드 (André Daulier Deslandes: 1621-1715)는 불란서 예술가로서 페르세폴리스 궁중의 글자 새김글을 책으로 발간했는데 새김글에 있는 글자 중에 3개만 복사했으며, 그는 새김형태들이 글자가 아니고 장식용이라는 인상을 표현했다. 그의 주장이 18세기동안 널리 인정되었다.

허버트(Sir Thomas Herbert: 1606-1682)는 주 페르시아 영국대사를 역임했는데 1634년에 그의 여행담을 실은 'A relation of some yeares travile'라는 저서를 발간했는데 이 책에서 이란에 있는 페르세폴리스의 담벼락에 수십 줄의 모르는 철자가 있고 또한 인물, 첨탑, 피라미드로 구성된 벽을 보았다고 기술했다. 그는 이 글들이 그리스글자와 닮았다고 언급했다.

그는 이상한 글자에 대해 그가 추청하기로 이 글자를 읽은 방법은 좌측에서 우측으로 읽는다는 발레(Valle)의 의견과 같은 견해를 밝혔다. 그는 그 글자들은 페르시아인들이 사용한 언어를 표기했다고 단정했다. 그는 1664년에 펴낸 책에서 그 글들이 알파벳이 아니고 이집트의 상형문자와 같은 글자도 아닌 뜻글자이거나 음절을 나타낸 글자일 것으로 추측했다. 그는 독자들을 위해 몇 장의 예를 책에 실었다. 그가 올바로 생각한 것으로 판단되는 것은 그것들이 단지 장식용이 아니고 읽을 수가 있는 글자이고 뜻을 지니고 있는 것이라 생각했던 것이다. 그는 또 이 글자를 판독해낼 수가 있을 것으로 생각했다. 그러나 그의 예리한 이러한 통찰력은 인정받지 못했다. 그는 아쉽게도 쐐기문자 판독의 역사서에서 언급조차 되지 않고 있다.

하이드(Thomas Hyde: 1636-1703)는 1700년에 처음으로 쐐기문자 'Cuneiform'이란 이름을 붙인 사람이다. 쐐기문자의 영어 명칭인 'Cuneiform'을 명명한 그는 영국의 옥스퍼드대 히브리어와 아랍어교수였다. 그는 사실 플

라워(Flower)가 새김글을 복사해서 고대 페르시아의 종교역사에 대한 책을 썼는데 하이드가 이 글자들을 'Cuneiform'이라고 명명했지만 그는 쐐기문자를 의미를 갖는 글자로는 보지 않았고 오로지 장식용의 표시로 보았다. 'Cuneiform'은 라틴어로 'Cuneus'(wedge)와 'Forma'(form)으로 구성된 복합어로서 쐐기모양(wedgeshaped)글자라는 뜻이다. 독일이름으로는 'Keilschrift'(wedgescript)이고, 아랍어로는 'mismari'(nail-writing)라고 한다.

▎단서 7

사르댕(Jean Chardin: 뒤에 Sir John Chardin: 1643-1713)은 불란서 인으로 무역업자와 여행가로서 최초로 페르세폴리스에 새겨진 전체의 새김글을 완전히 복사를 해 책으로 발간했는데 그해는 1711년이었다. 이 책이름은 'The Travels of Sir John Chardin in Persia and the Orient'이다. 그는 새김글들이 언제나 3개의 대응되는 형태로 나타나고 있는 것을 주목했다. 새김 철자들이 똑같이 쐐기모양을 하고 있긴 하지만 자세히 보면 실제로 페르세폴리스에 있는 바위와 기념물에 새겨진 쐐기문자의 모양들이 매우 다른 세 개의 형태로 새겨져 있다는 것을 그 당시 일반인 들은 알지 못했지만 그는 알아보았다.

2. 고대 페르시아어의 쐐기문자 판독시작

다음에 언급되는 학자나 여행가들은 페르시아의 옛 수도인 페르세폴리스에서 나온 새김글 판독에 공헌사람들이다. 그들의 공헌은 우연일 수도 있고, 판독하기로 마음먹고 연구에 임한 경우도 있다. 이 책에서 셈어인 아카디아어를 바빌로니아어 또는 아시리아어로 바꾸어 사용하고 있는데, 아카디아어나 바빌로니아어나 아시리아어는 같은 언어여서 바꾸어 사용해도 틀리지 않는다. 물론, 바빌로니아 국가와 아시리아 국가는 다르다. 하지만 언어는 같다. 이렇게 된 사연은 처음에 아시리아 지역에서 먼저 발굴이 되어 아시리아학이 성립되면서 모든 셈어는 아시리아어로 표기하기 시작하였다.

▌초기판독시작 1: 피에트로 델라 발레(Pietro della Valle: 1586-1652)

발레는 페르세폴리스에 새겨진 새김글 판독 역사에 제일 먼저 언급되는 영광을 차지한 사람이다. 그는 쐐기문자의 표본을 유럽에 소개한 최초의 사람이기 때문이다. 그 당시 유럽학자들은 쐐기문자의 표본을 처음 보았고 글자라 생각하기 보다는 장식용 정도로 생각했다. 뒤에 가서 바빌로니아와 아시리아의 유적지가 발굴되고서 쐐기모양의 글자가 그 지역에서 사용된 유일한 글자라는 것이 증명되었다. 이 쐐기문자는 바빌로니아와 아시리아에 국한 된 글자는 아니었다. 왜냐하면 발레가 유럽에 가져왔던 쐐기문자가 새겨진 새김글 조각은 메소포타미아 지역이 아닌 페르시아지역에서 가져왔기 때문이다. 그는 이탈리아 로마사람으로 1621년에 순례자의 일원으로 현대도시 힐라(Hilla)를 방문하고 이웃에 있는 유적지를 방문했다. 그는 1614-1626년에 걸쳐 터키, 페르시아, 인도등지를 방문했다.

그 여정 중에 1621년 10월 1일에 페르시아의 페르세폴리스유적지에서 쐐기문자 새김글을 보고 그것에 관한 생각을 편지로 적어서 나폴리에 있는 친구 일라리요 쉬빠노(Illarioo Schipano) 에게 보낸 것이 유럽에 알려진 최초의 일로 인정되고 있다. 이 편지는 거의 논문수준에 해당될 정도로 그 지역의 지리, 역사 및 민족에 대한 내용을 담고 있었다. 그는 페르세폴리스에서 유적들을 자세히 살펴보고 그는 아랍인들이 '탈알 무카이야아르(Talal Muqayyar)' 라고 부르는 유적지에서 쐐기문자와 같은 글자모양이 새겨진 벽돌을 발견하고 그것을 유럽에 가져왔다. 1621년 10월 21일자로 보낸 편지에서 그는 페르세폴리스에 새겨진 쐐기문자의 모습을 그의 편지에 그림 그리듯이 그려서 보냈다. 물론 이 쐐기문자의 그림은 정확하지는 않았지만 그가 편지에서 그린 쐐기문자 모양은 다음과 같았다.

Robert W. Rogers(1900: 8)

그는 이 그림을 설명하면서 두 번째 철자 위에 누워 있는 못 모양의 끝이 왼쪽에서 오른쪽으로 향하는 것을 보고, 그 형태는 왼쪽에서 오른쪽으로 향하도록 한 표시인 것 같다고 생각하면서 그는 이 형태가 알지 못하는 언어 표시글자이지만 동양계의 언어표시 글자는 주로 오른쪽에서 왼쪽으로 읽고, 서양계의 언어표시 글자는 주로 왼쪽에서 오른쪽으로 읽는다는데, 이것은 어느 쪽에 속하는 언어 표시 글자일까 하고 고심했다. 그는 알지 못하는 언어이지만 분명히 왼쪽에서 오른쪽으로 글을 읽는 언어라고 마음속엔 정했을 지도 모른다. 그가 그린 철자의 형태가 고대 페르시아 언어 표기모습을 유럽인이 보기는 처음이었다. 그는 쐐기문자 새김글 중에서 5개를 복사 하면서 큰 관심을 보였고, 또한 쐐기모양 중에서 두툼한 끝이 모두 왼쪽에만 있는 것을 보고 추측하기로 이 모양은 글자가 분명하며 또한 왼쪽에서 오른쪽방향으로 쓴 글이라고 확신을 가지고 처음으로 이것을 주장했다. 우연하게도 그가 친구에게 보낸 편지가 복사되어 이탈리아에 유포되기 시작하여, 차츰 유럽 전역에 퍼져나갔다. 이것을 계기로 유럽의 학자들은 고대 페르시아인들이 페르세폴리스 수도에 있는 궁전의 벽과 주변 지역의 바위에 그들의 언어를 새겨놓았던 것을 알게 되었다. 그러나 이 새김글이 뜻하는 것이 무엇인가를 아는 사람은 아무도 없었고, 사실 그 새김글의 뜻을 알 수 있게 안내하는 단서도 없었다. 그는 뒤에 가서 바빌론의 유적지에 관해서도 훌륭한 방문 소감을 피력했다.

그래서 쐐기문자의 판독에 관해서는 메소포타미아 지역 보다는 페르시아지역의 공헌도가 훨씬 높다. 그 이유는 최초 쐐기문자판독의 시작이 페르시아의 페르세폴리스 유적지에서 나온 새김글을 보고 연구가 시작되었기 때문이다. 페르세폴리스는 페르시아제국시대 왕들이 다스리던 때의 정치적 중심지였기에 그 정통성을 유지하고 있었다. 페르세폴리스가 바로 쐐기문자 판독의 시발점이었다. 페르시아 왕들이 그들의 업적을 후세에 남기기 위해서 기념물에 그들의 공적을 새겼으며, 새겨진 쐐기문자 새김글의 철자들은 분명히 페르시아 제국의 공식 언어였던 고대페르시아어를 표기했던 것이다. 이 페르시아 왕들이 세운 기념물은 지금도 처음 세워진 그 장소에 서있고, 많은 돌기둥들이 아직도 옛 모습 그대로 그 자리에 서있다. 여러 종류의 조각된 기념물들이 여기저기 산재해 있고, 아름답게 장식된 무덤들이 도시주변을 둘러싸고 있는 바위들에 둘러싸여있다. 또한 발레는 서부 이란지역 베히스툰지역에서 바위벽에 새겨진 새김글 413줄도 목격했고, 새김글 몇 개를 복사해 오기도 했다.

결과적으로 아시리아와 바빌로니아어 판독에 관해서 공헌한 사람들의 명단에서 그가 앞에서 언급된 여러 가지 활동의 결과가 인정되어 제일 첫 번째 나온다.

▌초기판독시작 2: 앵겔레흐트 캠퍼(Engelrecht Kaempfer 1651-1716)

엥겔레흐트 캠퍼는 독일인이지만 네덜란드에 거주하면서 내과 의사로 활동했다. 그는 일본을 방문하여 과학에 중요한 공헌을 했고 식물, 태도, 관습, 역사 등을 연구했다. 그리고 페르시아로 오는 기회를 이용해서 페르시아의 신비로움을 연구했고, 더욱 샤르댕이 출판 준비 중인 3줄 새김글을 다시 복사해서 발표하기도 했다. 그는 최초로 고대페르시아어 뿐만 아니라 아시리아-바빌로니아어로 되어 있는 아주 긴 새김글을 발행하기도 했다. 그는 고대 페르시아어와 아시리아-바빌로니아어의 차이점을 그는 아직 모르고 있었다.

스웨덴 왕 찰스 6세는 외국과 무역을 증대시키기 위해 해외 개척단을 만들어 동양과 무역거래를 위해 러시아를 거쳐 페르시아로 파견했다. 1683년 3월 20일 개척단의 일원으로 의사이자 서기의 자격으로 캠퍼도 합류했다. 러시아를 거쳐 페르시아에 도착했으나 왕을 방문하기위해서는 상당기간 페르시아에 머물러야했다. 이 기간을 이용해서 통역사로부터 페르시아어를 공부했다. 상당기간 체류하는 것을 참지 못한 캠퍼는 개척단을 이탈해서 네덜란드 동인도회사에 취직을 했다. 회사의 지시로 페르시아의 이스파한(Ispahan)과 쉬라즈(Shiraz)에 가게 되었고 페르세폴리스를 경유하게 되었다. 그는 페르세폴리스에서 당분간 머물면서 유적지를 측량하고 쐐기문자를 복사하기도 했다. 그가 흥미를 느낀 것은 쐐기문자가 새겨져 있는 벽돌이었다. 그는 처음으로 쐐기문자의 복사본을 발간했다. 그는 쐐기문자가 뜻글자(ideogram)라는 설명까지 붙였다.

▌초기판독 3: 코르네리스 더 브류인(Cornelis de Bruin 1652-1727)

코르네리스 더 브류인은 네덜란드 사람으로 1704년에 이란의 페르세폴리스 유적지를 방문하고 거기에서 새김글을 복사했다. 10년 후에 그의 여행기가 발간되었다. 이 책에서 세 겹의 형태로 되어있는 두 개의 새김글을 재 복사했는데 세 겹의 형태는 세 개의 언어인 것이 뒤에 가서 밝혀졌다. 그 뒤에 한 언어로 구성된 두 개의 새김글을 재생했고, 브류인의 첫 책이 네덜란드에서 그 다음에는 불란서에서 출판되었다. 그는 쐐기문자가 글자임과 그 글자를 수직으로 읽지 않고 수평으로 읽어야 된다는 것을 지적했다.

그의 연구 작업이 판독에 크게 영향을 주지는 못했다. 그 이유는 판독을 하든지, 번역을 하든지 하기위해서는 어느 정도 길이가 있는 새김글의 복사가 필요했다. 보통은 너무 짧아서 충분한 연구를 할 수가 없었다. 그 다음의 문제로는 복사본이 정확하게 복사되지 않았다는데 있었다.

▌초기판독 4: 카르스텐 니에브르(Carsten Niebuhr: 1733-1815)

카르스텐 니에브르는 많은 여행가들과 해설가들이 페르세폴리스의 새김글을 관찰해 왔지만 18세기 후반에 가서 쐐기문자 새김글의 모양들이 매우 다른 세 개의 형태로 새겨져 있다는 것을 밝힌 사람이다. 또 페르시아 새김글 판독을 도운사람이 바로 니에브르이다. 1761년 덴마크 정부의 지원을 받아 통상 탐험단으로 아라비아, 페르시아, 페르시아의 인접지역으로 파견되었다. 통상 탐험단이 카이로, 팔레스타인, 아라비아 등 남쪽 지역을 탐험하면서 탐험단원 거의가 현지인의 습격을 받아 죽고 의사인 단원과 니에브르 만이 간신히 살아서 인도에 도착했다. 인도에서 의사 단원마저 병으로 죽고 혼자 남았다. 다시 용기를 내어 메소포타미아와 페르시아를 탐험했다. 1765년 3월 초에 페르시아의 전설의 왕 잼쉬드(Jemsh eed)의 왕관 비석 앞에 서보기도 하고 직접 페르시아의 옛 수도 페르세폴리스의 유적을 둘러보게 되었다. 그는 3주간이나 유적지를 스케치 하고 새김글을 복사했다. 이 지역을 전에 방문했던 어떤 사람들보다도 더 좋은 결과들을 그는 유럽에 전했다. 복사해 온 새김글에 작은 실수를 해서 비난을 뒤에 들었지만 그럼에도 불구하고 쐐기문자 판독에 커다란 초석을 놓았다는 평가를 받고 있다.

그는 페르시아의 수도 페르세폴리스에서 쐐기문자판독을 할 수 있도록 쐐기문자를 복사해 왔다. 그는 니네베의 유적지에 대한 모습을 스케치하고, 그림도 그려서 당시대 학자들에게 구체적인 판독을 하는데 도움을 주었다. 그는 특히 발레가 다녀갔던 곳에 가서 조사를 해 글자의 쓰인 방향을 조사한 결과 발레의 주장에 동조하게 되었다. 니에브르의 계획은 페르세폴리스에서 그가 본 새김글 모두를 복사하는 것이었고, 그것을 완성하면 그 이전의 어떤 연구가들 보다 더 많은 업적을 성취하게 되는 것이었다. 그는 브류인과 캠퍼가 그 이전에 복사했던 여러 텍스트를 보다 정확하게 복사했고, 그 전에 복사하지 않은 새김글 4개의 텍스트를 첨가해서 복사했다. 니에브르는 유적지의 상태를 보고한 것과 새김글의 복사 이외의 일에도 큰 공헌을 했다. 1767년에 덴마크에서 휴식을 취하면서 그가 복사한 새김글을 연구해 몇 가지 새로운 사실을 발견했다. 첫째, 이 글자의 읽는 방향이 왼쪽에서 오른쪽이라는 이전의 의견들이 옳았다는 것을 확인했고, 둘째, 모든 복사본을 비교한 결과 거기에는 세 개의 다른 글자 조직이 실제로 있었다는 것을 발견했다. 이 세 개의 조직은 언제나 새김글에서 차이가 있었다. 세 개의 조직 중에 첫 번째 것은 작은 쐐기문자들이 결합하는 과정이 그렇게 복잡하지 않았고, 두 번째 것은 복잡성이 첫 번째 것 보다 증가했고, 반면 세 번째 것은 훨씬 더 복잡했다. 그러나 여기에 세 개의 언어가 표현되었다는 것 까지 확인하지 못했다. 대신 그는 페르세폴리스를 창건한 사람들이 세 겹의 형태로 새김글을 새겼다는 견해를 밝혔다. 그는 이 작은 새김글이 그들의 글자 쓰는 방법에 따라 3개의 차이나는 클래스(class)로 분류했다. 1778년에 그는 페르세폴리스에서 나온 새김글 판을 조심스럽게 그리고 아주 정확하게 인쇄 발행했다. 그 책에서 3개의 클래스를 설명했다. 그의 설명을 살펴보면 다음과 같다.

첫째, 3개의 새김글은 각각이 세 개의 다른 형태의 쐐기문자를 포함하고 있다. 그래서 그는 'Class I', 'Class II', 그리고 'Class III'라고 명칭을 정했다.

둘째, 클래스 I은 알파벳(자음과 모음으로 구성된) 방식의 글자이며, 42개의 철자로 구성되어 있다(그 중에서 32개는 올바른 지적이라고 평가받음)는 것을 새김글 순서대로 놓고 차분히 조심스럽게 비교해 밝혀낸 것이다. 이 기호 목록표가 완벽하고 정확해서 후에 연구가 계속되어도 거의 변함없었다. 니에브르가 이 목록 기호표를 작성하면서 얻어낸 결론은 이 언어가 무엇이든지 간에 알파벳으로 기록되었다는 것을 확신했다. 이것은 정확했고 뒤에 많은 연구가 있어도 이 결론을 뒤집을 수는 없었다. 니에브르는 이전의 연구가들 보다 한발 앞섰던 것이다. 그의 능력으로 보아 클래스 I을 판독하기 위해 더욱 전진했으면 하고 바랄 정도지만 더 이상 진전이 없었다.

셋째, 다리우스(Darius) 왕과 그의 아들 크세르크세스(Xerxes) 왕의 새김글을 거의 정확하면서도 완전히 복사해서 유럽에 전한 최초의 사람이다. 그가 잘못 알고 있었던 것은 그 글자의 3개의 클래스는 세 개의 다른 언어를 나타내지 않고 같은 언어를 세 가지 다른 형태로 표현 한다는 견해를 밝힌 것이다. 이 견해는 잘못된 것으로 나중에 밝혀졌다. 또 단어 분리표시를 밝히지 못했는데 그는 단어분리표의 존재 자체를 몰랐다.

▌초기판독 5: 올라브. 지. 타이히슨(Olav Gerhard Tychsen: 1734-1815)

올라브. 지. 타이히슨은 독일의 로스토크(Rostock)대학 동양 언어 교수로 니에브르의 연구업적이 발간된 이후에 니에브르가 다룬 텍스트의 판독을 시도했다. 그는 연구 초기부터 중요한 발견을 했다. 그 발견은 클래스 I 텍스트에서 불규칙적인 간격으로 하나의 쐐기기호가 나오는데 이 기호는 오른쪽으로도, 아래쪽으로도 아닌 대각선으로 기울어진 형태로 나타나고 있는 것을 발견했다. 이 쐐기기호는 단어와 단어를 분리하는데 사용하는 "분리기호다"라고 선언했다. 매우 단순한 발견일지 모르지만 후에 가서 아주 중요한 발견이라는 사실이 증명 되었다. 그는 페르세폴리스의 새김글 클래스 I을 연구한 끝에 다음과 같은 결과를 얻었다.

첫째, 세 가지의 다른 쐐기문자는 세 가지 다른 언어를 표기한다.

둘째, 모음 a를 포함한 4개의 철자를 밝혀냈다.(하지만 모음 a철자만 올바르고 나머지는 잘못 판독한 것이다.)

셋째, 불규칙적인 간격에 사선으로 된 쐐기문자가 나온 것은 단어 분리 표시로 사용된 것이다.

넷째, 알파벳에서 음가 a, d, u, s 의 철자를 찾아냈다.

이 결과를 1798년에 책으로 출판했다. 그의 실수는 페르세폴리스의 건축 연대를 잘못 짚었고, 따라서 새김글들이 파르티아 왕조(B.C. 246-A.D. 227) 때에 기록된 것으로 판단해서 새김글 판독에는 실패했다. 역사에 대한 그의 실수는 왕의 모습 위에 새겨진 작은 새김글을 판독하는데 잘못으로 이끈 결과를 낳았다. 그는 영어로 표현하면 다음과 같이 번역하는 실수를 했다.

'This is the king, this is Arsaces the great, this is Arsaces, this is Arsaces, the perfect and the king this is Arsaces the divine, the pious, the admirable hero.'

뒤에 나온 판독가는 이 새김글은 아르사세스(Arsaces) 왕의 새김글이 절대 아니고, 이 판독은 올바르게 번역된 것이 거의 없다고 했다.

▌초기판독 6: 프리드리히 뮌트(Friedrich Münter: 1761-1830)
프리드리히 뮌트는 덴마크 인으로 쐐기문자를 판독하는데 몇 가지 공헌을 했다.

첫째, 1798년에 발표한 논문에서 페르세폴리스의 궁전 건물은 B.C. 538-B.C. 465년 페르시아의 아케메니드 왕조시대에 속한 것이라고 결정적인 단서를 제공했다. 즉 기념비들은 키루스(Cyrus) 왕과 그의 후계자들 시대에 속한 것이라는 사실을 밝혀냈다. 이것은 새김글을 판독하는데 아주 근본적인 기준을 제공한 것이다. 이것을 밝히기 위해서 페르세폴리스에 있는 기념물과 유명한 동양 학자인 드 사시(de Sacy)가 아르사시드(Arsacidian) 왕조시대 왕의 무덤이라고 밝힌 나크시-이-루스탐(Naksh-i-Rustam), (즉 민족영웅의 초상화란 뜻)에 있는 기념물을 비교해서 그 새김 기법 등을 연구 했는데, 비교 결과에서 페르세폴리스의 기념물의 기법과 나크시-이-루스탐의 기념물의 기법이 동일하다는 것을 밝혀냈다. 더구나 두 장소에 있는 기념물에 새겨진 동물과 상징물 등이 꼭 같이 나타남으로서 더욱 신빙성이 있었다. 그 기법은 분명히 페르시아 것이었다. 뮌트가 제시한 정확한 페르시아의 왕조시대를 알게 됨은 또 다른 두 가지 사실을 밝히는 실마리가 되었다. 하나는 그 새김글은 아베스타어와 연관된 고대 페르시아어로 쓰였다는 것을 알려주는 것이었다. 이 아베스타어는 듀페론과 드 사시가 이미 상당히 연구하여 진척을 본 언어이다. 다른 하나는 새롭고도 절대적인 중요한 가치를 갖는 하나의 경계석을 알게 해주었다. 그래서 새김글에 쓰인 왕의 이름을 곧 알게 해 주는 예고표시나 다름이 없었다. 새김글에 아케메니드 왕 이름이 나올 때에 적소에 그 왕 이름을 위치시킬 수가 있었다. 그러나 그의 능력은 여기까지였고 더 이상 발휘 되지 못했다.

둘째, 그는 사선(빗금) 쐐기문자는 새김글에서 일정한 위치에 나오는 것으로 봐서 단어 분리 표시라고 타이히슨이 밝힌 것을 재확인 했다. 이것은 단어의 첫 머리와 끝을 분명하게 밝혀주는 역할을 하기에 아주 큰 가치가 있었다.

셋째, 그는 페르세폴리스의 모든 새김글에서 두 번째 단어에 나오는 일련의 7개의 철자는 '왕'을 지칭하는 단어를 표기한 것이라고 추측했다. 이것은 올바른 추측이었는데 나중에 가서 그가 이 추측을 취소해 버렸는데 참 안타까운 일이다.

넷째, 그는 1798년 아주 중요한 것을 밝혀냈다. 니에브르가 지적한 Class I은 알파벳 글자로 된 것이고, 반면 Class II와 Class III은 각각 음절문자와 뜻글자이고 각 클래스는 서로 다른 글자 형태를 가진 것과 같이 세 개의 다른 언어를 표현하고 있다는 것을 밝혀냈다. 이것은 올바른 지적으로 밝혀졌다. 세 개의 다른 언어를 기록한 세 개의 다른 형태의 쐐기문자로 기록된 새김을 정확하게 탁본이 이루어졌다.

다섯째, 클래스 I에서 모음 'a'와 자음 'b'음가의 철자를 밝혀냈다. 이것은 판독에서 확실한 전진이었다. 이 발견은 오늘날에서 보면 아주 작은 발견에 불과하지만 어떠한 이중 언어의 텍스트 도움도 받지 않고 이것을 발견했다는 것은 정말 대단한 일인데 드 사시는 뻰트의 이 발견은 그리스어가 새겨져 있는 이중 언어텍스트의 도움으로 이집트 상형문자를 판독하는 업적을 능가하는 성취라고 칭찬했고, 뻰트의 이름은 동양학의 과거 역사 지식을 연구하는 사람 중에 가장 영예로운 자리에 앉을 자라고 칭송했다. 뻰트는 어떤 단어는 짧은 형태로, 어떤 단어는 긴 형태로 나온다는 것을 확인했다.

여섯째, '왕'과 '왕들'은 한 묶음(set)으로 나타나고 있음을 알아내고 그 중의 하나는 다른 것의 복수형이라는 것을 찾아냈다. 그리고 함께 나올 때는 '왕 중의 왕'으로 나온다는 것을 밝혀냈다.

일곱째, 이 세 가지의 텍스트는 같은 내용을 갖고 있음을 밝혔다. 그는 이 세 가지 언어를 충분히 이해하게 되었고, 마지막 두 개의 언어는 첫 번째 언어의 번역인 것도 확인 했다. 또 한 단어가 첫 글의 새김글에서 반복하여 나올 때마다 나머지 두 개의 새김글에도 반복된다고 생각했는데 이 생각이 옳았다. 그는 타이히슨과 같이 7개 철자로 그룹을 이룬다는 것에 생각이 미쳤다. 그것은 새김글에 자주 반복되었다. 뻰트와 타이히슨은 7개 철자 그룹이 분명히 이름일 것이라는 생각했던 것이다. 그러나 뻰트는 중세 페르시아어 명칭을 알고 있어서 그들은 '왕'과 '왕들'일 것으로 생각했다. 뻰트에 의하면 명칭(왕) 앞에 또는 뒤에 오는 단어는 왕의 이름일 것으로 생각했다. 그러나 뻰트는 '왕' 단어 다음에 오는 철자들을 해결하지 못했다.

고대페르시아어의 쐐기문자 판독 자체는 50년 이상이나 소요되었는데 만약에 다음의 두 명의 학자가 없었으면 쐐기문자의 판독은 영영 불가능했을 것이다. 이 두 학자는 판독에 정말 결정적인 역할을 한 사람이다.

▎초기판독 7: 앙게틸 뒤페론(A. H. Anguetil-Duperron 1731-1805)과 드 사시(de Sacy 1758-1838)

뮌트가 가지고 있던 자료만으로는 판독을 더 진전시키기 어려운 상태가 되었다. 그런데 뜻 밖에 페르세폴리스의 새김글 판독의 일을 간단하게 쉽게 해결할 새로운 자료가 나타났다. 이 새로운 자료는 페르세폴리스의 새김글과 직접적인 관련은 없고, 다만 그 새김글 판독에 하나의 안내역 역할을 하는 자료이다. 이 자료는 동양학 연대기에 위대한 세 명의 왕 이름과 연관이 있었다. 이 자료를 제공한 사람은 뒤페론과 드 사시인데 둘 다 불란서 사람이다.

뒤페론은 태어나면서 부모로부터 성직자 제목으로 교육받았다. 청년시절에 파리 왕립도서관에 취직하여 히브리, 아라비아, 페르시아어들을 공부했다. 그러던 중에 도서관에서 동양 언어 수서체로 된 조로아스트교의 성서를 기록한 수서체 책을 보게 되었고, 수서체로 쓴 글이 표기한 언어는 젠드(Zend)어로 잘못 알려져 있었던 아베스타어(Avestan)였는데 그 언어를 그가 읽을 수가 없었다. 그는 이 처음 보는 글자와 언어를 배우고 싶은 열정이 솟아났다. 그래서 그는 인도로 갈 결심을 했다. 그는 조로아스트교도(Zoroastrian)의 경전 아베스타의 수서체를 수집하려고 수년간 인도를 헤매기도 했다. 더디어 토박이 파르시(Parsi)목사들의 도움으로 수서체로 된 경전을 수중에 넣을 수가 있었다. 그는 경전에 쓰인 철자 읽는 법과 경전의 내용을 해석하는 법을 공부했다. 그는 이 자료를 가지고 불란서로 귀국했다. 귀국할 때에 180개 달하는 동양 언어 수서체 자료도 함께 가지고 왔다. 이 자료를 바탕으로 1771년에 젠드-아베스타(Zend -Avesta)라는 책을 발행했다. 이 책이 유럽에 처음으로 조로아스트교도의 성서를 소개한 것이다. 이 책으로 해서 고대 페르시아어를 판독 하는 학자들에게 페르시아 왕들이 지배하던 당시 언어의 견본을 보게 하는 기회를 제공했다. 이 책은 종교 역사 연구에 아주 귀중한 책으로 평가 받았고, 또한 또 다른 곳에 큰 영향을 끼칠 수 있는 내용이 담겨 있었다.

아베스타어 철자는 조로아스트교 경전을 기록하기 위해 서기 3-4세기 경에 만들어졌는데, 이 철자는 고대 팔레비 철자에서 많이 파생되어 이루어진 것이다. 이 고대 팔레비 철자는 아람철자에서 발달되어 나온 것이다. 이 아베스타어 알파벳은 페르시아가 7세기경에 이슬람교로 전향하면서 아라비아 철자로 대체 되면서 사라졌다. 이 아베스타어 알파벳은 페르시아에서는 없어졌지만 인도에 사는 조로아스트 교도들은 그들의 고유철자를 유지하고 있었다. 아베스타어철자는 알파벳이며 수평선에서 오른쪽에서 좌측 쪽으로 글을 써나간다.

아베스타어는 고대페르시아어와 산스크리트어와 관련이 있는 동부이란어였고, 이 언어는 일상 언어로서 기능은 상실됐지만 오래 동안 조로아스트교의 경배언어로 신성시되어왔다

아베스타 알파벳에서 모음과 자음의 형태는 다음과 같다.

ə̄	ə	a̦/ā	a̦/ā	å	å	ā	a
[ə:]	[ə]	[ã:]	[ã]	[ɑ:]	[ɑ]	[a:]	[a]

ū	u	ī	i	ō	o	ē	e
[u:]	[u]	[i:]	[i]	[o:]	[o]	[e:]	[e]

Source: http: //www.avesta.org/gifs/samples.htm
Extract from Yasna 45.l (www.avesta.org/yasna/y43to46.htm) provided by Ian
James

tte	dhe	de	the	te	he	ghe	ǵe/gge	ge	xve	xye	xe	ke
ṱ	δ	d	ϑ	t	h	γ	ǵ/gg	g	xʷ	x́	x	k
[t]	[ð]	[d]	[θ]	[t]	[h]	[ɣ]	[g]	[g]	[xʷ]	[x]	[x]	[k]

me	nne	nye	ne	ngve	ngye	nge	bhe	be	fe	pe	je/je	ce/če
m	nn/ṇ	ny/ń	n	ŋᵛ	ń	ng/ṇ	bh/β	b	f	p	j	č
[m]	[n]	[ɲ]	[n]	[ŋʷ]	[ŋ]	[ŋ]	[β]	[b]	[f;φ]	[p]	[dʒ]	[tʃ]

ye	sshe	shye	zhe	she	ze	se	le	re	ve	yye	hme
y	ssh/ṣ̌	shy/ś	zh/ž	sh/š	z	s	l	r	v	yy/ẏ	m̨
[j]	[ʃ]	[ʃ]	[ʒ]	[ʃ]	[z]	[s]	[l]	[r]	[v]	[j]	[m̥]

Source: http: //www.avesta.org/gifs/samples.htm

유진 부르노프(Eugene Burnouf)는 듀페론이 인도에서 가져온 자료 중에서 언어적인 부분만을 골라내어 조직화 하고 체계화했다. 이것이 페르세폴리스 새김글을 판독하는데 중요한 몫을 했다.

아베스타 수서체에 사용된 철자는 사실 페르세폴리스 새김글에 사용된 철자와는 전적으로 다른 철자였다. 경전에 쓰인 철자들은 아마 인도기원을 가진 초서체 철자의 표기였고, 그것이 고대 페르시아어 표기에 채택된 것이다. 뒤이어서 아베스타경전은 오랜 기간 동안 점차적으로 발달되어 온 것을 편집한 것이며 가장 오래된 부분도 4세기 이전의 것은 아니고 또한 아베스타 알파벳의 도입이 3세기 전에는 없었다. 그래서 아주 옛날 아케메니드 왕 들의 시대와는 상당히 거리가 멀기는 하지만 아베스타의 언어가 실제적으로 키루스 왕과 그의 후계 왕들이 사용한 언어와 동일하다는 생각할 만큼 충분히 가까운 시기이다. 그래서 학자들은 쐐기문자에서 자음과 모음들이 아베스타 알파벳의 자음과 모음에 일치 대응하는지를 찾아보려고 애를 썼다. 물론 아베스타철자의 형태와 쐐기문자 형태에는 연관은 없다.

그러나 중요한 것은 두 철자 사이에는 같은 음이 표기되어 있고, 페르세폴리스 새김글에서 나온 페르시아 단어들은 아베스타 철자들의 의해서 제공되는 단어와는 유사한 점이 있었다.

이런 일은 간단한 일이지만 18세기 말 당시에 아베스타 어에 대한 지식이 부족해서 해결하기에 힘든 일이었다. 그 당시 아베스타어 연구는 걸음마 수준이었다. 또한 페르세폴리스 새김글의 클래스 I은 42개의 철자로 되어 있었는데 만약 쐐기획으로 연합된 글자가 하나의 음을 표기했다면 42개 철자는 너무 많고, 만약 쐐기문자가 음절문자라면 철자수가 너무 적은 환경 때문에 해결하기가 쉽지 않은 상황이었다.

듀페론은 고대 페르시아어를 읽고 해석하는 법을 배웠다. 그의 고대 페르시아어로 된 경전 출판이 1768년과 1771년에 출판되었고, 이것이 페르세폴리스 쐐기문자 새김글을 판독하고자 하는 사람들에게 고대 페르시아어에 대한 귀중한 지식을 제공했던 것이다. 클래스 I이 고대페르시아

어였다는 것이고, 세 가지 언어중의 하나인 클래스 I의 판독이 클래스 II
와 클래스 III를 판독하는 중요한 자료역할을 했다.

　초기 판독 자료를 제공한 또 다른 한사람은 불란서 학자인 드 사시이
다. 그는 1793년에 페르세폴리스 주변에서 발견된 팔레비(Pahlevi)철자로
된 새김글을 번역해 발간했다. 그 당시 페르시아를 여행한 사람들은 페르
시아의 사사니드 왕조 시대(A.D. 227-641)에 사용되던 팔레비 철자로 새
겨진 새김글들을 목격해 왔었는데 이 팔레비 새김글을 그가 1787-1791
사이에 이들 새김글을 판독하기 시작했고, 결국에 전부 판독을 끝냈다.
그는 이 판독문에서 고대 페르시아어를 판독할 수 있는 귀중한 단서를 찾
았다. 이 새김글은 페르세폴리스 쐐기문자 새김글 보다는 수세기 늦었지
만 더 이른 시기에 세워진 비석에는 '판에 박힌 일정한 구문'이 있었다.
즉 영어로 보면, 'X, the great king, the king of kings, the king of..., son of
Y, the great king, etc.'라는 구문이었다. 이 구문은 팔레비철자로 된 새김
글을 판독하는 데에 귀중한 자료를 제공할 뿐만 아니라 뒤페론과 유진 부
르노프의 공헌과 더불어 더 옛날의 새김글 즉 페르세폴리스 새김글을 판
독하고자 하는 판독가에게 결정적인 실마리를 제공해 주었다. 초기판독
과정을 종합하면 다음과 같다.

▎제1단계

　이탈리아, 스페인, 네덜란드, 독일, 영국, 덴마크, 포르투갈 등 여러 나
라 많은 여행가들은 페르시아의 옛 수도인 페르세폴리스에서 나온 많은
새김글을 복사해 유럽에 가져왔고, 쐐기문자로 된 새김글에서 일정한 단
어들이 반복해 나오는 것이 관찰되었다. 여러 학자들의 연구 끝에 이 새
김글들이 페르시아의 아케메니드 왕조시대에 속하는 것으로 밝혀졌다.

또 니에브르에 의해서 세 개의 언어로 되어있는 새김글에서 클래스 I에 해당하는 글은 아케메니드 왕조시대에 사용된 페르시아어를 표기한다는 가정 하에 왕들의 이름과 직책의 철자를 새김글에서 분명히 찾을 수 있을 것이라는 가정을 하게 되었다.

사실 알지 못하는 글자를 판독하고자 할 때 손쉬운 방법은 사람이름을 먼저 찾는 것이다. 쐐기문자의 클래스 I과 클래스 III의 새김글에서 서로의 연관된 위치에 나오는 철자를 비교해가면서 판독작업을 시작한다. 고대 페르시아 기념비 새김글에서 고유 이름이 새김글에서 두 번 이상 반복적으로 나올 때 대부분이 다리우스 왕과 크세르크세스 왕 시대의 것으로 클래스 III에서 클래스 I에 나오는 고유이름에 해당하는 일련의 글자들을 뽑아내는 데에는 큰 어려움이 없다.

▌ 제2단계

페르시아 왕 이름의 음을 찾아 꿰맞추는 방법을 동원했다. 왕 이름은 구약성경에서, 그리스 역사가 헤로도투스(Herodotus)의 역사서에서, 다른 여러 자료를 통해서 나온 이름의 음을 페르세폴리스 새김글 고유이름이라고 생각되는 일련의 철자에 맞추어 보면서 해결하는 방법을 고안했다.

만약에 뮌터가 처음에 주장한 페르세폴리스의 새김글에 일정한 일련의 철자는 '왕'을 지칭하는 것이라고 했던 말을 뒤에 가서 취소하지만 않았더라도 그는 한 단계 발전된 판독의 길을 갔을 것이고 그랬다면 페르세폴리스 새김글에 대한 최초의 판독가 명예를 차지했을 것이다.

뮌터는 페르세폴리스 새김글에서 '왕'이란 단어를 유추를 통해서 찾아내고자 했다. 나크쉬-이-루스탐 지역에 있는 왕 무덤에 새김글이 새겨져 있었다. 팔레비 철자로 새겨진 이 새김글 바로 옆에 그리스글자로 새겨진 내용을 드 사시가 읽어내어 그 새김글에 나오는 역사적인 인물을 팔레비 문자와 비교하여 단서를 찾았다. 팔레비글자는 사사니드(Sasanid) 왕조 시대(A.D. 227-641) 왕의 통치시대 동안에 페르시아에 도입된 변종 글자 다. 드 사시는 A.D. 227-641년 사이 페르시아를 통치한 사사니드 왕조시 대에 사용한 몇 개의 새김글을 복사했는데 이 새김글이 바로 이미 알려진 팔레비철자인데, 이 철자는 페르시아글자와 아람글자의 혼합으로 구성 된 글자다. 이 새김글에서 드 사시는 다음과 같은 일련의 판에 박힌 구문 을 찾아냈다.

이 팔레비 글자를 기본으로 연구하고 번역된 그리스 새김글에 일정한 순서의 구문과 직책 명칭을 밝혀냈다. 일정한 구문은 처음에 이름이 나오 고 그 다음에 직책 명칭이 따라 나오는 형태로 그 다음에 그의 아버지 이 름과 아버지의 직책이름이 따라 나오는 구조이다. 그 형태의 예를 영어로 된 것으로 보면 다음과 같다.

> N(이름), great king, king of kings, king of Iran and Aniran, son of N의 아버지이름, great king, king of kings, king of Iran and Aniran.

그리스어와 팔레비어로 구성된 이중 언어 새김글에서 드 사시는 그리 스어 번역에서 고유이름이 나오는 위치에 고유이름 팔레비 철자를 짜 맞 추는 식으로 해서 팔레비 단어를 찾아내는데 성공했다. 그가 팔레비 단어 를 읽을 수 있게 된 것은 더 옛날의 페르시아어와 실제적으로 똑 같은 음 을 가진 단어를 읽게 되는 것이 되며, 이것은 팔레비글자로 쓰인 단어를 해석하는데 중대한 도움을 주었다. 물론 지금은 듀페론의 연구업적으로 위의 사실이 밝혀져 있다.

이렇게 짜 맞추기 식의 수수께끼풀이로 해서 올바르게 철자들을 소리에 짜 맞추어 해결을 해나갔다.

뤤트는 드 사시가 밝혀낸 결과를 이용해서 그의 논문에 페르세폴리스 새김글은 초기 페르시아 왕들에 대한 새김글이라고 주장했지만 그는 더 이상 전진을 보지 못했다. 그가 '왕' 표시 단어를 표기는 글자 연합에 대한 그의 추측을 계속 지속 시켰더라면 혹시 그도 팔레비 새김글의 일정한 형태의 구문형태를 페르세폴리스 기념물 새김글에도 적용시킬 마음이 생겨났을지 모를 일이다. 아쉽게도 뤤트는 페르시아 쐐기문자 새김글 판독가라는 불후의 명예를 독일인 그로테펜드라는 괘탱겐(Göttingen)고등학교 그리스어 교사에게 넘겨주었다.

그로테펜드가 판독에 임하게 될 무렵에 다음과 같은 사실이 이미 밝혀진 상태였다.

첫째, 페르세폴리스에 새겨진 새김글은 페르시아의 아케메니드 왕조 시대에 새겨졌다.

둘째, 그 글자들은 세 개의 다른 글자로 세 개의 다른 언어를 표기하고 있었다.

셋째, 첫째 글은 고대페르시아어를 표기한 글자였다.

넷째, 고대 페르시아어를 표기한 글자는 알파벳글자와 약간의 음절문자로 구성됐다.

다섯째, 이 알파벳 글자 중에서 'a'와 'b'음을 가진 철자가 밝혀졌다.

여섯째, 나크시-이-루스탐지역 새김글에 정형화된 구절의 반복형이 발견되었다.

일곱째, 듀페론에 의한 아베스타어의 판독과 사시가 발견한 사사니드 페르시아 왕조 새김글에서 더 옛날 아케메니드 왕조 때의 새김글 형태를 그대로 따른 새김글 형태를 발견해서 아케메니드 왕조 새김글 판독에 중요한 힌트를 제공했다.

특히 아베스타어의 판독으로 페르시아가 예전에 지배한 바로 그 지역에서 이어져 내려온 구어의 문법구조와 어휘를 많이 알게 되었다. 이 아베스타어는 판독하고자 하는 그 옛날언어로부터 내려온 것이지만 세월에 따른 많은 변화를 이룬 단어를 가지고 있었다. 이 아베스타어는 문법구조, 격변화, 동사활용형 등에서 고대 페르시아어를 상당히 연상시키는 면을 가지고 있었다. 그래서 아베스타어의 문법, 구문, 어휘 면에서 판독가들이 활용할 수가 있는 것을 찾아 활용했으면 판독을 앞당길 수가 있었을 텐데, 특히 타이히슨과 뤤트는 이러한 자료를 활용할 수가 있는데 까지 접근 했음에도 이용을 못한 안타까움이 있다.

듀페론의 경우와 달리 드 사시가 페르시아의 사사니드 왕조의 새김글을 발견한 것은 정말 귀중한 판독의 단서로 이용되었다. 이 왕들이 새김글을 새긴 방법이 그들의 조상 아케메니드 왕조시대 왕들이 새김글을 새긴 방법을 그대로 모방했기 때문이다.

3. 팔레비(pahlevi)문자

팔레비(Pahlavi 또는 Pahlevi)라는 말은 페르시아의 파르티아어(Parthian)에서 나온 말이다. 팔레비 문자는 B.C. 3세기에서 A.D. 9세기까지 이란이 이슬람교로 전환하기 전까지 사용된 문자로서 팔레비어 또는 중세이란어를 기록한 문자다. 팔레비문자라고 할 때에는 중세이란에서 사용된 문자들을 통칭해 사용하는 말이기도 하다.

이란 언어는 인구어족에 속하지만 문화적으로는 이웃한 셈어족의 영향을 꾸준히 받아왔기 때문에 문자도 셈어족 문자를 차용해서 사용 했다.

팔레비 문자는 아케메니드 왕조 때 사용된 셈어족의 아람어(Aramaic)를 표기한 아람문자를 참조해서 만든 혼합문자다. 아람문자는 아람어 표기에 적합하도록 만들어졌기 때문에 이란인들이 아람문자를 참조하면서 팔레비 문자를 만들 때에 이란어에 적합하도록 아람문자를 개조해서 만들었다. 팔레비 문자는 이란의 세 개 지역에서 약간식 차이가 나는데 북서부에 아르사키드(Aradacid)팔레비, 남서부에 사사스(Sasasian)팔레비, 동쪽 팔레비로 사용되었다. 글쓰는 방향은 모두 셈어의 글자처럼 오른쪽에서 왼쪽으로 향한다. 아람문자 수가 22개인데 비해서 팔레비문자는 북서부 팔레비문자에는 20개, 남서부 팔레비문자에는 19개 철자로 구성되어 있다. 팔레비문자는 아람철자를 모방해 만들었기에 여러 문제점이 나타났는데 그 중에서 중세 이란어는 아람어보다 많은 자음 수를 가지고 있었다. 그래서 한 철자가 여러 개 자음을 표기할 수밖에 없었다. 또한 문제점으로 아람문자는 모음표기가 없지만 이란어에서는 모음을 꼭 표현해야 했다. 그래서 아람문자의 자음 중에 모음의 역할에 가까운 것을 모음으로 만들어 표현 했다. 즉 'aleph 아람문자의 자음을 이란어에서 모음 a를 표현하도록 했다. 또한 yod 철자를 y, i, e 모음을 표기하도록 했다.

이란인은 팔레비문자를 만들 때에 아람어 단어를 빌려와 표기했지만 발음은 이란단어로 했다. 즉 표기는 아람단어로 하고 발음은 이란단어로 했다. 예를 들면 다음과 같다.

예 1) '왕'의 뜻을 나타낼 때 이란어로 'shāh'라고 발음을 하지만, 표기 단어는 아람어 단어인 'm-l-k'로 썼다.

예 2) '빵'을 이란어로 'nān'이라고 발음하지만 표기로는 아람어 단어 'l-h-m'으로 철자했다.

예 3) '개'의 뜻을 나타내고 할 때에 이란어로 'sag'라고 발음하고 표기로는 아람어에서 같은 뜻이 단어 'kalbā'를 따라서 'k-l-b'로 표기했다.

위와 같이 아람어 단어를 표의문자 형태로 사용한 것을 후즈바리션 (Huzvarishn)이라고 칭한다. 표의문자 표기 형태는 전부 아람어 단어의 기원에 둔 것이다. 이런 용법은 사용빈도수가 높은 편이기 때문에 팔레비 문자는 표음문자가 되지 못하고 표의문자 역할을 한 셈이다.

이 팔레비문자의 증거로는 두 가지가 있다. 첫째는 새김글(Inscription) 팔레비문자이다. 이 새김글 팔레비문자는 B.C. 171-138경에 미트리다테 (Mithridates) 정권시대의 흙 평판에서 발견되었다. 그 다음 사사니드 왕조시대에 바위새김글에서 발견되었다. 이때에 사용된 철자 수는 모두 19개 철자다. 둘째로 서책(Book) 팔레비문자가 있는데 이 문자의 형태는 독립된 문자가 아니고 서로 결합된 형태로 구성되어 있었다. 이 형태가 가장 많이 발견된다. 이 서책 팔레비문자는 A.D. 900년 까지 많이 사용되었고, 그 뒤에 점차 사라지고, 조로아스트교의 서기들에 의해서만 유지되어 왔다. 팔레비문자는 아케메니드 왕조시대에 사용된 고대 프리사어에 기초를 두고 페르시아의 문법굴절에 순응한 셈어인 아람어 단어와 혼합되어 있다. 그래서 팔레비어는 혼합어이다. 이 언어는 이란의 사사니드 왕조 때 궁전에서 지식계층에 국한되어 사용된 것으로도 추측되고 있다.

아베스타(Avesta)라는 말이 나오는데 두 가지의 의미를 가지고 있다. 첫째는 이란의 조로아스트교의 경전이름이고 그 경전에 쓰인 언어를 아베스타라고 하는데 동 이란어에 속한다. 팔레비언어에서 나온 아베스타는 서기 224-351년 사이에 작성된 조로아스트교의 경전에 사용된 것에 국한하기도 한다. 둘째는 경전에 사용된 문자를 의미한다. 아베스타문자는 파르티아시대부터 시작되었지만 2-3세기 사사니드 왕조 시대에 조로아스트교가 이란의 국교로 지정되면서 아베스타문자가 활발한 발전을 했다. 이 문자는 팔레비문자를 참고해서 창안되었기 때문에 팔레비문자보다는 불편함이 많이 제거되었다. 특히 모음문자를 만들어 사용한 점이 특색이다. 글자형태는 시대에 따라, 지역에 따라 많은 차이를 보이고 있다.

아베스타어는 두 가지로 나뉘는데 첫째 오래된 것은 가타스(Gāthās)에 쓰인 아베스타어로 인도의 베다-산스크리트어가 사용되던 시기와 같은 시기이고 언어적으로 가까운 언어로 사용된 시기는 B.C. 600년경이다. 둘째, 아베스타경전에 사용된 많은 부분이 후기의 언어형태로 쓰여 있고 문법형태도 간소화된 형태이다. 4-6세기에 아베스타 경전이 완성되자 성직자 사이에서만 사용되고 점차 사어가 되었다. B.C. 400년경에 사어가 되자 경전에 사용된 말은 구전으로 전해지게 되었다.

일반적으로 아베스타를 지칭하기 위해서 사용된 젠드-아베스타(Zend-Aversta)라는 표현이 나오는데 이것은 잘못된 표현이다. 이 표현이 사용된 동기는 1759년 듀페론(Anguetil-Duperron)이 아베스타의 문자와 언어 이름으로 젠드(Zend)라는 말을 처음 사용하면서 생긴 일이다. 듀페론이 젠드는 옛날 글자로 표현된 언어 이름이었다고 말한 것에서 기인된 것이다. 그리고 1798년에 윌리엄 존즈(William Jones)가 인도에서 대담을 했던 힌두교 성직자가 존즈에게 아베스타의 글자가 젠드문자이고, 언어가 아베스타라고 말했다고 언급한 데서부터 더욱 힘을 얻게 되었다. 이 원인은 Parzend라는 용어를 잘못 알았기 때문인데 이 Parzend는 'in Zend'라는 뜻으로 해석해야 한다. 그래서 서양학자들 사이에서도 혼란이 일어났지만 뒤에 가서 젠드-아베스타라는 용어는 잘못된 용어라는 것이 밝혀졌지만 옛날 텍스트에서는 계속 사용되고 있다.

젠드(Zend)라는 단어의 뜻은 중세 이란어로서 '해석'이라는 의미이다. 젠드-아베스타의 용어는 Zend-i-Avesta에서 처음 나온 것인데 '아베스타어를 해석'하거나 '아베스타어를 이해' 한다는 정도로 설명하면 되는 것을 마치 젠드-아베스타 언어나 문자가 있는 것처럼 오해를 일으켰다.

듀페론은 조로아스트교의 경전에 사용된 아베스타어와 아베스타문자를 알기 위해 인도에 가서 7년간의 연구 끝에 그 언어와 문자를 배우고 귀국해서 아베스타의 번역을 완성하여 1771년에 번역판을 출판했다. 이 결과물에 대해 처음에는 냉대와 조소를 받았지만 그가 사망하고 20년이 지나서 그의 연구 업적은 높이 평가 받았다.

드 사시는 듀페론 연구에 힘입어서 켈 포터(Ker Porter)가 복사해 온 이란의 나크시-이-루스탐 지역에 새겨진 이중 언어 새김글에서 그리스문자와 팔레비문자로 기록된 것 중에 그리스어 새김글의 도움으로 초기 사사니드 왕조(A.D. 227-641)의 팔레비 문자를 판독하는데 성공했다. 이 새김글을 판독한 결과 판에 박은 정형화된 구절을 알아냈다. 영어로 보면, 'Y, the great king, the king of kings, son of X king, etc.'라는 구절이었다. 이 구절은 선대 왕조인 아케메니드 왕조시대의 것을 본 따 기록한 것으로 아케메니드 왕조시대에 새김글 판독에 결정적인 기여를 한 것이다.

제4장 고대 페르시아어 쐐기문자 판독가들

1. 그로테펜드(Georg Friedrich Grotefend: 1775-1853)

그는 1775년 6월 9일 독일 하노바 문덴(Munden)에서 신발 제조공장 길드 장의 아들로 태어났다. 그는 고향에서 공부를 하다가 일펠드(Ilfeld)에 가서 공부하면서 20세까지 있었다. 그는 1795년에 괴팅겐 대학교에 입학하여 신학과 문헌학을 전공했다. 그 대학에서 여러 명(Gottlob Heyne, Thomas Christian Tychsen, Arnold Hermann, Ludwig Heeren)의 친구를 사귀었다. 친구 중에 헤인(Heyne)의 추천으로 1797년에 괴팅켄 고등학교(Göttingen gymnasium)에 교사로 취직했다. 그 뒤 1803년에는 프랑크푸르트 고등학교(Frankfurt gymnasium)의 교사로 전직했다. 그는 그때부터 페르시아어의 쐐기문자판독에 몰두하게 된다. 1802년 초에 일연의 논문들을 괴팅겐학술원(Royal Society of Göttingen)에 발표했다. 그의 발표논문은 2년 뒤에 그의 친구 타이히슨(Tychsen)이 평가를 해 주었다. 그는 라틴어, 이탈리아어를 공부하고, 독일어도 연구해서 1817년에 독일어연구학회를 조직하기도 했다. 1821년에는 하노바에 있는 한 고등학교에 책임자로 은퇴할 때 까지 재직한다. 1849년에 은퇴를 하고 4년 뒤인 1853년 12월 15

일에 사망했다.

그로테펜드가 판독에 가담하게 된 것은 정말 우연이었다. 그는 사실 동양학을 연구한 경험도 지식도 없었기에 판독에 나설 자격이 없었다. 그런데 그가 알지도 못하는 새김글을 번역해 내겠다고 나선 것은 젊은이의 오기에 기인한 것이다.

니에브르가 1756년에 페르시아 페르세폴리스 왕궁의 유적지를 탐색 중에 발견한 새김글을 복사해서 유럽에 처음 가져왔지만 그 새김글을 판독할 자신이 있는 사람은 없었다. 그로테펜드는 도서관 사서로 일하는 친구 피오릴로(Rafaello Fiorillo)와 이야기 도중에 형태도 내용도 모르는 새김글을 판독하는 문제로 내기를 걸게 되었다. 1802년에 일어난 일이었다. 그의 친구는 그로테펜드가 결코 판독할 수가 없다는 단정을 내린 것에 오기가 나서 그로테펜드는 그 새김글을 연구하면 판독할 수가 있다고 우기다가 내기를 걸게 되었고, 그래서 그로테펜드가 판독에 나서게 되었다.

페르세폴리스의 새김글을 기초로 한 본격적인 판독 활동의 계기는 그로테펜드에서 시작되었다. 그는 1802년 9월 4일에 괴팅겐 학술원회원들 앞에서 페르시아 수도 페르세폴리스 새김글 세 가지 클래스 중에서 클래스 I 즉 고대 페르시아어를 읽을 수 있는 단서를 발견했다고 주장하고, 그가 그 단서를 이용해서 판독한 내용을 담은 논문을 발표했다. 그러나 학술원 회원들의 반응은 싸늘했다. 그들은 그의 판독결과를 전혀 믿으려고 하지도 않았고, 그가 채택한 방법자체도 무시했다. 심지어 그의 논문전체를 그 학회의 논문집에 게재하는 것조차 거부하고 그 논문의 초록문만 게재하게 했다. 그로테펜드의 논문을 게재하는 것 자체가 불명예스럽다는 입장이었다. 이유는 그로테펜드는 동양학에 대한 공부를 하지도 않았고, 훈련이나 수련과정을 거치지도 않았던 문외한으로 그가 동양학에 중요하고, 가치 있는 공헌을 할 수 있는 논문을 발표할 자격이 있는가라고 의문을 제기하면서 그의 논문을 믿을 수가 없다는 것이 그 당시 학회의 분위기였다. 그 논문 제목은 'Previa de cuneatis quas vacant inscriptionibus Persepolitanis legendis et explicandis relatio'이고, 세 부분으로 구성되어 있었다. 발표논문은 페르세폴리스 궁전에 새겨진 세 가지언어의 세 가지 다른 글자 중에 클래스 I에 해당하는 고대 페르시아어의 일부를 판독한 결과와 과정을 설명한 내용이었다. 논문을 게재하는 것조차 거부당하자 안타까운 마음을 가진 그의 친구 희렌(A. H. L. Heeren)은 고대세계에 관한 책을 1805년에 출판할 예정이었다. 그 책명은 'Politics, Intercourse and Trade of the Principal Nations of Antiquity'인데 그 책의 부록에 약간의 여백을 만들어 그로테펜드의 논문을 게재하는 것이 어떠한가라는 그의 의견을 물었고, 그로테펜드는 그의 제안을 고맙게 생각하고 받아들였다. 그래서 그 책 부록에 그의 논문이 게재되었다. 물론 그의 논문에 대한 반응은 냉담 그 자체였다. 그러나 단 두 사람 듀페론과 드 사시는 그 논문을 열광적으로 받아들이면서 칭찬을 아끼지 않았다. 이 논문이 바로 이 새김글을 확실히 판독하게 하는 시작을 알리는 논문이라고 격찬했다. 결국 90년이 지난 뒤 1893년에 괴팅겐 학술원도 그로테펜드의 논문을 괴팅겐 학술원 논문집에 게재하게 되었다. 게재이유는 역사적으로 중요한 관심을 끈 논문이라는 이유였다.

그로테펜드의 논문을 소개하는 방법이 두 가지이다. 그 하나는 아케메니드 왕조의 페르세폴리스의 새김글에 대하여 니에브르가 제시한 예 B와 G를 드 사시가 판독해 낸 사사니드 왕조의 새김글과 비교해서 '왕'을 나타내는 단어를 먼저 찾고 나서, 사사니드 왕조 새김글의 정형화된 형식의 구절을 찾아 맞추어 보면서 복수형, 주격, 소유격 등을 찾고, '위대한'

과 '아들' 등의 단어를 찾아보고 그다음에 페르시아의 아케메니드 왕조 시대에 3대에 걸친 왕 이름을 찾아 맞추어 정형화된 형식의 구절에 적용한 후에 다리우스 왕, 크세르 크세스 왕 그리고 히스타스페스 왕의 단어 철자를 찾는 순서가 있다. 또 다른 방법은 그 역으로 기술하는 것 인데 여기는 앞에 제시한 방법을 택하겠다.

1) 논문 첫째 부분의 주요내용

첫째, 쐐기문자의 세 가지 형태는 세 가지 다른 언어를 표기 한 것이다.

둘째, 세 글자들이 하나 밑에 하나로 쓰여 있는 장소에서 첫 장소에 오는 글자가 가장 중요한 장소인 얼굴 머리 바로 위에 오는데 이 글자가 바로 아케메니드 왕조시대(B.C. 539-338)에 사용된 고대 페르시아어이다.

셋째, 먼저 클래스 I을 판독하고 나면 이것을 실마리로 삼아 나머지 클래스 II(엘람어)와 클래스 III(바빌로니아어)를 판독할 수가 있다. 그 이유는 클래스 II와 클래스 III은 고대 페르시아어를 번역한 것이기 때문이다. 이 두 언어들도 페르시아 제국 사람들이 사용한 언어다. 그는 클래스 I(고대페르시아어)의 판독은 바로 클래스 II와 III를 판독하는 열쇠의 역할을 할 것이라고 추정했다. 마치 드 사시가 다리우스 왕, 크세르크세스 왕의 무덤이 있는 나크시-이-루 스탐 지역에서 그리스 새김글을 이용해 바로 옆에 기록되어 있는 팔레비 새김글을 판독해 낸 것과 같은 논리다. 이 그리스어 새김글은 팔레비어의 번역이었다.

넷째, 세 개의 언어로 쓰인 글자의 글 쓰는 방향은 왼쪽에서 오른쪽으로 쓴다는 앞선 연구가들의 주장을 인정했다. 글줄은 횡서로 쓰고 종서 또는 황소밭갈이식으로는 쓰지 않는다는 것을 확인했다.

다섯째, 세 가지의 쐐기문자들은 알파벳문자이며 중국의 한자같이 뜻글자나 일본의 글자처럼 음절문자는 아니다. 그로테펜드의 이 주장은 클래스 I에만 해당되었다. 다른 클래스들은 부분적으로 뜻글자이고, 부분적으로 음절문자다. 그러나 쐐기문자를 판독하는 데에는 그의 잘못된 주장이 큰 지장을 주지는 않았다. 왜냐하면 그는 고대페르시아어 쐐기문자만을 판독했기 때문이다.

2) 논문 둘째부분의 주요 내용

고대페르시아어의 쐐기문자에서 42개의 철자를 찾아냈다. 그 중 8개는 사용빈도수가 커 모음이라 생각했고 그중 2-3개는 모든 단어에 나타나 있었다. 나크시-이-루스탐에서 나온 팔레비 새김글에서 일정하게 반복되는 구문의 형태를 이용해서 페르시아의 사사니드 왕조시대 왕들이 새김글을 작성할 때에 그들의 조상 고대 페르시아 왕들의 시범을 그대로 따랐을 것으로 생각해서 그 예를 따라 페르세폴리스 새김글에서 고유이름들을 찾아냈다. 그 이름 중에 처음에 나오는 고유이름은 기념물에 칭송받는 사람의 이름이고 뒤에 아버지의 이름이 나와 누구의 아들이란 구문으로 된 일정한 형태로 이룬다고 주장 했다. 이 주장은 올바른 주장이었다. 판독의 예는 셋째 부분에서 다루었다.

3) 논문 셋째 부분의 주요 내용

그는 판독의 예로 니에브르가 복사해 발행한 짧은 페르세폴리스의 새김글 중에 B새김글, G새김글이라고 이름을 붙인 것을 그대로 예를 들고 있다. B는 6개 줄로, G는 4개 줄로 구성되어 있다.

앞의 예가 B(6줄로 되어 있다)이고, 뒤의 예가 G(4줄로 되어있다)예문이다.

I.

B새김글.

II.

(Robert Wiliam Rogers, 1900) G새김글.

그로테펜드는 판독을 시작하면서 예 B와 G를 조사해 보았다. 그래서 드 사시가 이미 판독 완료한 사사니드 왕조의 팔레비 새김글과 비슷한 새김글을 목격했다. 그래서 B와 G 예를 나란히 놓고 아주 주의 깊게 서로를 대조해가면서 조사했다. 그는 이 새김글에서 자주 나오는 단어 하나를 주목했다. 그 단어는 짧은 형태로, 때로는 긴 형태로 나오고 있었다. 긴 형태에는 문법적인 어미가 첨부되었을 것이라 생각했다. 이 단어가 바로 뤤트가 발견한 '왕'을 표현한 것이라고 생각했다. 특히 이 단어가 B와 G에 각각 두 번씩 같은 위치에 정확하게 나오는 것을 보고, 처음에 짧은 형태, 그 다음에 긴 형태가 나오니, 긴 형태는 '왕 중의 왕'을 뜻한다고 생각했다.

그는 팔레비 새김글에 나온 것을 그대로 본 따 이 새김글에서도 '왕'을 표기하는 단어라 생각하고, 처음에 나오는 고유이름 다음에 나와야만 된다고 생각했다. 왜냐하면 팔레비 새김글에 그렇게 되어 있었기 때문이다. 이때에 뮌트가 단어 분리 표라고 지적했던 사선 쐐기문자를 이용해 보니 쉽게 한 단어를 구성하는 철자들을 찾아내었다.

그로테펜드는 '왕'을 표기하는 단어라고 생각되는 위치에서 7개의 철자를 찾아냈는데 이 철자들은 다음과 같다. B에서 두 번째 단어에, G에서도 두 번째 단어에 나왔다.

쐐기문자:

(a)

그 다음 B새김글의 둘째줄 끝에서 셋째줄 처음에, 또 G새김글 둘째줄 중간에서 셋째줄 처음에 나온 새김글이 같다.

(b)

그의 추측으로 (a)는 왕'을 뜻하고, (b)는 '왕' + 복수 = '왕들'을 뜻한다. 그래서 전체로 보면 '왕 중의 왕'이라는 뜻으로 나타낸다.

'왕'을 뜻하는 단어가 각 새김글에 똑 같이 나오면서 바로 뒤에 4개의 쐐기문자가 따라 나온다.

'왕' 뒤에 따라 나온 쐐기문자 단어이다.

(c)

이 표현이 궁금해서 계속 연구하던 그는 드 사시가 번역한 사사니드 왕조 새김글을 참조해 봤더니 그 표현은 '위대한'으로 나왔다. 그래서 이것도 같은 표현일 것으로 여겨 (c)는 '위대한'이라는 표현으로 생각했다. 그래서 글을 맞추어 보니 '왕 위대한'이 되었다. 이것을 올바르게 읽으면 '위대한 왕'이 된다. 이렇게 맞추어 가면서 판독을 했다. 지금까지 판독한 것을 읽어 보면 '위대한 왕, 왕 중의 왕'이 된다. 그 다음으로 사사니드 왕조의 새김글을 보면 항상 첫 단어는 왕 이름이 나오고 그다음에 '위대한 왕, 왕 중의 왕' 구절이 나왔다. 페르세폴리스의 새김글에도 같은 형식을 적용했다. 이 새김글에도 같은 형식이 적용되면 이 두개의 새김글에 서로 다른 왕 이름이 오게 된다. 그래서 쐐기문자가 각각 다르게 나왔다.

X: (d): B새김글

Y: (e): G새김글

B새김글에서 처음에 나오는 왕 이름을 X라고 하면 이 X가 G에서도 세
번째 줄에 나오는데, 다음의 예에서처럼 6번째 나오는 철자만 다르다.

(f): G새김글의 세 번째 줄 중간 왕 이름

즉, 새김글 B 철자의 순서로 5번째 자리까지 같지만 6번 자리에 다른
철자가 오고 있다. 그로테펜드는 앞뒤 자리와 상황을 살핀 후에 내린 결
론은 B새김글의 이름은 주격이고 G새김글의 이름은 소유격이라고 추측
했다. 그래서 B가 'X'라면 G는 'X의'일 것으로 판단했다.

G에서 3째줄 중간에 왕 이름 다음에 '왕' 표기 단어가 나오고 있었다.
그 다음 넷째 줄에 세 개로 된 일련의 철자들이 나오는데, 그는 이 철자들
이 '아들'을 표기하는 단어로 생각해 선행한 이름의 소유격형태가 뒤 따
라 온다고 생각했다. 그래서 마지막 단어를 제외한 G새김글의 모든 철자
를 다음과 같이 읽어 보았다.

G새김글:

영어로 표현한 판독: Y, great king, king of kings, son of X king.

'아들'을 뜻하는 단어의 음가와 '왕'을 뜻하는 단어의 복수형을 나타내는 철자를 찾는 가운데 거기에 해당되는 철자중의 몇 개는 왕의 고유이름 철자에서 이미 나와 있었다. 그로테펜드가 아들(𒀀𒀀𒀀)을 표기하는 단어로 세 가지 철자를 제시했다.

첫째: (b) 둘째: (u) 셋째: (n)

첫 번째 철자와 두 번째 철자는 올바로 찾았으나 세 번째 것은 잘못이었다. 두 번째 철자는 다리우스이름을 뜻하는 철자에서 u 철자이고 첫 번째 것으로 아들이라는 뜻인 팔레비에 'bun'이라는 단어가 있기에 첫 번째 철자로 b 또는 p라고 추측은 올바른 추측이었다. 세 번째 철자 n은 틀렸다. 이것을 1847년에 로린슨이 아들(son)을 tr.이라고 올바르게 판독을 했다.

따라서 B에서 판독은 'X, 위대한 왕, 왕 중의 왕'으로 된다. G에서는 이름 다음에 '왕'을 표현하는 철자들이 오고, 이어서 '아들'을 뜻하는 단어가 온다. 그래서 G에서 ' X왕의 아들'의 순서로 나온다. '아들'을 뜻하는 단어가 B의 다섯줄에서도 나온다.

B새김글 다섯째 줄과 G새김글 넷째 줄에 나온 쐐기문자는 𒈦𒀸𒈦 (아들)이었다.

B에서는 '왕'의 칭호를 갖지 않은 사람이름이 𒈦𒀸𒈦 '아들' 앞에 나오고 있었다. 그로테펜드는 이 두 새김글에서 세 명의 왕이 있다는 것을 알게 되었다. 즉 왕조를 세웠기에 처음부터 왕이 아니었던 할아버지, 할아버지에게서 왕위를 물려받은 아들, 또한 왕위를 물려받은 손자가 나왔다. 그로테펜드는 이 새김글이 아케메니드 왕조 때의 것이란 것을 펜트가 이미 밝힌 것이기 때문에 쉽게 페르시아의 아케메니드 왕조의 왕들을 조사해 보았다.

> B에서: X왕..... Z의 아들(son of Z)
> G에서: Y왕..... X왕의 아들(son of X king)

가족관계로 보면 Z, X, Y는 할아버지, 아버지, 아들의 관계로 보게 된다.

페르시아제국 역대 왕들을 찾아보면 페르시아제국의 제1기에 두 왕조가 있었다. 제1 왕조는 키루스가 건립했고, 그의 후계자는 아들 캄비세스(Cambyses: B.C. 539-522)이다. 제2왕조의 설립자는 다리우스 1세(B.C. 521-486)이고 후계자는 아들 크세르크세스(Xerxes 1), 그다음이 손자 아르타크세르크세스 1세(Artaxerxes 1: B.C. 465-424)순이었다. 왕위 찬탈로 45일간 통치한 크세르크세스 II세(Xerxes II) 다음의 왕은 다리우스 II세(Darius II)에서 마지막 왕인 다리우스 III세(Darius III) 사이에 다리우스 II세의 아들 아르타크세르크세스 II세, 손자 아르타크세르크세스 III세, 증손자 아르세스(Arses: B.C. 336) 3명의 왕이 있었고 다리우스 III세(B.C. 336- 331)는 마케도니아의 알렉산더 대 왕에게 패해 페르시아 국가가 망하게 되었다.

그로테펜드는 다음의 세 가지 방안을 놓고 고민했다.

첫째, 키루스의 아버지, 키루스, 아들 캄비세스
둘째, 히스타스페스(Hystaspes), 아들 다리우스, 손자 크세르크세스
셋째, 다리우스 II세의 아버지, 다리우스 II세, 아들 아르타크세르크세스 II세

첫째 경우는 키루스와 캄비세스의 이름에 첫 자가 같아 X와 Y는 다른 철자로 시작한다는 조건에 맞지 않았다. 둘째와 셋째는 X와 Y가 조건에 맞았다. 따라서 X와 Y는 다리우스와 크세르크세스, 또는 다리우스 II세와 아르타 크세르크세스 II세 중에 하나를 택해야 된다. 힌트가 있었다. 이름을 표기하는 철자수를 생각하면 답이 나온다. 후자가 맞을 경우에 X의 아들인 Y는 X보다 글자 수가 더 많아야만 된다. 왜냐하면 다리우스 II세와 그의 아들 아르타크세르크세스 II세 중에 아들의 이름이 더 길다. 그런데 X와 Y의 이름은 똑같은 수의 철자 7자로 구성되어 있는 것을 보면 두 번째인 다리우스와 아들 크세르크세스가 알맞은 답이라고 추측 했다. 그래서 다음과 같은 판독 결과를 도출했다.

영어로 표기하면 다음과 같다.

B새김글: Darius, great king, king of kings, son of Hystaspes.
G새김글: Xerxes, great king, king of kings, son of Darius King.

다음은 그로테펜드가 고유이름과 '왕'단어 철자 판독 과정을 논문에 제시한 것에 따라 찾아보고자 한다. 우선 '왕'을 나타낸 단어의 철자를 찾

아보았다. '왕'의 단어 쐐기문자는 다음과 같다.

(a) '왕' 단어 철자

이 단어는 7개 철자로 구성되어 있다. '왕' 단어 7개 철자 중에 몇 개는 두 개의 새김글 첫 단어를 구성하는 왕의 이름 단어 중에 같은 몇 개의 철자가 나와 있다고 생각했다. 팔레비 단어의 철자를 유추해 보면 새김글 첫 단어로 고유이름이 나와야 된다고 생각했다. 그로테펜드는 두 왕의 이름을 구성하는 철자를 찾아 비교해 보았다.

Y: (e) G새김글(Xerces 왕)

X: (d) B새김글(Darius 왕)

'왕' 단어와 두 왕 이름을 비교한 결과 Y왕 이름에 나오는 첫 두 철자가 '왕' 단어 철자 중에서 앞에 오는 두 철자와 일치하는 것을 발견했다. 그로테펜드는 아베스타어를 연구한 듀페론 책에서 '왕' 단어는 Khscheio로 표기 한다는 사실을 찾아 앞의 두 철자는 Kh와 Sh 음을 나타내는 것으로 추측했다. 그래서 Y왕의 이름은 Kh와 Sh로 시작된다는 것을 알았다. 그리고 Y왕 이름에 4번과 7번째 철자가 같으며 사용된 빈도수가 많아 모음으로 생각하고 a 또는 e로 생각했다. 또한 Y왕 이름 6번째도 2번째와 같은 철자였다. 그래서 그로테펜드는 G새김글 Y왕 이름을 부분적으로 구성해 보았다.

음가: kh   sh   ?   a/e   ?   sh   a/e
Y: (e) G새김글(Xerxes 왕)

그 다음 B새김글 X왕을 나타내는 7개 철자는 아케메니드 왕조의 다리우스 왕 이름을 나타내는 것이 틀림없었다. 다리우스 왕 표기는 주로 그리스어를 참고 했다. 그리스인들은 그들의 관점에서 야만족이라고 생각되는 민족에게는 그 들의 이름표기에 주의를 주지 않는다는 평을 듣고 있던 터라 그로테펜드는 그리스어 표기보다는 원 발음에 더 충실하다는 히브리 구약성경 다니엘서에 나오는 다리우스 왕의 표기 'Daryawesh'를 선택하려고 했다. 그때 마침 그리스 학자 스트라보(Strabo)가 다리스우스 왕을 가능한 페르시아어로 정확하게 표기하고자 하는 철자 'Dareiaves'를 알게 되었다. 두 가지 철자를 놓고 고심하다가 그로테펜드는 두 가지 철자를 절충해서 자기 나름의 철자를 만들어 다음과 같이 'Darheush'로 정했다.

d   a   r   h   e   u   sh

X: (d) B새김글(Darius 왕)

확인 작업으로 X왕 이름 3번째 철자 r은 Y왕 이름 5번째 철자와 같기 때문에 Y왕 이름 5번째 철자는 r로 확정했다. 그런데 철자형태가 다르지 않은가? Darheush에서 r철자는 좌측 쐐기 획이 3개고, Y왕 이름에 5번째 철자는 왼쪽 획이 2개이다. 또한 Darheush에서 4번째 h철자도 Y왕 이름에 3번째 철자와 같은데 오른쪽 획에서 차이가 난다. 이것은 이렇게 차이가 나게 복사해온 니에브르의 실수에서 나온 표기차이다.

그래서 X왕 이름과 Y왕 이름을 비교 종합하면 X왕 이름 3번째 철자 r철자는 Y왕 이름 5번째 철자와 같고, X왕 이름 4번째 철자 h철자는 Y왕 이름 3번째 철자와 같다. 그래서 Y왕의 이름 철자는 다음과 같다.

음가: kh   sh   h   a/e   r   sh   a/e
                        (e)

따라서 이 판독은 고대 페르시아어 'Khsharsha' 원형에 가까운 형태이다. 그리스어 형태 'Xerxes'는 아주 잘못된 표기다. 바빌로니아어 새김글에서 나온 크레스크세스 왕 이름표기 'Khishiarshi'가 고대 페르시아어 표기 'Khshayarsha'에 오히려 가까운 표기다.

이렇게 해서 다리우스 왕과 크세르크세스 왕 이름을 찾아냈다. 그 다음에 '왕'을 뜻하는 단어에 다리우스 왕 크세르크세스 왕 이름 철자를 대입해 보니 다음과 같이 나왔다.

음가: kh   sh   a/e   h   ?   ?   h

(a)

그로테펜드는 다시 듀페론이 출판한 아베스타어 책을 참고해서 '왕' 단어 철자가 'Khscheio'인 것을 확인하고 '왕' 단어에 적용해 보았다.

그는 이 단어를 확인하고 나서 이 새김글은 아베스타어를 표기한 것으로 확고히 생각했다. 그래서 위에 의문부호에 각각 i와 o음 철자를 넣었다. 그 결과로 나온 쐐기문자 판독으로 '왕' 단어는 다음과 같다.

음가: kh   sh   a/e   h   i   o   h

(a)

다음은 다리우스 왕 아버지 이름을 찾을 차례다.

이 이름의 철자는 B새김글 넷째줄 중간에서 다섯째줄 첫 글자까지이다. 아래의 형태로 10개의 철자로 구성되어있다.

(h)

　지금까지 판독해낸 '왕'단어와 두 왕의 이름 철자를 대입해 보면 다음과 같이 음가를 찾아낸다.

| 1 | 2 | sh | 4 | a | 6 | 7 | 8 | h | a |

(h)

　그로테펜드는 8번 철자가 빈도수가 많다고 생각해서 모음 a를 부여 했다. 물론 이것은 잘못된 판독이지만 이때는 알 수가 없었다. 뒤에 가서 이 철자는 h음을 표기한 것으로 판명이 났다. 이때는 그로테펜드가 이 이름이 소유격을 가진 단어로 생각하고 소유격 어미를 잘라내면 단어 판독이 더욱 명확해질 것으로 생각했다. 그 때 아베스타어를 참고해 보았다. 여러 가지 자료가 나왔지만 마지막 3철자를 소유격 표시로 생각해 잘라냈다. 남은 7개 철자가 다리우스 왕의 아버지 이름을 표현하는 단어로 생각했다. 그가 찾고 있는 이름은 히스타스페스(Hystaspes)였다. 이 이름은 후기시대의 페르시아어 이름이다. 그로테펜드는 그리스역사서를 참고해보니 다리우스 왕 아버지 이름이 'Hystaspi'로 나왔다. 다른 참고자료를 보면 여러 가지 표기의 이름이 나오는데 'Goshtasp, Gushtasp, Vishtaspo' 등이 나온다. 그는 고민 끝에 1번 음가로 g로 결정하고 2번 음가로 o, 4번 음가로 t, 6번 음가로 s, 7번 음가로 p로 결정했다. 그래서 판독결과는 다음과 같다.

g	o	sh	t	a	s	p
1	2	3	4	5	6	7

또한 격 표시 어미 철자의 음으로 8번은 a, 9번은 h, 10번은 e로 정했다.

이로서 그는 3명의 왕 이름과 '왕'을 뜻하는 단어 하나를 수수께끼 놀이 하듯이 찾아내는데 일단 성공했다. 그는 확실하게 다리우스 왕과 그의 아들 크세르크세스 왕의 이름을 올바로 찾았다는 자부심을 가지고 있었다. 이상이 그로테펜드가 학술원에서 발표한 논문내용이다.

그러나 곧 이어서 14개의 기호에 부여한 음가들 중에 잘못 부여된 것이 있다고 밝혀졌다. 그러나 판독의 방향만은 올바로 잡아 판독 전진에 도움이 되었다. 계속해서 그로테펜드의 판독 잘못이 나타난다. G새김글의 마지막 단어에 두 번째와 네 번째 철자에 대한 그의 추측은 복수를 나타내는 s와 o철자를 왕을 뜻하는 단어에 첨가했는데 이것은 잘못된 판독이었던 것이다. 이것을 바르게 잡아준 사람이 덴마크의 문법학자인 라스무스 라스크(Rasmus Rask)인데 1826년에 그 음가는 각각 n과 m이라고 바로잡아 주었다.

그로테펜드는 G 마지막 단어와 B에 첨가된 단어들을 판독하는데 성공하지 못했다.

결론적으로 페르세폴리스 새김글을 판독하는데 확고한 기반을 세워놓았다고 말하기에는 아직도 풀어야 할 난제들이 있었다. 그로테펜드의 판독 공로는 페르세폴리스의 새김글에서 세 명의 고유이름과 '왕' 단어를 판독한 것뿐이다. 즉 'Darius', 'Xerxes', 'Goshtaspa(Hystaspis)' '왕' 등 이다. 다른 단어를 판독하려고 시도 했으나 결국 실패하고 말았다. 그로테펜드의 실수는 그를 시기하고 질투하는 사람들의 공격 대상이 되었다. 그런 사이에 그로테펜드는 그의 판독에 대한 비평가들의 지적을 받고 오히려 힌트를 얻어서 B의 5줄에 두 번째 단어와 G의 마지막 단어로 'Achaemenian'로 판독하는데 성공했다. 이 판독을 근거로 G의 완전한 판독을 영어로 표현하면 다음과 같다:

> 'Xerxes, great king, king of kings, son of Darius, king, an Achæmenian.'

페르시아의 고대 아케메니드 왕조의 통치자들 이름을 알아냄으로서 상당한 판독의 진전을 가져 오게 했다.

그 뒤에 언급되는 학자들은 그로테펜드가 판독을 하면서 실수한 부분을 보완하는 정도에 지나지 않았고, 근본적으로 그로테펜드의 업적을 뛰어넘을 수는 없었다. 판독을 처음으로 시작했지만 어느 정도 성과를 거두었다는 것은 쐐기문자 판독의 길을 제대로 안내했다는 평가를 받았다.

종합적으로 그로테펜드의 업적을 요약하면 다음과 같다.

> 첫째, 페르시아어 쐐기문자 새김글에는 세 가지 다른 형태의 쐐기문자로 기록돼 있어 페르시아어 쐐기문자만 판독하면 다른 것을 판독하는 실마리 역할을 할 것이라고 생각했다.
> 둘째, 고대페르시아어 쐐기문자는 알파벳이고 음절문자가 아닌 것을 밝혀냈다.

셋째, 글자 읽는 방향은 왼쪽에서 오른쪽인 것을 확인 했다.

넷째, 알파벳의 수는 40개로 구성되어 있고 장. 단 모음을 가진 철자를 포함하고 있는 것을 밝혀냈다.

다섯째, 페르세폴리스의 새김글은 젠드어로 쓰였다고 자신했다.(이 부분은 뒤에 가서 잘못 판단한 것으로 판명되었다.) 또한 새김글의 기록 시기는 아케메니드 왕조시대에 이루어 졌다는 것을 밝혀냈다.

그는 쐐기문자 새김글을 연구하면서 페르시아 왕을 칭송하는 반복구문의 예를 찾아냈다. 그 반복구문에서 왕 이름에 해당하는 철자를 찾아 비교하면서 쐐기문자 음가를 찾아보았다. 왕 이름은 주로 그리스 역사책에서 알게 된 것이다. 하나하나 철자를 찾아 10개의 철자를 찾아낼 수가 있었다. 다른 학자들이 나머지 철자를 판독해 내는데 45년의 세월이 걸렸다.

1815년에 그의 친구 희렌의 고대역사에 대한 연구지에서 그가 판독한 내용을 설명했다. 1837년에 "Neue Beiträge zur Erläuterung der Persepolitanischen Keilschrift"를 발행했고 1840년에는 "Neue Beiträge zur Erläuterung der Babylonischen Keilschrift"를 발행했다.

그로테펜드가 국제적으로 명성을 얻게 된 계기는 위에서 언급한 고대 페르시아어 쐐기문자를 판독하면서였다.

그의 업적은 고대 페르시아어 쐐기문자 판독에 초기 기반을 놓은 것이다. 그는 10개 철자를 밝혀냈으며, 그가 발견한 결과를 기초로 하여 나머지 철자들을 찾아내고자 부르노프, 라쎈, 로린슨 등이 열심히 연구하였다. 이 결과로 고대 페르시아어 쐐기문자를 판독하여 페르시아의 역사와 문화의 문을 활짝 열수 있게 되었다.

4) 논문에 대한 반응

논문 발표 후, 반응은 비난과 찬사 두 가지로 나뉘었다.

비난이 거의 대부분이었다. 대부분의 학자들이 그로테펜드의 판독을 믿지도 않았을 뿐만 아니라 인정하지도 않았다. 볼니(Volney)같은 사람은 그로테펜드가 밝힌 세 왕의 이름이 의심스럽고, 정확하지도 않다고 비난했고 많은 학자들도 동조 의사를 보냈다.

찬사의 입장을 나타낸 학자는 불란서의 듀페론, 드 사시 및 성 마틴 정도였다. 듀페론은 아베스타어 연구에 인생을 바친 사람으로서 그로테펜드의 판독 소식을 들었을 때에는 이미 연로해 은퇴한 상태였지만 크게 환영했고, 드 사시교수도 그로테펜드의 판독을 지지했고 또한 이 새김글들을 판독하기위한 시초가 마련되었다고 기뻐했다. 성 마틴은 적극적으로 그로테펜드의 판독이 사실이라는 것을 증명하려고 노력을 했고 결실을 얻었던 신부였다. 그로테펜드의 논문내용을 신랄하게 비판하고 부정했던 사람들에게 성 마틴은 결정적인 반격의 증거를 찾아내어 그로테펜드의 판독이 옳았음을 증명했다. 반격의 증거는 바로 이집트에서 만들어진 설화석고 병이었는데 이 병이 1762년에 파리에 도착되어 박물관에 보관되어 있고 그 병의 모습이 화보로 발간되었던 적이 있었다. 그 병의 표면에 긴 줄의 쐐기문자와 그 바로 밑에 짧은 줄의 쐐기문자가 새겨져 있었고, 그 옆에는 불꽃 무늬로 감싸인 이집트 상형문자가 새겨져 있었다. 이 당시에는 이 병의 중요성을 알지 못하던 시절이었다.

B.C. 5세기 이집트의 병으로 페르시아 왕 이름이 쐐기문자와 상형문자로 쓰여 있음. 현재뉴욕 Metropolitan Museum소장. 사진.Michael J.Caba 제공

1805년에 그로테펜드의 논문이 친구 희렌의 책 부록에 발간되고 난 후에 파리의 대수도원장인 성 마틴은 이집트에서 만든 설화석고 병에 쓰인 글자의 탁본을 손에 입수하게 되었다. 그는 그로테펜드의 연구와 그에 대한 비판들을 곰곰이 따져보고 있었을 때였다. 같은 시기에 불란서의 샹폴레옹(Champollion)은 이집트 상형문자 판독에 몰두하고 있었다. 마침 그 병에 새겨진 이집트의 글자가 있다는 정보를 듣고 샹폴레옹이 그 병에 새겨져 있는 글을 확인한 후에 성 마틴에게 공동으로 그 글자를 판독해 보자고 제안을 했다. 그래서 공동으로 연구한 결과 성 마틴이 발견하기를 그 병에 새겨져 있는 쐐기문자 중에 'ch, s, h, a, r, s, h, a'가 있는 것을 발견했다.

이 병에 쓰인 글자를 샹폴레옹이 처음 밝혔는데 이집트 텍스트는 'k-sh-'3-r-sh-3'이고, 고대페르사어로는 'kha-she-e-a-ra-she-a' (khschearscha = 페르시아 왕 Xerxes)였다.

그리고 병 꽃무늬에 써져 있는 것이 이집트 새김글자이고 이집트의 글자는 샹폴레옹에 의해서 판독되었다. 그 내용은 '크세르크세스, 위대한 왕'으로 밝혀졌다. 성 마틴은 그 병에 새겨진 쐐기문자들 중에 클래스 I로 새겨진 쐐기문자는 그로테펜드가 예문 G에 새겨진 글자 '크세르크세스'이어서 '왕'과 '위대한'이 연달아 나오는 새김글과 완전히 일치한다는 것을 확인했다. 이 새김글의 뜻이 샹폴레옹에 의해서 이집트 글자로 '크세르크세스, 위대한 왕'이라는 것이 확인되었다. 이렇게 해서 병에 새겨진 문자들이 이집트의 상형문자와 고대페르시아어 새김글 둘 다를 판독하는 실마리에 대해 상호 확인 작업의 기반이 되었다. 이것은 아주 작은 일로 보이지만 이것은 그로테펜드의 판독결과와 방법에 무한한 믿음과 신뢰를 가져오게 한 증거였다. 이 쐐기문자는 페르세폴리스에서 발견된 글자와 같은 형태로 고대 페르시아어를 표기한 것이고 나머지 하나는 이집트의 상형문자였던 것이다. 이 병에 새겨진 쐐기문자와 이집트의 상형문자가 이집트어와 아시리아어 연구에 중요한 역할을 했다.

더 나아가 성 마틴은 그로테펜드가 밝힌 다리우스 왕의 아버지 이름은 'Hystaspis'가 아니라 'Vishtaspa'라고 정정해 주었는데, 이 단어가 'Goshtasp' 단어 보다 더 옛날의 단어라는 것을 찾아냄으로서 'Hystaspis' 이름의 쐐기문자 첫 글자가 g가 아니고 v라고 정정해 주었다.

그로테펜드는 그의 발표논문에 대하여 신랄하게 비판받던 과정에서 도움을 받은 것도 있다. 새김글 G에서 마지막 단어, B에서 5줄에서 두 번째 단어가 동일한 단어 'Achaemenian'으로 판독하게 된 것은 비난과 비판받은 결과이다. 결과적으로 그가 이 새김글을 판독한 것을 영어로 적어 보면 다음과 같다.

Darius, great king, king of kings, son of Hystaspes.
Xerxes, great king, king of kings, son of Darius, king, the Achaemenian

이 중에서 특히 아케메니드 왕조를 표기한 단어를 판독한 것은 큰 진전이었다. 물론 뒤에 가서 밝혀진 사실로 보면 세 명의 왕 이름을 밝히는데 조금씩 잘못이 있었다는 것이 나타났다. 다리우스 왕의 아버지 이름 철자의 잘못된 점은 첫 두 철자에만 있었다. 그로테펜드는 판독한 내용 전부에 대해 명확하게 판독했고, 분쟁의 여지가 없다고 장담을 했었다. 그 이유로 세 명의 왕 이름에서 같은 철자가 쓰이고 있었고, 각 철자는 다른 철자를 지원해 주고 뒷받침해 주기 때문이라고 했다. 페르시아 철자는 모두 42개의 알파벳 철자로 생각했었고, 그중에서 그로테펜드는 13개를 찾아냈다고 믿고 있었다. 곧 이어서 그는 13개에다 이 텍스트에서 아후라마즈다(Ahuramazda) 신 이름을 표기하는 단어를 이용해서 단순한 철자 연합을 통해서 몇 자를 더 첨가했다.

그로테펜드의 판독 결과를 나중에 가서 살펴보면 그가 14개의 철자에 부여한 음가들 상당수에서 잘못되었다는 점이 나타났다. 그로테펜드의 논문 발표 후에 그의 판독결과에 대하여 수정작업에 나선 학자들의 연구 결과를 보면 다음과 같다.

▌ 첫째 학자: 라스무스 라스크(Rasmus Rask 1787-1832)
라스크는 노르웨이 태생이지만 덴마크의 국적을 가지고 있었다. 그는 동양 언어에 해박한 지식을 가지고 있었고, 젠드어에 대한 연구를 주로 했는데 그는 젠드어가 산스크리트어와 깊은 관계가 있음을 밝혀냈다. 그는 젠드어가 산스크리트어만큼 오래된 언어로서 페르세폴리스 새김글에 새겨진 한 언어와 아주 밀접한 관계를 가지고 있는 것을 찾아냈는데 그로 테펜드도 실제로 추측하고 있었던 것이다. 라스크는 고대 페르시아어에 복수어미를 발견했다. 즉 '왕' 단어에 붙어있던 소유격 복수어미를 바르게 읽을 수 있게 했다.

그리고 그로테펜드가 판독과정에서 이 구절 '왕 중의 왕'의 철자들을 결정하지 못해 애를 먹고 있을 때에 라스크가 철자들을 적절하게 분해 할 당해서 구를 완성했다. '왕' 단어 다음에 또 다른 단어에서도 같은 어미가 나타난 것에 대해서 라스크는 매우 쉽게 판독을 했다. 즉 사사니드 왕조의 새김글에 나오는 구절 '여러 나라의 왕'에서 나오는 것과 같은 이치인 것을 알게 되었다. 고유이름에는 나오지 않았던 두 철자 m과 n의 올바른 음가를 올바로 맞추었다. 그의 언어학적 배경을 볼 때에 클래스 I에 나오는 각 철자가 각각의 하나의 음가를 가졌다고 증명할 수가 있는 능력이 있었다. 그로테펜드가 추측한 것 같이 각 철자가 하나 이상의 음가를 갖지 않았음을 증명했다. 이러한 원칙이 성립되자 페르시아어의 모음표기 철자를 찾아내는데 큰 진전을 보았다.

▌두 번째 학자: 유진 부르노프(Eugene Burnouf 1801-1852)

그 당시에는 젠드어라고 이름하고 있던 고대 페르시아어에 대한 장족의 발전은 그 당시의 가장 유명한 불란서의 페르시아어 학자 부르노프에 의해서 이루어졌다. 그는 이미 그 당시 페르시아어의 권위 있는 학자로 인정받았고, 아베스타어의 문법을 과학적인 방법으로 기술한 사람으로 명성을 얻고 있었다. 그는 아베스타어의 복잡성을 이미 파악하고 있었다. 또한 이 새김글이 새겨진 이후 시대에 페르시아의 생활상과 종교관에 관한 지식을 이미 터득하고 있었다. 이러한 사전 지식을 가지고 새김글을 조사하고 있었다. 그 중에서 니에브르가 나크시-이-루스탐지역에서 복사한 작은 새김글에서 여러 나라의 이름 목록을 찾아냈다. 이 목록을 집중적으로 연구해 보니 단번에 여러 가지 사실이 밝혀졌다. 첫째, 페르시아 알파벳의 거의 모든 철자를 밝혀냈고, 둘째, 고대페르시아어는 아베스타어와 동일언어는 아니지만 아주 깊은 관계가 있는 가까운 언어임을 밝혀냈다. 인구어와 같이 아베스타어도 고대 페르시아어 연구에 중요한 보탬이 될 것으로 생각했다.

그로테펜드의 발표논문을 조사해서 '왕'을 뜻하는 단어 다음에 오는 '위대한'을 그로테펜드의 잘못된 판독을 바로 잡아 주었고, 두 가지 이상의 철자 음가를 즉 k와 z을 확정해 주었고, 그는 또한 나크시-이-루스탐지역 새김글에서 발견한 페르시아의 지역이름 목록을 만들었고 그것을 이용해서 고대페르시아어의 알파벳을 완전히 음역해냈다. 그는 1836년에 니에브르가 발간한 새김글의 첫째에 다리우스의 총독들(Satraps) 이름들이 포함되어 있다는 것을 발견하고 이 단서를 이용해서 30개의 철자 알파벳을 찾아내어 발간했는데 그의 판독이 대부분 올바르다는 것이 증명되었다. 결국 그가 고대 페르시아어의 쐐기문자 판독을 대부분 최종적으로 완성한 사람으로 기록되고 있다.

▌세 번째 학자: 크리스찬 라쎈(Christian Lassen 1800-1876)

1836년에는 독일의 동양학자 라쎈이 클래스 I이라고 명칭 된 고대페르시아어 새김글에 대한 포괄적인 연구 논문 'The Old Persian Cuneiform Inscriptions of Persepolis'를 발표함으로 큰 진전을 보게 했다. 라쎈의 연구 논문 발표 이후부터 페르세폴로스의 새김글 클래스 I에 대한 명칭이 고대페르시아어로 바뀌어 사용하게 되었다.

그는 지금까지 진행되어 온 판독의 기본을 새롭게 조명해 보면서 그로 테펜드가 판독해 낸 고유이름을 재확인해 보니 그로테펜드가 행한 하나의 실수를 밝혀냈다. 그로테펜드가 올바르게 추측은 했음에도 '왕'을 뜻하는 단어와 복수를 나타내는 단어를 잘못 판독했다는 것을 밝혀내고, '왕'의 구성 철자 7개 모두를 올바로 판독해 냄으로써 초기 판독가로서 그로테펜드 다음으로 공헌을 했던 사람으로 평가받게 되었다. 그로테펜드가 7개 철자 '왕'을 Kh, sh, e, h, i, o, h로 판독했는데 이것은 잘못 판독되었던 것이고 Kh, sh, a, ya, t, i, ya으로 읽어야 된다고 라쎈이 정정해주었다. 이것을 정정해 줌으로써 초기 판독가의 명성을 그로테펜드와 나누어 갖게 되었다.

그는 니에브르가 나크시-이-루스탐에서 복사한 여러 나라이름 목록을 그의 연구 주제로 잡아 연구를 했다. 그가 이 자료에 대한 연구결과를 발표한 무렵에 부르노프도 같은 주제의 논문을 발표했는데 그의 연구와 거의 동일한 것이었다.

그러나 그는 부르노프의 연구 결과보다 조금 능가하는 연구업적을 쌓았다. 그의 연구 결과를 보면 만약 그로테펜드가 주장한 철자의 조직법칙을 엄격하게 따르고, 모든 철자에 그로테펜드가 부여한 음가대로 읽게 된다면 많은 단어를 전혀 발음 할 수가 없는 상태가 되거나, 다른 단어들은 전적으로 모음 없는 단어이거나, 아니면 거의 모음 없는 단어로 남게 될 것이라는 사실을 발견했던 것이다. 그 예를 들면 'Cprd, Thtgus, Ktptuk, Fraisjm'로 구성된 이 단어들을 사실 발음할 수가 없다. 이 상황을 조심스럽게 연구하던 라쎈은 아주 중요한 사실을 발견했다. 즉 산스크리트어 알파벳에 대한 지식을 활용해서 밝혀낸 것인데 이 고대페르시아어 철자는 순수한 알파벳이 아니고, 적어도 부분적으로 음절문자라는 사실을 파악했던 것이다. 어떤 철자 b는 음절문자로서 ba, bi, bu 등의 음절을 나타내기도 하고 또한 b음이 알파벳을 나타내기도 한다는 사실이다. 그는 a모음 기호는 세 가지 용법이 있다는 것을 밝혔다. 즉 a는 단어시작에만 나오고, 자음 앞에서만 사용하고, 그리고 다른 모음 앞에서만 사용된다는 것이다. 그 이외에 모음 a는 모두 자음기호에 포함되어 쓰인다고 주장했다. 그의 주장을 예로 들어보면 다음과 같다. 이 예는 니에브르 복사본 B의 예 두 번째 줄, G의 첫 번째 줄의 끝과 두 번째 줄의 첫 번째에 나오는 철자들의 음이다. 이 철자는 vzrk인데 음절로 vazaraka로 읽어야 된다는 것이다.

Va Zo Ra Ko
(c)

또한 예 G 3번째 줄에 중간단어는 다음과 같이 읽어야 된다고 했다.

D A Ra Va Va H U S
(f)

이 발견은 아주 중요한 발견이었고, 지금까지의 판독이 소위 소발에 쥐잡기 식의 판독에서 아주 체계가 잡힌 판독의 계기가 되었다. 라쎈은 독자적으로 다리우스 왕의 총독들 이름을 연구해 왔으며 페르시아어 철자들의 음가를 찾아 확정 시켰다고 주장했다. 세이세(Sayce)는 고대 페르시아어의 새김글 판독에 라쎈의 공헌은 크고 중요하다는 것을 인정했다. 라쎈은 실질적으로 페르시아 알파벳 거의 모든 철자의 음가를 확정시키는 데 성공했다. 그리고 텍스트를 번역하는 데에도 페르시아의 언어는 젠드어가 아니었고, 그들의 언어는 젠드어와 산스크리스트어 둘 다 자매어 관계에 있는 언어라고 했다. 결과적으로 고대 페르시아어의 쐐기문자가 다 판독되었을 때에 종합해 보면 철자가 모두 36개는 알파벳의 특성을 띤 음절문자 기호와 8개의 뜻글자로 전부 44개와 하나의 단어분리표시가 있었고, 10진법으로 된 여러 가지 숫자가 있었다. 그래서 고대페르시아어 철자를 모두 찾아냄으로서 클래스 II와 클래스 III 등 다른 두 가지 언어의 쐐기문자 판독의 길도 열어놓았다.

2. 헨리 로린슨(Henry Rawlinson 1810-1895)

유럽에서 페르세폴리스 새김글 판독은 주로 유럽학자들에 의해서 이루어지고 있었고, 주도권은 그로테펜드와 부르노프가 잡고 있었다. 그로테펜드가 이루어 놓은 페르시아 새김글 판독에서 세 명의 왕 이름과 몇몇 단어를 밝혀낸 상태에 불과한 것과 그로테펜드의 잘못된 부분을 교정하는 과정에서 새로운 정보가 밝혀지고 있었지만 이 과정에서 자료의 부족을 크게 느끼고 있었다. 그래서 판독에 대한 회의와 불만의 목소리도 상당히 크게 나오는 상태가 되어갔다. 이런 가운데에 페르시아 새김글 판독 작업에 비판하던 목소리를 죽이고 신선한 충격을 준 사람은 영국의 로린슨 소령이었다.

그는 1810년 4월 영국의 옥스퍼드 주 채드링톤(Chadlington)에서 태어났다. 그는 사관생도로서 동인도 회사를 지원하기 위해 인도에 파견되었다. 그는 인도에서 페르시아어와 인도의 여러 언어를 공부했다. 1833년

23세의 나이에 페르시아 군대를 재조직하는 일에 참가했다. 페르시아 복무 중에 그의 관심은 몇 개의 바위에 새겨진 새김글에 있었다. 그 중에서도 제일 처음 호기심을 불러일으킨 것은 하마단(Hamadan)에 있는 새김글이었고, 그것을 아주 조심스럽게 복사를 했다. 처음 쐐기문자를 복사한 해가 1835년 그의 나이 25살 때이며 그는 이상하고 신기한 쐐기모양의 글자에 큰 흥미가 있었다.

1835년경 이때에는 유럽에서는 페르세폴리스에서 복사해 온 새김글을 판독하는 일에 학자들이 몰두하고 있던 시기였는데, 페르시아에서 군 복무를 하던 로린슨은 이때에 처음 관심을 가지게 되었고, 유럽학자들의 연구에 관해서 아는 바도 전혀 없었다. 사실 로린슨이 유럽에 있는 그로테펜드의 연구결과를 언제 알게 되었는지 알 수가 없다. 물론 왕립 아시아 학회 총무인 노리스(Norris)가 페르시아에 군 복무 중에 있는 로린슨에게 그로테펜드의 연구결과를 보낸 것은 사실이지만 언제 보냈는지에 대한 시기 기록은 없다. 한 가지 중요한 것은 그가 상당한 기간 동안에 혼자 페르시아 쐐기문자를 탐구했고, 그가 유럽의 여러 연구업적을 알기 전에 로린슨 자신이 생각한 판독방법을 적용해서 판독에 임했다는 것이다. 그런데도 놀랍게도 로린슨이 판독에 적용한 방법이 그로테펜드가 적용한 방법과 똑같다는데 있다. 그는 그로테펜드가 선택했던 방법과 똑같은 방법을 따랐고, 또한 이상하게도 그가 밝혀낸 첫 세 사람의 이름도 똑같은 왕 (Darius, Xerxes, Hystaspes)의 이름이었다. 이 점에서 로린슨이 유럽의 연구업적에 대한 지식을 일부 접하지 않았나 하고 의심받는 대목이다. 그가 그로테펜드의 경우처럼 이중 언어 새김글 두 개를 복사해서 조사해 보니 각 새김글이 세 개의 다른 언어로 서로 차이가 나는 쐐기문자로 새김글이 새겨졌다는 것을 즉각 파악했던 것이다. 물론 로린슨이 세 개의 언어로 새겨졌다고 즉각 알게 된 것은 그의 동양학 공부가 큰 도움을 준 것으로 추측된다.

로린슨은 유럽학자들의 의심을 의식해서인지 1839년 29세 때에 로린슨이 새김글 판독에 관해서 보다 상세하게 다음과 같이 언급한 바가 있다.

'When I proceeded... to compare and interline the two inscriptions(...)I found that the characers coincided throughout, except in certain particular groups, and it was only reasonable to suppose that the groups which were thus brought out and individualized must represent proper names. I further remarked that there were but three of these distinct groups in the two inscriptions: for the group which occupied the second place in one inscription, and which, from its position, suggested the idea of its representing the name of the father of the king who was there commemorated, corresponded with the group which occupied the first place in the other inscription, and thus not only served determinately to connect the two inscriptions together, but, assuming the groups to represent proper names, appeared also to indicate a genealogical succession. The natural inference was that in these three groups of characters I had obtained the proper names belonging to three consecutive generations of the Persian Monarchy; and it so happened that the first three names of Hystaspes, Darius, and Xerxes, which I applied at hazard to the three groups, according to the succession, proved to answer in all respects satisfactouily and were, in fact, the true identifications.'

위 언급한 내용을 요약하면 다음과 같다.

첫째, 두 개의 새김글을 비교해 보니 철자 그룹을 제외하면 철자들이 동일했다.

둘째, 이 철자 그룹은 고유이름을 표현하는 것 같았다.

셋째, 두 새김글에서 세 개의 철자 그룹이 있었다.

넷째, 한 새김글에서 두 번째 자리에 있는 철자 그룹의 위치로 보면 업적을 새김글에 새긴 장본인 왕의 아버지 이름을 표기한 듯 하며, 다른 새김글에서 첫 번째 자리에 위치한다.

다섯째, 한 새김글에서 두 번째 자리의 철자 그룹은 두 새김글을 연결시켜주는 역할을 하며 고유이름을 표기하고, 또한 혈족관계를 표현하는 것 같다.

여섯째, 이 세 철자그룹이 표기하는 고유이름은 페르시아 왕가에서 세 명의 혈족으로 구성된 왕 이름일 것이고, 그 세 명의 이름은 히스타스페스, 다리우스, 크세르크세스 일 것으로 추측했다. 실제로 세 이름이 옳은 판독이라는 것이 증명되었다.

위에서 3명의 왕 이름을 올바르게 판독하고 나서도 계속 판독에 몰두했다. 그는 계속해서 판독되는 쐐기문자의 기호들을 모두 목록으로 작성했으며, 그 당시에 다른 유럽학자들(Grotefend, de Sacy, Saint-Martin, Rask, Burnouf, Lassen)의 연구 진전에 대해서 전혀 알지도 못한 상태에서 1835년에 페르시아의 짧은 새김글에서 고유이름을 판독해 발표했다.

그러나 로린슨은 독일인 그로테펜드가 페르세폴리스에 새겨진 쐐기문자를 판독한 방법과 똑 같은 방법으로 새김글을 판독해냈지만 쐐기문자의 모든 기호를 밝혀내기 위해서는 양이 많고 더 긴 쐐기문자 텍스트를 접해 볼 필요성을 느끼게 되었다. 그는 이러한 필요성에 적합한 텍스트는 이란의 베히스툰 바위벽에 새겨진 쐐기문자라는 것을 알게 됐다.

베히스툰이란 이름은 아랍 지질학자 야쿠트(Yaqut)가 사용한 것을 로린슨이 다시 인용하면서 널리 알려지게 되었다. 이 베히스툰의 새김글은 몇 가지 특징이 있는데 그 당시에는 알지 못했다.

첫째, 페르시아의 아케메니드 왕조시대 왕들이 남긴 새김글 중에서 가장 길었다. 그리고 역사학적, 고전 문헌학적면에서도 가장 중요한 기록이다.

둘째, 다리우스 왕이 새긴 베히스툰 새김글은 쐐기문자를 판독하고 고대 페르시아어를 이해하는데 결정적이 역할을 했다. 이 베히스툰 새김글의 위치는 바빌론에서 페르시아의 수사를 거쳐 현재의 하마단을 연결하고, 중앙아시아를 거쳐 인도까지 연결된 고대 왕의 도로 상에 있는 케르만샤 지역으로부터 30킬로 동쪽에 위치한 바위산의 중턱에 있다.

로린슨은 베히스툰(Behistun) 새김글을 탁본하고 연구에 집중하던 중에 1836년 26세 때에 처음으로 이란의 테헤란에서 그 당시 불란서 파리의 수도원장인 성 마틴과 여러 사람들과 만나서 교류를 했지만 그 자신이 가지고 있던 정보보다 더 새롭고 참신한 정보를 얻을 수가 없었다. 오히려 로린슨이 더 많은 정보와 연구의 진전을 확인한 셈이 되었다.

고대 페르시아글자 음절표를 충분히 밝히기 위해서 더욱이 고대 페르시아어 42개의 철자를 밝히기 위해서는 보다 많은 수의 고유이름을 밝힐 자료가 필요했다. 그래서 로린슨은 페르세폴리스의 자료보다 베히스툰 바위에 새겨진 새김글에 더 많은 관심을 집중했다. 베히스툰 이외의 새김글은 전국적으로 많은 곳에 흩어져 있었다. 새김글은 페르시아의 여러 장소(Elwend, Hamadan, Murgab, Mesdjid, Mader-i-Suleiman, Naksh-i-Rustam)에서 발견되지만 내용들이 너무 짧고 간단해서 쓰인 철자가 겨우 4-8개 정도 뿐이지만, 베히스툰의 예는 각기 다른 쐐기문자로 400글 줄 이상이었다. 로린슨은 이 베히스툰의 새김글을 복사하는데 정말 어렵고 힘든 고된 작업을 해야 했다. 1835년 25세 때에 그가 베히스툰 새김글을 처음 발견했지만 이때에는 전 텍스트를 복사할 수가 없었다. 2년 후 1837년도에 조금 더 많은 복사를 했다. 그 때 쯤에 쐐기문자에 대한 그의 지식도 상당히 향상되어 있었다.

1937년에 드디어 그는 베히스툰 페르시아어 새김글의 첫 두 단락에 대한 판독 내용을 영국 런던 왕립 아시아학회 제출했다. 그의 판독 중에는 다리우스 왕의 이름, 직함, 직계혈족 등도 포함되어 있었다. 1937년 까지도 그가 듀페론의 연구업적을 인용한 것을 제외하고는 관계된 어떤 언어에 대한 지식을 얻지 못하고 이 판독을 해냈다. 그 다음해인 1838년 가을에 가서야 비로소 부르노프의 아베스타어에 대한 연구 업적을 입수할 수가 있었다. 이 연구 업적은 로린슨의 판독 작업에 아주 중요한 영향을 끼쳤다. 1838년 그 해에 드디어 니에브르가 복사해온 페르세폴리스의 새김글 복사본을 입수했으며, 특히 부르노프와 라쎈에게 큰 도움이 되었던 국가 이름 목록표도 입수하게 되었는데 이것도 그의 판독에 크게 도움이 되었다. 이렇게 유럽 학자들이 이미 이룩해 놓은 업적을 접하게 됨으로서 로린슨은 보다 쉽게 판독의 일을 계속해 나갈 수가 있었다.

베히스툰 새김글은 다리우스 왕이 그 장소에 새기게 했는데, 그 내용은 그가 반란군을 진압한 것, 수많은 민족을 정복한 것, 그가 이룩한 여러 가지 업적 등으로 되어 있다. 처음에는 베히스툰의 새김글을 누구나 볼 수가 있게 설치했던 발판의 흔적이 있을 뿐 지금은 사라지고 없다. 로린슨은 이 새김글에서 수백 개의 장소이름을 확보할 수가 있었다. 그는 끈질긴 노력과 고고학 학자들의 도움, 중세 지리학자들의 도움으로 이 장소 이름들을 밝혀내었고, 거기에서 18개 이상의 철자를 찾아냈다.

1839년까지 베히스툰 새김글에서 고대페르시아어 200줄을 읽어내었다. 그 결과 베히스툰 새김글에서 고유이름을 밝혀내 고대 페르시아 쐐기문자의 전 음가를 찾아내는 성과를 올렸다. 다리우스 왕과 크세르크세스 왕 이름을 판독함으로서 d, r, u, a를 표기하는 철자를 찾아내어 7철자로 되어있는 이름을 완전히 판독하는 것은 쉬운 일이 되었다. 특히 놀라운 일은 로린슨이 다른 학자들이 이룩해 놓은 업적을 알지 못한 상태에서 혼자 힘으로 이룩해 놓은 결론들이 여러 학자들(주로 Grotefend, Saint Martin, Rask, Bournouf, Lassen, Hincks, Oppert 등)이 협력해서 도출해 놓은 결론들과 일치했다는 사실이다. 이것은 바로 로린슨의 연구 과정이 이치에 합당했다는 것을 확인해 주는 것이며 동시에 그가 연구한 방법에 신뢰성을 확보하고 있다는 의미이다.

로린슨은 이런 연구 업적을 이룩한 후에야 유럽 여러 학자들이 연구해온 업적을 알게 되었고 이때부터 유럽 여러 학자들과 연구 자료를 주고받았는데 주로 부르노프와 라쎈과 교류했다.

로린슨은 부르노프의 연구 결과에 큰 도움을 받았다. 연구결과를 보면 젠드어 철자를 밝혀냄으로서 페르시아 새김글 판독에 아주 잘 이용할 수가 있었다. 젠드어와 산스크리트어와의 비교연구는 그가 연구해놓은 연구 결과를 검정해 주는 좋은 잣대로서의 역할을 해 주었다. 왜냐하면 젠드어와 산스크리트어가 실질적으로 관계가 확인된 후에 산스크리트어는 젠드어가 밝히지 못한 단어의 의미들을 해결해 줄 수 있었기 때문이다. 산스크리트어에서 s음은 일관되게 젠드어와 고대페르시아어에서 h음으로 변한 것이 밝혀졌는데 예를 들면, Sindhus(산스크리트어)→Hindu (젠드어, 고대 페르시아어), 또 다른 예는 dasye people(산스크리트어)→dahyu (젠드어, 고대 페르시아어) 등이다. 이와 같은 자음변화 규칙이 페르세폴리스 새김글의 단어에 어미를 해석하는데 대단히 중요한 역할을 했다. 이와 같은 방법으로 해서 더 이른 시대의 판독에 대한 추측과 추리가 실제적인 연구의 대상이 되었고, 경우에 따라서 확인이 되기도, 거부되기도, 변경되기도 하면서 판독에 진전이 되어 갔다.

1838년 겨울에 로린슨은 고대페르시아어의 판독을 사실상 완료했다. 그리고 그가 판독한 결과를 발간하기 까지 신중을 기하면서 잘못된 점을 찾아 교정 했다. 그는 바그다드에 가서 거주하면서 산스크리트어에 관한 책을 독서하면서 그의 판독을 교정하고 있었다. 1839년에 라쎈으로 부터 편지 한 장을 받았는데 라쎈의 충고를 듣고 전에 알지 못했던 철자 한자를 판독할 수가 있었다. 그는 또한 리치(Rich)에게서 페르세폴리스에서 탁본한 복사본과 크세르크세스의 새김글의 판독 글을 받아보았다.

1946년 36세 때에 영국 왕립 아시아학회에 연속해서 몇 편의 연구논문을 발표했다. 논문 내용은 고대 페르시아어 새김글 판독에 관한 것이었다. 그 논문에 처음으로 베히스툰의 고대페르시아어 새김글 전체를 거의 완벽하게 번역한 내용을 담았다. 이 논문으로 로린슨은 동양학 연구에서 불후의 명성을 얻게 되었다. 왕립아시아학회의 잡지에 실린 로린슨의 논문이 쐐기문자판독에서 절대적이고 확고한 기초를 놓는 계기가 되었다.

1836년에서 1847년까지 11년간 로린슨은 계속해서 피나는 노력 끝에 서부 이란지역에 있는 베히스툰 절벽에 새겨져있는 새김글을 완전 복사했다. 1846년에 그때까지 판독한 부분만을 출판했다.

3. 에드워드 힝크스(Rev. Edward Hincks: 1792-1866)

힝크스 목사는 페르세폴리스의 새김글 판독가로서 마지막 위치에 놓이는 사람이다. 그는 아일랜드의 코크(Cork)에서 1792년에 태어났기에 영국의 로린슨 보다 18년 선배이다. 그는 더블린의 트리니티(Trinity College)대학을 졸업하고 킬리리프(Killyleagh)에서 목사로 평생 지냈다. 그 곳에서 수학에 열중하다가 동양 언어에 몰두하여 히브리어 문법책을 펴내기도 했다. 이집트 상형문자 판독에 참여하여 큰 명성을 얻기도 했다. 그의 일대기에서 그가 행한 일들을 구체적으로 나열된 것이 없어 언제부터 페르세폴리스에서 나온 새김글을 연구하기 시작했는지는 알 수가 없다. 그러나 로린슨과 그로테펜드와는 별도로 따로 연구해서 새김글에 쓰인 철자들의 의미를 파악해 로린슨의 논문이 발표되기 전에 그의 논문에 페르세폴리스의 새김글 일부를 판독한 내용이 담겨있었다. 그는 먼저 왕립 아이리쉬 학술원(Royal Irish Academy) 회원들 앞에서 1846년 5월에 완성하고 그의 첫 번째 발간된 논문을 6월 6일에 발표했다. 그는 이 논문에서 페르세폴리스 새김글의 판독에 유럽의 웨스트가아아드와 라쎈의 노력을 이미 알고 있다는 사실만을 밝히고 있어서 다른 판독가들의 연구결과는 모르는 것 같았다. 그는 이 두 사람의 판독결과를 훨씬 능가하는 결과를 발표했다. 힝크스는 로린슨이 1846년에 발표한 고대페르시아어 판독결과 논문을 보고 그의 소감을 익명으로 1847년 1월에 더블린대학 잡지에 기고했는데 그 내용은 상당히 비판적이었다.

'In adding this new name to the catalogue of royal authors, we assure our readers that we are perfectly serious. The volume which conatins this monarch's own account of his accession, and of the various rebelions that followed it, is now before us: and unpretending as it is in its appearance, we do not hesitate to say that a more interesting-and on many accounts a more important addition to our library of ancient history has never been made.'(Rogers, 1900)

　이런 말을 시작한 후에 익명의 기고자는 소령 로린슨이 다리우스 왕의 새김글을 이란의 베히스툰에서 어떻게 복사했는지, 그가 어떻게 그것을 성공적으로 판독했는지를 설명해 나갔다. 독자가 잡지를 읽어나가다 보면 익명의 저자가 로린슨의 연구에 대해서 언급하고 유럽의 그로테펜드와 다른 판독가들이 어떤 일을 이행했는지 설명하는 것을 보면 여러 가지 판독의 역사를 전체적으로 기고자는 환히 꿰뚫고 있는 듯 했다. 그는 정중하면서도 부드럽게 그러나 통렬하게 로린슨의 판독과 번역을 비판하고, 수 년 동안의 연구주제를 전부 훤히 알고 있는 사람의 태도를 취하고 있었다. 이렇게 이란의 고대페르시아어의 판독과 번역에 관한 이처럼 해박한 지식을 가지고 있었던 사람은 그 당시에 아일랜드에서는 힝크스 밖에 없었다. 이 기고 글 영향인지는 알 수가 없으나 로린슨은 힝크스를 아주 싫어했고, 훗날 영국 대영박물관에 연구관으로 갔을 때에도 로린슨은 그 박물관의 이사로서 힝크스의 초대를 아주 신랄하게 비판하며 반대한 바가 있다.

　힝크스의 판독과 번역결과는 그로테펜드, 로린슨에 이어 세 번째이지만 독자적으로 판독한 결과였다. 물론 로린슨처럼 완전한 것은 아니었고, 부분적인 판독결과였다. 그래서 힝크스는 이것을 시작으로 계속 동양 언어 연구에 매진했다.

　위에 언급한 세 학자의 연구로 인하여 고대페르시아어가 완전히 판독되었다. 고대 페르시아어는 B.C. 600년에서 B.C. 300년까지 아케메니드 왕조시대에 약 300년간 페르시아 인이 사용한 언어이다. 이 언어가 유럽인들에게 알려지게 된 것은 다리우스 왕 1세가 베히스툰에 쐐기문자로 적은 새김글로 통해서다. 이 고대 페르시아어는 서부 이란어이고 아베스타어는 고대 동부 이란어로서 고대 페르시아어보다 더 오래된 언어이다. 이 고대 페르시아어는 파르티아어와 사사니드 왕조시대의 언어인 중세 페르시아 언어로 진화되어 갔고, 이때가 B.C. 300년-A.D. 600년까지이고, 이 중세 페르시아 언어에서 현대 페르시아어가 형성되었다. 중세 페르시아어는 셀레우코스 왕조(Seleucus = 알렉산더의 부하이고 시리아 왕국의 초대 왕)몰락이후에 사용된 언어다. 이란인들은 고대 페르시아어에 대한 지식과 아케메니드 왕조에 대한 지식은 사사니드 왕조의 몰락이후에 알게 되었다.

아케메니드 왕조의 수도 페르세폴리스는 타크트-이 잼쉬드(Takht-e Jemsheed) 라고 칭했는데 이것은 페르시아의 4대 왕이며 700년간 나라를 다스렸다고 하는 신비로운 왕 잼쉬드(Jemsheed)의 수도라고 생각했기 때문이다. 또한 베히스툰 새김글의 존재에 대해서 여러 가지 황당한 이야기들이 사람들의 입에 오르내리고 있었다. 아케메니드 왕조와 고대페르시아어의 재발견은 고대 페르시아어로 새겨진 쐐기문자의 판독에 관한 호기심과 노력의 덕택이었다.

고대 페르시아어의 쐐기문자는 완전히 판독이 되었으며 이 판독이 나머지 두 가지 새김글 쐐기문자판독에 열쇠 역할을 했다. 물론 다른 두 언어의 쐐기문자에도 같은 내용으로 다리우스 왕의 업적이 새겨져 있었다. 나머지 두 언어는 엘람어(일명 Susian 어라한다: 이란어)와 바빌로니아어로서 쐐기문자로 기록되어 있었다.

결과적으로 그로테펜드, 로린슨, 힝크스, 부르노프, 라쎈 등이 고대페르시아어 쐐기문자를 판독하면서 찾아낸 자음 모음과 표의문자와 숫자 등은 다음과 같다.

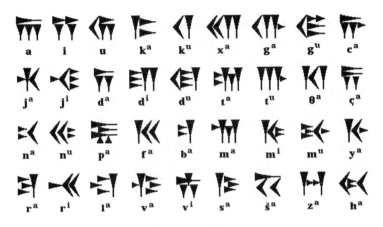

고대 페르시아 음절표(36개)

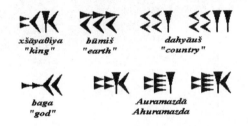

고대 페르시아어 쐐기문자의 뜻글자 5개(변이형 3개)

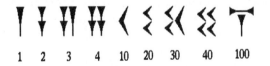

| 1 | 2 | 3 | 4 | 10 | 20 | 30 | 40 | 100 |

고대 페르시아 숫자(쐐기문자로 표시)

고대페르시아 쐐기문자로 단어분리표시

고대페르시아어의 쐐기문자 판독은 사실상 종결되었다. 따라서 1862년에 나온 스피겔(Friedrich Spiegel)이 쓴 고대 페르시아어 새김글에 관한 저서는 고대 페르시아어 새김글 모두를 게재하고 번역과 문법, 단어해설 까지 첨가함으로서 그 당시 가장 훌륭한 학자들의 합동 노력으로 구축해 놓은 구조물에 결정적인 마침표를 찍은 저서로 평가된다. 저서의 원이름은 'Die Altpersischen Keilinschrift en im Grudtexte mit Uebersetzung, Grammatik und Glossar'이다. 이 저서에는 판독의 역사도 기록되어 있다. 다음은 페르시아 쐐기문자 새김글 예이다.

페르세폴리스 궁에 다리우스 I세 궁전 내실 문설기에 새겨진 글.

(고대 페르시아어 쐐기문자)

위 문설기에 새김된 것을 다시 쓴 것. (B새김글)

da-a-ra-ya-va-u-ša \ xa-ša-a-ya-tha-i-ya \
va-za-ra-ka \ xa-ša-a-ya-tha-i-ya \ xa-ša-a-
ya-tha-i-ya-a-na-a-ma \ xa-ša-a-ya-tha-i-ya \
da-ha-ya-u-na-a-ma \ vi-i-ša-ta-a-sa-pa-ha-ya-
a \ pa-u-ça \ ha-xa-a-ma-na-i-ša-i-ya \ ha-
ya \ i-ma-ma \ ta-ça-ra-ma \ a-ku-u-na-u-ša

위의 새김글을 각 음절을 로마자로 판독

Dârayavauš xšâyathiya
vazraka xšâyathiya xšâ-
yâthiânâm xšâyathiya
dahyunâm Vištâspahy-
a puça Haxâmanišiya
hya imam taçaram akunauš

위의 음절 별로 읽은 것을 단어로 맞추어 판독

Darius, the king
great, king of ki-
ngs, king of
countries, Hystasp-
es' son, an Achaemenid,
who built this palace.

위를 영어로 번역

Darius, the great king, king of kings, king of
countries, Hystaspes' son, an Achaemenid, built this
palace.

위의 영어를 영어어순에 맞게 씀

다리우스, 위대한 왕, 왕 중의 왕, 여러 나라의 왕,
히스타스페스의 아들, 아케메니드 왕조, 이 왕궁을 축조했다.

한국어 번역

4. 베히스툰의 새김글 내용

베히스툰의 바위벽에 새겨진 새김글의 내용은 페르시아 다리우스 왕
시대에 사용된 페르시아어 쐐기문자로 다리우스 왕이 페르시아 제국을
크게 일으켜 세운 역사를 기록한 것이다. 그 내용을 요약하면 다음과 같다.
첫 칸에서 그가 말하기를 '나는 다리우스 위대한 왕이며, 왕 중의 왕이
요, 페르시아의 왕이요, 여러 나라의 왕이며, 히스타스페스의 아들이다.'
라는 말을 시작으로 그의 집안 내력을 계속 말하면서 자랑을 한다. 그리

고는 그가 다스리는 국가가 23개 되는데 그 국가의 이름을 일일이 기록했고, 그가 바빌론, 메디아, 여러 다른 나라들이 반란을 일으켰을 때 어떻게 진압했는지를 기록하고 있다.

둘째 칸에서 그 당시 페르시아에서 사용되었던 쐐기문자로 다리우스 왕은 니딘투-벨을 사로잡아 바빌론에서 죽인 내용을 싣고 있다.

그리고 부조의 조각에 보면 왕 중의 왕 앞에 9명의 배반자가 서있는데 모두가 목과 목에 쇄사슬로 묶여 있었고, 각 배반자 머리위에는 그의 이름이 새겨져있었다. 예를 들면 가우마타의 머리위에는 '이 사람이 마기인 가우마타 인데, 그는 거짓말을 했다. 그는 나는 키루스의 아들 스메르디스다 라고 했다.'라고 기록되어 있다. 각 포로의 머리위에는 같은 설명이 새겨져있다. 계속해서 새김글에는 다리우스 왕이 여기에 아주 진실 되게 거짓 없이 사실만을 새겨놓았다고 강조하고 있다.

그러면서 이 새김글의 결론으로 아후라마즈다 신의 은총으로 이 새김글에 새기지 않은 많은 일들을 행하였다. 여기에 새기지 않은 것은 만약에 이후에 이 새김글을 살펴보든 사람이 많은 일들이 거짓으로 기록된 것이 아닐까하고 의심을 할까 봐서 새기지 않았다고 기록하고 있다.

끝으로 새김글은 다음과 같은 당부의 말로 끝난다. 이후에 다리우스가 새겨 놓은 이 새김글과 이 부조 조각들을 바라보면서 새김글과 부조 조각들을 상처내지 않도록 조심하고 오래 보존해 주기를 바라는 소원을 기록했다.

다음의 지도는 다리우스 왕이 다스리던 페르시아제국의 지도인데, 이때가 가장 페르시아가 많은 영토를 확장했을 때의 모습이다.

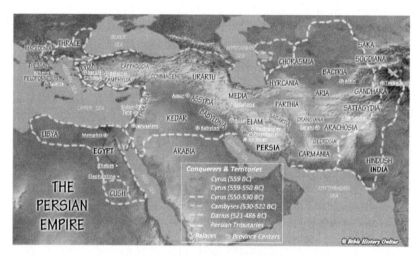

페르시아제국의 지도 (550-486 B.C.)

페르시아 아케메니드 왕조 때의 지도

베히스툰의 새김글은 모두 다섯 칸으로 구성되어 있다.

▌첫 칸

1. 도입부분: 다리우스의 가문 소개와 23개국으로 제국을 형성
2. 스메르디스 살해와 마기인 가우마타 군사반란
3. 다리우스가 가우마타를 죽이고 왕국을 회복
4. 엘람의 아쉬나와 바빌로니아의 니딘투-벨의 반란

▌둘째 칸

1. 엘람에서 마르티아의 반란
2. 메디아의 프라오르테스의 반란
3. 아르메니아인의 반란
4. 파르티아인의 반란

▌ 셋째 칸

1. 마르기아나 프라다 반란
2. 페르시아 바히야크다타 반란
3. 바빌로니아 아라크하 두 번째 반란

▌ 넷째 칸

1. 요약된 내용
2. 기록의 진실성을 강조
3. 기록내용을 널리 공표
4. 정직의 중요성
5. 축복과 저주

▌ 다섯째 칸

1. 엘람에 새로운 반란
2. 스키티아인에 대한 전쟁

다음은 킹과 톰슨(King and Thompson, 1907)이 영어로 번역한 것을 참조해서 한국어로 번역해 놓았다. ([ ]에는 페르시아 원어를 로마자로 기록한 것.)

▌ 첫째 칸

줄 1, 나는 다리우스 왕[Dâryavuš]이다, 위대한 왕이며, 왕 중의 왕이고, 페르시아[Pârsa]의 왕이며, 여러 나라의 왕이며, 히스타스페스의 아들, 아르사메스(Arsames[Aršâma])의 손자, 아케메니드가문이다.

줄 2, 다리우스 왕은 말한다: 나의 아버지는 히스타스페스 [Vištâspa]이고 히스타스페스의 아버지는 아르사메스, 아르사메스의 아버지는 아리아람네스(Ariaramnes [Ariyâramna]), 아리아람네스의 아버지는 테이스페스(Teispes [Cišpiš]), 테이스페스의 아버지는 아케메네스(Achaemenes [Haxâmaniš])이다.

줄 3, 다리우스 왕은 말한다: 이런 연유로 우리를 아케메니드 가문이라 한다. 우리가문은 예전부터 귀족가문이었다. 예전부터 우리 가문은 왕족이었다.

줄 4, 우리가문에서 내 앞에 8명의 왕이 탄생했고, 내가 9번째 왕이다. 연속해서 9명이 왕이 되었다.

줄5, 다리우스 왕은 말한다: 아후라마즈다 신의 은총으로 나는 왕이 되었고, 아후라마즈다 신은 나에게 왕국을 하사하셨다.

줄6, 다리우스 왕은 말한다: 다음에 열거한 나라들은 내가 통치하는 나라들이다. 아후라마즈다 신의 은총으로 나는 그 나라들의 왕이 되었다.

페르시아[Pârsa], 엘람[Ûvja], 바빌로니아[Bâbiruš], 아시리아[Athurâ], 아라비아[Arabâya], 이집트 [Mudrâya], 바다 옆에 있는 나라들, 리디아[Sparda], 그리스나라들 [Yauna], 메디아[Mâda], 아르메니아 [Armina], 캅파도키아[Katpatuka], 파르티아[Parthava], 드란기아나(Drangiana[Zraka]), 아리아(Aria[Haraiva]), 초라스미아(Chorasmia[Uvârazmîy]), 박트리아[Bâxtriš]), 소그디아(Sogdia [Suguda]), 간다라(Gandara[Gadâra]), 스키티아(Scythia[Saka](바빌로니아어에는 Ghi-mi-ri or Cimmeria), 사타기디아

(Sattagydia [Thataguš], 아라초시아(Arachosia [Harauvatiš]), 마카(Maka [Maka] 등 모두 스물 셋 나라다.

줄 7, 다리우스 왕은 말한다: 이 나라들은 나에게 복종한다. 아후라마즈다 신의 은총으로 그 나라들은 나에게 복종하게 되었다. 그들은 나에게 조공을 바치고 있다. 그들은 내가 내리는 명령은 무엇이나 밤낮으로 이행해 왔다.

줄 8, 다리우스 왕은 말한다: 이들 나라 안에서는 누구나 친구다. 나는 그들을 안전하게 보호해왔다. 우리에게 적대적인 사람은 누구나 할 것 없이 그들을 무참히 짓밟아 버렸다. 아후라마즈다 신의 은총으로 이 나라들은 나의 명령을 잘 순종해 왔다. 이 나라들은 내가 내리는 명령을 잘 이행해 왔다.

줄 9, 다리우스 왕이 말한다: 아후라마즈다 신은 이 제국을 나에게 하사하셨다. 아후라마즈다 신은 나에게 도움을 주었고, 그래서 이 제국을 얻었으며, 아후라마즈다 신의 은총으로 이 제국을 가지게 된 것이다.

줄 10, 다리우스 왕이 말한다: 다음의 일은 내가 왕이 된 이후에 내가 시행한 업적이다. 우리 왕조의 한 사람인 캄비세스[Kabûjiya])라는 이름을 가진 키루스[Kûruš] 왕의 아들이 내 앞의 왕이었다. 그 캄비세스 왕은 스메르디스[Bardiya]라는 이름을 가진 같은 부모에서 태어난 동생이 있었다. 그 후에 캄비세스가 이 동생을 죽여 버렸다.
스메르디스가 살해되었는지 사람들은 아무도 몰랐다. 그 후에 캄비세스는 이집트로 원정을 갔다. 캄비세스가 이집트로 출발한 후에 나라 안에서는 적대감이 일어나고 거짓말이 온 나라에 들끓게 되었다. 심지어 페르시아와 메디아뿐만 아니라 다른 나라에까지 번져나갔다.

줄 11, 다리우스 왕이 말한다: 가우마타(Gaumâta)라는 이름을 가진 한 마기(Magian)[maguš]사람이 아라카드리쉬(Arakadriš)산 주변 파이쉬야우파다(Paishiyauvada)에서 반란을 일으켰다. 비야크사나(Viyaxana) 달 14일(B.C. 522 3월 11일)에 반란을 일으켰다. 그는 사람들에게 거짓말로 '나는 키루스의 아들이며 캄비세스의 동생 스메르디스다.'라고 말했다. 그때에 모든 사람들이 반란에 가담하게 됐다. 그리고 사람들이 캄비세스 편에서 그의 편으로 옮겨 가담하고, 페르시아, 메디아는 물론이고 다른 여러 나라 사람들도 가담하게 되었다. 그는 왕국을 점령했고, 가르마파다(Garmapada)달 9일 (B.C. 1,522 7월)에 왕국을 완전 장악했고, 그 이후에 캄비세스는 자연스러운 사고로 사망했다.

글 12, 다리우스 왕은 말한다: 마기인 가우마타가 캄비세스 왕을 추방한 그 왕국은 언제나 우리 왕조에 속해 있었다. 그 마기인 가우마타가 캄비세스 왕을 페르시아, 메디아, 그리고 다른 여러 나라에서 추방한 후에 그는 그의 뜻대로 왕이 되었다.

줄 13, 다리우스 왕이 말한다: 페르시아인, 메디아인 또는 우리 왕조의 사람 중에 마기인 가우마타에게서 왕국을 찾아올 사람이 없었다. 사람들이 모두 그를 과도하게 두려워했다. 왜냐하면 그는 실제로 스메르디스를 알아보는 사람들을 많이 죽였기 때문이다. 그가 그들을 살해한 이유는 바로 이것이다. 즉 '내가 키루스의 아들 스메르디스가 아닌 것을 알고 있다.'는 이유였다. 마기인 가우마타에 대항해서 감히 대적할 자가 아무도 없었다. 그래서 내가 나서게 되었다. 그때에 나는 아후라마즈다 신에게 기도를 올렸다.

아후마즈다 신은 나에게 도움을 주었다. 바가야디쉬(Bâgayâdiš)달 10일 (B.C. 522 9월 29일)에 부하 몇 명을 데리고 가서 마기인 가우마타와 그의 부하 몇 명을 죽여 버렸다. 메디아에서 니사이아(Nisaia)라는 지역에서 시카야우바티쉬(Sikayauvatiš)라는 성채에서 그를 죽였다. 그때에 나는 그에게서 왕국을 빼앗아 왔다. 아후라마즈다 신의 은총으로 나는 왕이 되었다. 아후라마즈다 신은 나에게 왕국을 주었다.

줄 14, 다리우스 왕은 말한다: 우리 가문에서 빼앗아 간 왕국을 내가 도로 찾아와서 왕국의 기초를 다시 세웠다. 마기인 가우마타가 파괴한 사원들을 수리해서 시민에게 돌려주었고, 마기인 가우마타가 빼앗아 간 목장, 가축, 거주지, 집들을 보수하여 주인에게 돌려주었다. 나는 페르시아인, 메디아인, 다른 지역사람들을 그들의 거주지에 정착시켰고, 빼앗겼던 모든 것을 도로 찾아서 옛날 그대로 복구시켜놓았다. 이렇게 한 것은 아후라마즈다 신의 은총으로 이행했다. 나는 애를 써서 우리 왕조를 정상위치로 회복에 전력을 다했고, 내가 애를 썼던 것은 다 아후라마즈다 신의 은총에 의한 것이다. 그래서 마기인 가우마타는 우리의 집을 빼앗아 가지 못했다.

줄 15, 다리우스 왕이 말한다: 다음은 내가 왕이 된 이후에 이루어 놓은 업적이다.

줄 16, 다리우스 왕은 말한다: 마기인 가우마타를 죽인 이후에 우파다르마(Upadarma)의 아들인 아쉬나(Âššina)란 사람이 엘람에서 반란을 일으켰다. 그가 엘람 사람들에게 말하기를 '나는 엘람의 왕이다.' 라고 하자 엘람 사람들이 반란에 가담했고 아쉬나에게 갔다. 그래서 그는 엘람 왕이 되었다. 킨-젤(Kîn-Zêr)의 아들인 니딘투-벨(Nidintu-Bêl)이름을 가진 바빌로니아 사람이 바빌로니아에서 반란을 일으켰다. 그가 바빌로니아 사람들에게 거짓말로'나는 나보니두스(Nabonidus)의 아들 네부차드네짜르(Nebuchadnezzar)다.' 라고 했다. 그러자 바빌로니아의 모든 사람들은 니딘투-벨에게 지지를 보냈고, 바빌로니아에서 반란이 성공해서 바빌로니아 왕국을 점령했다(B.C. 522 10월 3일).

줄 17, 다리우스 왕이 말한다: 그때에 나는 엘람에 부하를 보냈다. 아쉬나를 족쇄에 채워 나에게로 데려왔고 나는 그를 죽였다.

줄 18, 다리우스 왕이 말한다: 그때에 나는 자신을 네부차드네짜르라고 칭하는 니딘투-벨에 향해서 쳐들어갔다. 니딘투-벨은 티그리스 강을 점령하고 있었다.

그는 그곳에서 최후의 방어선을 구축했다. 물 때문에 강을 걸어서 건널 수가 없었다. 그래서 나의 군대는 공기를 넣은 동물가죽 위에 타게 하고 나머지는 단봉낙타와 말을 타고 강을 건너게 했다. 아후라마즈다 신은 나를 도와 주웠다. 아후라마즈다 신의 은총으로 티그리스 강을 건너갔다. 그런 다음에 나는 니딘투-벨의 군대를 완전히 굴복시켰다. 아치야디야(Âçiyâdiya)달 26일(B.C. 522 12월 13일)에 전투를 벌였다.

줄 19, 다리우스 왕이 말한다: 그런 후에 나는 바빌론으로 쳐들어갔다. 그러나 내가 바빌론에 도착하기 전에 자신을 네부차드네짜르라고 칭하는 니딘투-벨이 부대를 이끌고 나왔다. 그래서 유프라테스 강 가까이에 있는 자자나(Zâzâna)라는 도시에서 전투를 제안했다. 그래서 우리들은 전투를 했다. 아후라마즈다 신은 나에게 도움을 주었다. 아후라마즈다 신의 은총으로 니딘투-벨의 군대를 완전히 굴복시켰다. 아나마카(Anâmaka)달(B.C. 522 1월 18일)에 우리는 전투를 했다.

▌둘째 칸

줄 20, 다리우스 왕은 말한다: 그때 니딘투-벨은 기병 몇 명만 데리고 바빌론 안으로 도망쳐버렸다. 그래서 나는 바빌론으로 진군해 들어갔다. 아후라마즈다 신의 은총으로 나는 바빌론을 점령했고, 그리고 니딘투-벨을 사로잡았다. 그리고 나는 바빌론에서 니딘투-벨을 죽였다.

줄 21, 다리우스 왕은 말한다: 내가 바빌론에 있을 때에 다음의 나라에서 반란이 일어났다.

페르시아, 엘람, 메디아, 아시리아, 이집트 , 파르티아, 마르기아나(Margiana)[Marguš], 사타기디아, 스키티아[Saka] 등이다.

줄 22, 다리우스 왕이 말한다:
진자크리쉬(Zinzakriš)의 아들 마르티야(Martiya)라는 이름을 가진 사람이 페르시아도시 쿠가나카(Kuganakâ)에 살고 있었다. 이 사람이 엘람에서 반란을 일으켰다. 그리고 그는 사람들에게 '내가 엘람 왕 움마니쉬(Ummaniš)다.'라고 말했다.

줄23, 다리우스 왕이 말한다: 그 당시 나는 엘람과 잘 지내고 있었다. 그래서 엘람사람들은 나를 걱정해 주었다. 그래서 그들은 그들의 지도자인 마르티야를 잡아다가 죽였다.

줄 24, 다리우스 왕이 말한다: 메디아 사람 프라오르테스(Phraortes [Fravartiš])가 메디아에서 반란을 일으켰다. 그는 사람들에게 '나는 키야크사레스(Cyaxares) 가문의 크사트리타(Khshathrita)다'라고 말했다. 그때에 궁중에 있던 메디아 사람들이 나에게 대항하고 프라오르테스편에 가담했다. 그는 메디아에서 왕이 되었다.

줄 25, 다리우스 왕이 말한다: 내가 가진 페르시아와 메디아 군은 소수였다. 그렇지만 군대를 파견했다. 내 부하인 페르시아인 히다르네스(Hydarnes)를 지휘관으로 지명하면서 '가서, 나에게 감사하지 않는 저 메디아 무리를 쳐부시라!'라고 명령했다. 그러자 히다르네스는 군대를 이끌고 전진해갔다. 그가 메디아 도시 마루쉬(Maruš)에 도착했을 때에 메디아군대와 전투를 했다. 메디아인들의 왕은 그 때에 그곳에 없었다. 아후라마즈다 신은 나에게 도움을 주었다. 아후라마즈다 신의 은총으로 내 군대는 그 배반 무리를 완전히 소탕해버렸다.

아나마카(Anâmaka)달 27일(B.C. 521 1월 12일)에 그들이 공격해와서 전투가 벌어졌다. 그때에 내 군대를 메디아의 캄판다(Kampanda)지역에서 나를 기다리고 있었고, 그 때에 나는 메디아에 진군해 갔었다.

줄 26, 다리우스 왕이 말한다: 내 부하 아르메니아인 다다르쉬(Dâdarši)를 아르메니아에 파견하면서 '반란을 일으키고, 나에게 감사하지 않은 저 무리들을 섬멸하라!'라고 명했다.

그 때에 다다르쉬는 진군해갔다. 그가 아르메니아에 도착했을 때에 배반자들은 모여서 전투를 하고자 다다르쉬에 대항해 전진해왔다. 아르메니아의 주짜(Zuzza)지역에서 전투를 했다. 아후라마즈다 신은 나에게 도움을 주었다. 아후라마즈다 신의 은총으로 나의 군대는 저 배반의 무리를 완전히 소탕해 버렸다. 투라바하라(Thûravâhara)달 8일(B.C. 521 5월 20)에 그들이 공격해서 전투를 벌였다.

줄 27, 다리우스 왕은 말한다: 반란자들이 두 번째로 뭉쳐서 다다르쉬와 전투를 하고자 그에게 대항해 왔다. 아르메니아 티그라(Tigra) 성채에서 전투를 했다. 아후라마즈다 신은 나에게 도움을 주었는데, 아후라마즈다 신의 은총으로 나의 군대가 그 배반무리를 완전히 소탕했다. 투라바하라 달 18일(B.C. 521 5월 30)에 그들이와서 전투를 했다.

줄 28, 다리우스 왕은 말한다: 배반자들이 세 번째로 단결해서 다다르쉬에 대항해서 다가와 전투를 했다. 아르메니아의 우야마(Uyamâ)성채에서 전투를 했다. 아후라마즈다 신이 나에게 도움을 주었다. 아후라마즈다 신의 은총으로 나의 군대는 저 배반자의 무리를 완전히 소탕했다. 타이가시쉬(Thâigaciš)달 9일(B.C. 521 6월 20일)에 그들이 공격해서 전투했다. 그리고 다다르쉬는 아르메니아에서 나를 기다렸다. 그때에 나는 아르메니아에 들어갔다.

줄 29, 다리우스 왕은 말한다: 나의 부하 페르시아인 바우미사(Vaumisa)를 아르메니아에 파견하면서 '반란을 일으키고, 나를 인정치 않은 그

무리를 평정하라!' 라고 말했다. 그리하여 바우미사는 출정했다. 그가 아르메니아에 도착하자 반란군들은 출동해서 바우미사와 일전을 하기위해 대항해 왔다. 아시리아의 이자라(Izalâ)지역에서 그들은 전투를 했다. 아후라마즈다 신은 나에게 도움을 주었다. 아후라마즈다 신의 은총으로 나의 군대는 저 반란무리를 완전히 압도했다. 아나마카(Anâmaka)달(B.C. 522 1월 31일) 15일에 전투가 있었다.

줄 30, 다리우스 왕이 말한다: 반란자들이 두 번째로 무리지어, 바우미사에게 대항해서 전투를 시작했다. 아르메니아 아우티야라(Autiyâra)지역에서 그들은 전투를 했다. 아후라마즈다 신은 나에게 도움을 주었다. 아후라마즈다 신의 은총으로 나의 군대는 저 반란무리들을 완전히 소탕했다. 투라바하라(Thûravâhara)달(B.C. 521 5월 11일)말일에 전투가 있었다. 그리고 바우미사는 아르메니아에서 나를 기다리고 있었고, 그 때에 나는 아르메니아에 도착했다.

줄 31, 다리우스 왕이 말한다: 나는 바빌로니아에서 출발해서 메디아에 도착했다. 내가 메디아에 도착했을 때에 메디아에서 자신을 왕이라고 칭하는 프라오르테스[Fravartiš]가 메디아의 도시 쿤두루쉬(Kunduruš (Kangâvar?))에서 나에게 대항해서 전투하러 나왔다. 그래서 우리들은 전투를 했다. 아후라마즈다 신은 나에게 도움을 주었다. 아후라마즈다 신의 은총으로 저 반란 무리들은 완전히 진압했다. 아두카나이사(Adukanaiša)달(B.C. 521 5월 8일)25일에 전투를 했다.

줄 32, 다리우스 왕은 말한다: 그리고 나서 저 프라오르테스는 몇 명의 기마병만 데리고 메디아 라가에(Rhagae [Ragâ])지역으로 도망쳤다. 그러자 나는 군대를 보내어 추격했다. 프라오르테스를 잡아서 나에게 데리고 왔다. 나는 그의 코, 귀, 혀를 잘라버렸다. 그리고 그의 눈 하나를 빼버리고, 그를 나의 왕궁 입구에 가두어 모든 사람들이 그를 보게 했다. 그리고 난 후에 나는 그를 에크바타나(Ecbatana [Hagmatâna])에서 십자가에 못 박았다. 에크바타나 요새에 있던 그의 측근 무리들에게 나는 매질을 하게 했고, 그들의 은신처를 찾아내어 짚으로 틀어막았다.

줄 33, 다리우스 왕은 말한다: 사가르티아(Sagartian)사람 트리탄태키메스(Tritantaechmes [Ciçataxma])가 그의 민족에게 '나는 사가르티아(Sagartia [Asagarta])에서 키야크사레스(Cyaxares)가문 출신의 왕이다.'라고 선언하면서 나에게 반란을 일으켰다. 그래서 나는 페르시아와 메디아 군대를 파견했다. 나는 메디아인 나의 부하 타크흐마스파다(Takhmaspâda)를 지휘관으로 지명하면서 '나를 지지하지 않고 반란을 일으킨 저 무리를 섬멸하라!'라고 말했다. 그리고 나서 타크흐마스파다는 군대를 인솔해 출정했다. 그는 트리탄태키메스와 전투를 했다. 아후라마즈다 신은 나에게 도움을 주었다. 아후라마즈다 신의 은총으로 나의 군대는 반란군 무리를 패배시켰고, 트리탄태키메스를 사로잡아 나에게 데리고 왔다. 그 이후에 나는 그의 코와 귀를 잘라버리고, 그의 한 눈을 빼어버렸다. 그를 나의 왕궁 입구에 구금해 놓고 모든 사람이 그를 보게 했다. 그 이후에 그를 아르베라(Arbela)에서 십자가에 못 박았다.

줄 34, 다리우스 왕이 말한다: 이것은 내가 메디아에서 행한 내용이다.

줄 35, 다리우스 왕이 말한다: 파르티아인 [Parthava]과 히르카니아인들(Hyrcanians [Varkâna])이 나를 배반하면서 그들 스스로를 프라오르테스 [Fravarta] 왕의 편이라고 선언했다. 나의 부친 히스타스페스는 파르티아에 계셨다. 사람들이 그에게 등을 돌렸다. 즉 그들은 배반했던 것이다. 그때에 히스타스페스 [Vištâspa]는 그에게 복종하면서 남아있던 군대와 함께 진압에 나섰다.

그는 파르티아의 도시 비쉬파우자티쉬(Višpauzâtiš)에서 파르티아 반란군과 전투를 했다. 아후라마즈다 신은 나를 도왔다. 아후라마즈다 신의 은총으로 나의 군대는 그 반란 무리를 완전히 패배시켰다. 비야크사나(Viyaxana)달(B.C. 521 3월 8일)의 2일에 전투가 있었다.

┃ 셋째 칸

줄 36, 다리우스 왕이 말한다: 그때에 나는 페르시아 군대를 라가에 [Ragâ]에서 히스타스페스에게 파견했다. 그 군대가 히스타스페스에 합류하자 그는 반란군으로 쳐들어갔다. 파르티아의 도시 파티그라바나(Patigrabanâ)에서 반란군과 전투를 했다. 아후라마즈다 신이 나에게 도움을 주었다. 아후라마즈다 신의 은총으로 히스타스페스는 반란군을 완전히 장악했다. 가르마파다(Garmapada)달(B.C. 521 7월 11일)1일에 전투가 있었다.

줄 37, 다리우스 왕은 말한다: 그때에 그 나라는 나의 소유가 되었다. 이것이 파르티아에서 내가 행한 전부이다.

줄 38, 다리우스 왕은 말한다: 마르기아나 나라가 나에게 반란을 일으켰다. 반란군은 마르기아나사람 프라다(Frâda)를 그들의 두목으로 모셨다. 나는 나의 부하 페르시아인 박트리아의 총독 다다르쉬를 파견하면서 '나를 인정하지 않은 그 반란군을 소탕하라!'라고 명령했다.

그 때에 다다르쉬는 군대를 인솔해서 진군했고, 마르기아나에서 전투를 했다. 아후라마즈다 신은 나에게 도움을 주었다. 아후라마즈다 신의 은총으로 나의 군대는 저 반란무리를 완전히 소탕했다. 아치야디야달(B.C. 521 12월 28일) 23일에 전투가 있었다.

줄 39, 다리우스 왕은 말한다: 그때에 그 나라는 나의 소유가 되었다. 이것이 박트리아에서 내가 행한 일 전부이다.

줄 40, 다리우스 왕이 말한다: 페르시아의 바우티야(Vautiyâ)의 도시 타라바(Târavâ)시에 바히야즈다타(Vahyazdâta)라는 한 남자가 살고 있었다. 이 사람이 페르시아에서 두 번째로 나에게 반란을 일으켰다. 그는 사람들에게 '나는 키루스의 아들 스메르디스다.'라고 말했다. 그리고 궁중에 있는 페르시아 사람들은 충성심이 사라져버렸다. 그들은 나에게 반란을 일으키면서 바히야즈다타에게 합류했다. 그가 페르시아에서 왕이 되었다.

줄 41, 다리우스 왕이 말한다: 그때에 나는 나와 함께 있던 페르시아군대와 메디아군대를 파견했다. 나의 부하인 페르시아인 아르타바르디야(Artavardiya)를 군대 지휘관으로 임명했다. 페르시아군의 나머지군대는 메디아에 있는 나에게로 왔다. 그때에 아르타바르디야는 군대를 인솔하여 페르시아로 들어갔다. 그가 페르시아 라크하(Rakhâ)에 도착했을 때에 자신을 스메르디스라고 한 바히야즈다타는 군대를 이끌고 아르타바르디야에 대항해서 전투를 했다. 아후라마즈다 신은 나에게 도움을 주었다. 아후라마즈다 신의 은총으로 나의 군대는 완전히 바히야즈다타 군대를 섬멸했다. 투라바하라(Thûravâhara)달(B.C. 521 5월 24일)의 12일에 전투가 있었다.

줄 42, 다리우스 왕은 말한다: 바히야즈다타는 그때에 몇몇 기마병을 데리고 피시야우바다(Pishiyâuvâda)안으로 도망쳤다. 그 장소에서 그는 군대를 인솔해서 두 번째 아르타바르디야에 대항해서 전투를 했다. 파르가(Parga)산에서 전투를 했다. 아후라마즈다 신은 나에게 도움을 주셨다. 아후라마즈다 신의 은총으로 나의 군대는 바히야즈다타의 군대를 완전히 섬멸했다. 가르마파다 달(B.C. 521 7월 15일)의 5일에 전투가 있었다. 그들은 바히야즈다타를 사로잡았고 주요 간부들도 잡았다.

줄 43, 다리우스 왕이 말한다: 그 때에 페르시아의 우바다이카야(Uvâdaicaya)시에서 나는 바히야즈다타와 그의 주요 참모들을 십자가에 처형했다.

줄 44, 다리우스 왕이 말한다: 이것이 내가 페르시아에서 행한 모든 것이다.

줄 45, 다리우스 왕이 말한다: 자신을 스메르디스라고 자칭한 바히야즈다타는 나의 부하인 아라초시아의 총독 페르시아인 비바나(Vivâna)에 대항해서 아라초시아로 군대를 파견했다. 그는 한 사람을 그들의 지휘관으로 지명해 그에게 '가서, 비바나와 다리우스 왕을 섬기는 무리들을 소탕하라!' 라고 명령했다. 그리고 바히야즈다타가 파견한 군대는 비바나에 대항해서 진군해와서 전투를 했다. 카피샤-카니쉬(Kapiša-kaniš [= Kand ahar]) 성채에서 전투를 했다. 아후라마즈다 신이 나에게 도움을 주었다. 아후라마즈다 신의 은총으로 나의 군대는 저 반란무리를 완전히 섬멸했다. 아나마카달(B.C. 522 1월 29일)의 13일에 전투가 벌어졌다.

줄 46, 다리우스 왕이 말한다: 반란무리가 두 번째로 모여 비바나에 대항해 나와서 전투를 벌였다. 간두타바(Gandutava)에서 전투를 했다. 아후라마즈다 신이 나에게 도움을 주었다. 아후라마즈다 신의 은총으로 나의 군대는 저 반란군 무리를 완전히 섬멸했다. 비야자나(Viyazana)달(B.C. 521 2월 21일)의 7일에 전투했다.

줄 47, 다리우스 왕이 말한다: 바히야즈다타가 비바나에 대항해서 파견한 군대의 지휘관은 몇 명의 기병만 데리고 도망쳤다. 그들은 아라초시아에 있는 아르샤다(Aršâdâ) 성채에 들어갔다. 그 때에 비바나는 군대를 인솔해서 도보로 그들 뒤를 따라갔다. 그곳에서 그를 붙잡았고, 그는 그의 주요지휘관들을 죽였다.

줄 48, 다리우스 왕이 말한다: 그 때에 그 나라는 나의 소유였다. 이것이 아라초시아에서 내가 행한 일 전부이다.

줄 49, 다리우스 왕이 말한다: 내가 페르시아와 메디아에 있을 동안에 바빌로니아인들이 두 번째로 나에게 반란을 일으켰다. 아르메니아인 할디타(Haldita)의 아들 아라크하(Arakha)가 바빌론에서 반란을 일으켰다. 두발라(Dubâla)에서 그는 거짓으로 사람들에게 '나는 나보니두스의 아들 네부차드네짜르다'라고 말했다. 그러자 바빌로니아 사람들이 나에게 반란을 일으켰다. 그리고 그들은 아라크하에 동조했다. 그는 바빌론을 점령해서 그는 바빌론의 왕이 되었다.

줄 50, 다리우스 왕이 말한다: 그 때에 나는 나의 군대를 바빌론에 파병했다. 나의 부하 페르시아인 인타프레네스(Intaphrenes [Vidafarnâ])를 지휘관으로 임명하며 말하기를 '가서 나에게 복종하지 않는 저 바빌로니아 반란군을 섬멸하라!'라고 명령했다. 그러자 인타프레네스는 군대를 인솔해서 바빌로니아로 진군해갔다. 아후라마즈다 신은 나에게 도움을 주었다. 아후라마즈다 신의 은총으로 인타프레네스는 바빌로니아 반란군을 제압하고 사람들을 잡아서 나에게로 돌아왔다. 마르카사나쉬(Markâs anaš)달(11월 27일)의 22일에 그들은 자신을 네부차드네짜르라고 하는 아라크하와 그의 주요 참모들을 잡았다. 나는 칙령을 내리면서 '저 아라크하와 그의 주요 참모들을 바빌론에서 십자가에 처형하라!'라고 명령했다.

▌넷째 칸
줄 51, 다리우스 왕이 말한다: 이것이 바빌론에서 내가 행한 것이다.

줄 52, 다리우스 왕이 말한다: 이것이 모두 내가 행한 것이다. 아후라마즈다 신의 은총을 받아 나는 언제나 행하였다. 내가 왕이 된 후에 나는 1년에 19번의 전투를 했고, 아후라마즈다 신의 은총으로 9명의 왕을 제압해서 포로로 잡았다.

그 중의 한명이 마기인 가우마타 이름을 가진 사람이다. 그는 이렇게 거짓말을 했다.'나는 키루스의 아들 스메르디스다.'라고 했다. 그는 페르시아 인을 선동해 반란을 일으켰다.

다른 사람은 엘람인 아쉬나(Âššina)이름을 가진 사람이다. 그는 이렇게 거짓말을 했다. '나는 엘람의 왕이다.'라고 했다. 그는 엘람 인을 선동해 반란을 일으켰다.

다른 사람은 바빌로니아인[Bâbiruviya] 니딘투-벨[Naditabaira]이름을 가진 사람이다. 그는 이렇게 거짓말을 했다. ' 나는 나보니두스의 아들 네부차드네짜르다.'라고 했다. 그는 바빌론사람을 선동해 반란을 일으켰다.

다른 사람은 페리시아인 마르티야 이름을 가진 사람이다. 그는 이렇게 거짓말을 했다. '나는 엘람의 왕 움마니쉬다.'라고 했다. 그는 엘람 인을 선동해 반란을 일으켰다.

다른 사람은 메디아인 프라오르테스[Fravartiš]였다. 그는 이렇게 거짓말을 했다. '나는 키야크사레스[Uvaxštra] 왕조의 크사트리타(Khshathrita)이다.'라고 했다. 그는 메디아인을 선동해 반란을 일으켰다.

다른 사람은 사가르티아인 트리탄태크메스다. 그는 이렇게 거짓말로 '나는 사가르티아에서 키야크사레스 왕조의 왕이다.'라고 말 했다. 그는 사가르티아인을 선동해 반란을 일으켰다.

다른 사람은 마르기아나출신 프라다라는 사람인데, 그는 이렇게 거짓말로 '나는 마르기아나의 왕이다.'라고 했다. 그는 마르기아나인을 선동해 반란을 일으켰다.

다른 사람은 페르시아인 바히야크다타인데 그는 거짓말로 '나는 키루스의 아들 스메르디스이다.'라고 말했다. 그는 페르시아인을 선동해 반란을 일으켰다.

다른 사람은 아르메니아인(Armenian [Arminiya]) 아라크하로 그는 거짓말로 '나는 나보니두스의 아들 네부차드네짜르이다.'라고 말했다. 그는 바빌론사람을 선동해 반란을 일으켰다.

줄 53, 다리우스 왕은 말한다: 내가 이 전쟁에서 사로잡은 이들은 9명의 왕이다.

줄 54, 다리우스 왕은 말한다: 반란이 일어난 이 나라에서 거짓말 때문에 반란이 일어났다. 그래서 이 사람들이 이들 주민을 속였다. 그래서 아후라마즈다 신은 그들을 내가 사로잡게 했다. 그래서 나는 그들을 나의 의지에 따라 처리했다.

줄 55, 다리우스 왕은 말한다: 이후에 왕이 될 너희들은 철저하게 거짓말에서 너희스스로를 보호하라. 만약 너희가 나의 나라를 안전하게 유지하고자 한다면 거짓말쟁이를 적절하게 처벌하라!

줄 56, 다리우스 왕이 말한다: 이것이 내가 이행한 일들이다. 아후라마즈다 신의 은총으로 나는 언제나 행했다. 이후에 이 새김글을 읽는 사람은 누구나가 내가 행한 이 모두를 믿어라. 너희는 그것이 거짓말이라고 주장하지 말아야 된다.

줄 57, 다리우스 왕이 말한다: 그것이 참인지 거짓인지를 아후라마즈다 신에게 보증하도록 하겠다. 나는 1년 안에 그 모든 것을 시행하였다.

줄 58, 다리우스 왕은 말한다: 아후라마즈다 신의 은총으로 나는 이 새김글에 새기지 않은 일들도 많이 시행하였다. 이후에 이 새김글을 읽게 될 어떤 이가 내가 너무과도하게 일을 시행했다고 하면 그 시행한 일들을 믿지 않고 그것들이 다 거짓일 것이라고 주장할까 싶어서 여기에 새기지 않게 된 이유이다.

줄 59, 다리우스 왕이 말한다: 이전의 왕들이 살아생전에 그들이 내가 아후라마즈다 신의 은총으로 1년 안에 이룩해 놓은 일만큼도 일하지 않았다.

줄 60, 다리우스 왕은 말한다: 내가 이룩해 놓은 것을 너희가 확인해 보라. 사람을 위해서 이것을 숨기지 말라. 만약 너희가 이 칙령을 숨기지 않고 대신에 세상에 공표한다면 그때엔 아후라마즈다 신은 너의 친구가 되고, 너희 가족은 번성해질 것이고, 너는 장수할 것이다.

줄 61, 다리우스 왕은 말한다: 만약에 네가 이 칙령을 숨기고, 세상 사람에게 공표하지 않으면 아후라마즈다 신이 너를 죽일 것이고, 너의 가문도 종말을 고할 것이다.

줄 62, 다리우스 왕이 말한다: 이 일들은 내가 1년 안에 시행한 것이다. 언제나 아후라마즈다 신의 은총으로 내가 시행한 일이다. 아후라마즈다 신은 나에게 도움을 주었다. 그리고 존재하고 있는 다른 신들도 모두 그랬다.

줄 63, 다리우스 왕이 말한다: 아후라마즈다 신이 나에게 도움을 주고, 존재하는 신 모두가 도움을 주었기 때문에 나는 사악하지 않았고, 나는 결코 거짓말쟁이가 아니었고, 폭군이 아니었고, 나도 또한 나의 가족 중의 어느 누구도 폭군이 아니었다. 나는 정의에 따라 통치했다. 나는 약자에게나 강자에게나 나는 잘못을 행치 않았다. 나의 가문을 도운 자는 누구에게도 나는 호의적으로 대하였다. 적대감을 가진 자를 파멸시켜버렸다.

줄 64, 다리우스 왕은 말한다: 이후에 왕이 될 자들이여, 거짓말쟁이나 배반자나 또는 우호적이지 않은 자는 누구를 막론하고 처벌하라!

줄 65, 다리우스 왕이 말한다: 이후에 내가 쓴 이 새김글이나 이들 조각들을 보는 자들이여, 그것들을 파손하지 말고, 그것들을 생명이 다하도록 보존해 주어라.

줄 66, 다리우스 왕이 말한다: 이 새김글이나 조각들을 보존하고 그들을 파손하지 않도록 하면서 그것들을 너의 가문이 지속될 동안 보존해 준다면 그 때엔 아후라마즈다 신은 너의 친구가 될 것이고, 너의 가문은 번성할 것이다. 만세, 그리고 아후라마즈다 신이 당신이 하는 일은 무엇이나 행운이 오게 할 것이라.

줄 67, 다리우스 왕이 말한다: 만약에 당신이 이 새김글이나 이 조각들을 보고 그것들을 파괴하고 그것들을 당신의 가문이 지속되는 동안 오랫동안 보존하지 않으면 아후라마즈다 신은 당신을 죽일 것이고, 당신의 가족은 멸족 될 것이고, 아후라마즈다 신은 당신이 하는 일은 무엇이나 간에 망하게 할 것이니라.

줄 68, 다리우스 왕은 말한다: 다음의 사람들은 내가 스메르디스라고 한 마기인 가우마타를 죽일 때에 나와 함께 있었던 사람들이다. 그때에 이 사람들은 나의 부하로서 나를 도운 사람이다.

인타프레네스(Intaphrenes[Vidafarnâ]) 바야스파라(Vayâspâra)의 아들, 페르시아인
오타네스(Otanes [Utâna]), 투크하라(Thukhra[Thuxra])의 아들, 페르시아인
고브리야스(Gobryas[Gaubaruva]), 마르도니우스(Mardonius[Marduni ya])의 아들, 페르시아인
히다르네스(Hydarnes [Vidarna]), 바가비그나(Bagâbigna)의 아들, 페르시아인

메가비주스(Megabyzus [Bagabuxša]), 다투바히야(Dâtuvahya)의 아들, 페르시아인
아르두마니쉬(Ardumaniš), 바카우카(Vakauka)의 아들, 페르시아인

줄 69, 다리우스 왕이 말한다: 이후에 왕이 될 자들은 이 사람들의 가족
을 보호하라.

줄 70, 다리우스 왕이 말한다: 아후라마즈다 신의 은총으로 이 새김글
은 내가 만든 것이다. 그 이외에 새김글은 아리안(Aryan)글자로 새겨졌
고, 흙 평판과 양피지에도 새겨놓았다. 그 밖에 나 자신의 조각상도 내가
만들었다. 그 밖에 나는 나의 새김글 줄의 수도 내가 정했다. 그리고 내용
을 새김해서 내 앞에서 읽도록 했다. 그 이후에 이 새김글을 모든 나라에
발송했다. 사람들은 합심해서 그 일을 잘해냈다.

┃다섯째 칸

줄 71, 다리우스 왕이 말한다: 다음의 일은 내가 즉위한지 둘째 해와 셋
째 해에 내가 행한 일이다. 엘람[Ûvja]이라 부르는 나라에서 나에게 반기
를 들었다. 아타마이타(Atamaita)라는 엘람인을 그들의 지도자로 뽑았다.
그때에 나는 군대를 엘람에 파견했다. 나의 부하 페르시아인 고브리아스
를 지휘관으로 임명했다. 그래서 고브리아스는 군대를 이끌고 출정했다.
그는 엘람군대를 맞이하여 전투를 했다. 그리고 고브리아스는 많은 적의
무리를 쳐부수고 그들의 지도자 아타마이타를 사로잡아서 나에게로 끌
고 왔다. 나는 그를 죽였다. 그리고 그 나라는 나의 나라가 되었다.

줄 72, 다리우스 왕이 말한다: 그들 엘람인들은 신의가 없고, 아후라마즈
다 신을 경배하지도 않았다. 나는 아후라마즈다 신을 경배했다. 그래서 아

후라마즈다 신의 은총을 받아 나는 나의 생각에 따라 그들에게 행하였다.

줄 73, 다리우스 왕이 말한다: 아후라마즈다 신을 경배하는 자는 누구나가 살아있을 때에나 죽었을 때에도 신성한 축복을 받을 것이다.

줄 74, 다리우스 왕이 말한다: 나중에 군대를 이끌고 나는 스키티아로 진군했는데 뾰족한 모자를 쓰고 있는 스키티아인들을 추적했다. 이 스키티아인들은 나에게서 등을 돌린 사람들이다. 내가 강가에 도달했을 때에 나는 나의 군대와 함께 그 강을 건너갔다. 그 이후에 나는 스키티아인들을 철저히 섬멸했다. [그들 지도자중의 한사람]을 포로로 잡았다. 그를 나에게 데려 왔다. 나는 그를 죽였다.
또 다른 그들의 지휘관 스쿤크하(Skunkha)을 잡아서 나에게 끌고 왔다. 그 때에 나는 또 다른 지휘관을 나의 뜻대로 이행하였다. 그리고 그 나라는 나의 나라가 되었다.

줄 75, 다리우스 왕이 말한다: 저 스키티아인들은 믿음이 없었다. 그들은 아후라마즈다 신을 경배하지 않았다. 나는 아후라마즈다 신을 경배했다. 아후라마즈다 신의 은총을 받아 나는 나의 생각한 되로 그들에게 행하였다.

줄 76, 다리우스 왕은 말한다: 아후라마즈다 신을 경배하는 사람은 누구나 살아있거나 죽었거나 간에 신성한 축복을 받을 것이니라.

위의 내용은 세 개의 언어, 즉 아카디아어, 엘람어, 고대 페르시아어 등으로 새겨져 있다. 이것을 보면 그 당시에는 여러 언어를 사용하는 다 언어 국가임을 알 수가 있다. 물론 다리우스 왕이 페르시아의 영토를 크게 확장해서 동쪽에는 인도까지, 서쪽으로는 이집트까지 대제국을 세웠기에 여러 가지 언어가 사용되었을 것이라고 추측할 수가 있다. 그렇다면 다리우스 왕이 재임하던 그 당시의 국제 공용어는 어떤 언어였을까? 셈 어에서 발달되어 나온 아람어(Aramaic)가 국제 공용어로서 소통되고 있었고, 문자 또한 쐐기문자가 아니고 알파벳으로 구성된 아람알파벳문자였다. 이 문자는 쓰기 쉽고 읽기 편한 관계로 그 당시에 국제문자로서 손색이 없었다. 그런데 베히스툰 새김글에는 어떻게 그 당시 국제공용어가 빠지고 다른 언어가 새겨졌을까? 물론 페르시아에서는 그 당시 고대페르시아어가 사용되었다. 다리우스 왕은 그의 업적을 후세에 널리 알리고자 어떤 언어로 또한 어떤 문자로 새김 할까 고민 했을 것이다. 문제는 그 당시 서자생들은 거의 다 이중 언어 사용자들이었다는 것은 짐작이 된다.

중요한건 다리우스 재임 당시에 엘람어가 수사(Susa)를 중심으로 하는 중앙집권시대 언어였고, 행정문서를 엘람어로 기록했기 때문에 페르시아 정부의 공식 언어는 엘람어였다. 그래서 다리우스 왕이 그의 업적을 새김글로 새기고자 할 때에 그의 업적을 고대 페르시아어로 말하면 서자생들은 고대페르시아어를 행정언어인 엘람어로 번역해서 기록했던 것이다. 그래서 베히스툰 새김글은 엘람어로 새긴 쐐기문자가 새겨졌다. 그 다음에 단락의 나눔이 같고 또 오래 지속될 언어로 남을 것 같아서 아카디아어(바빌로니아어)로 또 번역해서 엘람어 왼쪽에 첨가해서 새김해 놓았다. 그 다음 맨 마지막에 고대 페르시아어의 쐐기문자를 부조물 밑에 첨가했던 것이다. 그런데 이 고대페르시아어 쐐기문자는 새로 만들어진 문자로서 오직 페르시아제국의 비문 새김글로서만 사용된 문자이다.

제5장 엘람어 쐐기문자 판독가와 문자 형태

1. 엘람어 판독가들

메소포타미아 문명에서 처음에 수메르문명이 일어났고, 그다음에 바빌로니아-아시리아(아카드문명)문명이 뒤를 이었다. 이 문명은 서쪽과 동쪽으로 퍼져나갔는데 동쪽으로 나간 곳은 이란의 남서쪽에 위치한 엘람 지역이었는데 한동안 수시언(Susian)으로, 지금은 수사(Susa)라고 불리는 이 지역은 수메르지역과 인접해 있고, 바빌로니아 문명과도 인접한 지역이기에 엘람은 쐐기문자와 동시에 아카디아어도 도입됐다. 그래서 엘람어를 쐐기문자의 도움으로 기록할 수가 있게 되었다. 엘람어는 일종의 인도 언어에 속한다는 의견이 있으나 확실치는 않다. 엘람어는 수메르어, 아카디아어, 페르시아어도 아닌 다른 언어로 알려져 있다. 페르시아 민족이 B.C. 1000년경에 아르메니아를 거쳐서 이란에 침입해서 엘람을 정복했지만 엘람어와 문자만은 그대로 유지하게 했다. 페르시아 왕국에서 가장 오래된 언어와 글자인 엘람어표기 쐐기문자가 베히스툰의 새김글에 새겨져 있다.

엘람어 판독은 확실히 여러 어려움이 있었다. 처음에는 바빌로니아어의 판독보다 더 좋은 결과를 줄 것 같이 보였지만 사실 엘람어 쐐기문자를 얼핏 보아도 판독하기에 난해하게 보였다. 엘람어 쐐기문자는 111개의 기호로 구성 되어 있는데 이 글자는 알파벳도 뜻글자도 아닌 음절문자인 것이 분명하다.

판독에 나선 사람은 여러 명 있었지만 약간 성공을 거둔 사람은 두 명정도이고, 결정적으로 판독을 한 사람은 영국인 에드윈 노리스였다. 그로테펜드도 처음에 판독을 시작했고 그는 남성 고유명사 앞에 한정사로 수직 쐐기문자가 나온다는 것을 알아냈다. 그 다음 덴마크 인 뤤트가 1843년에 페르시아에와서 엘람어 쐐기문자에서 사람이름 판독에 몰두했다. 그는 엘람어철자가 부분적인 알파벳이고, 부분적인 음절문자라고 생각했고, 표기된 언어는 메디아어(Median)라고 생각했다. 결정적인 판독을 한 사람은 역시 노리스였다. 노리스가 1853년에 이란의 베히스툰 새김글 중에 엘람어 쐐기문자를 인쇄 발행했고, 엘람어 쐐기문자의 판독을 고유명사부터 시작했다. 그 이전 까지 약 40개 고유명사가 판독되어 있었지만, 노리스가 엘람어 연구에 착수하여 50개정도를 판독하여 모두 90개로 증가되었다. 그래서 노리스가 엘람어 판독에 선구자라는 것이 확인되었다. 다음의 쐐기문자는 엘람어를 표기한 베히스툰 새김글 중 쐐기문자 예이다.

위의 쐐기문자는 베히스툰 새김글 중에서 클래스 II에 해당하는 엘람 어표기 쐐기문자인데 이를 영어로 번역하면 ' Darius, the great king, king of kings, kng of countries, son of Hystaspes, as Achaemenian, who built this palace' (Walker, 1998: 51) 이다.

베히스툰 엘람어 쐐기문자 판독의 역사를 보다 구체적으로 살펴보고 자 한다.

페르세폴리스와 베히스툰에서 3개 언어 중에서 첫 번째에 나온 새김글 인 고대 페르시아어를 표기한 쐐기문자 판독이 이루어진 후에 두 번째 언 어를 표기한 쐐기문자 판독에 돌입했지만 아무도 이 언어를 사용한 민족 이 누구인지 밝혀낸 사람은 없었다.

처음에 누구나 당연히 그로테펜드가 해결해 줄 것으로 기대를 했다. 그 도 역시 판독을 시도 했으나 성공하지 못했다. 그래서 여러 판독가들이 나서게 되었다.

첫 번째 공헌자는 덴마크의 닐스 루이스 웨스트가아아드(Niels Louis Westergaad)이다. 1844년에 그가 판독을 처음 시작했다.

루이스 웨스트가아아드가 페르세폴리스 새김글의 클래스 II를 성공적으로 판독할 수가 있는 기초를 놓은 논문을 발표했다. 그가 채택한 방법도 그로테펜드가 채택한 방법인 고유 이름을 비교해서 찾아내는 방법이었다.

그는 페르시아어로 적힌 다리우스, 히스타스페스 등 페르시아인들의 이름을 선택하여, 그 이름이 그 위치에 적힌 클래스 II에서 대등 글자들을 찾아 비교했다. 이 비교를 통해서 여러 기호를 알게 되었고, 음절 또는 단어를 찾아낼 수 있었다. 찾은 단어 의미를 추측과 비교방법으로 확인해 나갔다. 그래서 엘람어 문자에서 결과적으로 82개 내지 87개의 철자를 찾아냈다. 그는 글자 수로 볼 때에 이 글자는 부분적으로 알파벳이고, 또는 부분적으로 음절문자로 추측했다.

그가 밝혀낸 언어는 너무나 낯 설은 언어이기에 혹시 그가 판독하는 방법에 문제가 있는 것이 아닌지 의심할 정도였다. 그가 밝혀낸 언어는 터키어, 아리비아어, 인도어, 그리고 켈트어 등의 요소들이 이 언어에 녹아 엉켜 있는 모습이었다. 그래서 그의 판독은 1846년에 힝크스에 의해서, 또한 1850년에 솔시(F. de Saulcy)에 의해서 교정이나 수정이 되고나서야 인정을 받게 되었고 그 뒤에 엘람문자가 종종 같은 모양을 가진 바빌로니아 새김글 판독에도 약간의 공헌을 하게 되었다. 그런데 문제는 웨스트가아드가 사용한 자료는 탁본에 다소간 결점이 있는 자료를 가지고 판독을 했던 것이다. 그 때까지도 로린슨이 베히스툰에서 탁본한 복사본을 발행하지 않고 가지고 있다가 나중에 영국인 에드윈 노리스에게 엘람어와 문자에 관한 탁본의 모든 권리를 위임해 버렸다. 좀 더 좋은 자료로 판독을 했더라면 엘람어로 된 쐐기문자의 판독 명예는 웨스트가아드에게 돌아갔을 텐데 안타까운 일이다.

웨스트가아드는 쐐기문자로 표기된 엘람어를 처음에 메디아어

(Median)라고 생각하고, 이 언어는 야벳어족(Japhetic family)에 속하기보다는 스키타이 어족에 속하는 것으로 분류했다.

두 번째 공헌자는 불란서인 더 솔시이다.

그도 엘람어 쐐기문자 판독에 나섰는데 그는 고대 페르시아어의 판독과정을 면밀히 조사한 후에 엘람어의 철자들을 비교해 보았다. 고유이름 기호들이 비슷함을 확인하고서, 클래스 III에 있는 철자들과도 비교해 보았다. 그는 클래스 III의 언어를 아시리아어라는 이름을 붙였다. 그가 이 이름을 처음 붙인 사람은 물론 아니고 다만 클래스 II와 클래스 III의 철자를 처음으로 비교했던 사람이다. 이 비교결과로 해서 그가 이루어 놓은 공적은 클래스 II가 메디아어나 스키타이어던지 간에 만약에 판독에 성공하면 아시리아어 판독의 길이 열리게 될 것이 거의 확실하다는 것을 밝혀냈다.

세 번째 공헌자는 영국의 헨리 로린슨이다. 그는 엘람어 쐐기문자를 모두 탁본한 공로가 있다.

사실 웨스트가아아드나 솔시는 극히 부족하고 결점 있는 자료를 가지고 연구를 했기 때문에 그 당시 학자들은 자료의 부족을 크게 느꼈다. 그런 차에 로린슨은 아주 힘든 노력 끝에 페르시아의 베히스툰암벽에 새겨진 새김글의 탁본을 전부 완벽하게 했다. 로린슨은 첫 칸에 새겨져 있던 고대페르시아어의 쐐기문자를 판독한 후에 두 번째 칸에 있는 엘람어 새김글을 그자신이 출판할 시간이 없자 새김글의 출판과 번역에 관한 사항을 전부 노리스에게 위임했다.

네 번째 공헌자이면서 판독의 완결자는 영국인 노리스(Edwin Norris)였다.

노리스는 로린슨으로부터 새김글 클래스 II에 대한 출판과 번역을 전권 위임 받고서 처음에 웨스트가아아드에게 판독에 관한 도움을 받았지만 차츰 용기를 내어 클래스 II에 해당하는 언어와 쐐기문자 판독에 몰두했다. 그가 판독 결과 논문을 1852년 7월 3일에 왕립 런던 아시아학회에서 발표함으로서 엘람어 판독 역사에 한 획을 그었다. 1853년에 베히스툰 클래스 III 텍스트 전체에 대한 음절표, 문법, 어휘, 판독문, 그리고 해설문을 첨부해서 출판했다. 이 책이 출판됨으로서 페르시아의 베히스툰 새김글 역시 두 번째 언어 판독이 완결되었다고 보게 되었다. 한참 뒤에 1879년 오페르트는 'Peuple et Langage des MMes'라는 책에서 노리스의 책을 수정 보완하고 조직화 했다.

2. 신-엘람어(Neo-Elamite)문자의 발견과 판독

노리스가 판독한 엘람어는 교착어 형태라는 사실이 밝혀졌다. 웨스트가아아드는 이 언어를 메디아어라고 했고 로린슨은 스키타이어족에 포함시켰다. 노리스도 스키타이어로 생각하고 핀란드어와 관련성을 찾아보려고 노력했다.

그런데 1851년에 아주 중대한 일이 발생했다. 로프투스(Loftus)가 수사에서 발굴 작업을 하다가 새김글을 하나 발견했는데 예사 새김글이 아니었다. 여러 학자들이 그 새김글을 조사해 보니 이 새김글이 베히스툰에 클래스 II의 언어와 동일한 언어인데, 시기적으로 더 옛날의 형태임이 밝혀졌다. 또한 레이야드(A. H. Layard)가 마이-아미르(Mai-Amir)평원에서 발견한 새김글이 또한 옛날의 형태로 구성된 언어라는 것이 밝혀졌다.

이 때에 영국의 세이세(A. H. Sayce)가 마이-아미르 평원 새김글에서 철자의 음가를 찾아내 부분적으로 판독 성과를 거두었다. 그 뒤에 오페르트와 세이세는 공동 작업으로 더 옛날의 언어로 새김된 것을 판독하려고 했지만 성공을 하지 못하자 뒤에 와이스바흐(Weissbach)가 판독에 일부 성공을 거두었다. 그러나 엘람어 판독을 더디게, 그리고 어렵게 만든 요인은 역시 연구 자료의 부족에 있었다. 1897년에 결국 모간(M. de Morgan)이 수사에 발굴 작업을 시작해서 필요한 자료를 확보할 수가 있었다. 그리고 불란서 아시리아학 전문가인 쉐일(Dr. Scheil)이 최종적으로 엘람 왕국의 언어에 대한 윤곽을 정확하게 밝혀 주었다. 여러 학자들이 의논 한 결과 베히스툰에 새겨진 얼람어는 신-수사어(New-Susian)라는 용어가 좋다는 의견을 계진했으나 세이세는 신-엘람어라는 용어가 더 좋다고 주장했다. 이 언어는 페르시아 국가의 두 번째 수도지역 수사 언어이고, 이 언어는 다리우스 왕과 그의 후계자들이 사용한 언어이고, 이 언어는 옛날 교착어인 엘람어의 계통을 이어온 후대 교착어 형태의 언어라는 사실이 밝혀졌다. 신-수사어 보다는 신-엘람어가 더욱 친숙하게 보인다.

모르트만(A. D. Mordtmann)은 이 언어를 수사어로 이름 지었는데 그 이후에 이 이름이 널리 사용되었다. 그 뒤에 영국의 세이세, 불란서의 오페르트 등이 엘람어 쐐기문자에 제기되는 여러 가지 문제를 어느 정도 해결했으며, 1890년에 와이스바흐가 엘람어에 관계된 여러 가지 실마리를 잘 풀어 엘람어 새김글을 확실하게 번역한 책을 출판해서 어느 정도 문제를 마무리 지었다.

3. 엘람어와 문자의 역사

아케메니드 왕조가 페르시아 제국을 통치하던 그 이전시대에 엘람 족은 주로 현재 이란 남서부지역과 메소포타미아의 동부지역에 살면서 아주 옛날부터 영향력을 행사해온 민족이다. 이 엘람지역에서 문자의 생성과 발달은 메소포타미아 최초의 문자발명자인 수메르인들과 같은 시대에 이루었거나 아니면 오히려 더 옛날에 문자를 발달시켰을 정도로 오랜 기간 문자를 사용했다. 문자사용 시기도 수메르인의 문자 사용시기와 같다.

최근에 문자의 기원으로 제시되는 물표사용도 수메르 보다 엘람에서 사용된 시기가 오히려 더 이른 시기인 수렵시대에서 농경시대로 전환하는 시기인 B.C. 9차 천년 시기 까지 거슬러 올라가며, B.C. 8차 천년 시기 초기부터 여러 형태의 흙으로 된 물표가 사용되면서 물건 거래의 기록으로 곡식, 가축, 알코올, 각종 제조상품과 같은 물건을 나타내기 위해 사용했다.

이 물표사용은 B.C. 4차 천년 후기까지 이 물표를 흙 봉투 안에 담아 보관하면서 흙 봉투 표면에 스탬프 같은 것을 흙 봉투 안에 담아 있는 물표 모양을 찍어 놓았다. 이 물표 찍은 표시는 물표의 소유주나 이 봉투 안에 담아있는 물표의 수나 형태를 알려주는 것이다. 이것이 숫자의 출현을 알려주는 표시이고 곧이어 흙 물표는 흙 봉투에서 흙 평판에 추상적인 양의 표시로 전환되어 갔다.

B.C. 2900년경에 엘람에 새로운 형태의 글자가 나타났었는데 이것을 원시-엘람문자(proto-Elamite)라고 한다. 이 글자는 B.C. 3050년과 2900년경 사이에서 메소포타미아 동쪽 이란고원과 수시아나(Susiana)평원에서 사용되었다. 이 시기는 아마도 메소포타미아의 초기 왕조시대로 우르크 3기 시대와 같은 시대이다. 이 글자는 엘람인들이 만든 토박이 문자로 알려져 있다. 이 글자의 겉모습은 메소포타미아 지역에서 사용되는 쐐기문자와 큰 차이가 나는 완전히 다른 모양이다. 이것은 선과 원의 형태를 구성하고 있고, 원시-엘람문자의 텍스트는 회계기록 형태로 나타나고, 숫자 앞에는 숫자가 아닌 기호가 한 두 개가 쓰이고 있었다. 이 문자는 표의

문자 형태이거나 음절문자의 형태가 가미된 형태로 사용 된듯하다. 읽는 순서는 오른쪽에서 왼쪽으로 읽고 다 읽고 나면 다음 줄로 세로쪽으로 읽어나간다.

이 문자는 1900년대에 최초의 원시-엘람어 기록에서 발견되었다. 수사 지역에서 1450개의 평판이 발굴되었는데 최근에 다른 지역에서 출토된 평판에 기록된 것을 보면, 수사에서 나온 평판에 기록된 글자와 숫자는 페르시아 전역과 이웃지역까지 행정중심지역에 사용된 것으로 판명되었다. 흙 평판에 새겨진 기호는 예외 없이 행정기록으로 주로 영수증, 곡물, 가축 및 노동자 이송기록, 식품분배기록 등이 전부이고, 문학, 어휘목록 등과 같은 것은 없었다.

몇몇 학자는 원시-엘람글자와 후에 나온 선형-엘람글자와 연결 관계 복구를 시도했으나 선형-엘람글자에서 밝혀낸 몇 가지 음절기호로서는 원시-엘람글자와 연결하기에는 무리였다. 원시-엘람글자의 판독이 어려운 것은 정보와 자료 부족을 들 수가 있다. 기호 목록표라도 있으면 가능성이 있지만 그런 것도 없이 판독은 무리였다.

1960년과 1970년대에 들어와서 판독이 다시 시도됐다. 최근에 가장 전진된 판독과정은 우선 숫자표시 기호조직 구조를 새로이 이해하게 된 것인데, 많은 표의문자 기호들과 곡물생산량, 동물 수 및 인간노동자를 뜻하는 기호와 동일하다는 사실이 밝혀졌다.

원시-엘람문자 모양이 B.C. 3차 천년시대에 와서 선형-엘람문자로 발전한다. 이 문자는 부분적으로 판독이 되었다. 1905년에 이 선형-엘람문자로 엘람어와 고대 아카디아어로 된 이중 언어를 기록한 텍스트가 발견되어 일부 판독이 시도되었다. 선형-엘람문자는 약자표시가 붙어있는 음절문자로 사용되었을 것으로 판단되고 있다.

선형-엘람문자의 첫 번째 예는 B.C. 22세기경에 엘람 왕 푸줄-인수시나크(Puzur-Inshushinak)에 관한 이중 언어 평판의 엘람문자부분이다.

선형-엘람문자의 예는 루브르 박물관 소장으로 흙 평판에 숫자와 선형 글자체이다.

B.C. 22세기 이후에는 이 선형-엘람문자가 사라지고 메소포타미아의 언어와 쐐기문자가 대신 들어와 쓰였다. 그런데 900년이 지난 B.C. 13세기부터 엘람어가 다시 고고학 기록에 등장했다. 엘람어 쐐기문자는 전부 145자이고 그 중에 음절문자는 113자, 표의문자는 25자, 한정사가 7자로 쓰이고 있었다. 이것이 베히스툰에 새김 된 클래스 II에 해당하는 엘람어의 쐐기문자이다.

엘람어 쐐기문자로 되어 있는 텍스트 중에서 가장 길고 장중한 것은 역시 베히스툰 암벽에 새겨진 클래스 II부분이다. 이 암벽에 새겨질 당시는 B.C. 5세기로 페르시아제국이 형성되어 그 당시 공식 언어는 고대페르시아어, 엘람어, 아람어 등 3가지 였다. 그러나 그 당시 문학 종교과학 분야의 용어나 언어는 수메르어였다는 것을 알면 메소포타미아의 수메르 언어의 위력을 실감하게 된다.

원시-엘람 텍스트는 B.C. 3차 천년시절 메소포타미아 흙 평판과 일반적으로 유사한 모양으로 직사각형으로 된 것에 새김 되어 있다. 그 평판은 대략 가로 세로의 비율이 3:2정도다. 이 평판에 새김 된 글은 앞면과 뒷면에 다 같이 사용되었다.

원사-엘람글자의 예. (Lawrence Lo.에서)

숫자기호 경제관계 기록 흙 평판. 원사-엘람글자

(수사, 우르크시대. 루브르박물관소재)

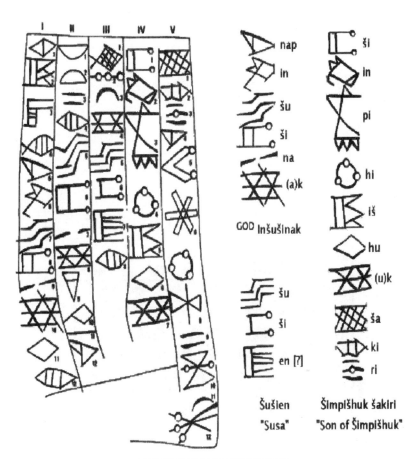

선형-엘람어문자와 판독된 문자

제6장 아카디아어 쐐기문자 판독가들

아카디아어(바빌로니아어) 쐐기문자의 예: 페르세폴리스 궁전 현관에 다리우스 왕 조상위에 새겨져 있는
세 개의 쐐기문자 중 세 번째 글
둘째 줄은 전부 뜻 글자로 된 쐐기문자

(첫줄 오른쪽 끝 3글자 뜻글자와 뜻글자+음성보어 Lugal, Gal-*ú*
da-ri-ia-a-muš Lugal-Gal-*ú* (이탤릭체는 음절문자로 읽음)
Lugal Lugal. Meš Kur.Kur.Meš
ša nap-ḫa-ri li-šá-nu gab-bi
A *uš-ta-as-pa*
a-ḫa-ma-an-ni-iš-ši-î
ša É *a-ga-a i-up-uš*

영어번역: Darius, the great king, king of kings, king of the lands of
all tongues entirely, son of Hystaspes, the Achaemenian,
who built this palace.

1. 아카디아어의 특징

바빌로니아어가 어떻게 이란의 베히스툰 암벽에 기록되어 있을까?

그것은 페르시아국가를 건국한 초대 키루스 왕이 B. C. 539년에 칼데아 (Chaldea) 왕국을 침입해서 페르시아의 영토로 통합시킨 관계로 그 지역 의 언어인 바빌로니아어도 페르시아제국의 언어로 채택되어 사용해 오다 가 베히스툰에 3번째 언어로 새김하게 되었다. 아시리아 지역 발굴은 바 빌로니아 쐐기문자 판독에 큰 영향을 끼쳤다. 오랜 기간 동안 황량한 유적 지에서 묻혀있었던 아시리아인, 바빌로니아인들의 부활은 19세기 학자들 의 끈질긴 노력과 깊은 호기심에 의한 위대한 성취라고 말 할 수 있다. 여 러 학자들이 이들의 부활을 위해 무척 노력했다.

베히스툰 텍스트 중에 바빌로니아어를 표기한 쐐기문자 판독작업은 단독으로 판독작업을 끝낼 수가 없는 아주 복잡한 구조로 되어 있었기 때 문에 합동적인 노력의 결과로 판독이 이루어졌다. 주로 불란서 동양학자 오페르트, 아일랜드 동양학자 에드워드 힝크스, 불란서의 고고학자 드 솔 시, 그리고 영국의 동양학자 로린슨 등 4명이 중심이 되어 적극적이 심혈 을 기우려 판독에 임했다. 물론 다른 학자들도 보조적인 연구 활동으로 지원을 해왔다.

이 바빌로니아어와 아시리아어의 통칭어인 아카디아어 특징을 설명하 면서 샘슨(Sampson, 1985: 56-57)은 이 아카디아어는 음절문자로도 표기 가 가능하고 표의문자 표기로도 가능한 언어형태라서 어떤 상황이나 어떤 형태로 그 언어를 표기할까 하는 것은 순전히 글자 쓰는 사람의 마음에 달려있고, 어떤 표기로 써야 목적하는 바를 최대한 효과를 낼 수가 있을까 라고 생각하는 서자생의 선택에 달려있다고 할 정도로 아카디아어 표기 글자는 음절문자로나 표의문자로서 표현에 자유로운 편이었다. 그래서 판독이 더욱 어려웠던 것이다. 더구나 아카디아어 서자생들이 쓴 철자법을 보면 아무런 이유도 없이 더 옛날 글자로 표기하기도 하고 아니면 의도 적으로 아주 모호하게 글자를 쓰는 경향이 있었기 때문에 아카디아어 쐐기문자 이해와 연구는 정말 인내와 고도의 노력을 요구하는 분야였다.

이 아카디아어의 판독은 다름 아닌 페르세폴리스의 3중 언어 새김글 중에 고대페르시아어 새김글 판독이 완료된 시기부터 시작이었다. 지난 70 년간 바빌로니아와 아시리아 유적지에 시행된 발굴 작업에서 출토된 쐐기문자 텍스트들이 풍부하고, 19세기 초 유프라테스강 유역에서 출토된 쐐기문자의 예들과 보타(Botta)가 발견한 아시리아의 코호르사바드(Khorsabad) 궁전에서 발굴된 쐐기문자들이 페르세폴리스와 그 인근 지역에서 나온 3중 언어 새김글 중에 클래스 III 글자와 동일한 것이 확인되면서 판독의 열기는 더해 갔다. 날이 갈수록 코호르사바드를 비롯한 님루드(Nimrud), 큐윤지크(Kouyunjik), 카레흐-세르가트(Kaleh- Shergat)등지에서 발굴된 더 많은 텍스트의 발견으로 페르세폴리스 새김글 클래스 III 쐐기문자와 아시리아와 바빌로니아의 쐐기문자가 동일한 것이 더욱 확인되었다. 그래서 클래스 III는 바빌로니아와 아시리아에서 사용된 쐐기문자라는 것이 더 이상 의심의 여지가 없게 되었다. 단지 우연하게도 대량의 유물들이 북쪽 유적지에서 발견된 것과 그 지역이 아시리아도시였던 관계로 자연히 그 지역 언어이름을 아시리아어로 불리고, 클래스 III의 언어로 낙착되었을 뿐이다. 북쪽 지역은 사실 남쪽지역으로 부터 영향을 많이 받은 관계로 오히려 아시리아어 보다는 바빌로니아어로 불리는 것이 타당할 것이고, 아시리아학의 이름도 사실 바빌로니아학이라 해야 마땅할 것이다.

페르세폴리스 새김글의 3개의 언어 중에 어느 언어가 원본이었을까? 그것을 알기위해서는 새김글을 새길 때의 시대 상황을 살펴볼 필요가 있다. 베히스툰 새김글을 새겨 그의 치적을 알리고자 했던 왕은 페리시아의 다리우스 왕 1세였다. 그는 그 당시의 공식 언어인 고대페르시아어로 그의 치적을 기록하게하고 그것을 기초로 그 당시의 다른 지역에서도 사용되고 있던 아카디아어와 엘람어로 번역을 해서 기록하게 했던 것으로 판단된다. 아시리아와 바빌로니아의 땅은 페르시아를 건국한 왕 키루스에 의해 정복된 후에 페르시아영토로 통합되면서 그 지역의 언어를 공식 언어로 인정했던 것이고, 또한 클래스 II 언어인 엘람어는 페르시아의 수도로 정한 페르세폴리스, 수사, 에크바타나 등이 있는 엘람지역의 언어로 포함되어 3중언어로 기록됐던 것이다

아카디아어를 판독하게 된 실마리는 이전에 고대 페르시아어를 판독할 때에 사용한 방식과 똑같은 방법으로 고유명사 이름을 찾아내는 것부터 시작했다. 고대페르시아어의 쐐기문자와 클래스 III에 나오는 쐐기문자를 서로 비교하면서 고유명사이름을 찾아내고자 했다. 문제는 여러 가지가 제기되었다. 첫째, 고대페르시아어 쐐기문자 텍스트에는 단어와 단어 사이를 표시해 주는 단어분리 표시가 있는데 비해 아카디아어 쐐기문자 텍스트에는 그런 것이 없었다. 둘째, 고유명사가 딱 한번만 나올 때에는 판독할 수가 없었다. 그러나 다행스럽게도 베히스툰에 나온 텍스트는 많은 장소와 사람이름들이 있는 관계로 고대페르시아어인 클래스 I에 나오는 이름 중에 같은 기호가 나올 때에는 클래스 III에서 같은 기호들을

찾아내는 안내 역할을 해주었다.

첫 시도는 그로테펜드가 시작했다. 그는 고대 페르시아어 쐐기문자로 된 세 명의 왕 이름을 판독해 낸 뒤에 자신감에서 페르세폴리스 새김글의 바빌로니아어 새김글을 판독하고자 세 명의 왕 이름을 바빌로니아어와 같은 위치에 있는 대등 어를 찾아보고자 노력했으나 찾아내지 못했다. 그로테펜드가 1814년에 바빌로니아에서 출토된 몇 개의 새김글에 쓰인 클래스 III 글자에 대한 연구결과를 발표했지만, 1818년에 가서야 페르세폴리스의 클래스 III과 바빌로니아 새김글이 동일한 글자라는 것을 겨우 알게 된 정도였다. 1819년에 287개의 기호를 구별해 냈지만, 그는 바빌로니아어 쐐기문자도 페르시아어 쐐기문자처럼 알파벳 문자라고 잘못 생각했다.

그 다음으로 불란서인 로윈스턴(Isidore de Löwenstern)이 판독을 시작했다. 그는 보타가 코호르사바드 왕궁을 발견한 사실을 알고부터 이집트에서 만들어진 설화석고병에 새겨져 있는 이중 언어인 바빌로니아 쐐기문자와 이집트 상형문자를 비교함으로써 바빌로니아판독에 착수했다. 그리고 그는 놀라운 사실을 밝혀냈다. 즉 바빌로니아어는 셈어족에 속한 언어이고, 그리고 자매어로는 히브리어, 아라비아어, 아람어 등이라는 사실을 발견 했다. 이 발견은 다른 연구가들에게 아주 중요한 실마리를 제공해 주었다. 이 발견은 동양 언어를 전공한 판독가들에게 복음의 소리였다. 그러나 그는 쐐기문자의 음을 찾아내지는 못했다. 로윈스턴은 두 번째 발표한 논문에서 고대페르시아어와 아시리아어 텍스트를 비교해서 음역으로 읽으려고 시도했다. 로윈스턴도 그로테펜드와 같이 판독을 시작할 때에 고대페르시아어의 고유이름을 바빌로니아어 쐐기문자와 비교를 했지만 각 기호의 음가를 찾아내지 못하고 바빌로니아어 텍스트를 읽는 일이 아주 어렵다는 사실만 입증했을 뿐이다.

그 다음에 보타가 나섰다. 그는 아시리아 궁전 코호르사바드를 성공적인 발굴 작업으로 많은 새김글의 텍스트를 얻을 수가 있었다. 그는 그가 발견한 많은 수의 새김글을 주의 깊게 연구해서 많은 단어가 분명히 동일한데 표기 기호가 다른 방법으로 표기된 사실을 밝혀내어 다른 연구가들에게 많은 도움을 주었다. 그는 동일한 단어이지만 표기가 다른 변이형들을 모아서 목록표를 만들었다. 이 목록표에 의해서 힝크스가 바빌로니아-아시리아어의 글자는 알파벳이 아니고 음절문자나 표의문자라는 사실을 알게 해 주었고, 또한 단어의 각 기호는 하나의 음절음가를 가지거나, 하나의 기호가 하나의 단어를 표기한다는 것을 발견하게 한 실마리 역할을 하게했다. 힝크스가 이런 사실을 발견하고 발표한 것은 1847년이었다.

아시리아어 쐐기문자는 수메르문자를 채택하여 셈어에 알맞게 적용시킨 문자다. 수메르 문자는 대부분이 그림문자로 구성되어 있지만 이미 그림문자를 뜻글자나 음절문자로 사용한 문자이다. 예를 들면 수메르 언어에 'AN'은 '하늘'을 뜻하기도 하고 음절 an을 나타내기도 했다. 셈족인 바빌로니아인은 수메르인에게서 쐐기문자를 형태의 변화 없이 빌려와서 그들의 언어를 표기하는 방식으로 채택했다. 따라서 바빌로니아인들이 '아버지'를 나타내는 수메르인의 글자 ad를 수메르어식으로 발음하지 않고 대신 셈어 방식으로 *abu*로 발음했다. 또한 수메르인들이 '이름'을 mu로 읽었지만 셈족들 *shumu*로 읽었다.

이 설명을 더욱 명확하게 한 학자들(Julius Oppert, George Smith)이 뒤이어 나왔다. 이 학자들이 밝힌 내용을 간추려 보면 수메르 쐐기문자를 채택했던 셈족이 어떻게 셈어에 맞도록 적용시켰는지 또한 쐐기문자의 특성으로 해서 왜 알파벳으로의 전환을 어려웠지 알게된다.

셈족이 수메르 쐐기문자를 채택해서 그들의 언어를 표기하면서 쐐기문자를 아주 간편화 시켰다. 수메르 글자체계는 대부분 그림문자로서 뜻글자역할에 음절문자의 역할도 부여해서 사용하고 있었다. 그렇지만 근본적으로 수메르인의 글자는 뜻글자로 구성되어 있었고, 가끔 음절문자로 사용되었을 뿐이다. 문제는 셈어족인 카디아어가 비 셈어족계인 수메르어로부터 쐐기문자를 차용해와서 그들의 언어표기에 적용했을 때에는 여러 가지 부작용이 발생했다 이것은 셈어가 수메르어 발음의 음소 기호를 완전히 무시하지 않고 그대로 사용하게 되었을 때에 사실 대 혼란이 일어났던 것이다. 혼란의 원인은 여러 가지 가 있었다.

그 중 하나를 보면 수메르어 기호 mu로 읽는데 비해서 아카디아어에서 *shumu*로 읽히며, 뜻은 '이름'이다. 그런데 문제는 수메르어의 mu는 또한 mu로 발음은 되지만 전혀 다른 단어의 뜻도 나타내는 데에 있었다.

사실 수메르어에서 mu는 여러 가지 뜻을 나타냈다. 즉 '땅' '국가'(kur, kin) '산'(kur) 등이다. 그래서 아카디아어에서도 같은 의미의 셈어 단어를 덧붙였다. 그래서 이 하나의 mu기호가 *matu* '국가', *irsitu* '땅', '국가', 그리고 *shade* '산' 등을 의미했다. 더 나아가 이들 기호들은 수메르어 발음인 kur와 kin을 나타내는 음절기호로 사용되었다.

아카디아어에서는 한 기호가 여러 가지의 음절 음가들을 가질 수가 있다. 이것을 로린슨이 발견한 것인데 쐐기문자는 심각한 다음자 기호이며 이런 용법이 문자사용에서 최대의 혼란을 초래할 수 있는 요인이 되었다.

문제는 셈어족에 속한 언어를 표기하기에 여간 불편하지 않은 쐐기문자를 차용한 아카디아어가 B.C. 2000년대에 그 주변지역의 국제적인 외교어가 되었는데 그 범위는 페르시아에서 아나톨리아까지, 카스피에서 나일강 유역까지 이고, 또한 이 쐐기문자가 여러 민족 즉 엘람인, 힛타이트인, 칼데아인, 후르리인과 같은 이방민족에게 까지 차용되어 전파되었다.

쐐기문자로 표기된 아시리아-바빌로니아어가 이집트 왕들과 팔레스타인 왕들과의 편지 왕래에서 B.C. 2000년 중반에 사용된 것으로 추측되는 세계적으로 유명한 편지가 상 이집트의 텔-에-아마르나(Tel-e-Amarna)에서 발견되었다.

사실 셈어가 아닌 다른 언어를 사용하는 민족이 이렇게 사용하기 어려운 쐐기문자를 단순하게 만든 경우도 있는데 바로 페르시아의 경우에서 볼 수가 있다.

셈족이 쐐기문자의 중의성과 모호성에 큰 부담을 느껴 어느 정도 혼란 속에서도 질서를 잡을 방도를 모색하고 있었던 흔적을 찾을 수가 있다. 즉 고대 이집트인들이 채택했던 것과 같은 처방인 '혼합글자'와 '한정사' 도입이었다.

혼합글자는 뜻글자에다 음절글자를 첨가해서 혼합 형태로 철자하는 방식이다. 이렇게 함으로써 셈족의 음절문자는 그 속에 비 셈계 기원을 나타내는 모음을 갖게 되는 형태가 됐다.

또한 한정사의 위치도 이집트문자와 차이가 나는데 이집트 상형문자에 한정사는 단어의 끝에 두었지만 쐐기문자는 단어의 첫머리나 단어 뒤에 두는 두 가지 방식을 활용했다. 혼합글자와 한정사를 쓰는 덕분으로 아카디아어는 실질적으로 셈족 스스로 뿐만 아니라 19세기 판독가들에게도 쐐기문자를 읽는데 도움을 주었다. 혼합글자와 한정사의 사용은 다른 언어에서도 같은 기능을 함으로서 외국어에 쓰인다 해도 쉽게 독자의 눈에 띄게 되었다. 특히 고유이름들은 무엇보다 눈에 뚜렷하게 띄게 한 것은 한정사의 덕분이다.

그런데 문제는 셈족은 음절문자와 뜻글자의 혼합된 글자인 쐐기문자를 알파벳문자로 발전시킬 수가 없었던 이유는 무엇이었을까? 사실 쐐기문자와 이집트의 상형문자는 알파벳철자로의 가능성은 얼마든지 가지고 있었다. 알파벳글자로 새로운 도약을 하지 않은 이유는 바로 그들의 보수성 때문이다. 보수성 때문에 이 쐐기문자를 사용하는 외국의 규칙이나 힘에 의해서만이 쐐기문자가 알파벳으로의 발전이 가능했다. 이집트의 상형문자는 그리스어 규칙을 적용함으로써 알파벳 글자 즉 콥트어글자로 만들어졌고, 또한 쐐기문자도 다리우스시대인 고대페르시아와 시리아의 우가리트 문자가 알파벳의 성질을 갖는 방향으로 발전되어 갔다. 즉 외국의 힘이나 외국의 규칙에 의해서 알파벳으로 전환이 가능했다.

그리스 알파벳은 기독교의 전파와 함께 날로 발전했지만 바빌로니아와 아시리아를 지배했던 페르시아 제국은 B.C. 330년에 알렉산더 대 왕이 페르시아를 침략함으로써 그때까지 존재한 모든 문화적인 우위가 파괴되었고, 이때부터 쐐기문자는 쇠퇴 일로에 섰으며 쐐기문자 보다 훨씬 단순한 아람 알파벳글자가 들어와 사용되면서 결국에 쐐기문자는 영원히 페르시아제국에서 사라져버렸다.

아카디아어를 표기하는 쐐기문자에 대해서 몇 가지 특징을 찾아보면,

> 첫째, 각 기호는 음절문자, 한정사, 및 전체단어를 표현하는 표의문자로 구성되어 있다.
> 둘째, 글 쓰는 방향은 여러 방향이다.
> 셋째, 사용기호수는 약 200-400개 정도다.
> 넷째, 많은 기호가 다양한 발음을 가지고 있다.

위의 특징을 보다 구체적으로 설명하면 다음과 같다.

첫째, 음절문자로 표기한다.

음절문자는 일반적으로 두 개 내지 세 개의 철자가 결합해서 하나의 음절을 구성하는 문자를 말한다. 각 기호는 소리를 내는 음을 가진다. 각 기호의 소리는 자음, 모음으로 구성되는 것이 일반적인데 대부분의 기호들은 자음+모음, 모음+자음으로 구성되지만 후기 시대에 자음+모음+자음 형태가 도입되어 점점 증가되었다. 일반적으로 음절문자는 아카디아어는 이탤릭체로 고고학자들이 사용하는데 이는 표의문자(대문자나 작은 대문자로 표기)와 구별하기 위함이다. 철자의 대부분은 세월에 관계없이 일치하지만 일부 철자들은 2차 천년 전반까지를 '고대'라는 접두사를 쓰고, 주로 고대 바빌로니아시대에 사용된 것이다. 이 이후에 사용된 기호들은 '신'이라는 접두사를 붙인다.

둘째, 동음이의어(Homophony)형태로 나타난다.

동음이의어는 동일한 음을 표현하지만 기호형태가 여러 가지로 다른 것을 말한다. 이러한 현상을 영어로 'homophony' (from Greek *homos* 'same', *phonè* 'sound')이라고 한다. 음역의 예들을 보면 여러 형태의 다른 쐐기문자로 표현되지만 같은 음들을 나타내기 때문에 강세표현방식으로나 아래 번호를 붙여서 구별한다.

예를 들면 *ni, ni , ni , ni₄ , ni₅,* 등의 표현은 음은 같지만 기호 형태가 다른 쐐기문자라는 것을 나타내기 위해 표기이다.

동음이의어의 예를 보면 다음과 같다.(강세표시는 실제 단어 강세와 전혀 관계가 없는 표시에 불과하다.)

ni

ni

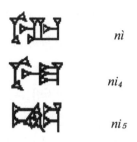

$nì$

ni_4

ni_5

극단적인 예로 드라이버(Driver, 1944: 60)가 제시한 것을 보면 쉬루팍(Shuruppak)에서 나온 '태양'의 뜻을 표기한 Uta가 70개 이상의 다른 단어를 표현하고 있는데 이 단어에는 명사, 형용사, 동사, 불변화사 등이 포함 되어 있다. 또한 이 기호가 수십 개의 개별 음절을 나타내는 데에도 사용된다. 이 뿐만이 아니라 이 단어가 170개 복합어의 표의문자에 첫 요소로도 사용되고 또한 많은 다른 단어의 주요 요소로도 사용되고 있었다는 것이다.

이러한 쐐기문자는 2000년 이상의 세월동안 상당한 형태변화가 일어났다. 그 예를 다음에서 볼 수가 있다. '보리'를 나타내는 쐐기문자의 형태가 각 시대마다 조금씩 차이 있는 표현을 갖고 있다.

	c. 3100	c. 2800	c. 2400	c. 600
보리				

셋째, 동형 다음다의어(Polyphony)기능을 갖고 있다.

같은 기호형태이지만 여러 가지 음과 뜻을 나타내는 현상을 말하는 것이다. 이 동형 다음다의어 형태는 그리스어 polus'many'와 phonè 'sound'의 복합어에서 나온 말이다. 다음의 예를 보면 한 형태가 여러 가지 발음을 갖고 있으며, 그에 따라 뜻도 다르다는 것을 이해할 것이다.

예 1)

(신)은 *ni, né, li, lé, i, zal* 으로 발음되며, 뒤에 가서는 더 많은 음 *scal, dik, diq, tiq*을 표현했다.

이러한 동형 다음다의어(polyphony)는 일반사람들이 쐐기문자 텍스트를 읽는데 크게 어려움을 준다. 쐐기문자의 이러한 특징인 동음이의어와 동형 다음다의어 등이 그림문자 기원시대부터 시작되었다.

넷째, 표의문자도 가지고 있다.

표의문자는 기호가 전체 단어의 뜻을 나타내는 기능을 하는 데 이 기능을 아카디아어 쐐기문자도 가지고 있다.

아카이아어에서 사용되는 표의문자는 일반적으로 수메르문자로 부르는데 그 이유는 대부분의 표의문자는 수메르어에 그 기원을 갖고 있기 때문이거나 또는 수메르어의 규칙에 따라 형성된 단어에 붙이는 이름이다.

표의문자의 뜻은 보통 대문자나 작은 대문자로 표기하는데 이것은 수메르어의 뜻을 나타낸다.

즉 철자 는 '신'을 나타내며 읽기로는 DINGIR 또는 dingir이다. 표기는 대문자나 작은 대문자로 한다.

그런데 단어의 문법형태는 표의문자로 표현할 수가 없다. 즉 명사의 격이나 동사의 활용형 등은 표의문자로 표현할 수가 없다. 표의문자는 명사나 형용사를 나타낼 수도 있고, 동사로서 현재시제, 과거시제로도 표현될 수는 있다.

다섯째, 표의문자는 음성보어라는 음절의 보조를 받는다.

음성보어는 표의문자가 표현하는 단어의 끝에 오는 음절이다. 이 음성보어는 표의문자가 어떤 의미인가를 구별해 준다. 그리고 음성보어는 문법기능을 표현한다. 영어의 예로 설명하면 X 표의문자는 십자가를 나타낼 수도 예수를 나타낼 수도 있는 문자이다. 그래서 표의문자로 읽고 그 뜻이 무엇인가를 알기 쉽게 선택하도록 음성보어 -ing와 -mas를 함께 쓰는 것이다. 즉 -ing와 -mas는 음성보어다.

즉 X-ing은 건널목(crossing)을 나타낸다. 즉 '보행자 건널목'을 영어로 'Ped X-ing'으로 한다.

X-mas는 표의문자 X + 음성보어 -mas 합쳐서 'Christmas'를 뜻하게 된다.

아카디아어의 예를 들면 다음과 같다.

아카디아어 AN + 음성보어

𒀭 𒈨 AN-ú

표의문자 𒀭 AN은 '신' Anum과 '하늘', '천국' 등을 뜻하는 Šamû을 뜻한다. 여기에 음성보어 ú를 첨가했다면 이때 뜻은 '신'을 나타내는 것이 아니라 Šamû '하늘', '천국'을 나타내게 된다.

다섯째, 한정사로 사용되는데 이것은 일명 분류사로 불리고 있다.

이 한정사는 뒤에 오는 단어나 앞에 오는 단어가 어느 계층에 속하는가를 지적하는 기호로 사용된다. 이 한정하는 것은 표의문자일 수도 있고, 음절문자일수도 있다.

예를 보면

𒀭 AN은 일반 단어로 사용되기도 하고 또한 다음에 오는 단어가 '신'을 뜻하는 단어임을 알려주는 한정사로도 사용된다. 이런 기능을 표현하는 기호로는 수메르어 dingir '신'을 뜻하는 약자 위 첨자 *d*를 붙여 사용하기도 한다.

𒀭𒌓 *d* UTU, 이것은 태양신 'Shamash'이다. '신'*Anum* 은 표의문자 𒀭 AN으로 표기되지만 한정사가 선행되지 않는다.

한정사의 특수형태는 표의문자의 복수용법을 표시하는 기호로도 사용 된다. 복수 표현으로 대부분 이 기호 𒈨𒌍 MEŠ를 사용하는데 그 예를 보면 𒀭 𒈨𒌍 dingir.mesh = *ilü* '신들'로 표현된다.

여섯째, 표의문자에서 음절문자로 전환되는 기능도 있다.

물상을 표기하거나 단어의 뜻으로 표기된 문자가 음절을 표기하게 되는 데는 많은 어려움이 발생하게 된다. 더욱이 원래 첨가어인 수메르어를 표기하도록 만들어진 문자가 굴절어인 셈어 즉, 아카디아어를 표기하도록 차용해서 정착 시킬 때에는 어려움이 더욱 가중된다.

예를 들면, 물고기 kua를 뜻하는 표의문자가 수메르어와 아카디아어에서 다 같이 음절 ḫa로 쓰이게 된다. 그리고 많은 음절들이 자음으로 시작하기도 하고, 자음으로 끝나기도 했는데, 대부분 모음+자음, 자음+모음으로 구성되어 있다.

수메르인이나 셈족들은 자음을 모음에서 분리해 내는데 성공하지 못했고, 자음과 모음으로 구성된 음절을 표시 할 수밖에 없었다. 결과적으로 모음 단독으로 음을 내는 것을 제외하면 사실상 많은 수의 기호들은 자음+모음이 결합된 음의 덩어리를 표현할 수밖에 없었다. 사실상 쐐기문자를 음절문자로 표기할 것인가 아니면 음소문자로 표기 할 것인가의 갈림길에 수메르인과 셈족들이 들어 선 것이었다. 그런데 수메르인들은 먼저 음소문자로 할까 아니면 음절문자로 할까 망설이고 있었지만 셈족인 바빌로니아인들은 주저 없이 음절문자를 채택했던 것이다. 셈족들은 단순성과 명백성에서 그들 언어를 표기하는데 음절문자가 앞서 있었기 때문이다. 이런 경우에 수메르인과 셈족 바빌로니아인들 사이에는 문자를 보는 시각 차이가 있었다.

수메르인들에게 음절을 표현하는 기호들이 별로 필요 없었다. 왜냐하면 그들이 사용하는 기호란 것이 매일 사용하는 일상 물건이름만 표기하면 충분했기 때문이고 또한 그들이 사용한 대부분의 단어가 단음절 단어라서 굴절 형 등으로 하여 내부변화를 겪을 필요가 없었다. 굴절 형이 있다고 해도 간단한 접사의 음절만으로 굴절 형을 나타낼 수가 있었다. 굴절 형들이 음절을 가진 비교적 소수 기호들만으로 구성되었기 때문에 그들 목적에 충분했고, 또한 그림으로 표현할 수가 없는 단어들이 있었는데 이 단어만 음절로 표현하면 되었다.

수메르어에서와 전혀 달리 바빌로니아인들이 사용하는 아카디아어에는 모든 단어 하나하나가 음절로 표기하도록 요구되고 있었다. 물론 예외적으로 옛날 기호들이 속기록 글자처럼 그들 언어에 낯 설은 표의문자로 사용할 때에만 제외되었다. 그래서 쐐기문자를 음절문자로 발전시킨 것이 바빌로니아인들이다.

결과적으로 수메르 문자조직은 단어 뜻을 표기하는데 기초를 두고 있는 반면에, 아카디아어 글자조직은 음절을 표기하는데 기초를 두고 있었다. 이러한 여러 가지 특징들을 안고 있는 수메르어와 아카디아어를 표기한 쐐기문자를 판독한다는 것이 여간 어려운 작업이 아니었다.

2. 아카디아어 쐐기문자 판독가들

1) 드 롱페리에르(Henri Adrien de Longperier)

드 롱페리에르는 불란서 파리 루브르 박물관 직원이었다. 그는 보타가 코호르사바드에서 발굴한 새김 평판들을 박물관에 가지런히 정렬하는 책임자였다. 그는 이 평판에 새겨진 쐐기문자들을 보고 판독하고픈 욕망이 크게 생겨났다. 그래서 이 어려운 판독작업에 뛰어 들어 판독을 시도했다.

그는 이미 로윈스턴의 연구업적을 잘 알고 있었기에 로윈스턴의 어께 너머로 판독하는 방법을 터득하고 있었다. 로윈스턴은 각 기호의 판독에는 별 성과를 거두지 못했기 때문에 롱페리에르에게 큰 도움을 줄 수가 없었다. 로윈스턴은 고대페르시아어를 아시리아어와 비교한 결과 단어 '위대한'이란 단어를 찾아냈다. 이것은 아마도 아시리아어로 'rabou'로 읽는 것으로 추측했다. 이 정보를 페르세폴리스 새김글에서 찾아냈다. 그런데 롱페리에르는 이 단어를 코호르사바드에서 나온 새김글에서 찾아내는 개가를 올렸다. 보타가 발굴한 텍스트에서 롱페리에르는 작은 새김글이 자주 반복되는 것을 보았고, 그래서 비교를 통해서 전 새김글을 판독해냈다.

그가 판독한 내용은 영어로 보면 다음과 같다.

'Glorious is Sargon, the great king, the [...] king. king of kings, king of the land of Assyria'

이렇게 판독을 해 놓고도 한 단어 'rabou'를 소리 내어 읽는 것을 제외하고는 사람이름도 다른 단어도 소리 내어 읽을 수가 없었다. 이유는 단어의 음가를 몰랐기 때문이다. 힝크스가 이미 찾아 놓은 기호의 목록과 의미를 롱페리에르가 알았다면 단어들의 음가를 찾아내어 음으로 읽을 수가 있었을 텐데 아쉬움이 있는 대목이다. 그는 많은 노력 끝에 '사르곤' 이름을 찾아내는데 성공했지만 그의 연구는 여기까지였다. 그렇지만 롱페리에르는 전문적인 동양학 공부를 하지 않은 사람으로서 대단한 업적을 쌓은 사람으로 기록됐다.

그 당시에 상황을 살펴보면 아시리아어나 바빌로니아어 새김글을 연구하고 판독하는 연구는 불란서, 영국, 아일랜드 등에서 주로하고 있었고, 조금씩의 성공도 거두었지만 서로간의 정보교류가 되지 않아서 판독의 진전이 지지부진한 상태였다. 서로가 판독의 공로를 새우기 위해 노력을 하면서도 다른 나라의 학자가 일정한 성과를 거두면 시기하고 실망하는 그런 상황이었다. 서로 합동으로 노력했으면 그 성과는 훨씬 급속도로 진전되었을 것이다.

2) 폴 이마일 보타(Paul Emile Botta 1802-1870)

폴 이마일 보타는 초기 아시리아어 판독에 상당히 공헌한 사람이다. 그가 코호르사바드를 발굴했다는 것이 큰 업적이고 공헌한 대목이다. 그 왕궁을 발굴하면서 발견한 수많은 새김글을 주의 깊게 연구 관찰하여 얻은 결과는 많은 수의 단어들이 분명히 동일한데, 다른 방법으로 표현했다는 사실을 밝혀냈다. 그는 새김글의 판독 보다는 그가 발견한 새김글을 모두 대조해서 기호들을 정교하게 목록표를 만들었다. 그가 찾아낸 642개의 기호들을 대조해서 그 차이점을 밝혀냈는데 이 목록표가 판독가들에게 큰 도움을 주었다. 이들 기호 하나하나 음과 의미를 꼼꼼하게 찾아서 만든 목록표를 보기만 하면 그 철자가 알파벳이라고 주장할 수가 없게 되었을 정도였다. 철자기호가 642개이라면 알파벳일 수가 없다. 보타는 페르세폴리스 새김글을 찾아서 페르시아어인 클래스 I과 바빌로니아어인 클래스 III을 찬찬히 비교해 보았다. 그는 한 나라의 이름이 클래스 I에서는 여러 개의 기호로 표기되는데 반해서 클래스 III에서 하나의 기호만으로 표기된 것을 발견했다. 그래서 그는 바빌로니아어는 부분적으로 표의문자로 표기된다는 사실이 확실하다고 결론 내렸다. 그러나 또 다른 문제에 직면하게 된다. 즉 이 목록표에 나온 문자의 뜻을 알기위해서 가능한 방법이 무엇이며 그 문자를 어떻게 발음하느냐 하는 문제였다. 이에 대한 해답을 찾으려고 그는 연구를 계속했다. 그는 '왕', '나라', '민족'이라는 단어를 찾아냈지만 그 단어를 로마철자로 쓸 수는 없었다. 그는 단어 하나를 써 놓고 이렇게 '저 글자의 뜻은 '땅'을 뜻하는데 아시리아어로 읽는 방법을 아직 알지 못하겠구나!'라면서 탄식도 했다.

보타의 최종적 업적은 어휘 목록집을 작성한 것이다. 어휘 목록집으로 해서 바빌로니아와 아시리아 글자는 알파벳이 아니고, 음절문자와 표의문자로 구성되어 있다는 것을 증명한 힝크스에게 큰 도움을 주었다.

3) 드 솔시(de Saulcy)

드 솔시는 페르시아의 아케메니드 왕들의 새김글과 페르세폴리스 새김글을 놓고 연구에 몰두했다. 그는 연구논문 몇 개를 발표했지만 여러 가지 미숙한 점이 발견되어 수정 하면서 아시리아어 판독을 계속해 나갔다. 그는 아시리아어 새김글 전부를 판독하고 번역하겠다는 도전장을 내면서 우선 최초로 아시리아어 새김글 전체를 발간했고 단어 하나하나에 대해서 기호의 음가를 찾는 방법을 설명과 함께 덧붙였다. 이 논문에서 아시리아어 쐐기문자 120개의 기호를 확정지었는데 그것은 확인할 수가 없는 상태였다. 물론 덧붙인 해설에서도 실수와 불확실성이 많이 노출되었기 때문이다.

4) 에드워드 힝크스(Edward Hincks: 1792-1866)

에드워드 힝크스(1792-1866)는 아일랜드 출신 목사로서, 아시리아어 전공학자로서, 또한 메소포타미아 쐐기문자의 판독가로서 일생을 보냈다.

목사로 봉직하면서 고대 언어에 대한 열정으로 처음에 이집트 상형문자에 대해 연구를 하다가 1830년대에는 고대 페르시아어의 쐐기문자에 관심을 보였다.

그 당시 동양학의 선두인 헨리 로린슨과는 교류도 없이 독자적으로 연구를 거듭한 끝에 고대페르시아어 쐐기문자의 기본적인 음절 본질을 파악하고, 고대 페르시아어 모음의 음가를 올바로 파악했다.

힝크스의 가장 큰 업적은 아카디아어 쐐기문자를 상당히 판독한 것에 있다. 1842년에 아시리아제국의 수도 니네베 유적지에서 보타가 발굴한 새김글을 보고 아시리아학이라는 새로운 학문에 집중했다.

발굴된 유물에는 아시리아 왕 아쉬르바니팔(Ashurbanipal)의 도서관에서 나온 수 만개의 불에 구워진 새김글 판이 있었다. 이 자료에 대해서 힝크스는 헨리 레이야드와 많은 편지를 주고 받으면서 연구를 했다. 이 새김글 판에는 쐐기문자로 알려진 판독되지 않은 낯선 글자들이 있었다. 이 글자를 판독하는데 기여한 사람은 주로 힝크스, 로린슨, 오페르트였다.

힝크스는 이 쐐기문자는 초기 메소포타미아의 문명에서 창조되었다고 추측했다. 1850년에 아시리아-바빌로니아어 쐐기문자의 본질에 관한 아주 중요한 몇 가지를 찾아냈다. 그가 찾아낸 것은 첫째, 이 쐐기문자는 기본적으로 음절문자이며 열린음절(예 'ki')과 복합적인 폐쇄음절(예 'mur')을 포함하고 있다. 둘째, 쐐기문자로 표현된 언어는 동형 다음다의어(polyphony)가 많다. 즉 한 기호가 문맥에 따라 여러 가지 다른 의미로 해석 될 수 있다. 셋째, 많은 수의 한정사(Determinative)를 가지고 있어서 올바른 해석을 하도록 안내하고 있다. 이와 같은 발견을 했지만 초기에 그의 주장일 믿어주는 학자들은 없었다.

사실 힝크스는 고대문자 판독에 천부적인 자질을 타고 난 듯 했다.

1846년 11월 30일, 12월 14일 두 번에 걸쳐 왕립 아이리쉬학술원에서 논문을 발표했는데 이 논문에서 바빌로니아어의 판독에 계속 열중하고 있다는 사실을 알렸다.

1847년 1월에 세 번째의 논문에서 이전에 두 번의 논문 의견을 다소 수정하여 그의 의견을 밝히고 있었다. 이 논문을 준비하면서 그는 전혀 다른 학자의 도움이나 견해를 받아들이지 않았고, 오직 단독으로 판독에 정진 했다. 이 세편의 논문에서 상당수 바빌로니아 철자 의미를 밝혔는데 이때에 부여된 기호 의미들은 오늘날 까지 교정되지 않았을 뿐더러 오히려 표준으로 삼고 있다. 그는 대부분의 숫자를 찾아내는 데에 성공했고, 아시리아어 텍스트를 판독할 만반의 태세가 되어 있었지만 조심스럽게 판독에 임했다. 그가 판독해 나가는 방법은 아주과학적인 방법이었다.

1847년에 그는 바빌로니아 글자와 아시리아 글자는 알파벳 글자가 아니고 음절문자와 표의문자로 구성되어 있다는 것을 보타가 연구한 어휘

목록집을 근거로 밝혀냈다. 그래서 클래스 III에 대한 철자의 음을 밝히는 데 큰 도움을 주게 되었다.

힝크스는 드 솔시가 못다 한 일들을 이어받아서 완성했다.

1847년에 그는 클래스 III의 쐐기문자 성격을 파악하는데 크게 기여했다. 즉 음절을 표시하는 기호나 뜻을 나타내는 기호에서 아시리아글자에서 그토록 많은 기호가 왜 필요했는지를 분명히 알게 해 주었다.

1849년 6월에 발표한 코호르사바드 새김글에 대한 논문에서 모음과 자음이 동일한 기호에서 어떻게 표현되는지를 잘 보여주었다.

또한 보타가 보여 주었듯이 똑같은 단어를 쓰는데 여러 가지 방법이 있다는 것을 명확하게 밝혀냈다. 즉 한 단어가 하나의 기호로 표기되어 뜻을 나타낼 수가 있고, 또한 각각의 기호가 음절음가를 나타내게 하여 여러 개의 기호로도 표기될 수도 있다는 것을 밝혔다. 음절표기는 3가지 종류로 구분했다. 즉 자음(C)+모음(V), V+C, C+V+C 등 3가지다. 한 단어를 여러 가지 종류의 음절로 표기하는 것이 가능하다. 문제는 클래스 III에 고유이름을 형성하는 기호의 수와 클래스 I에 고유이름을 형성하는 기호의 수가 일치하지 않기 때문에 각 기호의 음가를 확정짓는 것은 거의 불가능한 일이었다.

힝크스가 발견한 것에 의하면 '신'을 표현하는 단어 ilu를 하나의 기호로 표기할 수도 있고, 두 개의 기호 즉 i + lu로 표기할 수도 있다. 또한 음절 lab이 한 단어의 일부분일 때에 그 표기는 그 음가를 그대로 가지고 있는 하나의 기호로 표기할 수도 있고, 아니면 그 음절을 나누어서 la+ ab로 하여 두 개의 기호로 표기할 수도 있다. 이런 것을 힝크스가 발견한 후에야 클래스 I과 대조를 통해서 클래스 III에서 찾아낸 고유이름을 읽는 데에 어느 정도 확신을 갖게 되었다.

원래 고유 이름을 읽을 때에 음성표기로 읽는 방법을 처음 도입한 것은 수메르인들이었다. 물론 초창기 때부터 수메르어의 많은 단어들은 기호 표시를 갖고 있지 않았다. 그래서 실제로 쓰이고 있는 기호표시들은 여러 단어를 표기하기 때문에 뜻이 여러 가지가 있었다. 다시 말하면 하나의 표기 기호는 하나의 뜻만을 나타내지 않았고, 그 기호가 나타내는 대상의 사물과 연관된 뜻을 거의 다 나타냈다. 예를 들면 '입'을 표기하는 기호는 ka(입)뿐만 아니고 '입'과 연관된 것들 즉 dug(말하다), zu(잇빨), inim(말씀) 등을 다 나타내기도 한다. 어떤 기호는 20개 이상의 뜻을 나타낼 정도였다. 이런 수메르 표기법의 문제점을 어느 정도 해결하기 위한 방법이 바로 글자에 음성표기 원리를 도입하는 것이었다. 이 음성표기 방법의 도입은 사실 문법의 문제를 해결하기 위함인 것 보다는 수메르인이 직면하고 있는 고유이름을 표기하기 위하여 도입한 측면이 더 크다. 수메르인들이 직접 접한 문제가 장소의 이름과 사람 이름을 표기하는 문제였다. 장소이름이나 사람이름에서는 소리의 나열에 불과하지 형태소마다 그 뜻을 표현한 것은 없었다. 그 이유는 수메르인들이 사용한 장소이름은 그들의 말이 아니었기 때문이다. 즉, 최초의 수메르 지역 토박이 민족이 아니라는 사실이다. 그들이 수메르지역에 들어왔을 때에 이미 다른 민족이 살고 있었는데 그 원주민들을 내 몰고 그 땅을 차지했기에 땅의 이름은 전 거주자들의 언어였다. 땅의 이름을 승계 받은 수메르인들은 뜻글자로 그 땅이름을 표기할 수가 없어서 음성표기방식을 도입해서 해결했던 것이다. 고유이름은 의미가 없는 소리의 연속체였다. 물론 고유이름을 표기하는 특별한 뜻글자를 만들어내면 되겠지만 이름만을 표기하는 글자만 해도 무한히 많을 것이므로, 정말 불편하기 짝이 없었을 것이다. 물론 초창기에 수메르어 표기에 뜻글자의 이름이 있었지만 곧 음성표기 이름으로 전환되었다. 물론 수메르 음성표기 방식은 완전한 음절 문자에 미치지 못하는 아주 한정된 범위에서만 사용된 것이다. 음으로 표시할 만한 음절은 표기할 기호가 없어서 문제가 되었다. 그래서 궁여지책으로 만든 대안이 비슷한 음을 가진 단어의 표기기호를 이용하는 것이었다. 그것도 안되면 음절을 분리시키는 방법 즉 raʃ를 ra + aʃ로 쪼개서 표기하는 방법을 도입했다. 수메르 글자는 또한 단일 고유의 음가를 갖지 않고 있었다. 그래서 처음부터 한 기호는 의미가 비슷한 한 묶음의 단어들을 표기했고, 이 여러 단어들은 이 한 기호에 대해서 매우 다양한 음성기호 음가를 가지게 되었다. 수메르어는 표의문자가 발전해서 음성표기 문자로 발전된 것이 아니고 표의문자 표기에 한계에 부닥치자 이를 해결하기 위해서 음성표기를 약간만 도입한 정도에 그쳤다.

문제는 고유이름을 구성하는 기호들을 찾아보니 클래스 III에 있는 이름 기호의 수와 클래스 I에 있는 기호의 수가 일치 하지 않았다. 그렇게 되면 이름의 음가를 부여할 수가 없다.

힝크스가 결국에 가서 페르세폴리스의 클래스 III 글자의 일반적인 특성을 밝혀냈던 것이다. 그 특성이란 것은 즉 클래스 III의 글자가 아시리아와 바빌로니아에 발굴된 기념비에 발견한 글자들과 같은 언어 표현이라는 것이다. 그래서 페르세폴리스 새김글 중에 클래스 I와 클래스 III에 나오는 고유이름들을 비교함으로서 클래스 I에서 알파벳 기호에 대응한 클래스 III에서 음절대응기호를 읽는 것이 가능했다.

그래서 클래스 I에 Xerxes 이름을 나타내는 7개의 기호는 다음과 같았다.

kh, sh(a), y, a, r, sh, a (페르시아어 음절)
이 이름에 클래스 III에서 대응 기호는 6개이다.

khi-shi-'i-ar-shi-i(아카디아어 음절)

또한 클래스 I에 Darius 이름을 나타내는 7개의 기호는 다음과 같다.

d, a, r, h, e, u, sh
이 이름에 클래스 III에서 대응 기호는 5개 또는 6개이다.
da-ri-'i-a-mush(5개) 또는 da-ri-'i-a-a-mush(6개)
아케메니드 왕조를 나타내는 단어가 클래스 I에서 9개 기호로 사용됐다.
h(a), kh, a, m(a), n, I, sh, I, y(a)
이 이름에 클래스 III에 대응 기호는 7개 또는 8개이다.
a-kha-ma-an-nish-shi-'i(7개) 또는 a-kha-ma-an-ni-ish-shi-'i(8개)

아카디아어 표기는 상당히 자유로워서 표의문자로도 또는 음절문자로
표현하기도 하면서 또한 하나의 음절을 두 개의 음절로 나누어 표기하기
도 했다. 그래서 아카디아어 표기에서 nish로 하나의 기호로 표기하기도
하고 ni + ish와 같이 두 개의 기호로 표기할 수가 있다.

힝크스는 아주 중요한 3가지 사실을 아카디아어 쐐기문자로 된 텍스트
를 조사연구 한 끝에 찾아냈는데 이것은 고유이름을 찾아내는 데에 아주
이용가치가 높았다. 첫째, 사람의 이름이 나올 때는 반드시 그 이름 앞에
수직 쐐기문자 하나가 온다는 것. 둘째, 신의 이름 앞에는 '천국'을 의미
하는 기호가 그 신 이름 앞에 온다는 것. 셋째, 나라, 도시의 이름 앞에서
는 특별 한정사가 온다는 것 등이다.

힝크스가 이러한 사실을 발견함으로써 아카디아어로 된 새김글에서
고유이름, 신, 도시 등을 찾아내는데 결정적인 도움을 주었다. 따라서 적
어도 고유 이름이 시작되는 것에서 그것이 클래스 I에 해당하는 것인가

아니면 클래스 III에 해당하는 새김글인가를 분명하게 구분하게 됐다. 고유이름에 나오는 철자들을 올바로 판독하는 확고한 기준을 확보했는데 그것은 모음만이 아시리아와 바빌로니아어 쐐기문자에서 알파벳 요소를 갖고 있다는 사실을 인식하게 되었던 것이다.

그래서 이제는 확실성을 가지고 클래스 III에 해당하는 일반단어를 어느 정도 판독하게 되었다. 예를 들면 클래스 III에서 '아들', '왕', '나라', '아버지', '신', '하늘', '땅'을 뜻하는 단어들을 클래스 I과 비교해서 그들을 표기하는 기호가 하나인지 여러 개 인지를 찾아낼 수가 있게 되었다.

문제는 판독가들이 바빌로니아어 쐐기문자 판독의 방법과 기술들을 충분히 공표하지 않은데 있었다. 힝크스는 판독된 페르시아어에서 어떻게 고유이름을 찾는지 그 방법과 기술을 공표 했지만 특히 로린슨은 바빌로니아어 판독에 관한 어떠한 것도 공표 하지 않았다. 그래서 많은 판독가들은 로린슨이 비밀리에 힝크스의 연구결과를 베꼈다는 소문을 믿을 정도였다.

1842년에 판독가들은 보타가 니네베 도시를 발굴한 것에 크게 도움을 받았다. 더욱이 보타가 발굴한 보물 중에는 아쉬르바니팔 왕의 도서관 유물이 들어있었다. 이것은 왕립도서관이며, 수 만권의 불에 구운 흙 평판에는 쐐기문자로 새겨져 있었다. 이 쐐기문자는 아시리아어를 표기한 쐐기문자들이었다.

아시리아어 쐐기문자 판독 초기에 고유이름을 판독해 내는데 상당한 어려움이 있었다. 그러나 다행히도 옛날의 역사기록, 사업기록물, 공덕비 새김글, 문학작품 등에서 나오는 수천 개의 이름에서 얻을 수 있는 발음과 형태가 갖고 있는 원칙들을 잘 이해하고 파악하는 시점에 와 있었다. 같은 기호를 다르게 발음하는 언어에서 고대 수메르 뜻글자의 특징을 이용한 판독은 시작되었다.

많은 이름을 음성적으로 정확하게 읽고 그것이 대응 문구나 설명할 수가 있는 목록이 제시되기 전 까지는 대부분의 학자들이 의심을 하게 되고 그 판독은 추측이나 임시적 판독으로 생각하지 정확한 판독으로 생각하지 않은 상태에 있었다. 다행스럽게 많은 경우를 보면 같은 이름이 한 예에서는 음으로 읽고, 다른 예에서는 뜻글자로 해석되는 등 다양한 해석이 있었다.

힝크스는 정열적으로 아시리아어 쐐기문자의 판독 작업에 몰두하고 있었다. 1850년에 영국 학회에 참석해서 회원들에게 많은 동사형태의 기호들이 새겨진 석판화 접시를 보여주었고, 거기에 관한 논문에서 아시리아어 연구진행과정을 발표했다. 이 논문은 아주 중요성을 띄고 있었다. 이 논문에서 힝크스는 이미 문장의 의미를 추측하는 단계를 넘어섰고, 그는 이미 아시리아어의 문법연구에 핵심부분에 도달했음을 증명하는 논문이었다. 이 분야에서 선두에 이미 도달했고, 아시리아 문법의 기초를 확실히 세울 정도로 깊이 있는 아시리아어를 연구한 사람으로 평가되었다.

1850년에 로린슨이 연구에 더 진척이 없어 실망에 젖어 있을 때에 힝크스는 중요한 실마리를 발견했다고 발표했다. 즉 아시리아어 쐐기문자는 단순한 자음 기호를 가진 것이 아니고 여러 형태의 음절기호들로 구성되어 있다고 선언했다. 즉 음절기호 형태는 모음+자음(V+C)이고, 예로는 ab, ir 등이 있고 또한 자음+모음(C+V)의 예로 da, ki, 등이 있다. 그는 로윈스턴이 주장한 7개의 'r'은 단지 음절 기호로 ar, ir, er, ur, ra, ri, ru 등에 불과하다고 주장했다. 사실 이들 음절형태는 더 나아가서 자음+모음+자음(C+V+C)과 같은 복합음절 기호들로도 사용되고 있었다. 이 복합음절기호들은 새로운 발견인데 이것은 복합 글자 예 kan, mur 로 표시되는 것도 있고 두 개 부분으로 나뉜 글자형태로 kan은 ka-an으로 mur는 mu-ur로 이 중음절로 표시할 수도 있었다.

힝크스의 아시리아어 쐐기문자 연구는 로린슨의 연구 보다 훨씬 앞서 있었다. 그는 아시리아어가 마치 정글과도 같아 여러 가지로 겹친 내용들을 하나하나 찾아 가면서 중요한 성공을 거두어 아시리아어와 바빌로니아어 판독을 위해 한 걸음 더 나아갔다. 초기 판독에서 열광적으로 각광을 받았던 방법 즉 개인이름에서 밝혀낸 음성기호를 아시리아어의 새로운 단어에 적용하는 것이 불가능하게 되었다. 그래서 다른 방법을 모색해야 했다. 한 자음이 일연의 다른 자음으로 표현되었는데 많게는 6개 내지 7개까지도 표현되기도 했다. 이때 이것을 설명하기 위해 동음이의어로 설명을 시도하였다. 또한 한 자음이 여러 개의 음가를 가지는데 대개 6개나 7개의 다른 발음들을 소유하는 행태도 찾아냈다.

1852년에 힝크스는 그의 연구를 계속해서 아시리아-바빌로니아어 철자 목록을 작성하고, 252개의 쐐기문자의 결합체의 뜻을 확정짓기도 했다. 그가 접할 수가 있는 재료 모두를 모아 252개의 아시리아어 철자 목록을 발간했고, 그 목록에서는 각 철자의 규칙을 하나하나 설명했다. 이 목록문의 연구는 그 이전에 연구한 것 모든 것 보다 더욱 전진된 업적임이 판명되었다. 그는 옛날 방식의 판독 방법을 버리고 새롭게 보다 정교한 판독방법을 도입했다. 그는 문법 형태를 분석하고, 한 어근이 다른 활용 변화 형태에서 그 어근의 용법에 따라 어근이 어떤 여러 가지 다른 형태로 나타나고 있는 것을 밝혔다. 그래서 이 목록 집에서 밝히고 있는 것을 보면 아시라아어는 가장 정교한 글자 조직을 소유하고 있는데, 그 예를 보면 첫째, 단일 모음인 a, i, u에는 단일 기호가 쓰이고 둘째, 단순 음절의 예를 보면 ab, ib, ub, ba, bi, bu 등이 있고 셋째, 복합 음절의 예로 bar, ban, rab, 등을 밝혔다.

5) 이시도르 더 로윈스턴(Isidore de Löwenstern: 1807-1856)

그는 스웨덴 사람으로 아카디아어 연구와 판독에 깊이 있는 연구를 했다. 그는 아카디아어는 셈어족에 속한다는 것을 힝크스가 확인하기 전에 이미 밝혔고, 여러 아카디아어 복사본에 나오는 사람 이름, 단어, 구절들을 비교평가해서 아카디아어의 음절조직이 어떻게 작용하는지, 같은 음절이 표의문자형태로 선택적으로 어떻게 표현되는 방법 등을 파악했다.

그는 아카디아어 쐐기문자에서 많은 철자들이 한 음가 이상을 갖고 있다는 사실을 힝크스에게 알렸으며, 이 철자는 셈어인 아시리아어와 바빌로니아어를 기록하는데 적절하지 못한 것이라 사실을 힝크스가 발견하도록 도와주었다.

동음이의어는 한 기호가 6개 내지 7개의 다른 의미를 나타낼 수가 있기 때문에 한 예로 'r'기호는 한 번에 7개의 기호에 해당될 수가 있다는 것을 로윈스턴이 발견했던 것이다.

그는 아시리아어 쐐기문자 복사본을 자세히 연구했다. 그리고 그 복사본을 고대페르시아어 쐐기문자 복사본과 비교해서 무엇인가의 실마리를 찾아보고자 했다. 고대 페르시아어 쐐기문자는 충분히 판독되어 내용이 널리 알려져 있었다. 판독된 고대 페르시아어 쐐기문자 구문은 고유명사와 '왕'의 칭호로 구성되어 있었고, 이것은 이미 그로테펜드가 밝힌바가 있었다. 그 구문은 짧았다. 그래서 고대페르시아어 쐐기문자와 아시리아어 쐐기문자를 자세히 비교해 보는 것이 중요한 단서가 되었다. 간단히 말해서 이것이 아시리아어 쐐기문자 판독의 단서였다. 그리고 출발점이었다. 간단하면서도 명쾌한 방법을 로윈스턴이 처음 생각해 낸 것이다.

페르세폴리스의 쐐기문자에 고대페르시아어에서 '왕', '아들'을 표기하는 쐐기문자와 아주 다르게 바빌로니아 쐐기문자에서 '왕', '아들'을 표기하는 쐐기문자에서는 하나의 기호로 나타나고 있었다. 그렇다면 바빌로니아 쐐기문자는 음절문자가 아니라 혹시 뜻글자가 아닌가라는 의문을 가지게 되었다.

로윈스턴은 고대 페르시아어 텍스트에서 유추를 해 가면서 차츰 차츰 두 가지 단어 '왕'과 '아들' 기호를 찾아냈고, 따라서 어떤 환경에서는 아시리아어 쐐기문자는 전체 단어를 나타내는 것을 보니 뜻 글자일수 있겠다고 추측을 했다. 그런데 그는 어려운 문제에 직면했다. 고대페르시아어에서 7개 기호로 구성되어 있는 크세르크세스 이름(자음 5개와 a 가 2개)이 아시리아어에서는 5개의 기호(왼쪽에 나온 첫 한정사를 밝힌 후에)로만 구성되어 있었다. 더 이상 진전을 할 수가 없었다.

5개의 기호로 고대 페르시아어의 이름을 나타낼 때 그 때에 이름이 5개의 자음에 해당될 때에는 그 기호를 알파벳이라고 말하는 것은 가능한 일이다. 그 당시 이미 히브리어, 셈어 철자는 일반적으로 자음으로만 철자하는 것이 일반화되어 있었다. 다른 여러 가지 이유로 해서 바빌로니아어는 셈어라는 것을 믿게 되었다.

6) 헨리 로린슨(Henry Creswicke Rawlinson)

그는 엘윈드 산에서 구한 쐐기문자 새김글을 연구하기 시작했으나 그 새김글들이 너무 짧아서 구체적인 연구를 할 수가 없었다. 그의 연구 돌파구는 베히스툰의 긴 새김글을 탁본해서 연구하는 것이었다.

1835-1839 즉 4년간에 걸쳐 대부분의 새김글을 탁본했다. 그는 이 세 개의 텍스트를 비교하면서 텍스트의 첫 부분인 페르시아어부분을 판독

을 할 수가 있었다. 그 다음 바빌로니아어를 판독하게 되었다.

1847년 9월에 그는 베히스툰의 바빌로니아어텍스트를 복사했다. 로린슨은 그의 판독작업을 독립적으로 하고 있었고 그의 연구결과를 유럽의 학자들은 이미 예견하고 있었다. 즉 그가 고대페르시아어를 표기한 쐐기문자는 알파벳이 아니고 음절문자라는 결정적인 요소를 발견했을 때에 같은 시기에 아일랜드의 에드워드 힝크스도 동시에 그 사실을 발견했고 이 사실을 1846년 8월에 왕립 아시아학회 총무인 에드윈 노리스에게 편지로 전했었다.

로린슨이 왕립 아시아학회에 처음 발송한 그의 연구결과는 첫 번째 두 단락의 음역과 번역물 이었다. 이것이 발간되자마자 많은 학자들의 관심을 가지게 했다. 로린슨은 바빌로니아어 판독에 관한 어떠한 진전된 보고서도 발간하지 않았다. 그러나 두 권의 책을 내기 전에 바빌로니아 새김글에 대한 두 개의 설명문을 준비했다. 로린슨은 세 개의 모양이 다른 쐐기문자가 하나의 글자에서 나온 것에 대해서 확신을 갖지 못했다. 1846년 10월 27일에 그는 친구한테 보낸 편지에서 바빌로니아와 아시리아어철자가 동일하다는 증거의 열쇠를 발견한 힝크스에 대해 그 분야에 힝크스가 앞서 있음을 인정했다.

1845년 초부터 계속해서 그가 엘람어와 바빌로니아어의 새김글에 대한 연구를 하고 있는 중에 5년간이나 레이야드에게 계속편지를 보냈고, 그것에 대해서 라쎈은 불만과 실망을 여러 번 표한 바 있다. 그는 쐐기문자 새김글에 대한 귀중한 많은 정보를 모았다.

1847년부터 로린슨은 히브리어와 시리아어를 연구해 왔는데 1850년에 그는 지금까지 연구해 온 결과를 런던에 있는 왕립아시아학회에 발표를 했다. 이때의 발표에서 8개의 개인 이름과 약 150개의 음가, 그리고

500여개의 아시리아어단어를 찾아냈다고 주장했다.

1850년 그는 이란의 서북쪽에 있는 베히스툰에 새겨진 새김글을 줄기 차게 복사를 했고, 복사하는데 정확하게 복사하고자 무척 노력을 했으며 복사차체도 목숨의 위협을 느끼며 시행해야하는 엄청난 힘든 일이었다. 마침내 바빌로니아어에 해당되는 새김글을 모두 복사했다. 그리고 그해 에 아시리아 지역인 니네베에서 레이야드가 발견한 평판들이 영국에 도 착했다. 또한 레이야드가 님루드의 유적지에서 가져온 첨탑에 그도 놀라 지 않을 수가 없었다. 이렇게 여러 가지 자료가 확보됨에 따라 그는 가열 찬 연구에 몰입했다.

1850년 로린슨은 베히스툰 새김글 번역을 발표했다. 각 줄에 대한 번 역이 올바른 번역이었지만 텍스트와 판독, 번역의 예를 주지 않았다.

1851년에 로린슨은 베히스툰 새김글 중에서 바빌로니아어 부분을 탁 본하여 해석하고 설명한 비망록을 출간 했다. 그는 쐐기문자로 된 120줄 의 새김글과 함께 로마철자로 행간 음역서와 라틴어로 번역서를 함께 첨 부했다. 이 논문집에는 많은 노트가 첨부되어 있는데 간단한 철자의 목록 과 함께 문법원리와 판독의 원칙 등이 포함되어 있었다. 이 논문집이야말 로 역사적이고 획기적인 판독의 산물이었다. 이 논문집은 길고도 어려운 판독의과정이 완결되었다는 결과의 발표문과 같았다. 그 다음에 아시리 아어 연구는 문법의 정확성을 확보하면서 부분적인 손질을 하는 마무리 단계에 접어들었다.

로린슨은 아카디아어 쐐기문자가 음절주의 원칙이 적용된다고 발표한 힝크스의 주장을 받아 들여 클래스 I에서 나오는 수 백 개의 사람이름과 장소이름과 이 이름에 대응하는 클래스 III을 비교해 사람이름, 도시이름, 장소이름 앞에 나오는 간단한 한정사를 관찰하면서 200개도 넘는 기호의 음가를 확정지었다. 이 음가 판독은 실로 큰 수확이었다.

로린슨은 더 나아가 '아들', '아버지', '위대한', '왕'을 뜻하는 표의문자를 첨가해 더욱 많은 단어의 뜻을 밝혀나갔다.

그러나 이러한 획기적이고 역사에 길이 빛날 연구결과의 발표에 대하여 반신반의하는 목소리가 여기저기에서 나오고 있었다. 사실 그의 연구발표 내용을 보면 일반인 들이 이해하기에 애매한 면이 한두 가지가 아니었다. 의문을 갖게 하는 그의 연구결과를 보면 아시리아어나 바빌로니아어에서 동일한 철자 기호는 반드시 동일한 의미를 갖지 않는다는 것을 밝히고 있다. 이와 같은 철자 기호들을 로린슨은 동형 다음다의어라고 부르고 있었다. 예를 들면 하나의 철자기호가 여러 가지 발음 즉 kal, rib, dan, 등의 음절을 가지고 있다. 이 원리는 로린슨의 반대파들에게 아주 부자연스러운 언어현상이라고 평가될 뿐만 아니라 일반인들에게도 아시리아 및 바빌로니아어 새김글의 해석에서도 불신을 초래케 했다.

일반인들이 이해 못하는 것은 여러 가지가 있었는데 다음과 같은 것들이다. 첫째, 하나의 기호가 여러 개의 발음을 가진다면 위의 예를 가지고 설명하면 어느 때에는 kal로 읽고, 어느 때는 rib으로 읽어야 되는 것을 어떻게 아느냐? 둘째, 이 기호가 kal음이고 dan음절이 아니라는 것을 어떻게 아느냐? 셋째, 아시리아와 바빌로니아의 사람들이 이와 같이 사용하기 어렵고 결점 많은 글자를 가지고 기록을 계속 유지해 왔다고 사람들이 믿어야 되는가? 등이었다.

그러나 로린슨은 여러 학자들과 일반인들이 갖는 이런 의문점에 대하여 명쾌한 설명이나 결정적인 증거를 제시하지 못했다. 그래서 사람들은 그의 위대한 업적을 담은 논문집의 내용에 대하여 크게 실망 했다. 이런 비난과 의구심에도 불구하고 계속해서 로린슨은 힝크스가 연구해서 찾아 놓은 아카디아어의 음절문자 원리를 받아들이고 이용해서 사람, 장소 이름 등의 음가를 찾기 위해 클래스 I에서 나오는 수백 개의 이름과 비교해서 클래스 III에 나오는 이름, 도시 장소이름 앞에 오는 한정사를 찾아 200개 이상 기호의 음가를 찾아냈다. 이것은 대단한 판독의 진전이었다. 로린슨은 한때 힝크스가 영국 박물관에 연구원으로 왔을 때 박물관 이사들에게 힝크스의 박물관 연구직 임명에 대해서 크게 불평을 할 정도로 사이가 좋지 않았다고 하지만 학문의 세계에서 힝크스의 연구결과를 받아들이기도 했다. 로린슨은 '아들', '아버지', '위대한', '신', 그와 같은 종류의 단어를 표기하는 기호들을 확실하게 판독하여 표의문자에 포함시켰다.

힝크스와 로린슨이 아카디아어를 연구하면서 공통적으로 발견한 것은 하나의 기호가 한 개 이상의 음절 음가를 가질 수 있다는 사실이다. 이 특징을 처음에는 '동형 다음다의어(polyphony)'라는 이름을 붙였으나 많은 학자들이 반대의 목소리를 냈기 때문에 로윈스턴이 제시한 '동음이의어(homophony)'라는 명칭으로 대치시켰다. 동음이의어는 형태가 다른 기호들이지만 동일한 음가를 가지고 있다는 내용인데 이 설명으로 대단히 많은 기호들도 이해가 되었다.

1850년 후반까지도 로린슨은 엘람어 음절표에 바빌로니아 일부 음절표를 포함하고 있다는 것을 알지 못했다. 또한 바빌로니아어 철자가 알파벳이 아니라는 것도 알지 못했다. 그가 동형 다음다의어를 인지했지만 이 현상을 설명하지는 않았다. 그가 행한 바빌로니아 단어 판독을 보면 그가 많은 단어를 잘못 알고 있음을 보여주고 있고 그래서 셈어 동족어를 잘 이용하지 못하고 있다는 것을 알게 된다. 이런 잘못에 대해서 힝크스가 1850년 이전에 조목조목 지적한 바가 있다.

1851년에 로린슨은 그의 집에 머물면서 2년간 연구 끝에 베히스툰 새김글에 대한 논문을 완성해서 발간했다. 그리고 그가 그동안 모아둔 바빌로니아, 사비언(Sabaean), 사사니드 왕조의 고고학적 유물을 대영박물관에 기증했고 이사로 임명되었다. 대영박물관에서는 상당한 특권을 주어 그가 레이야드가 발굴해서 가져온 아시리아유물에 대한 연구를 하게 했다. 그는 1851년에 이라크의 바그다드에와서 연구를 계속했다.

로린슨의 고대페르시아어 판독에 보인 놀라운 능력이 바빌로니아 판독에서는 빛을 내지 못하고 있었다. 아마도 그는 현대 이란어를 잘 알았기 때문에 크게 도움을 받았을 것인데도 안타까운 일이었다. 아마도 바빌로니아어는 히브리어와 아라비아어와 동족어인데 그는 이들 언어에 익숙하지가 않아서 그랬을 것이라는 짐작이다.

베히스툰의 바빌로니아어 새김글이 보존상태가 좋지 못해서 판독의 기본으로 사용하기에 적당하지 못했다. 그는 바빌로니아어의 새김글 112줄을 행간 라틴어번역으로 음역을 했고 번역은 하지 못한 체 새김글을 첨부하기도 했다. 그때까지도 음성기호의 음절적인 성격을 파악하지 못한 상태였다. 새김글 첫줄에서 37번 줄까지 영어로 번역한 분석은 고대페르시아어인 첫 세로 칸에 해당되는 것이고, 'Memoir on the Babylonian and Assyrian Inscriptions, '책의 제1장에 바빌로니아글자의 첫 두 철자만이 들어있었다. 246철자 목록에는 음성문자와 표의문자로 구성되어있었다. 그의 연구를 보면 바빌로니아의 자료를 다루는 면에서 고대페르시아어의 자료 다루는 면보다 상당히 어설프고 서투른 면을 보이면서 그는 바빌로니아어의 판독을 포기할 의향까지 보이고 있을 정도였다. 심지어 1853년에는 왕립아시아학회에 발표할 내용물을 강도에서 강탈당했다고 보고한 바도 있다.

1857년 초에 쐐기문자 판독에 일반인의 인식이 아주 좋지 않았고, 또한 로린슨과 힝크스의 연구에 대한 협조관계가 원만하지 않은 관계로 바빌로니아어 판독에 부정적인 여론이 조성되고 있었다. 이때에 로린슨의 지원을 받고 있는 폭스 탈보트(Fox Talbot(1800-77))는 아시리아 왕 티그라트-피레세르(Tiglath-Pileser B.C. 1114-1076)의 새김글을 판독한 원고를 작성해서 왕립아시아학회에 제출하면서 한 가지 제안을 했다. 이 새김글을 저명인사에게 보내 판독을 하게하여 바빌로니아어 쐐기문자의 판독에 대한 심판을 받아보자고 했고 그의 제안이 수락되어 시행되었다. 판독에 대한 심판의 결과는 저명 인사중에 로린슨과 힝크스의 판독이 거의 일치해 바빌로니아어 판독이 완성된 상태라는 판정을 받게 되어 바빌로니아어 쐐기문자 판독은 완성된 기정사실로 인정되었고, 그 뒤에 로린슨과 힝크스의 업적을 인정하게 되었다. 오페르트가 평가하기를 티그라트-피레세르 새기글 판독에서 바빌로니아어 쐐기문자를 힝크스는 103개 기호를 올바로 읽었고, 로린슨은 61개, 그 자신은 147개를 읽었다고 기록하고 있다.

1855년에 로린슨은 사고를 당해서 영국에 후송되었고, 그 다음해에 동인도화사에 사직을 하고 영국에 돌아오면서 군에서 전역을 하고 그 뒤에 국가에서 기사작위를 수여받았다. 그 이후 약 40년간 1895년에 별세할 때 까지 정치가, 외교관, 과학자로서 많은 활동과 업적을 남겼다.

로린슨의 저서는 4권이 있으며 주로 쐐기문자 판독에 관한 것으로 1870년과 1884년에 대영박물관에서 발간했다. 그의 저서를 보면 다음과 같다.

The Persian Cuneiform Inscription at Behistun (1846-51)
Outline of the History of Assyrian(1852)

A Commentary on the Cuneiform Inscriptions of Babylon and Assyria(1850)

Notes on the Early History of Babylonia(1854)

종합해서 보면 로린슨이 이룩한 페르시아어 쐐기문자 판독의 업적은 불란서 프랑스와 샹폴레옹이 이룩한 이집트 상형문자 판독의 업적과 비교될 정도로 위대한 것이었다. 로린슨의 바빌로니아어 쐐기문자판독의 미는 바로 고대 바빌로니아와 아시리아의 언어, 문화, 생활양식, 종교 등 모든 분야를 알고 이해할 수가 있게 했다. 그의 업적은 비문학자와 고고학자에게 바빌로니아와 아시리아의 문화를 더욱 깊이 있게 연구하게 하는 통로를 마련해 주었을 뿐만 아니라 셈어와 셈문자 전반에 관한 이해를 돕게 하고 또한 성경의 역사를 새롭게 조명하게 하는 계기를 만들어 주었다고 세이세(A. H. Sayce, 1907: 15-25)와 로저스(R. W. Rogers, 1911, 1915, 225-44)가 평가했다.

7) 율리우스 오페르트(Julius Oppert: 1825-1905)

1855년에 그는 아카디아어 쐐기문자에서 다음가, 다의성, 다가치성이 존재한다는 사실을 찾아내어 아카디아어 쐐기문자 판독작업에 큰 보탬을 주었다.

1825년 7월 9일에 그는 독일 함부르크에서 유태인 부모에게서 태어났다. 독일의 여러 학교에서 수학하고 1847년 키엘(kiel)에서 졸업하고 불란서로 가서 그곳에서 독일어 교사로 있었고 여가시간에 동양 언어를 공부했다.

1851년에 메소포타미아와 메디아지역 불란서 고고학 조사단의 일원으로 참가해서 조사활동을 하다가 1854년에 돌아와서 불란서에 귀화했다. 그는 조사단의 결과를 분석하는데 몰두했고 특별히 그가 수집한 쐐기문자 새김글에 관심을 두고 연구했다.

1855년에 아시리아에서 처음 사용된 언어는 우랄-알타이어이고 인구어나 셈어가 아니라는 것과 우랄-알타이어를 말하는 사람들이 쐐기문자를 발명했다는 이론을 담은 책 'Écriture Anarienne'을 발간했다.

1856년에 그는 불란서국립도서관과 연계된 언어학교에서 산스크리트어와 비교언어학 교수로 임명되었다. 그 뒤에 산스크리트어 문법책을 1859년에 발간했고, 그는 계속해서 아시리아어와 동족어에 대한 연구를 계속했다.

1865년에 아시리아와 칼데아 역사에 관한 책을 발간했고, 1869년에 그는 불란서대학에서 아시리아 언어학과 고고학 교수로 임용되었다. 1881년에 고대 메디아의 고대사와 그 언어에 대한 연구를 집중했다. 이 해에 새김글학회에 가입했고, 1890년에 회장에 취임했다. 1905년에 파리에서 별세했다.

오페르트가 아카디아어 판독에 공헌한 것은 여러 가지 있겠지만 가장 중요 것은 세 가지로 요약된다. 첫째, 하나의 기호가 여러 음절음가를 가지고 있음을 최종확인 했다. 둘째, 동음이의어에 해당되는 다중 표의문자 현상이 바빌로니아어 쐐기문자에 나타나고 있는 것을 증명했다. 이 다중 표의문자 현상이란 같은 기호이지만 여러 단어의 뜻을 표현하는 것을 말하는데 이때에 여러 단어는 서로가 연관된 단어를 의미한다. 셋째, 모음을 제외하고 한 음절만을 가지고 있는 기호는 극히 제한적이라는 사실을 밝혀냈다.

1855년에 발표한 논문에서 오페르트도 힝크스와 로린슨의 주장에 동의를 하면서 힝크스가 생각하고 발표한 것 보다 더 많은 수의 글자 기호가 하나 이상의 음을 가지고 있음을 제시해서 힝크스와 로린슨의 주장을 뒷받침했다. 그래서 한 기호가 여러 가지 음절 음가를 가지고 있고, 또한 같은 기호가 서로 논리적으로 연관된 의미를 가진 여러 단어의 뜻을 나타낼 수도 있다는 '다의어' 의미를 밝혀낸 것은 순전히 오페르트의 공로이다. 이런 장치를 이용해서 한 글자의 여러 음절 음가를 밝혀내고, 또한 한 글자기호가 뜻이 비슷한 여러 단어를 나타내는 것을 밝혀낼 수가 있었다.

레이야드가 아시리아 왕 아쉬르바니팔(B.C. 668-627)의 도서관에 발견한 많은 평판 중에서 세로로 기록된 목록을 영국 박물관에 가져오자 오페르트가 그 목록을 연구해서 그 동안의 주장을 확인하고 싶어 영국에 갔다. 오페르트는 이 목록들이 바빌로니아와 아시리아 서자생들이 쐐기문자로 학생을 가르치기 쉽게 비했던 커다란 문학 교과서임을 즉각 알게 되었다. 이 목록 표는 여러 가지 종류로 구성되어 있었지만 대다수가 세로 3칸으로 구성되어 있는데, 3칸의 중앙 칸에는 하나의 기호가 있고 오른쪽과 왼쪽의 칸에는 여러 개의 기호로 구성되어 있었다. 오페르트는 3칸 중에 오른쪽 칸의 목록 표는 중앙 칸에 있는 기호의 음절음가를 표기한 사실을 밝혀냈다.

중앙에 오는 것과 오른쪽에 오는 한 예를 들어 설명했는데 쐐기문자 하나가 중앙 칸에 세 번 아래로 연달아 쓰였고, 오른쪽 칸에는 여러 다른 기호가 표기되어 있다. 아래의 예가 바로 음절표였던 것이다.

(위 첫째 줄 lib = li-ib)
(위 둘째 줄 dan = da-an)
(위 셋째 줄 kal = ka-al)

오페르트는 오른쪽 칸에 나온 여러 쐐기문자의 음가를 이용해서 클래스 III에 사용된 고유 이름을 페르세폴리스의 클래스 I에 있는 고유이름과 비교해서 음가를 찾아냈다. 그래서 첫 줄 오른쪽에 기호의 음가를 찾아보니 두 글자의 음가는 li-ib 이고, 둘째 줄 기호의 음가는 오른쪽 두 글자 da-an 이고, 셋째 줄 기호의 음가는 오른쪽 두 글자 ka-al 이었다. 그래서 중앙 쪽에 오는 기호 단어는 음절로서 각각 lib, dan, kal 음을 가진다는 것이다. 이와 같이 기호의 목록에서 확인할 수가 있는 것은 이 문자는 음절문자라는 것과 이 문자에는 하나의 문자가 다의어를 나타내는 원칙이 있음을 확인될 뿐만 아니라 철자들의 음절음가도 확인할 수가 있었다.

오페르트의 공로는 또한 계속되는 바빌로니아어 쐐기문자 판독에서 이 음절표가 대단히 중요하다는 것을 보여주었다. 이 음절표에서 중앙 칸을 중심으로 오른쪽 칸에 일련의 기호들이 나오는데 이것들은 하나의 기호가 여러 단어의 음절 음가로 쓴 일련의 기호들이고, 아니면 표의문자 뜻을 나타내는 단어들의 일련의 기호들이다. 반면에 왼쪽 칸에는 다만 음절 음가만을 제공한다. 이 음절표는 아시리아어 및 바빌로니아어 새김글을 해석하는데 아주 중요한 도움장치였다. 이 도움 장치는 조금도 의심을 할 수가 없는 정말 믿을 수가 있는 것이다. 그 이유는 아시리아 및 바빌로니아의 학교 선생님들이 학생에게 쐐기문자를 읽고 해독할 수 있도록 교육용으로 초보적인 관점으로 만들었고, 또한 비석의 새김글을 읽을 수가 있도록 기호들의 음절음가와 표의문자의 뜻을 밝혀놓은 것이 바로 이 음절표이기 때문이다.

클래스 III의 새김글을 판독하는데 하나의 기호에 대하여 여러 가지 음절음가와 여러 가지 뜻이 있다는 것을 알고부터 클래스 III을 판독하여 읽는데 더욱 어려움을 느끼게 되었다. 그러나 이 어려움도 곧 힝크스, 로린슨 및 오페르트의 공동 작업으로 극복했는데 아카디아인들은 쐐기문자사용에 거추장스러움을 보다 간편하게 하는 장치를 만들었고 바빌로니아 및 아시리아 서자생들이 이 장치를 사용한 것을 발견했다.

그 장치를 살펴보면 만약에 X기호가 lib, dan, kal, rib, etc. 등의 음가를 가지고 있다고 하면, 사용하고자 하는 음의 끝 자음에 모음을 첨가해서 사용하는 용법이다. 그래서 예를 들면 X기호 다음에 bi 음가를 가진 기호가 나오면 앞에 나온 X기호는 lib 음가를 가진 기호라는 것을 지적해 준다. 또한 X기호 다음 li 음가를 가진 기호가 쓰이면 앞에 나온 X기호는 kal 음가를 가진 기호라는 것을 알게 된다. 또 X 기호 다음 기호가 ni이면 X기호는 dan으로 읽어야 한다. 이런 용법을 음성보어(phonetic complements)라는 장치이다. 이런 용법은 수메르시대에서부터 나온 것이다.

특히 수메르 글자에서 음성표기 용법은 완전한 음절글자로서 보면 결점이 참 많았다. 각 기호는 고유의 음운 음가를 가지고 있지 않았다. 수메르인들은 표의문자가 표현의 한계가 있을 때에만 음성표기를 사용했다고 앞에서 언급된 바가 있다. 음성표기 원칙이 사용되어야 할 때는 여러 단어의 뜻을 나타내는 표의문자기호를 중의성을 없애기 위해서 사용할 때이다. 예를 들면 '별' 그림에서 나온 표의 문자가 일정한 환경에서 an (하늘)이 아니고 dingir(신)를 표현하고자 할 때에는 서자생들은 dingir 다음에 ra 음성보어 접사를 붙여 사용했다. 이렇게 하면 요구되는 단어의 마지막 자음을 지적하는 것이 된다. 만약에 na라는 음성음가 접사를 붙이면 그 기호는 an으로 읽어야 된다는 표시이다.

그래서 이 음성보어 장치를 사용하면 바빌로니아의 철자가 확정 되었을 경우 동사나 명사 정보를 나타내는 단어를 만들기 위해서 한 기호에 포함되어 있는 여러 음가 중에 어느 음가를 선택할 것인가는 별 어려움 없이 결정가능하다.

오페르트와 기타 판독가들은 음성보어는 표의문자로 사용된 철자를 읽고 이해하기 쉽게 만들어 놓은 장치이며 하나의 기호 즉 음성음절로 읽을 수 있는 기호 즉 음성보어를 찾아내어 그것을 표의문자 바로 뒤에 위치시켜서 그것이 그 단어의 마지막 음절을 나타내게 하는 방법임을 발견했다. 이 음성보어장치를 이용하면 하나의 기호가 여러 가지의 뜻 중에 나타내고자 하는 뜻 하나를 분명하게 지적하여 나타낼 수가 있어서 독자는 올바른 독서를 한다는 안심을 하게 된다.

1855년에 오페르트가 영국에 개최한 학회에 참석해서 로린슨이 님루드에서의 발굴 내용 발표를 듣고, 그 자신도 바빌로니아어에 대하여 그의 연구결과를 발표했다. 이 때 쯤 해서 오페르트는 파리에서 이미 권위자로서 역할을 하고, 많은 연구가들이 속속 배출되고 있었다. 영국에서 폭스 탈보트와 교류도 가졌다. 그런데 아일랜드, 불란서, 영국 등에서 새로운 연구가들이 판독결과나 그들의 판독원칙과 원리를 집착하다보니 전반적인 판독의 문제에 의심을 가지는 사람들이 늘어갔다. 번역에 대한 의심이 늘어났지만 연구가들은 침묵을 지키고, 특별히 주의를 주지 않았다.

8) 폭스 탈보트(H. Fox Talbot)

오페르트가 이라크에서 불란서로 돌아와 곧 영국 박물관에 가서 메소포타미아 유물을 보았으며 1855년에 학회에 참석했다. 거기에서 헨리 로린슨이 이라크지역인 님루드지역 발굴에 대한 설명을 듣게 되었다. 그 당시 불란서, 아일랜드 및 영국에서 메소포타미아의 유물 및 유적연구에 아주 많은 인재들이 모여들었다. 그들은 쐐기문자 판독의 결과와 원리에 대하여 전폭적인 지지의사를 가지고 있었기 때문에 반대로 쐐기문자 판독에 관한 여러 가지 사실을 반대하는 사람도 그 만큼 늘어만 갔다. 자주 판독과 번역에 관한 의문이 제기 되었고, 연구가들은 별 대응을 하지 않고 조용히 넘어가곤 했다. 이들 학자 중에서 연구심과 학구열이 뛰어난 그러면서도 그들의 연구업적에 의심의 말들을 참을 수가 없었던 폭스 탈보트는 새롭고도 놀라운 계획을 하나 짰다. 그 내용은 앞에서 약간 언급된 바 있다.

그 당시 로린슨은 아시리아어 새김글 중에서 선별한 글을 영국 박물관 학예사 들을 위해 발간을 준비하고 있었다. 그는 새로 발굴된 아시리아 왕 티그라트 피레세르의 원통 내용을 복사해 있었지만 판독을 하지는 않았다. 로린슨은 이 복사본을 탈보트에게 보냈는데 탈보트는 할 수 있는 한 최선을 다해 판독을 해서 봉투에 넣어 봉함한 뒤에 영국 왕립 아시아학회에 건의서 편지와 함께 우송했다. 제안서 내용을 인용하면 다음과 같다.

A few words will explain my object in doing so: "Many persons have hitherto refused to believe in the truth of the system by which Dr. Hincks and Sir H. Rawlinson have interpreted the Assyrian writings, because it contains many things entirely contrary to their preconceived opinions. For example, each cuneiform group represents a syllable, but not always the same syllable: sometimes one and sometimes another. To which it is replied that such a license would open the door to all manner of uncertainty: that the ancient Assyrians themselves, the natives of the country, could never have read such a kind of writing, and that, therefore, the system cannot be true, and the interpretations based upon it must be fallacious."

위 내용은 탈보트가 그 당시에 일반 사람들이 힝크스와 로린슨이 아시리아 새김글 판독을 믿지 않으려 하는데 그 이유가 지금까지 가져온 상식에 벗어난 설명을 하기 때문이다. 예를 들면 각 쐐기문자 그룹이 하나의 음절을 표기하는데, 그것이 언제나 같은 음절을 표기하지 않고 어느 때는 다른 음절을 표기한다고 설명한다. "고대 아시리아인들도 그런 글자들을 읽을 수가 없었을 것이다"라는 세간의 의견을 듣고 느꼈던 심정을 학회에다 피력했던 것이다. 그의 제안은 그의 번역을 비밀 봉함하고, 로린슨, 힝크스, 오페르트 등에게도 탈보트가 판독한 쐐기문자 새김글을 동시에 주어서 판독케 한 다음 비밀 봉함하여 돌려받아서 학회에서 위임한 학자들에게 판독내용을 검토케 하자고 했다. 이 제안이 수용되어서 심사위원으로 6명(Dr. Milman(the Dean of St. Paul's), Dr. Whewell, Sir Gardner Wilkinson, Mr. Grote, the Rev. W. Cureton and Prof. H. H. Wilson)이 구성되었다.

심사위원들이 봉함된 편지를 열어서 판독의 내용을 살펴 본 결과 그들의 판독내용은 거의 다 일치된 면을 보여주었다. 그 중에서도 로린슨의 번역은 거의 완벽에 가까웠다. 위원회는 다음과 같은 심사결과를 발표했다.

"The coincidences between the tranlations, both as to the general sense and verbal rendering, were very remarkable. In most parts there was a strong corresspondence in the meaning assigned, and occasionally a curious identity of expression as to particular words. Where the versions differed very materially each translator had in many cases marked the passage as one of doubtful or unascertained signification. In the interpretation of numbers there was throughout a singular correspondence."

심사결과를 보면 번역 내용이 거의 완벽했다. 번역된 의미가 거의 일치했다는 평가이다.

심사위원들은 일치한 부분과 서로 다른 부분을 표를 그려서 보여주었고, 학회에서는 4개의 번역서를 나란히 인쇄 발행했다.

이 판독행사의 효과는 대단히 컸다. 판독결과가 일반사람들에게 까지 홍보가 되었다. 역시나 영국 사람들의 마음은 판독 결과에 큰 만족감을 갖게 되었다.

이러한 판독 행사를 시행한 이후에 아시리아와 바빌로니아 새김글을 판독하는 일은 확실한 위치에 도달한 상태로 인정이 되었다. 그래서 페르세폴리스 새김글을 판독하고자 시도했던 그로테팬드의 처음 시도를 시작으로 그 이후에 행하여진 모든 일을 새로운 마음으로 재조명하게 되었다. 그다음에 아시리아학은 다른 고고학의 한 분야로서 대학에서 연구하게 되었고, 이전에 발굴에 참석한 학자들에게는 발굴의 결과와 새김글의 판독결과를 재촉하는 일들이 생기게 되었다.

판독을 하고 자료를 수집하는 여러 작업이 이루어지는 가운데 영국에서 아시리아 학문을 연구하는데 큰 영향력을 가질 수 있는 하나의 움직임이 생겨나고 있었다. 영국 박물관의 버치(Dr. Samuel Birch)가 아시리아학에 관심 있는 여러 학자들을 불러 모았다. 그들은 그 당시 고고학의 연구 상태를 점검하고 필요하다면 미래의 연구를 위해서 이미 획득한 자료를 보존하고 빨리 소멸되어가고 있는 셈 민족의 역사와 동족이 남긴 기념물에서 자료를 얻고 보존하는 일을 하기위해서 학회를 만들 필요가 있는지를 상의했다. 참석한 학자들이 모두 찬성해서 학회를 창립하기로 했다.

1870년에 성경고고학회(Society of Biblical Archaeology)가 형성되어서 회장에 버치(Dr. Samuel Birch), 총무에 쿠퍼(Mr. W. R. Cooper), 부회장에는 로린슨 등이 회원에는 로리스, 라샴(Hormuzd Rassam), 탈보트, 세이세 등이 참여했다. 이 학회는 바빌로니아와 아시리아 학문연구에 처음부터 큰 성공을 거두었다.

문제는 바빌로니아어와 아시리아어를 표기한 쐐기문자를 연구하다 보면 다음의 의문이 자연스럽게 생겨나게 된다.

첫째, 도대체 왜 이토록 어렵고, 혼란스럽게 복잡하게 얽히고설킨 문자를 만들었을까? 그 이유가 무엇일까? 한 기호가 여러 가지 음가를 나타낼 수 있도록 만든 이유가 무엇일까?

둘째, 하나의 기호가 많은 단어의 뜻을 나타내고, 또한 그렇게 표현된 단어들 사이에는 뜻이 서로 연관된 관계가 있을 때 이 기호가 표의문자로 사용되면서 만약에 하나의 뜻을 나타낸다고 해석을 했을 때에 그 해석이 올바른 해석이라는 것을 어떻게 보장할 수가 있을까?

위의 두 의문점은 쐐기문자의 근본적인 문제이기 때문에 최초에 쐐기문자가 생겨났을 때에 상황을 알아야만 답을 할 수가 있는 사항이다. 또한 이 책을 전반적으로 다 읽을 후에야 답이 나온다.

제7장 바빌로니아어와 아시리아어의 쐐기문자 발굴자들

이란의 베히스툰 새김글 텍스트에는 페르시아 사람 이름이 많이 있었다. 즉 다리우스 왕, 그의 선후가족계열의 이름이다. 그래서 로린슨은 쐐기문자에다가 다리우스 왕의 전후 왕의 이름을 적용시켰다. 그래서 1838년 1월에 고대페르시아어 쐐기문자의 번역을 완성했다. 또한 그로테펜드의 실수를 바로 잡아주고 42개 고대페르시아어 철자 중에서 18개의 철자에 대해서는 확실한 지식을 얻게 되었다.

그 다음 클래스 II와 클래스 III에 대한 판독을 시도했다. 이때에는 로린슨보다 힝크스의 공로가 더 있었다. 특히 클래스 III의 판독에서 힝크스의 노력은 로린슨에 버금가는 업적을 남겼다. 힝크스는 클래스 III를 바빌로니아 알파벳이라고 했던 말이 잘못이라고 밝혔다. 클래스 III는 500개나 넘는 철자가 있는 것을 알아냈다. 그래서 힝크스는 추측하기로 철자 중에 몇 개는 각각의 음절을, 다른 몇 철자는 단어 천체의 뜻을 나타낸다고 생각했다. 특히 왕 이름을 클래스 I과 클래스 III을 비교한 것을 힝크스가 보여주었는데 크세르크세스 이름을 읽기로 클래스 I에서는 kh-sh-y-a-r-sh-a 등 7개의 철자이고, 클래스 III에서 읽어보니 Khi-shi-i-ar-shi-i 등 6개였다. 힝크스는 1947년에 21개의 음절을 판독했다. 그리고 영어표현으로 'and, son, great, house, god'과 같은 단어를 의미하는 뜻글자 기호를 발견했다.

이시기에 로린슨은 음절 ka, ki, ku, ak, ik, uk 등을 발견하고 그가 알고 있는 히브리어와 아랍어의 도움으로 몇몇 단어를 판독해냈다. 히브리어와 아랍어는 바빌로니아와 아시리아인들이 사용한 언어와 아주 가까운 관계를 가진 언어이다.

예) 히브리어 Keleb(개), 아랍어 Kalbu, 아카디아어 Kalblu
히브리어 saraf(타다) 아카디아어(바빌로니아어) sarapu

이렇게 판독을 하고 단어를 찾아 대조, 비교도 하면서 판독을 해 나갔다. 그래서 1850년 까지 클래스 III에 대해서 150개의 철자의미를 알아내었고, 200개의 아카디아어 단어를 찾게 되었다. 각 단어를 해석하면서 판독을 해 나갈 때마다 그 만큼의 복잡한 문제에 봉착하게 되었다. 그 이유는 메소포타미아 문명을 일으키면서 수천 년간 지속되어 왔기에 그 세월 동안에 메소포타미아의 서자생들은 단어들을 쐐기문자로 전환시키는데 마다 새로운 방법을 만들어 왔다. 그래서 베히스툰 새김글을 암벽에 조각할 때에 적용된 조직은 언어적으로 짧게 짜른 것들과 의미를 혼란스럽게 겹치게 한 부분들이 가득 차 있었다. 그래서 로린슨은 이러한 어려운 문제들을 하나씩 풀어내는 작업을 수년간이나 해왔다.

특히 로린슨은 1851년에 흙으로 된 원통에 새겨진 텍스트를 번역해 공표했는데 이 원통에 새겨진 내용은 성경에 새겨진 사건을 확인해 주는 것이었다. 그 내용은 유다 왕 해제키아(Hezekiah)가 아시리아 왕 센나케리브(Sennacherib, B.C. 704-681 통치)의 군대로부터 패한 내용이었다.

그 내용을 영어로 보면 다음과 같다.

'As for Hezekiah, the Jew, who had not submitted to my yoke, forty-six of his strong, walled cities and the cities of their environs, which were numberless, I besieged, I captured, as booty I counted them.'

이 발표가 있자 영국 등에서 커다란 동요가 일어났다. 이때에 북 이라크 지역인 니네베에서 아시리아 궁전의 유적지 발굴에서 쐐기문자로 쓰인 흙 평판을 모아둔 도서관이 발견되었다. 이것을 보고 로린슨은 아시리아학의 완전한 백과사전이라고 놀라워했으며, 이 쐐기문자 책들은 아시리아 글자의 조직을 설명해 주고, 음성기호와 뜻글자기호를 구별해 주었고, 아시리아어문법과 기술용어를 설명해 주는 책들이라고 언급했다. 이 왕의 도서관에서 아시리아어의 사전들도 있었다. 로린슨은 이 도서관의 기록들을 통해서 쐐기문자에 대한 지식을 더욱 확대해 나갈 수가 있었다. 힝크스와 오페르트도 같은 입장이었다. 이 세 사람은 각각 독립적으로 쐐기문자의 새김글을 점차적으로 더욱 이해의 폭을 넓혀 갔다. 그들은 메소포타미아 글자를 지배하고 있는 이상하게 얽히고설킨 여러 가지 복잡한 것들을 한 단계 한 단계 극복해 나갔다.

1857년에 메소포타미아 쐐기문자 판독의 해로 정해졌지만 엘람어의 쐐기문자는 1879년 까지도 완전히 판독되지 않았었다.

쐐기문자를 번역한 결과로 초기 아시리아, 바빌로니아 그리고 중동에 관한 많은 지식을 얻게 되었다. 그 얻은 결과는 첫째, 쐐기문자로 기록된 함무라비 법전이 고고학에서 나타난 가장 유명한 기록 중의 하나라는 것이 밝혀졌고, 둘째, 고대 이집트 역사를 밝히는데도 다른 평판들이 도움을 주었고, 셋째, 1929년에 불란서 발굴 팀에 의해서 북 시리아의 우가리트(현대: Ra's Shamrah)에서발견 된 쐐기문자는 자음과 모음으로 구성된 알파벳이라는 것이 증명되었다. 이것은 B.C. 1400-1200년경에 사용되었던 것으로 평가되었다. 이 쐐기문자 알파벳으로 기록된 신학 텍스트는 고대 시리아의 종교생활을 엿볼 수가 있고 성경의 몇 가지 문제를 재해석하는 계기를 제공해 주었다.

이렇게 아카디아어 쐐기문자 판독에 크게 기여한 고고학적인 발굴 작업에 공헌한 자와 발굴 작업 계기와 그 과정을 살펴본다.

1. 아베 보샴(Abbé Beauchamp)

그는 불란서 과학원 특파원과 바그다드의 주교총대리로서 바빌론의 유적지를 정확하게 관찰하고 메소포타미아 지역 고고학적 발굴 작업을 최초로 개시한 사람이란 평가받고 있다. 그는 1781-1785년 사이에 바빌론 지역을 여행하면서 여기저기에서 수집한 흙 원통, 벽돌, 검은 쇠등에 새겨져 있는 기호들이 하나의 언어를 표기한 것이라고 인정한 최초의 유럽인이다. 그는 몇 가지 표본들을 파리에 있는 그의 친구 바텔래미(Barthelemy)에게 보냈다. 후에 그는 조직적인 발굴단을 조직하였다. 지금 독일 베를린 박물관의 근동지역 전시실에서 볼 수 있는 아름다운 복사품인 이쉬타르 게이트(Ishtar Gate) 여러 부분을 기술한 최초의 사람이다. 페르시아 페르세폴리스에서 나온 새김글과 비슷한 글자가 쓰인 단단한 원통들을 발견했는데 이러한 사실들을 1790년에 불어로 발간된 여행비망록은 영어, 독어로 번역되어 관심 있는 학자들에게 큰 반향을 불러 일으켰다. 그는 1782년에 터키와 이란지역을 연구했고 고대도시의 유적지에서 연구한 것을 논문집(Journal des Savants)에 발표했는데 이것이 1792년 5월에 잡지(European Magazine of May)에 영어로 게재되었다. 그는 발레가 바벨탑이라고 불렀던 언덕에 올라가보고 그 이름을 고쳐 다른 이름으로(Makloube 또는 Euin) 지었는데 그 언덕의 모양새를 보고 지었다. 그는 첫 언덕 바로 옆에 있는 언덕을 바벨탑이라고 불러 고고학자들에게 주목을 받았다. 그러나 일반적으로 그 언덕은 카스르(Kasr) 또는 궁전이라고 불리던 곳이다.

2. 제임스 리치(Claudius James Rich: 1787-1821)

그는 영국인으로서 아시리아학(Assyriology)을 창립했다. 또한 그는 인류역사에서 잊을 수가 없는 위대한 발견 즉 아시리아 도시 니네베를 발견했다. 리치는 불란서 정부로 부터 수서체본과 골동품을 수집하도록 특별명령을 받고 모술(Mosul)에 부영사로 파견되었다. 그는 보샴의 비망록을 읽고 감동을 받아 동인도회사 바그다드 주재원으로서 1811년에 바빌론의 유적지를 처음으로 답사하고 지도를 만들고 발굴에도 참여한 적이 있다.

1812년에 바빌론의 유적지가 완전히 조사되었다. 리치는 1812년에 그 도시를 방문하여 여러 개의 언덕 위치를 연구하고 아주정확하게 측량도 했다. 그는 흙 판과 원통위에 쓰인 새김글을 모아서 대영박물관에 보냈다. 1822년에 니네베를 방문해서 큐윤지크(Kouyunjik)와 네베 유누스(Nebe Yunus) 즉 님루드의 유적지에서 나온 돌과 흙 판에 쓰인 새김글을 확보했다.

그는 모술에서 고대 도시 니네베의 큰 유적지를 조사하고 탐사했다. 그는 많은 새김 흙 판, 벽돌, 경계석, 원통 등을 수집했다. 수집품 중에는 그 유명한 신 바빌로니아 왕 네부차드네짜르 원통(Nebuchadnezzar Cylinders)도 있었다. 그는 이것을 복사해서 판독을 위해 독일인 그로테펜드에게 보내기도 했다. 그는 34세의 젊은 나이에 세상을 떠났으나 그가 남긴 두 편의 논문은 바빌론의 유적지에대한 여러 가지 형태와 새김글자료에 대한 면밀한 내용 등으로 말미암아 아시리아학을 탄생하게 한 공로자이면서 그와 관련된 쐐기문자를 연구하도록 동기를 부여한 공로가 있다.

그가 바빌론을 답사하고 또한 니네베를 답사하고 연구한 것을 논문으로 발표했는데 1811년에 논문은 'Narrative of a Journey to the Site of Babylon in 1811'이며, 그의 미망인이 1836년에 발표한 리치의 유작 논문은 'Narrative of a Residence in Koordistan and on the site of Ancient Nineveh, etc.(London, 1836)'등이 있다. 이 두 논문은 아시리아학의 탄생과 그와 관계된 쐐기문자연구의 시작을 알리는 이정표의 역할을 했다.

3. 폴 이마일 보타(Paul Emile Botta 1802-1870)

그는 불란서에서 부영사 모흘(Julius von Mohl)과 함께 모술에 파견되어 아시리아 왕 사르곤2세의 왕궁을 찾아낸 사람으로 유명하다. 즉, 아시리아제국의 수도 니네베의 왕궁을 발굴했던 것이다. 왕궁을 발굴하면서 왕궁에 속한 아쉬르바니팔 왕 도서관을 발굴했는데 거기에서 수만 개나 되는 불에 구워 진 흙 판에 쐐기문자가 새겨져 있었다. 이 쐐기문자는 처음 보는 것들이라 판독할 수가 없었다. 이 글자는 뒤에 힝크스, 로린슨, 오페르트 3인이 결정적인 역할로 판독을 하게 되었다.

발굴의 사연이 흥미롭다. 보타는 1842년 이라크의 모술주재 불란서 영사로서 보다 조직적인 발굴 작업을 시작했다. 물론 수없이 작업이 중단되기도 했지만 끈기를 가지고 계속해서 발굴에 임했던 것이다. 처음에는 북쪽 메소포타미아 지방에서 발굴을 했는데, 그 지역은 아시리아 지역 땅으로 알려진 곳이고, 아카디아어로 쓰인 많은 기록문서가 발굴 되었다. 처음 발굴 당시에는 그 기록물들의 언어가 아카디아어 인줄을 알지 못했다. 이 기록물에 쓰인 글자들이 이란의 페르세폴리스와 그 주변에서 발견된 세 가지 언어로 된 새김글에서 클래스 III 글자와 유사하다는 것만이 알려져 있을 뿐이었다. 그는 그 당시 유명한 동양학자 모흘과 상의해 본 결과 모술이 역사 및 고고학연구의 주요지역이며 고고학 자료를 모을 수가 있는 기회라고 조언해 주었다. 모술의 영사는 수서체로 된 기록, 쐐기문자 흙 판 등을 모집하는 직책이라는 것을 알게 되었다. 보타가 1842년에 부임하고 보니 유물들은 이미 사라지고 없는 상태여서 새로운 지역 네베 유뉴스(Nebe Yunus)를 발굴해보고자 했으나 허가가 나지 않아서 큐윤지크를 발굴하게 되었다. 유물이 많이 나오지는 않았으나 계속 발굴하면서 발굴된 벽돌과 설화석고 조각을 귀중히 다루었다. 이것을 보고 현지 주민들은 궁금해 했다. 특히 코호르사바드 마을 출신이며 기독교신자로서 염색무역업을 하는 자가 보타에게 와서 왜 벽돌과 설화석고 조각을 그렇게도 귀하게 여기는지 이유를 물어왔다. 그림이 그려진 설화석고 판을 찾으려고 발굴을 한다고 하니 자기마을에 가면 그런 것이 아주 많다고 일러 주었다. 그래서 큰 기대를 하지 않고 인부 2-3명을 데리고 1843년 3월 20일에 코호르사바드로 갔다. 3일 뒤에 그들은 성벽의 꼭대기에 올라가게 되었는데 그 옆으로 조각된 설화석회 부조가 새겨진 것이 사방에 지천으로 널려있었다. 일주일의 작업 끝에 보타는 거대한 아시리아궁전을 발굴하게 되었던 것이다. 궁전에는 수많은 방과 벽으로 둘러싸여 있었다. 벽에는 온통 신, 왕, 전투장면, 종교의식의 장면이 조각되어 있었다. 물론 이들과 함께 쐐기문자로 기술된 새김글이 그 아래 길게 각인되어 있었다. 그는 후원자 모흘에게 니네베를 발굴했다고 전갈을 보냈다. 그렇지만 사실은 니네베 전체가 아니고 B.C. 721-705 시기에 재임한 아시리아 왕 사르곤2세의 궁전이었다. 그는 이 유적지를 발굴하면서 "이것은 도대체 무엇인가? 누가 건축했는가? 언제 건축되었는가? 이 벽돌들은 나에게 옛날의 기쁨과 슬픔을 이야기하고 있는가? 이 아름다운 쐐기모양의 그림은 글자인가? 글자라면 어떤 언어를 새겼을까?"라는 의문과 함께 조각된 신들과 왕들의 얼굴에서 그들의 영광과 승리를 읽을 수가 있으나 그들의 이야기나 어느 시대, 어느 핏줄인지를 알 수가 없다는 소감을 기술했다.

코호르사바드 유적지는 강력했던 사르곤 2세의 궁중 터였고, 그는 B.C. 8세기 초기 25년간 아시리아 국가를 다스렸던 인물이었다. 물론 발굴 당시에는 알지 못했다. 그 유적지에는 아시리아 조각품, 돌을 새김조각품들이 나왔고, 그 많은 것들에 쐐기문자가 새겨져 있었다.

그는 1845년 코호르사바드를 정리한 후에 귀중한 아시리아 조각과 쐐기문자 새김 판들을 가지고 파리로 돌아왔다. 보타의 발굴로 인하여 전 세계 고고학계에서 열광하고 있었다. 그 이후에 동양학 연구도 활발하게 진행 되었다.

4. 헨리 레이야드(Austen Henry Layard)

그는 님루드를 발견하면서 보타 보다 더 중요한 역할을 한 사람이다. 아쉬르바니팔(Ashurbanipal) 왕의 도서관을 처음 찾아낸 사람이다. 1845년에 영국인 레이야드가 님루드에서, 그 다음에 니네베에서, 다시 님루드에서 발굴 작업을 계속했다. 그는 돋을새김을 한 왕의 궁정을 포함해서 그는 니네베에서 사르곤 2세의 증손자인 아쉬르바니팔 왕의 도서관을 찾아내는 공을 세웠다 (참고: 사르곤 왕조: 사르곤 2세-센나케리브(아들)-에사르하돈(손자)-아쉬르바니팔(증손자)4대 90년 기간). 그는 1845년에 님루드와 니네베를 발굴 하고 사르곤 왕조 4대 왕 아쉬르바니팔의 도서관을 발견해서 아시리아와 바빌론의 역사와 고대인들의 생활상을 연구하는 자료들을 학자들이 보게끔 했다. 레이야드는 최초로 바빌로니아를 발굴했고, 그다음에 로프투스가 계속해서 수사에 있는 참호들을 발굴했다. 그다음에 불란서 정부를 대신해서 오페르트가 계속해서 발굴을 했다.

　　1840년대에 보타가 코호르사바드를 발굴하고, 레이야드가 님루드를 발굴함으로서 전설적인 아시리아 궁전이 세상에 나오게 되었고, 또한 그 궁전에 새겨있는 판독되지 않은 미지의 새김글들이 유럽에 흘러들어옴에 따라 미지의 새김글에 큰 관심이 쏟아지게 되었다.

제8장 수메르어 쐐기문자 판독

1. 수메르어 쐐기문자 판독계기

수메르어 쐐기문자를 판독하게 된 계기는 이란의 베히스툰 새김글 판독과 연관이 있다. 베히스툰 새김글은 세 언어의 표기 글자인 고대페르시아어 쐐기문자, 엘람어 쐐기문자, 아카디아어 쐐기문자로 같은 내용을 표기하고 있었다.

1802년에 그로테펜드가 판독의 기초를 다진 후에 1838년에 로린슨이 베히스툰의 새김글 중에서 고대페르시아어 쐐기문자를 전부 판독했고 뒤이어 1843년 로린슨은 새김글 나머지를 전부 복사 완료하면서 부터 그를 포함한 여러 학자들이 아카디아어의 쐐기문자 판독에 매진하게 되었다. 엘람어 쐐기문자는 에드윈 노리스가 판독을 주로 했기 때문에 로린슨 등은 아카디아어의 쐐기문자 판독에 몰두했다. 문제는 아카디아어 쐐기문자 판독 과정에서 여러 가지 어려움들이 나타나기 시작했다. 아카디아어는 셈어족에 속하는 언어인데도 이 아카디아어 쐐기문자를 판독하는 과정에서 비 셈어계 요소들이 계속 나오기 시작했다.

비셈어 요소의 발견과정을 보면 힝크스가 아카디아어 쐐기문자를 판독하는 과정에서 셈어가 아닌 요소들을 1850년에 처음 찾아냈다. 셈어는 자음으로만 구성된 조직인데, 쐐기문자에 적힌 언어는 자음들을 모음에 묶어서 만드는 음절을 구성하고 있었다. 힝크스 보다 5년 뒤에 1855년 로린슨은 남부 바빌로니아지역인 니플, 라르사, 우르크에서 나온 평판에서 비 셈어의 요소들을 찾아냈다고 선언했다. 사실 아카디아어가 판독되었을 때에 여러 판독가들은 그 언어가 셈어족에 속한다는 것을 그 언어를 판독하는 동시에 알게 되었다.

수메르어 요소를 찾아낸 것은 실제로 셈어인 아카디아어를 판독하는 과정에서 밝혀낸 부산물이었다. 아카디아어도 초기에는 아시리아어 또는 바빌로니아어로 알려졌는데 수메르어와 같이 쐐기문자로 표기되고 있었다.

1850년과 1851년에 로린슨의 연구업적이 책으로 2년에 걸쳐 발간되었다.

사실 수메르어나 수메르문자에 대한 지식을 가진 사람은 19세기 중반까지도 거의 없었다. 수메르어에 대해서 처음 제기한 사람은 아일랜드인 힝크스이다.

1850년에 힝크스가 'The British Association for the Advancement of Science' 회원 앞에서 논문 하나를 발표했는데 그 논문에서 쐐기문자를 발명한 사람이 아시리아와 바빌로니아에 거주하는 셈족이라는 일반적인 생각에 최초로 의문을 제기했다. 즉 쐐기문자를 발명한 사람은 셈족이 아니라고 주장했다. 그 이유로 셈어에 변하지 않는 안정된 요소는 자음이고, 변화가 심한 요소는 모음이라 했다. 그래서 이 셈어에 자음만큼 안정적인 모음 철자 조직을 발명했을 것이라는 것은 이상하다고 생각했다. 특히 강 약 구개음과 치음이 뚜렷하게 구별되는 것이 셈 언어의 중요한 특성인데 쐐기문자 음절표에는 이러한 구별성이 적절하게 표현되지 않고 있다고 한다. 또한 만약에 셈족이 쐐기문자를 만들었다면 철자의 음절음가를 셈어 단어에서 추적이 가능할 것인데 실제에 있어서 추적이 가능한 경우는 거의 없다는 것이 이상한 일이라고 했다. 즉 쐐기문자로 된 음절음가의 대부분이 셈어에서는 찾을 수가 없는 그런 요소들이 있다고 한다. 힝크스는 쐐기문자 조직이 바빌로니아에 셈족이 들어와 살기 이전에 어떤 셈족이 아닌 민족에 의해서 발명되었을 것이라고 추정한다고 결론 내렸다.

1850년에 힝크스는 학회에 발표한 논문에서 한 가지 주장을 했다. 즉 클래스 III에 해당하는 쐐기문자 즉 아시리아-바빌로니아 새김글에 있는 쐐기문자는 셈어를 표기한 문자이다. 문제는 쐐기문자의 기원이 되는 문자는 셈어를 표기한 문자가 아니라고 주장했다. 그는 그의 주장에 몇 가지 근거를 제시했다. 즉 셈어에 자음조직의 기본 요소를 형성하는 구개음과 치음에서 연한 구개음 보다는 강한 구개음과 연한 치음보다는 강한 치음을 구별할 필요가 있는데 쐐기문자 어휘에서는 구별이 적절치 않다는 의견을 제시했다. 그래서 쐐기문자의 기원이 되는 문자는 셈어군에 속하는 언어의 단어를 표기하기에는 적절한 글자가 아니라고 주장했다. 그러면서 그는 바빌로니아와 아시리아 사람들은 처음에 자기 나라를 점령했던 어떤 인구어를 사용한 사람들로부터 글자를 물려받았고, 이 인구어 사용 사람들은 이집트와 관계를 맺었던 사람들이라 쐐기문자가 이집트에서 발달되어 나왔다고 주장했다.

로린슨도 처음에 힝크스의 주장처럼 쐐기문자에 이집트 기원설을 받아들였다. 그러나 그 이후에 주장을 바꾸어서 바빌로니아를 점령하고 쐐기문자를 전해준 민족은 스키타이인이라고 주장했다.

오페르트는 쐐기문자를 만든 사람들의 언어를 캐스도-스키타이어

(Casdo-Scythian)라고 주장하면서 러시아 지역에 있는 우랄-알타이어 (Turanian group)와 비교 했다.

쐐기문자가 바빌로니아나 아시리아에서 발명한 것이 아니라 외국의 기원에서 나왔다는 가정 하에 기호 하나를 두고 음절문자와 표의문자 사이에 일치가 되지 않는다는 환경을 설명하는 것이 가능하게 되었다.

결과적으로 바빌로니아의 음절표에 나타난 3개의 세로 칸에서 '별'을 뜻하는 기호가 중간 칸에 있는 ⟩⟨ 는 <an ⟩⟨ ilu >와 같이 설명할 수가 있다. 즉 an은 셈어 ilu에 대등어로 카스도-스키타이어로 표현된 기호라 생각했다. 바빌로니아인들은 외국글자를 채택할 때에 비셈어 단어를 음절로 사용하는 지식을 고안해 냈고, 표의문자로 표현하기 어려운 동사어형과 굴절형 명사를 적을 때에는 음절문자로 적어냈다. 따라서 비 셈어인 an은 음절로 사용해서 dan-an처럼 an으로 끝나는 셈어 단어를 표기하기 위해 음성으로 표현하고 있다고 생각했다.

이 이론은 글자 발명가 들이 처음에 글자를 표의문자로 만들어 사용해 왔는데, 그 문자를 빌려가 사용한 사람들은 한 발짝 더 나아가서 그 문자를 표의문자와 음절문자의 혼합체문자로 전환시켜 사용했다는 것이다. 이런 식으로 설명을 해보니 기호하나에 여러 가지의 음이 존재한다는 설명에 합리성을 얻게 되었다. 또한 여러 가지 표의문자의 뜻들도 대부분 여러 의미들이 서로 연관성에서 설명이 가능하게 된다.

1852년에 힝크스가 발행한 책에 따르면, 큐윤지크에서 발굴한 음절표를 연구한 후에 로린슨은 다음과 같은 결론에 도달했다고 기록하고 있다. 즉 그 음절표는 이중 언어로 되어있었는데, 그 이중 언어에 있는 셈어족 바빌로니아 단어들은 전적으로 새롭고 지금까지 몰랐던 언어의 단어를 설명해 주었다. 이 새로운 언어를 그는 아카디아어(Akkadian)라고 명칭을 부쳤고, 그는 이 언어를 '스키타이어'또는 '우랄-알타이어'일 것으로 추측했다. 여기서부터 처음으로 메소포타미아에서 셈족이 아닌 민족, 셈어가 아닌 언어가 존재했을 것이라는 가능성이 부각되었다.

힝크스는 가장 초기 메소포타미아 문명의 하나로 쐐기문자가 발명되었다는 것을 올바르게 추론했다. 후에 오페르트가 이들 민족이 수메르인으로 밝혀냈다. 이 민족이 이 글자를 후대에 바빌로니아, 아시리아, 엘람 같은 국가에 전하게 되었다는 것을 밝혔다.

1853년에 로린슨은 왕립아시아학회에 몇 가지 발견 사실을 보고했다. 첫째, 스키타이어로 쓴 많은 새김글을 발견했다는 보고를 했고, 이 언어가 페르세폴리스에 쓰인 메디아어 텍스트와 관계가 있는 언어라 생각했다. 둘째, 이 새김글이 페르세폴리스 새김글 보다 더 오래됐고, 네부차드네짜르 왕조시대 보다 더 오래된 것이다. 셋째, 스키타이족은 셈족이 서부지역에 들어오기 전에 이미 이 지역을 장악하고 있었다. 넷째, 쐐기문자로 쓰인 비셈어계 언어를 발견했다. 다섯째, 이들 스키다이족들이 쐐기문자를 발명한 사람들이라고 주장했다.

1853년에 처음에 오페르트가 로린슨의 견해를 지지 했다. 그는 스키다이어 글자가 어떻게 아시리아인 들에게 넘어갔는지를 보여주려고 노력했다.

1853년 로린슨은 왕립 아시아 학회 회원들을 대상으로 한 강연회에서 남부 바빌로니아 지역에서 발굴된 벽돌과 흙 평판에 '스키타이어'로 쓰인 쐐기문자 새김글이 있다고 언급했다.

1853년 로린슨은 다른 강연회에서 왕립 아시아학회 회원 앞에서 지난번 보다 그 내용을 더욱 상세하게 설명을 했다. 큐윤지크에서 발견된 이중 언어 음절표에는 아시리아어와 스키타이어 방언들의 알파벳과 문법

어휘 등이 들어있고, 새로운 민족 이름이 '아카디아인' 즉 바빌로니아에 있는 스키타이인이 쐐기문자를 발명했을 것으로 생각한다고 주장했다. 또한 로린슨은 아카디아인들이 원시적인 사원을 세우고 바빌로니아의 수도를 짓고, 같은 신들을 경배하고 셈족의 계승자들과 같은 곳에 거주했다고 주장했다. 그는 그들이 신화학, 지리학에서는 다른 명칭을 가졌다고 주장했다.

로린슨은 이들 바빌로니아 스키타이인의 언어에 관해서 큐윤지크 평판들이 비교적 많은 예들과 행간삽입번역을 많이 제공해 준다고 주장했다. 이중 언어 평판에서 제공하는 이 새로운 원시 언어를 연구한 결과로 어떤 가까운 언어적 인척관계가 이 원시언어와 현대시대에 이용 가능한 언어 사이가 성립될 수가 있을지는 의문이 든다고 했다. 그러면서 원시언어의 대명사조직을 볼 때에 몽골과 만주(Manchu)언어형이 우랄-알타이어의 다른 하부 어군보다 더욱 가깝다고 생각한다고 주장하면서 지금에 와서는 어휘에 닮은 점을 찾기란 불가능하다고 주장했다. 로린슨이 수메르인(그 당시는 아카디아인이라 함)과 그들의 언어를 발견했다고 보고했다. 물론 처음에 로린슨이 그들을 바빌로니아 스키타이로, 그다음에 아카디아인으로 용어를 잘못 쓰고 있다. 지금 쓰고 있는 아카디아인 용어는 그 땅에 거주하는 셈족을 표현하는 용어로 사용된다.

그 뒤에 오페르트는 처음으로 비 셈족계이면서 쐐기문자를 발명한 민족을 올바로 수메르인이라고 불렀다.

1855년에 오페르트는 이 비 셈어는 우랄-알타이어이며, 이 언어는 메소포타미아에서 아카디아어 보다 먼저 있었던 언어이고 이 언어를 사용하는 사용자들이 쐐기문자를 개발했다고 주장 했다.

1855년에 로린슨은 B.C 13세기 때의 소위 말하는 스키타이어 새김글도 연구하고 있었는데 마침 아시리아 음절표(음절표 형식은 왼쪽-중간-오른쪽 에 각각 쐐기문자로 적어놓고 있음) 중에서 왼쪽 칸에 쓰인 언어가 바로 그 스키타이어라는 것을 발견했다고 했다.

이 아시리아 음절표는 스키타이어와 아시리아어의 철자, 문법 및 어휘가 비교되어 구성되어 있다고 그는 생각했다. 그는 바빌로니아 스키타이어는 아카디아어로 알고 있었다. 이들이 바빌로니아 도시를 세우고 바빌로니아 문명을 설립한 사람들이라고 로린슨은 주장했다. 로린슨은 셈족들이 쐐기문자를 창조하지 않았고, 스키타이사람들에게서 쐐기문자를 빌려와 그들의 글자로 채택했다고 생각했다. 그래서 이 스키타이어가 어떤 우랄-알타이어 언어보다도 더 몽골어와 만주어에 더 가까운 언어라고 주장했다.

로린슨이 이런 주장을 계속하고 있는 가운데 힝크스는 정말 로린슨의 주장이 맞는지 틀린지를 감정하고 싶었다. 그는 그래서 짧은 이중 언어 텍스트를 구해서 새로이 발견된 스키다이어의 특징을 규명해 보고자 했다.

그래서 찾은 결과를 보면 다음과 같다.

첫째, 동사가 모든 인칭과 수에서 전혀 변함이 없었다.

둘째, 명사는 복수를 만들 때에 ua 또는 wa를 붙인다.

셋째, 전치사는 이 언어에서는 후치사로 쓰인다. 이것은 우랄-알타이어족과 같았다.

1855년에 와서 힝크스는 아카디아어라는 명칭을 포기하고 대신 고대 칼데아어라고 이름 붙였다.

여러 학자들은 스키타이어나 캐스도-스키타이어라는 용어를 진지하게 연구하게 되었는데 그 중에서 로린슨은 1855년에와서 처음에 제기했던 스키타이어라는 주장을 취소하고 아카디아어라고 수정을 했다. 그 이유는 성경의 창세기 10장에서 아카드로 나오는 아카디아이름이 바빌로니아와 아시리아 새김글에서 종종 언급되고 있다는 이유에서였다.

1856년 힝크스는 이 비 셈어는 특징으로 봐서 첨가어라고 주장했다.

1859년에 오페르트가 그의 가장 중요한 연구서인 'Déchiffrement des inscriptions cunéiformes'를 발간했다. 이 책이 아시리아학과 최근 아시리아학의 업적을 명료하고 선명하고, 종합적이고 권위 있는 설명을 담고 있어서 그 다음부터 모든 반대 의견은 끝이 나는 듯 했다.

문제는 아카디아어가 판독되었다고 선언한 후부터 발생했다. 즉 아카디아어를 판독하여 읽을 수가 있게 되자마자 모든 메소포타미아에서 나온 텍스트가 이 셈어로 만 쓰인 것이 아니고 다른 한 언어로도 쓰였다는 사실이 속속 밝혀지고 있었다. 그 이후 한 동안 그때까지 알려진 어떤 언어와도 관련이 없는 이 언어가 분명히 교착어라는 사실을 둘러싸고 논쟁이 벌어졌다. 어떤 학자는 이 교착어가 실제에 존재하지 않는 서자생들이 만들어 낸 비법이거나 암호기호라고 주장하기도 했고, 많은 학자들이 동의한 바도 있다. 이런 열띤 논쟁 중에 불란서 발굴단이 알-히바(Al-Hiba)에서 새로운 언어로 새겨진 텍스트 자료를 많이 발굴하면서 수메르어가 등장하게 되었고 언어로서 누구나가 인정하는 계기가 되었다.

1869년 오페르트는 비 셈어계 언어를 '수메르어'라고 부르자고 제안했다. 그 이유로 첫째, 이미 'King of Sumer and Akkad'라는 명칭이 널리 알려져 있고, 둘째, 'Akkad'라는 이름이 셈 지역 왕국을 의미한다면, 'Sumer'는 나머지 비 셈어족의 지역을 지칭하기 때문이라고 설명했다. 오페르트는 아주 옛날 왕에 대한 새김글에서 'king of Sumer and Akkad' 칭호가 나오는 것을 기본으로 삼아 유프라테스 강 유역에 비 셈족 정착 인을 수메르인이라 부르고, 셈족 출신을 아카드인으로 불러야 된다고 주장했다. 많은 학자들이 토론과 토의 끝에 오페르트의 주장을 받아들였다.

문제는 수메르인과 수메르어에 대한 논의 즉 이 수메르인은 누구이며 어디에서 왔는가 또 그들의 언어 본질은 무언인가에 논의가 1874에 시작되어 오랜 기간에 활기찬 토론과 논쟁이 있었지만 아직도 그 논쟁은 계속되고 있다.

1869년 오페르트는 1월 17일에 학회 'The French Society of Numismatics and Archeolgy'에서 칼데아어(수메르어) 기원에 대한 논문을 발표 하면서 몇 가지를 주장했다.

그는 논문에서 로린슨이 아카디아어로 이름 지은 것을 칼데아어 또는 수메르어'Sumerian'으로 불러야 된다고 주장했다. 이유는 초기 왕들의 새김글에 기초해 보면 'king of Sumer and Akkad'라는 새김글에 기초한 것이라 했다.

그가 주장하기로 아카드라는 이름은 아시리아와 바빌로니아 셈족을 지칭하는 것이고 수메르는 비 셈족계 민족을 지칭하는 것이라고 했다. 수메르어를 분석해 보니 그 언어구조는 터키어(Turkish), 핀란드어(Finnish), 헝가리어(Hungarian)와 아주 가까운 인척관계 언어라고 주장 했다.

처음에 '수메르어(Sumerian)'란 용어는 대다수의 쐐기문자 학자들이 사용하지 않았고 대신 '아카디아어(Akkadian)'이란 용어가 수십 년간 사용해왔다. 그 이후에 칼데아어 보다는 수메르어 용어가 더 적합하다는 학자들의 의견이 있어서 곧 수메르-아카디아아어(Sumero-Accadian)로 사용되었다.

쐐기문자를 비 셈족이 발명했다는 이론이 제기되면서 여러 문제가 발생했다. 바빌로니아인은 그 문자를 차용해 발달시키고 아시리아 인에게 물려주면서 복잡하고 포괄적인 글자형태에서 나온 여러 가지 문제점을 어느 정도 해결해 주었지만 유적지의 발굴에 따른 더 많은 자료에 발굴로 새로운 문제점이 제기되었다. 이 문제점은 쐐기문자를 발명한 사람들이 수메르인들이라는 이론으로도 해결될 수 있는 문제가 아니었다. 제기된 문제점은 수메르어 글자 기호에 의해서 표현된 음절 음이 셈 단어의 일부분이라는 것이 목격되었다. 이 **⚏⚏⚏** 글자가 음절표나 텍스트에서는 수메르어 reshu(머리)를 나타내지만 음절로는 sag와 *risk* 두 가지로 나타난다. 수메르어 이론에 의하면 sag는 비 셈어 단어 '머리'를 뜻하고 있지만 *risk*는 셈어의 대등어이다. 그런데 만약에 셈어*dannu* (힘이 쎈)를 의미하는 기호의 음절 중에서 *dan* 음절만을 발견하게 되면 분명히 이 음절은 셈어 단어의 단축형이라고 보게 된다. 이런 예들을 보고 학자들은 바빌로니아-아시리아 음절표가 부분적으로는 적어도 수메르어라고 단정 짓지 않을 수가 없었다.

그런데 남부지역 유적지에서 더 오래된 쐐기문자 텍스트가 발굴되면서 아시리아 문명은 남부서 발생한 문화의 자손이란 사실이 확인되었다. 그래서 문화와 문자의 기원에 대한 여러 가지 문제점은 남쪽 지역에서 발굴되는 유물에서 찾아야 된다는 인식이 확립되어 갔다. 과거로 추적해 갈수록 새김된 텍스트의 문자는 점점 표의문자의 기호로 바뀌어가고 있었다. 심지어 긴 텍스트가 온통 표의문자로만 구성된 것도 있었으며, 고대 도시를 발굴하면서 이와 같은 텍스트의 수도 증가되어 가고 있었다. 특히 구데아 왕이나 다른 왕들의 조각상에 새겨진 새김글들은 보다 더 옛날의 형식으로 기록되어 있었는데 학자들은 이 새김글을 모두 수메르문자로 간주했다. 그런데 문제는 이러한 기념물에 새겨진 새김글에서 셈어 단어가 나타나고 있으며 심지어 남부지역에서 나온 가장 오래된 새김글에서도 수메르단어가 아니고 분명히 셈어 단어가 나타나는 사실에서 학자들은 곤혹스러워 했다.

이 사실에는 문화와 문자의 기원을 수메르와 수메르인이라는 명제를 셈어족으로 바꾸어야한다는 의견이 들어있다. 수메르인이 수메르문화와 문자를 처음 만들었다면 가장 오래된 새김글에서 수메르문자가 나와야 당연한 이치였다. 고민이 아닐 수가 없었다.

당연히 제기된 문제는 수메르어가 실제 존재한 언어인가와 수메르어가 실제 존재 했다면 수메르인들은 그 문화와 문자의 창조자가 맞느냐가 핵심문제로 등장하게 된다.

이런 문제가 제기되자 셈어 전문학자인 조셉 핼리비(Joseph Halévy)는 논문을 발표하면서 정면으로 수메르어는 셈어인 아카디아어나 바빌로니아어를 표기하는데 옛날 방식의 표의문자에 지나지 않고, 세월에 따라 진화 과정에서 의사표현을 분명히 하고 문법적인 복합성을 표현하기 위해서 다소 인위적인 장치를 추가 채택한 상태라고 주장했다. 이 논문에서는 메소포타미아의 문명 창설자와 문자발명자로 수메르인 대신에 셈 민족을 들고 있다. 초기 유프라테스 강 유역에서 발굴된 초기 권력자의 글 평판에 나타났던 '수메르와 아카드'라는 용어의 해석을 그 당시 강유역의 북쪽과 남쪽지역을 지칭하는 일종의 지역표시일 뿐이라고 해석했다.

조셉 핼리비의 주장에 동조하는 사람들이 점차 늘어났다. 그래서 일반적으로 셈족이 바빌로니아에 거주함으로서 쐐기문자 음절표를 완성하는데 큰 몫을 했으며, 표의문자로 기록된 많은 텍스트들은 셈어로 되어 있고, 순수한 수메르 텍스트에서 조차도 셈어의 영향이 확인될 정도라고 믿고 있었다.

사실 유프라테스 강 유역에 아주 초기에 여러 민족이 혼합된 상태로 살고 있었다는 충분한 증거가 제시되어 있었고, 또한 셈족의 얼굴모습이나

의복에서 차이가 나는 우랄-알타이어 민족을 쉽게 발견할 수가 있었다.

그러나 최근에 여러 학자들이 추측이 아니라 아주 옛날의 바빌로니아 텍스트를 곰곰이 따져 연구한 결과로 수메르 언어의 존재를 확인해 주는 증거를 찾아 제시했다. 사실 표의 문자 기호만을 보고 수메르어가 존재한다고 주장하는 것은 신뢰할 수가 없다. 왜냐하면 표의문자 기호는 사실 셈어로 읽을 수도 있고 수메르어로도 읽을 수가 있는 문자다. 발음표기가 아니고 뜻의 표기이기 때문이다. 사실 수메르어로 된 새김글이 바빌로니아어를 표기한 또 다른 형태에 불과한 것으로 생각하는 것도 가능한 일이다. 그 이유는 표의문자의 모든 표기는 다소 인위적으로 고안된 형태이기 때문이다.

그러나 학자들이 여러 텍스트를 연구할 결과 수메르 단어가 표의문자로 표기될 뿐만 아니라 음성표기로 표기된 증거를 제시했는데, 이것은 수메르어에서도 바빌로니아어에서처럼 한 단어를 하나의 기호로 그 단어를 표현하는 방법(표의문자)뿐 아니라 그 단어가 구성된 음절음가를 표기하는 여러 기호(음절문자)로 표현하는 방법이었다. 그래서 더 이상 수메르어의 순수한 언어적인 특성에 관한 여러 가지 의문이 없어질 것으로 생각되었다. 수메르어 단어의 음성표기 증거를 제시한 것은 물론이고 바빌로니아 중심지에서 출토된 오래된 텍스트를 연구 분석한 결과로 수메르어의 음성표기 증거가 더욱 풍부하게 제시되었다. 이 음성표기 증거 외에도 수메르 언어의 존재를 확인해주는 다른 증거가 나왔는데 명사 및 동사활용형에 대한 문법구조가 고정되어 있는 형태가 나와서 지금까지 수메르어의 존재에 대한 언어적인 증거를 요구하며 수메르어 존재에 대한 회의적인 시각을 가진 사람들에게 확신을 주게 되었다.

1870년에 와서 세이세가 처음으로 발굴된 왕의 새김글(Dungi)에 대한 음운론적인 해석을 하면서 처음으로 아시리아어에 수메르어 차용어를 알아냈다.

수메르어 문법연구에는 오페르트가 앞서고 있었다. 1870년 까지 수메르의 자료는 많이 발굴되었으나 수메르 문법을 분석하거나 정리한 학자는 없었다. 특히 수메르 문법자료를 모은 사람은 더욱 없었다.

1873년에 레노르망(Lenormant)이 아시리아에 관한 책(Lemires Assyriologigues)을 발간하면서 그 책의 제1부에 아주 조직적이고 체계적인 수메르어 문법을 실었다. 특히 음성학적인 부분에 관련해서 ng와 m과의 관련성, 수메르는 성경에서 시날(Shinar(Gen.X.10))과 동일한 용어라는 것을 밝히기도 했다. 그 책의 제2부에 수메르어의 어형변화표를 실었다. 제 3부에는 광범위한 쐐기문자 목록을 실었다. 그 책의 제4부와 제5부에서는 수메르어의 이름에 관한 생각을 제시했고, 오페르트가 제안한 수메르어라는 용어에 대한 반대의견을 제시했다. 그는 수메르어라는 용어보다는 아카디아어라는 용어를 선호했다. 레노르망은 계속해서 두 번째 책을 발간했다. 그는 이 책에서도 계속해서 아카디아어란 용어를 사용하고, 이 언어는 우랄 알타이어족으로 분류되어야 된다고 주장하면서 특수한 언어그룹의 한 형태로 생각하고 있었다. 이 언어는 피노-우그리크(Finno-Ugric)어족에 아주 가깝고, 일부분 터키어와 유사성이 있다고 주장했다.

그 뒤 에베르하드 쉬레이드(Eberhard Schrader)는 아시리아-바빌로니아 새김글에 대해 연구한 책을 출판했는데 언어 명칭에 관한 논의는 피해 갔다. 그는 그 당시 독일에서 가장 뛰어난 아시리아학의 권위자였고, 일명 '독일의 아시리아학의 아버지'로 이름을 날린 사람이었다. 그는 책에서 아시리아어 음절표에 쓰인 세 칸 중에 왼쪽에 속한 언어가 아카드어라고 명칭을 분명히 했다. 그러나 레노르망과 오페르트가 서로 언어명칭을 놓고 치열한 공방을 하고 있을 때에 그는 이 문제에 개입하지 않았다. 그가 책을 출판한 후 2년이 지나서 레노르망의 책을 평가하면서 오페르트의 용어 보다는 레노르망의 용어인 아카드어라는 용어 쪽을 수용했다.

그의 후계자 프리드리히 들리츠취(Friedrech Delitzsch)는 아시리아어 음절표에 대한 해석과 분석에 많은 공헌을 했다.

이런 논쟁이 계속되는 가운데 수메르지역의 발굴 작업은 계속되었고, 수메르에 관한 자료가 출토되면서 이 논쟁도 자연스럽게 진정되어갔다. 1873년이 지나자 학자들 사이에 두 가지 문제에 합의에 도달하게 되었다. 첫째, 쐐기문자는 셈족인 아시리아인이 창조한 것이 아니다. 둘째, 교착어에 속한 언어를 사용한 사람들이 쐐기문자를 창조했다.

그러나 용어문제에 있어서는 그 때에 해결된 것이 아니어서 수메르어라는 용어가 많이 사용되고는 있었지만 그래도 아카디아어라는 용어도 계속해서 사용되고 있었다.

이 무렵에 유명한 불란서의 동양학자 조셉 핼리비가 등장했다. 그는 금석학을 연구 해온 그 분야에서 권위자였다. 그러나 그는 아시리아학에는 크게 연구한 경력을 가지고 있지 않았고, 다만 다른 학자들이 판독하는 수메르어의 판독과정을 상세하게 조사하고 수메르의 특수한 문법을 연구하기도 했다. 그래서 그는 결국 수메르민족과 수메르 언어의 존재 자체를 거부하기 시작했다.

1874년부터 계속해서 조셉 핼리비는 수메르어는 자연언어가 아니고 인간이 만든 하나의 비밀법전이거나 암호의 일종이라는 주장을 했다. 수메르글자가 다양한 음가와 다양한 형태를 갖는 것에 대해서 여러 가지 추측을 한 것이다. 1874년 7월에 그는 수메르어 문제에 대한 그동안의 연구를 정리하여 몇 편의 논문을 발표했다. 그의 첫 번째 논문에서 몇 가지 문제를 제기했다. 첫째, 수메르어를 인정한다면 아카디아어는 우랄-알타이어에 속하는가? 둘째, 바빌로니아 땅에 우랄-알타이어 사용하는 민족의 존재를 용인 하는가? 셋째, 소위 아카디아어라는 언어의 텍스트가 아시리아어와 실제 다른 언어인가 아니면 아시리아인이 창조한 표의문자인가? 헬리비는 언어, 역사, 인류학에 상당한 지식을 소유한 학자였고 방언 연구에서는 오페르트와 레노르망보다 더 조예가 깊었다. 그는 훌륭한 논쟁가로 상대방의 약점을 찾아 효과적으로 공격하는 능력을 가지고 있었다. 아시리아학에 깊은 조예도 없으면서 혼자서 수메르어에 대한 일가견을 가진 여러 학자들을 상대로 논쟁을 벌인다는 것은 정말 대단한 결단심이 있고 용기있는 사람이기도 했다.

그는 논리적으로 수메르어의 존재를 부정하기 보다는 연구초기부터 로린슨과 힝크스가 일반 학자들을 속임수로 속이고 있다는 것을 증명하려고 노력했다. 그가 수메르어가 없다는 것을 주장하는 내용을 보면 첫째, 초기 역사기록에 바빌로니아 지역에 사용된 언어의 음절이나 단어를 표기한 기호들은 사실 아시리아 성직자이 만들어낸 가공적인 산물이다. 둘째, 쐐기문자는 수메르인이 발명한 것이 아니고 셈족의 발명품이고 오래 동안 사용했다. 셋째, 수메르 단어라고 하는 것은 단지 암호기호에 불과하며, 이것은 신비스러움을 나타 내기위해 만들어낸 마법이나 종교 의식의 기호이다.

헬리비가 위와 같은 내용의 논문을 연달아 발표했지만 단 한명의 아시리아학자도 그의 주장에 동조하지 않았고, 단지 익명의 독자 한 사람만이 그의 주장에 동조했다. 반면 아시리아학자들은 일제히 그의 주장을 반박했다. 특히 몇 달 이내에 레노르망이 헬리비 주장을 반박하는 저서를 출간했고, 오페르트도 그가 연구한 지식을 총동원해서 헬리비의 주장을 반박했다. 쉬레이드와 들리츠쉬도 반대했다.

핼리비가 수메르어의 존재를 거부하는 주장을 펴자 이 문제에 대한 논의가 활발하게 되었을 뿐만 아니라 여러 분야의 학자들이 오히려 이 문제에 관심을 가지는 계기가 되었다. 핼리비는 레노르망의 주장에 즉각 대응하는 주장을 했고, 그의 주장을 공격하는 학자들의 영향을 최소화 시키는 데 그의 역량을 총동원했다. 물론 핼리비의 주장을 반대하는 학자들이 한 덩어리로 뭉쳐 대처한 것은 아니었다. 학자들마다 다소간의 입장 차이를 보이고 있었는데 이것을 핼리비는 잘 파악해서 적제적소에 그들의 차이점을 부각시켜 반대 주장의 기를 죽이려고 했다.

1876년에 발표한 그의 논문 덕분인지 그의 주장을 지지하는 학자가 한 둘 생겨나기 시작했다. 데크(W. Deecke)와 구룬왈드(Moritz Grunwald)였다. 이에 자극을 받아서 핼리비 주장을 반대하는 학자의 수도 증가하게 되었다. 그 뿐만 아니라 학자들이 점차 오페르트가 이름 지은 수메르어 이름을 받아들이고 있었다. 그 중에서도 제일 먼저 들리츠쉬의 제자인 옴멜(Fritz Hommel)과 하우프트(Paul Haupt)가 받아들였다.

한편 레노르망은 지금까지 고집하면서 사용해 오던 아카디아어라는 용어를 버리고 '수메르와 아카드어'로 고쳐 부르게 되었다.

1876년에 핼리비는 새김글학회에서 '쐐기문자가 아시리아기원'이라는 논문을 발표했다. 발표내용은 전에 주장한 것보다 약간의 수정을 가하긴 했어도 쐐기문자의 창조는 셈족이 했다는 주장은 변함이 없었다.

1877년 사르제크(Ernest de Sarzec: 1832-1901)가 라가쉬국가의 수도였던 닌기루수(Ningirsu=현 텔로(Tello))에 있는 수메르 지역을 발굴했다.

1877년부터 1900년 사이에 사르제크는 11번의 발굴을 시행하면서 수많은 조각상, 돌기둥 등을 발굴해 냈는데 그 중에서 제일 귀중하고 값어

치가 있는 발굴은 구데아(Gudea)조상이고 독수리(Vulture) 돌기둥이다. 구데아 원통기둥, 수천 개의 흙 평판 등이 발굴되었는데 어떤 것은 아주 오래된 즉 우르-난쉬(Ur-Nanshe) 왕조 때 유물도 있었다. 불란서의 발굴 작업은 라가쉬에서 20회 이루어졌고, 그 결과가 책으로 나온 것이 앙드레 파로(André Parrot)가 편저한 '텔로'(Tello: 1948)였다. 수메르지역에 두 번째로 큰 발굴 작업은 미국의 펜실베니아 대학교(University of Pennsylvania)에 의해서 이루어 졌다. 메소포타미아지역에 미국이 개입한 최초의 발굴 작업이었다. 수메르지역에서 발굴은 니플에서 시작되었고, 이 지역에서 3만개의 흙 평판이 나왔고 이것에 모두 수메르 언어가 새김 되어 있었다. 수많은 평판들이 쐐기문자학자들에게 중요한 연구 자료였고 이것의 연구에서 수메르학이 이루어지게 되었다. 이 자료를 연구함으로서 쐐기문자 판독의 개척자들인 힝크스, 로린슨, 오페르트의 뒤를 이을 수가 있게 되었다.

라가쉬와 니플이 발굴되기 전에 수메르어를 연구할 때의 중요자료로서는 니네베의 유적지에서 나온 아쉬르바니팔 도서관에서 나온 이중 언어 음절표와 행간번역판 등이었다. 이것은 로린슨이 편집한 '서부아시아의 쐐기문자 새김글(Cuneiform Inscriptions of Western Asia)에서 나온 것이다. 문제는 이 자료들이 B.C. 7세기부터 계산된 것이다. 시기 계산을 잘 못한 관계로 수메르어가 사용되던 살아있는 언어로서 사라진지 오래 되었고, 수메르 민족이 정치적 실체로서 사라진 지가 1천년이나 더 지난 것으로 계산이 나왔다. 수메르 지역에서 나온 몇 개의 새김글 판만이 유럽에서 이용될 뿐이었다. 이 새김글 판은 소규모의 벽돌, 평판, 원통 들이고 이것은 수메르인과 후기 수메르 시대의 것들이다.

라가쉬와 니플의 발굴에서 수천 개의 단일 언어로 된 수메르 새김글을 가지고 큐윤지크 이중언어 음절표와 행간번역표에서 나온 문법 규칙과 어휘 목록을 이용해서 판독가들은 해석하려고 노력했다.

라기쉬와 니플에서 나온 새김글은 행정, 경제 법률 자료이고 모든 형태와 크기별로 나누어진 목록표이고, 약속어음, 영수증, 판매증서, 결혼계약서, 유언서, 법정결정서 등으로 구성되어있었다. 이것들을 분석하면 수메르인의 사회 및 경제구조 등을 파악할 수가 있다. 이 기록에는 수많은 사람이름, 신 이름, 지역이름이 있었고, 수메르 종교에 관한 지식을 얻을 수가 있는 가치 있는 것도 있었다. 또한 수메르인의 정치 역사연구에 기초적인 가치를 갖고 있는 조상, 돌기둥, 원뿔 돌, 평판에 쓰인 시주 돈 새김글이 수없이 적혀있었다. 니플에서 출토된 것 중에서 수많은 어휘 및 문법 텍스트와 후기 큐윤지크 이중 언어를 수메르인 전 세대가 사용한 것들이 수메르어 연구에 귀중한 자료가 되었다. 니플에서는 수메르어로 된 문학작품을 새김 한 수천 개의 평판이 발굴되었다.

1879년에 폴 하우프트가 책 한 권을 발간했는데 이 책에서 수메르어 전체에 대한 새로운 논의의 장을 열었다. 하우프트는 이 책에서 수메르 가족법을 다룰 때에 이중언어 텍스트를 과학적이고 체계적인 태도로 분석하는 방법을 보여주었다. 그는 핼리비의 입장을 옹호할 수가 있는 사항을 제거하기위해 많은 노력을 했다. 1879년 하우프트(Paul Haupt: 1858-1926)는 최초로 이중언어로 된 수메르-아카디아어로 된 텍스트를 과학적으로 판독하려고 시도했다. 그는 그 해에 논문 'Die Sumerischen Familiengesetze(The Sumerian family Laws)'를 발표 했다. 그러나 핼리비 쪽에서도 지지자들이 속출하고 있었다.

1880년에 구야르드(Stanislas Guyard), 1884년에 포그농(Henri Pognon) 등이 조셉 핼리비 주장에 동조하고 나섰다.

1883년 헬리비는 레이덴(Leiden)에서 개최된 국제 동양학 학회에서 논문을 발표하면서 가장 정교하고 과학적인 방법으로 그의 총역량을 쏟아부어 논문을 발표했다. 들리츠쉬가 마음이 흔들리기 시작했다. 그는 헬리비의 주장을 옹호하는 것은 아니지만 헬리비의 주장을 깊이 있게 연구할 가치가 있다고 선언하기에 이르렀다. 그리고 그는 아리시아어 사전을 편찬했다. 그의 사전 첫 부분에서 헬리비가 싸워서 이긴 증거들을 매 쪽 마다 싣고 있었다. 이후에 들리츠쉬는 아시리아 문법책을 발간하면서 앞쪽의 전체 단락을 수메르어 이론에 공격하는 데에 할애했다. 헬리비 쪽에서는 천군만마를 얻은 거나 진배없었다. 그러나 들리츠쉬의 문법책은 커다란 호응을 얻을만한 가치가 있는 책이었으나 수메르어 반대 논의 부분에서는 많은 학자들에게서 항의를 받았다. 특히 세이세 교수도 들리츠쉬의 방법론에 항의했다. 레흐만(Lehman)도 수메르어 문제에 대한 글을 써서 항의했다. 들리츠쉬의 문법책이 나온 그 해에 배졸드(Bezold)는 수메르 언어가 언급된 아시리아어 평판을 발견했다.

1884년에 드 사르제크는 남부 바빌로니아 지역인 텔로를 발굴하면서 발견한 아주 흥미로운 예들을 루브르박물관에 보냈고, 그가 쓴 책에서도 새로 발굴한 새김글의 복사본을 실었다. 수메르학 학자들은 이 새김글이 수메르어로 새겨져 있다는 것을 첫눈에 알아보았다. 그러나 헬리비는 이상한 소리로 읽는 단어는 실제로 셈어라는 사실을 설명해 학자들을 설득했다.

1888년 미국 펜실베니아대학 발굴단이 수메르지역인 니플 지역을 발굴 작업을 시작했다. 1889년 브루노프가 수메르어의 뜻글자 목록(A Classified List of Sumerian Ideographs)을 발간했다. 1892년 이후에 수많은 수메르 언어에 관한 자료들이 발굴되어 제시되었다. 1897년에 들리츠쉬는 수메르 언어에 대한 새로운 자료들을 자세히 분석 확인한 후에 헬리비의 주장에 동조하는 것을 철회하고 수메르학의 학자로 남기로 결심했다.

헬리비는 들리츠쉬를 잃었지만 대신에 새로운 사람들을 포섭했다. 논쟁은 계속되었지만 논쟁의 강도는 점차 줄어들고 있었다. 그 당시의 일반적인 분위기는 '수메르어라는 것이 있었는가?', '수메르인들이 있었나?'라는 의문이 차츰 잦아들어가는 대신에 '수메르어는 도대체 어떤 언어인가?' 또는 '수메르인들은 대체 누구인가?'로 바뀌어 가고 있었다.

점점 힝크스, 로린슨, 오페르트의 주장이 설득력과 정당성을 얻어가고 있었다. 오페르트가 비 셈족과 그들 언어의 존재를 주장한 이후 얼마 되지 않아서 수메르인과 언어를 세상에 알리는 두 개의 발굴 작업이 남부 바빌로니아지역에서 시작되었다. 거기에서 동상, 돌 평판들이 발굴되었고, 그들의 정치역사 종교 경제 문학에 관한 중요한 새김글 판이 출토되었다.

2. 수메르어의 특징

영국인으로서 처음으로 세이세는 1871년에 수메르어 기록물을 편집해 발행했고, 수메르어의 중요한 특징을 언어적인 측면으로 해설을 했고 하우프트는 수메르어의 이중 언어로 된 평판을 많이 복사했고, 단일어로 된 것도 복사했다. 하우프트는 수메르 문법과 어휘론에 중요한 공헌을 했다. 또한 브르노프는 수메르어 기호와 판독 목록집을 편집했고, 그때까지 알려진 이중언어에서 나온 수메르어 단어의 어휘목록을 편집했다. 1905년에 프린스(J. D. Prince)는 수메르어휘 목록을 발간했다. 들리츠쉬는 수메르 단어 어근에 근거한 수메르어 문법과 어휘목록을 편집했다. 이들 학자들이 제시한 수메르어의 특징을 살펴보고자 한다.

수메르어는 비셈어계, 비 인구어계의 언어이다. 수메르어는 첨가어 계통이라 터키, 헝그리, 핀란드어 계통의 언어이다. 문제는 이들 언어들은 수메르어와 가까운 유대관계를 가졌다고 생각되는 요소가 전혀 없다. 그래서 수메르어는 독립적인 언어이고 알려진 언어 중에 연관이 있는 언어는 전혀 없다. 수메르 민족은 B.C. 4차 천년 초기에서 부터 3차 천년 말기까지 바빌론의 남부지역에서 문명의 꽃을 피운 비 셈어계, 비 인구어계 민족이었다.

쐐기문자의 발달은 몇 가지 면에서 이집트글자, 중국글자, 다른 여러 글자들과 비슷한 시기에 나타났다. 이런 면에서 쐐기문자의 표현 범위는 매우 넓은 편이다. 쐐기문자의 기호는 크게 세 가지 특징을 가지고 있다. 첫째, 하나의 기호가 여러 가지의 뜻을 나타내고(polyphony), 둘째, 여러 개의 기호들이 하나의 음을 나타낸(homophony)다. 셋째, 중의성을 제거하기 위해서 단어의 의미를 제한하는 한정사를 갖고 있다.

이러한 장치들은 또한 단점의 요소도 가지고 있다. 단점으로 첫째, 불필요한 많은 수의 철자들이 있어 글자를 볼품없게 할 뿐만 아니라 사용하는데 어렵게 했고, 둘째, 같은 철자를 다른 용도로 많이 사용함으로서 매우 복잡하게 했다. 물론 이 단점들을 극복하기 위해서 많은 노력을 한 서자생들은 철자의 수를 어느 정도 줄임으로서 어려움을 극복했고, 음성을 사용하는 방법을 개발해서 그림문자나 뜻글자의 뜻을 소리로 표현하는 방법으로 극복하려고 노력을 했다. 따라서 B.C. 3300년경 가장 초기 금석학의 유물들에 보면 900개의 많은 기호가 사용되었는데, 이 숫자는 그 당시 사용되는 철자 수의 절반에 가까운 정도다. B.C. 2100년 경 우르 3대 왕조 전후로 철자의 전체수는 약 600개 정도였고 이후에 아시리아인들은 규칙적으로 사용한 철자의 수로는 약 300개 정도로 많이 줄여 사용했다. 이렇게 많은 철자를 암기하고 쓰기에 어려움이 있었는데 이를 극복하는

방법으로 고대시대의 서자생들은 음절표를 만들어서 그들 음가를 나타
내는 철자목록을 그렸다. 많은 음절표 목록은 수메르 쐐기문자 철자목록,
동종의 아카디아어의 쐐기문자의 철자목록, 그리고 수메르 전체 문장의
번역들이 목록표에서 살아 남아있다.

아시리아 음절표가 바빌로니아의 음절표보다 더 크고 완벽하며 보다
많은 어휘항목을 가지고 있는 것이 남아있어 현대 수메르 언어연구에 많
은 도움을 주고 있다.

이 수메르어의 구성 원리를 정리하면 다음과 같다. 첫째, 수메르어는
교착어로 분류되고 있다. 즉 기본적으로 명사나 동사는 일련의 접두사나
접미사가 수식되어 하나의 일정한 음절로 표시되는 언어인데 터키어와
유사하다. 예를 들어보면 다음과 같다.

> 명사: 아들(son) = dumu, 아들들(sons) = dumu-meš,
> 그의 아들들(his sons) = dumu-meš-a-ni,
> 그의 아들들을 위해서(for his sons) = dumu-meš-a-ni-ir
> 동사: 집짓다(build)= du, 그가 집을 지었다(he built) = i-du 또는
> mu-du, 그가 집을 짓지 않았다(He did not build) = nu-mu-du,
> 그의 신 닌기르수(Ningirsu)를 위해 구데아는 그의 사원을 지
> 었다(For Ningirsu his god Gudea built his temple) = Ningirsu
> dingir-ra-ni-ir Gudea é-a-ni mu-du.

수메르인의 서자생들은 문법의 규칙을 일관성 있게 쓰지를 않았다. 실
제로 초기시대에는 동사의 접두사나 접미사는 전혀 쓰지를 않았다. 즉
'집짓다'(build)의 뜻을 나타내는 동사는 du인데 그 나머지 접두사나 접미
사 등은 독자에게 일임하고 있었다. 수메르문자는 원래의 목적은 추상적

인 뜻을 표현하고자 하기보다는 장부정리의 목적으로 만들어졌기 때문에 그 목적에서 벗어날 수가 없었다. 그 이후 바빌로니아 시대(B.C. 2004-1595)에 와서 대부분의 이용 가능한 문학작품을 복사해 사용했는데 이때에 복사본을 보면 접두사나 접미사가 다른 용법으로 쓰인 복사본을 많이 보게 된다. 이런 것을 보면 수메르어 문법을 공부하는데 쉽지 않다는 것을 보여준다.

둘째, 수메르어 어순은 일반적으로 동사가 타동사일 때에 주어+목적어+동사 순이다. 그러나 동사가 자동사일 때에는 주어+동사 순이다.

셋째, 수메르어는 능격(ergative) 언어였다. 타동사의 목적어는 특별한 표시가 있고, 자동사의 주어에도 특별한 표시가 온다. 예로 영어는 능격 언어가 아니다. 그래서 주어나 목적어 로 쓰이는 명사에 특별한 용법으로 구별하지 않는다. 그러나 영어에 인칭대명사는 주어와 목적어에 구별이 된다.

예) He loved her.

　　She loved him.

만약 영어가 능격언어라면 He puckered up을 Him puckered up으로 할 수도 있다.

넷째, 수메르어는 문법적인 성을 가지고 있지 않고 자연성을 따른다.

B.C. 3차 천년 중반기 이후부터 수메르 쐐기문자가 남부 메소포타미아에서는 아카디아어를, 시리아의 에블라에서는 에블라어를 표기하는데 사용되었다.

처음에 수메르어가 알려지게 된 배경은 수메르어와 아카디아어로 쓰인 이중언어 텍스트 때문에 알려지게 되었다. 이 이중언어 텍스트는 니네베에서 발굴된 B.C. 7세기 때 왕의 도서관에서 발견된 것이다. 상당기간

학자들이 이 수메르어는 전혀 언어가 아니고 일종의 서자생들의 책략표시이거나 암호의 일종일 것으로 생각했다. 그 후에 수메르어가 쓰인 이중어로 된 고문서가 발견됨으로서 이런 주장은 사라졌다. 수메르어가 이미 잘 알려진 인구어와 같지도 않고, 또한 셈어족의 언어와 전혀 닮지 않아 생소한 언어이기에 그렇게 생각해도 무리는 아니었다.

다섯째, 수메르어의 자모는 다음과 같다.

> 모음은 4개: a, e, i, u 반모음이 1개: y
> 자음은 17개: b, d, g, h, k, l, m, n, p, r, s, t, z, ḫ, g̃, š, ř (ḫ은 거친
> h음이고 g̃은 비음 g이고, š는 영어 sh 음에 해당).

수메르어 서자생들은 하나의 텍스트를 기술할 때에 그들 자신이 단어를 판독할 수 있는 장치로 사물의 여러 범주를 다르게 표시할 수 있는 특별한 철자를 붙여 사용했다. 예를 들면 나무로 만든 물건은 접두사 giš를 붙이고, 돌로 된 제품은 na₄, 동으로 만든 물건에는 urudu, 도시이름은 uru, 새는 접미사로 mušen을 붙여 쉽게 구별할 수 있게 했다.

수메르어는 그 자체로도 수메르어의 특징을 나타내고 있다. 쐐기문자로 쓰였을 때에 첫째, 수메르어의 많은 단어는 짧은 음절 형태로 구성하고 있다. 둘째, 동음이의어가 많다. 즉 같은 발음을 하지만 뜻은 여러 가지 다른 것을 가지고 있다. 또한, 형태는 같은데 음이 다른 것이 많다. 셋째, 수메르어는 단어의 일부분을 첨가시켜 음들을 함께 묶는 연쇄적 발음을 선호한다. 예를 들면, lugal-ani는 쐐기문자 표기로 lu-gal-la-a-ni로 쓸 수가 있다. 즉 lugal의 끝자 인 l음은 la 음절로 만들려고 다음 a 음과 함께 음절을 만들어 버린다. 이런 글자쓰기 형태는 수메르 언어의 특징이다.

수메르 지역에서 세월이 지나면서 수메르어는 쇄퇴하고 아카디아어는

서서히 널리 사용되고 있었다. 그러나 아카디아어를 사용하는 지배자인 왕들은 공식문서를 기록하는데 쓰는 용어를 아카디아어 대신에 수메르어를 사용하기를 좋아했다. 여러 가지 이유야 있겠지만 그 중에서도 옛날의 위대한 왕들이 사용해 왔고, 또 새로운 왕이 쓴 것에도 권위주의적인 어떤 모습을 백성에게 심어주기 위함에서 수메르어를 사용했고, 아카디아어를 모국어로 하는 서자생들에게 수메르어를 사용토록 강요했다. 그 결과 서자생들이 번역사전을 편집해야 했던 것이다. 아카디아어로 지시된 사항을 수메르어로 번역해 놓은 것이 후세인들에게는 엄청난 보물이 되었다. 이렇게 번역이 되어 있는 이중 언어 평판이 많이 발견되었다. 아카디아어를 아주 확실히 이해하기 위해서도 자동적으로 수메르어의 단어목록을 보게 된다.

이러한 것이 복잡하게 보이겠지만 수메르 철자로 아카디아어를 표기하려고 시도할 때에는 더욱 복잡하게 보인다. 왜냐하면 수메르 문자는 아카디아어를 표기하고자 고안된 것이 아니기 때문에 아카디아어에 알맞게 잘 적용될 리가 없으니까 복합하기로 한이 없었다.

아카디아어는 셈어 중의 하나이다. 셈어로는 아라비아어, 히브리어, 아람어 등이 있다. 아카디아어는 세 개의 방언이 있는데 그 방언으로 고대 아카디아어, 바빌로니아어, 아시리아어 등이다. 이 방언들은 약간의 차이가 있는 쐐기문자를 사용하고 있지만, 일반적으로 쐐기문자표기에는 같은 것으로 여기고 사용하고 있다.

이 아카디아어도 모든 셈어족에서처럼 단어 어근 구성에서 세 개의 자음을 가지고 있다. 이러한 기본에서 내부적으로 자음이 두 개로 나오는가 하면 모음을 삽입하기도 하며, 외부적으로는 접두사나 접미사 등을 붙이기도 한다. 예를 들면, 기본이 prs이지만 변형된 것은 iprus, purus, iparrasūni

등으로 쓰게된다. 원칙적으로 단 하나의 쐐기문자도 아카디아어 단어의 의미를 전할 수가 없는데 해결책으로 실제적으로 그 단어들을 음절로 적어서 해결해 왔다. 이런 해결책 이외에도 아카디아어 모국어 서자생들은 아카디아어 단어를 표현하기 위해서 수메르 철자를 사용한 예가 많고 경우에 따라서는 혼합형을 사용해 왔다. 즉, 아카디아어 *immerū* (양들)를 수메르어 udu-meš 로 쓰고, 혼합의 예로 수메르어 gal(위대한)과 아카디아어 *rabû* (위대한)를 합쳐서 gal-*û*로 표기하는 예이기도 하다.

아카디아어의 자모를 보면 다음과 같다.

모음은 변화형이 심한 모음 4개: a, e, i, u. o 모음도 있었지만 수메르 모음의 영향으로 사용하지 않아 없어져 버렸다. 반모음 2개: w, y

자음 19개: b, d, g, k, l, m, n, p, q, r, s, t, z, ḫ, ṣ, ś, š, ṭ, ’(성문폐쇄음)

수메르어와 차이점을 보면 다음과 같다.

첫째, 수메르어 ĝ은 아카디아어에서 사용되지 않고 g음로 되었다.

둘째, 원래 셈어에는 세 개의 h 음 즉 h, ḫ, ḥ이 있었다. 수메르어의 영향으로 아카디아어는 ḫ만이 있다.

셋째, 아카디아어에 세 개의 치찰음 s, ś, š 음이 있었다. 고대 아카디아어시기 이후에 ś음은 사용하지 않고 s, š 음만 사용된다.

넷째, 강조음 세 개 ṣ, ṭ, q와 성문폐쇄음’그리고 p음이 아카디아어에서 사용되나 수메르어에는 없다.

이상에서 보는 바와 같이 두 언어에 큰 차이가 있어서 수메르문자가 아카디아어를 표기하기에 아주 적절한 것은 아니었다. 특히 새로운 철자 성문폐쇄음’ 기호를 아카디아어에서 만들었는데 그 음을 만들지 않았다면 그 발음문제를 해결하기위해서 여러 가지 관행을 시기마다 장소마다 만들었을 것이다. 또한 b와 p와의 사이, d, t와 t와의 사이, g, k와 q와의 사이에서 나오는 차이점이 문자에서 일관성 있게 표시되지 않는다. 그러나 하나의 합의된 해결책도 강요되지 않았지만 전통의 힘으로 해결되어 왔다.

아카디아어를 모국어로 하는 서자생은 수메르어 음절표를 아카디아어에 적합하게 다듬는 과정에서 자연히 동음화와 다음화의 제 양상들을 증가시켰다. 예를 들면 수메르 철자 *á*(손)는 아카디아어에 *idu*(손)에 해당한다. 그 기호는 음절 *id, it, iṭ, ed, et* 여러 개로 사용되었다.

3차 천년 후기에 사용된 전체 쐐기문자의 수는 약 600개 정도였지만 가용한 음가의 수는 훨씬 더 많았을 것이다.

수메르어가 B.C. 18세기쯤 와서 구어로서 일반대중의 사용이 사실상 끝나있었다. 그 자리에 아카디아어가 차지하게 되었다. 그 이후에도 수메르어는 정규 기록어로서 많은 기념물 새김글에 새겨져 있는데 수메르 단어목록과 문학 텍스트를 복사하는 데에 서자생들에 의해서 지속적으로 사용되어왔다.

B.C. 첫 천 년 때까지 서자생들이 그들이 편리하니까 수메르의 문학작품을 복사할 때에 한 줄은 수메르어로 그 다음 줄에 아카디아어로 번역을 했다. A.D. 1세기의 천문학의 텍스트와 모든 쐐기문자 텍스트도 마지막 때까지도 거의 전부 수메르 뜻글자로 쓰여 있다.

3. 수메르문자의 추적

최초의 쐐기문자 기록서가 현재 이라크 남부 바빌로니아에 위치한 도시국가 우르크에 위치한 사원 에안나(Eanna)경내에서 발견됐다. 따라서 이곳이 메소포타미아에서 최초의 글 탄생지라고 믿는 증거다. 글자의 발명은 메소포타미아의 문명을 급속하게 발전한 것과 맞물려 있다. B.C. 4차 천년 말기 때에 발생한 특별한 변화의 증거를 찾아보면 우선 B.C. 3350-3100 후기 우르크시대에 우르크가 크게 발전하여 도시화가 되고 인구가 2만에서 5만으로 구성되었고, 크기가 2.5 km²이고 그 당시로서는 세계 최대의 도시가 되었다. 도시에 많은 인구가 모인다는 것은 사회, 경제, 정치면에서 발전했다는 증거이기도 하다. 생산품, 물품, 노동력, 복잡한 행정들이 수반되면서 기억만으로는 한계점에 이르렀고, 기록유지가 필요함으로서 글자라는 것이 탄생된 것이 분명하다.

초기 대부분의 텍스트들은 본질적으로 행정관리요소로 인한 글자발명의 실제적인 압력의 소산물로도 볼 수가 있지만, 문학이 메소포타미아의 문자발명에 중요한 역할을 하지 못한 듯하다.

전통적으로 글자 발명의 시기는 B.C. 3200로 보고 있으나 이것은 다소 관습적인 시기추정에 불과하다. 글자가 언제부터 흙 평판에 쓰였고 사용되었는지 밝히는 것은 사실상 불가능 하다. 현대에 와서 발달된 연대측정 창치로 조사해 보니 우르크 텍스트는 약 B.C. 3500-3390경으로 나왔기에 결과적으로 초기 흙 평판의 글자는 우르크 4기인 B.C. 3200라는 인식을 갖게 되었을 뿐이다. 그 다음시기로 우르크 3기인 B.C. 3100 경이다.

초기에 사용된 선형을 이루는 곡선이 상실됨과 동시에 글자는 독특한 쐐기모습을 가지게 된다. 마치 글자가 쐐기 같은 획으로 흙 판에 눌러 만든 것으로 보인다. 쐐기 획 모양이 되면서 두 가지 주목할 만한 발전이 있었다. 즉 원시-쐐기문자와 그 뒤의 글자의 성숙된 모양을 뚜렷하게 구별하게 된다.

첫째, 글자조직에 동원된 글자 기호의 수와 관계가 있다. 아주 옛날의 글자는 대강 900개 정도가 사용되었지만 후기 쐐기문자에는 600개 정도

만으로도 충분하게 되었다.

둘째, 글자의 방향에 관한 큰 변화가 있었다. B.C. 3차 천년 경에 글자가 90° 좌측으로 돌아서 등으로 눕게 되었고, 따라서 글자가 수직으로 쓰는 것보다는 왼쪽에서 오른쪽으로 쓰고 읽게 되었다. 이러한 변화에 대한 원인에 대해 여러 가지 설이 나온다(Woods , 2010: 37)고 하지만 드라이버는 분명하고도 독특한 본인의 의견을 제시했다. 즉 평판을 왼손에 쥐고 평판에 글을 새길 때에 편리성 때문에 오른쪽으로 45°로 평판이 이동되었지만 평판의 크기가 점점 커져서 책상이나 밑받침으로 받칠 때에는 몸의 각도가 90°가 되면서 글자는 좌측으로 90°로 눕게 된 것이라고 주장했다.

옛날 텍스트들이 대다수 약 90%가 본질적으로 행정업무 처리에 관한 것이지 의사소통을 위한 것은 아니었다. 즉 경제 텍스트였다. 복잡한 장부 정리 조직이며, 주로 영수증이고, 가축소비, 광범위한 물품, 원자재 이름 등이었다. 이들 기록은 경제활동에 관한 상세한 기록이다. 우르크 시대의 신성한 경내 및 경제 중심 단위 구역 에안나(Eanna)를 포함하고 있다.

그 나머지 10%정도는 초기 지적활동을 위해 사용되었던 어휘목록이었고, 이것은 바로 고대의 사전 성격을 띠고 있는데 이 텍스트는 초기 학자들 기구와 정보제공의 원공급원이 되었는데 어휘목록은 서자생 교육을 위해 복사되었다. 이것은 쐐기문자의 문화가 끝날 때 까지 계속되었다.

메소포타미아에서 최초의 그림 기록은 B.C. 3500년경 키쉬(Kish)에서 발굴되었다. 석회암 평판에 머리, 손, 발, 타작널판의 그림이 그려져 있었다. 처음 글자를 만들 때에 그 필요성은 일차적으로 집안의 살림살이에 국한된 것이었다. 경제가 차츰 발달되면서 원시 글자의 모양이 출현하게 된 것이다. 글자의 용도가 살림살이 정보를 기록하는데 출발 했다면 글자는 가정에 사용되는 물품의 이름을 적은 품목 목록표였다.

처음에 1,600개의 일반기호에서 약 1,100개정도 사용되었지만 사용되는 기호는 지방에 따라 다르고 필요에 따라 새로운 기호가 등장하기도 했다. 그래서 전국적으로 표준화가 이루어지면서 표준화된 기호 세트가 적용되기 시작했다. 초창기에 널리 쓰인 기호의 예를 보면 en(고위 성직자)와 gal(위대한) 등이다.

정보를 기록하는데 두 가지 중요한 형태가 있었다. 양적 데이터를 유지하고자 할 때에 사용된 숫자평판이고, 필요한 물품의 종류를 적고 있는 어휘목록 평판이 있었다. 뒤에 가서 어휘목록 평판은 서자생의 문자훈련의 자료로 활용되었다.

초창기가 지나서 잼대트 나스르 시대에 메소포타미아의 문화발달 역사에서 중요한 세 가지가 발달했다.

첫째, 기호의 자세의 변경이 발생했고, 글 쓰는 방향이 변화를 일으켰다. 처음에는 수직방향으로 글을 써 나갔는데 차츰 수평방향으로 변화가 발생했고, 글자 형태도 시계도는 방향과 반대방향으로 90° 돌았기 때문에 글자가 등 뒤로 회전한 꼴로 변화된 것이다. 기록은 엄격한 규칙을 준수해야 하는데 이 규칙은 수메르의 행정역량으로 세계적인 규칙으로 꼭같이 적용되었다.

둘째, 평판에서 글자 배열은 세로 칸으로 구분되고 한 칸 한 칸으로 쪼개어진다. 글자는 직사각형에 새겨진다. 이렇게 하는 이유는 한정된 공간에 여러 의미를 다 적기 위함이었다. 평판은 그 당시에 인기가 있었던 비유적 그림이 장식되어 있는 원형 도장을 찍는다. 보통 원형 도장 그림 중에 하나를 보면 야생돼지를 찾아 습지를 다니는 2마리가 한조가 된 사냥개를 몰고 있는 포수의 그림이 나와 있다.

셋째, 수량은 추상적인 숫자의 개념을 도입해서 추상적인 숫자와 재산

표기철자의 결합으로 발전했다. 그 이후로 같은 철자를 또 다시 반복해 쓸 필요가 없어지게 되었다. 숫자의 수적 가치를 여러 가지 방법으로 표기하기 때문에 상품의 교환을 통제하는 것이 더욱 쉽게 되었다. 결과적으로 글자가 장부정리 과정에 쓰이게 되어 진보된 회계 사무를 볼 수가 있게 되었다.

글자의 발명과 글자의 보편적 사용으로 인하여 수메르 민족은 전통적인 부족사회에서 보다 넓은 복잡한 사회로의 전환을 더욱 촉진시켰다.

쐐기문자의 기원은 그림문자에서 시작해서 2000년 이상 점차 발전해 왔다. 아래에 있는 것은 그림문자에서 발전해가는 과정을 차례로 정리된 것이다. 다음의 예는 '머리'(sag)를 나타내는 기호로 처음에는 실물을 그대로 그린 행태에서 발달되어 차츰 글자로서 발전되는 전 과정을 보게 된다.

B.C. 3000 B.C. 2800 B.C. 2500   B.C. 1800년   B.C. 600년

(위의 도표는 SAG(머리) 철자의 발달과정과 연도을 표시한 것(Borger nr. 184, U+12295).)

1의 그림은 B.C. 3000년경에 실물을 측면으로 단순하게 그린 그림문자다.

2는 B.C. 2800년경에 속하며, 실물의 그림을 90°좌측으로 눕게 사용한 그림문자다.

3은 B.C. 2500년경에 기념비 새김글에 사용된 이미 실물의 모양은 없어지고 추상적 인 기호의 형태로 변환 글자 모습만 보이고 있다.

4는 3의 시대보다 약간 후기에 속하며 흙 평판에 새긴 쐐기 획의 기호로 나타난다.

5는 B.C. 3차 천년의 후기에 속한 쐐기문자다.

6은 B.C. 2차 천년의 초기에 고대 아시리아 쐐기문자다.

7은 B. C. 1차 천년에서 쐐기문자가 없어질 때까지 아시리아 서자생들이 사용한 단순화 된 글자 모습이다.

다음의 예는 쐐기문자가 동음이의어의 예를 보여주기 위해 Gu가 모두 14개음이 같지만 각기 다른 기호를 가지고 있는데 여기에서는 4개의 예만 제시한다.

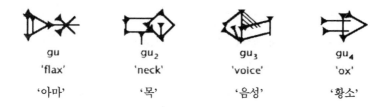

gu	gu₂	gu₃	gu₄
'flax'	'neck'	'voice'	'ox'
'아마'	'목'	'음성'	'황소'

다음은 수메르시대의 숫자표시를 나타내는데 60은 60을 나타내는 기호로 나타내고, 70은 60다음에 10기호를 쓰면 된다. 여기서는 1, 10, 60. 600, 3, 600, 36, 000 숫자표시이다.

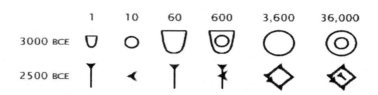

수메르 시대에 수메르어의 사용 시기를 4단계로 나누어 살펴보면 다음과 같다.

첫째, 원시 수메르어 시기(B.C. 3100-2500 Archaic Sumerian)

원시 수메르어의 시기는 약 B.C. 3100년부터 2500년경 까지 약 600년 간이다. 따라서 가장 초기 수메르어 기록은 B.C. 3100년으로 까지 거슬러 올라간다. 증거로 학교에서 가르쳤던 텍스트자료가 있다. 이 시기에 속한 자료가 가장 적고 가장 이해가 덜 되어있는 시기 언어이다.

둘째, 고대 수메르어 시기(B.C. 2500-2300 Classical or Old Sumerian)

고대 수메르어의 시기는 B.C. 2500년에서 2300년까지다. 이때 수메르어는 사업, 법률, 행정기록서, 편지. 주술 문, 왕족의 새김글 등에 쓰였다. 이 시기에 쓰인 글들은 원시 수메르 언어 시기 때 보다 더 많이 사용되었기에 문법과 어휘를 재구성하기가 가능한 시기다.

셋째, 새 수메르어 시기(B.C. 2300-2000 New Sumerian)

B.C. 2300년에서 2000년까지다. 이 시기는 셈족출신의 사르곤 왕조시대이기 때문에 셈어의 사용시기로서 수메르어 사용상에서 발전보다는 퇴보와 역행의 시기이다. 이 시기는 아카디아어가 광범위하게 사용되었고, 수메르어의 사용범위가 수메르에 국한된 시기이다. 수메르어의 부활은 우르 제3 왕조 시대에 잠깐 동안 있었다. 수메르어의 사용은 약 B.C. 2000년 말 쯤에 끝난다.

넷째, 후기 수메르어(B.C. 2000-A.D. 75 Post Sumerian)

이 시기에 수메르인은 그들의 정치적인 독립성과 존재성이 상실되었고, 수메르어는 구어로서의 역할은 이미 끝이 난 상태이다. 오직 문어로서만 명맥을 유지하는 마지막 단계에 왔다. 이때에 수메르어의 어휘는 법률, 행정 텍스트에 광범위하게 사용되었고, 왕의 업적 새김글에서도 사용되었다. 구전으로 전해 내려온 수메르 문학작품이 처음으로 고대바빌로니아어로 기록되었다. 문학 작품의 범위로 신화, 영웅서사시, 찬송가. 주술 문, 격언 등이 있다. 오늘날까지 현존하는 것은 복사본들뿐이다. 이런 내용을 학교에서는 수세기동안 수메르어로 가르쳤다. A.D. 7세기 이후에 나온 평판에서는 그리스어로 음역된 수메르어를 볼 수가 있다.

수메르어의 문법에도 음운론, 형태론, 통사론 등으로 분리해서 찾아볼 수가 있다.

첫째, 음운론

음소를 보면 모두 자음이 18개이고, 모음이 4개가 있다.

자음을 보면

폐쇄음(stop)이 6개: p, t, k, b, d, g
치찰음(affricates)이 1개: z (영어에서 hits에서 ts같은 소리)
마찰음(fricative)이 4개: s, š(영어 fish에서 sh음 같은 소리), ḫ(독일어
Bach에서 ch와 같은 소리), h
비음(nasals)이 3개: m, n ĝ(영어에서 ring의 ng와 같은 소리)
유음(liquid)3개: l, r, ř(스페인어 foro에서 r과 같은 소리)
반모음(semivowels)이 1개: y
모음 4개: a, e, i, u

모음에서 o와 반모음 w가 있었는지 없었는지에 대해서는 현재 확인 할수가 없는 상태다. 수메르어는 변별적인 성조가 없다. 강세표시나 아래첨자 숫자는 비슷한 음을 구별하기위한 표시이다.

둘째, 형태론

수메르어 문법은 다른 언어에 비해서 매우 복잡하다. 명사는 두 가지 성(인간 - 비인간)을 가지고 있다. 격 표시는 9개가 있다. 즉 능격(ergative), 절대격(absolutive), 여격(dative-allative), 소유격(genitive), 교화격(comitative), 동격(equative), 위치격(locative), 탈격(ablative), 직접격(directive) 등이

다. 이 격 표시는 명사에 붙는 것이 아니고 전체 명사구 끝에 오는 구접미사 형태로 표현된다. 다음의 영어로 표기된 예와 같다.

iri gal-a 'city big-locative = in the big city'

인칭대명사는 능격과 절대격의 차이를 갖지 않는다. 다만 두 격은 같은 접미사-e를 갖는다.

소유는 소유된 명사 다음에 표현되거나, 명사구의 끝에 붙은 소유명사로 표현된다. 그러나 격 표시 앞에 나타난다.

é-ani-e "house-his/her-dative/allative = to/for his/her house."

동사는 두 가지 상을 갖고 있다. 즉 완료시제와 비 완료시제 형태다. 약간의 동사들은 상을 표현하기 위해서 다른 어간이나 중복표시를 사용한다.

예) ĝen 'go (perfective)', du'go (imperfective).'

수메르어는 과거나 미래 시재가 없다. 법은 여러 가지가 있고 긍정 및 연결 접두사 등이 있어서 상당히 복잡한 구문을 형성한다.

셋째, 통사론

어순은 비교적 고정되어 있다. 명사구를 보면 '명사 +형용사 +수사 + 소유격 + 관계절' 등의 순서로 나온다. 여기에다 소유대명사와 복수 표시가 첨가된다. 이것들 다음에 동격어구가 따르고 마지막에 격 표시가 온다. 절에서의 어순을 보면 주어+목적어+동사 순서이지만 절의 명사적 성분을 가진 항목은 절의 앞으로 온다.

4. 수메르인의 기원에 대한 여러 의견들

오래된 일이라 확실한 근거도 없이 가설만이 무성한 것이 수메르인의 고향과 그들의 민족에 관한 것이다. 그들을 묘사한 조각상을 보고 추측이 난무하고 있는 실정이다. 그 중에서 자주 언급되는 민족이 몽골 인과 흑인이다. 머리털이 곱슬하지 않고 턱에 수염이 없는 몽골 인을 연상하는 많은 부조조각이 발굴되었기 때문이다. 또한 초기 부조조각상에서 눈이 사시형의 모습을 증거로 내세우기도 한다. 또한 그들의 언어 형태가 교착어로 밝혀지고 있는 것을 근거로 해서 고대 파르티아(이란동북부지방)지방에 살고 있던 중국인의 조상에서 태어난 후손일 것으로 추측 한다.

사시 눈이 옛날 초기 조각기술로 나타났다고 하면 몽골 인이 티그리스강과 유프라테스강 유역에 살았을 지도 모를 일이고 또한 후기 수메르시대에서 나온 보다 정밀하고 보다 세심한 조각상 눈을 보면 지배계층의 눈은 고대 이집트인과 남부 유럽인의 모습과 비슷하다.

또 다른 설은 수메르인이 서아시아의 평원과 고원에서 사는 넓은 머리를 가진 사람들과 연관이 있다는 이론이다. 이들은 오늘날의 터키인이나 핀란드 인으로서 우랄-알타이어계통의 언어를 사용하는 사람으로 추측한다. 이들이 오래전에 기후의 변동과 목축에서 농경생활로 전환을 위해 남쪽으로 이동한 것으로 추측하고 있다. 그러나 후기 수메르인의 조각상에 이러한 흔적을 찾기란 어렵다. 부풀어 오른 후두부에서 넓은 머리형보다는 긴 머리형이 나오고 있다. 넓은 머리로 된 스텝지역 유목민은 타르 족과 동족이며 물결모양의 머리털과 풍부한 이마를 기준으로 순수 몽골인과 구별한다. 물론 수메르인들이 그들의 머리털을 자르고 얼굴을 면도한다는 사실은 이런 관계와 연관이 있는지 모를 일이다.

원시시대부터 대부분의 민족들은 그들의 민족 특성을 강조하고자 얼굴과 머리 등에 특이한 모양을 내고 있다. 그래서 이 특이한 모양은 친구와 적을 구별하는 하나의 잣대 역할도 했다.

주목할 만한 것은 분명히 수메르인들은 수메르지역에서 타고난 고향사람이 아니다. 그들은 분명히 페르시아 만을 통해서 남쪽에서 들어온 것이 정설이다. 그들이 메소포타미아에 들어왔을 때에 그 땅에는 이미 얼굴이 검은 민족이 살고 있었는데, 수메르인들이 그들을 몰아내고 그곳에 터전을 잡았던 것으로 전해지고 있다.

수메르인이 어떤 민족에 속한 것인가에 대해서는 논란의 여지가 많다. 일반적으로 우랄알타어족 중에서도 몽고족이라고 한다. 그들은 아마도 메디아지역에서 왔고, 아라라트산(Mt. Ararat)과 카스피 해 주변지역에서 왔다고 추측하는 이론이다. 그들이 적갈색 평판과 돌에 새긴 기록으로 추측하면 그들은 몽고족이며, 먼저 들어와 살고 있었던 얼굴 검은 사람들을 몰아냈다는 것을 알게 된다. 이 얼굴 검은 사람들은 누구였는가에 대해서는 알 길이 없다. 어떠한 실마리도 찾을 수가 없다. 추측컨대 적어도 문명화되지 않은 야만족일 가능성이 많다.

이 몽골인들이 메소포타미아에 들어와서 남쪽유역에 자리 잡았고, 이지역을 수메르(Sumer 또는 Sumir = river valley(강 유역))라고 불렀다고 추측한다.

이 몽골인 들은 바빌로니아 지역에서 칼두(Kaldu)까지 영토를 넓혔고 이 칼두가 성경에서는 칼데아(Chaldea)로 적혀있다. 이곳은 티그리스강과 유프라테스 강의 남쪽 끝에 있다. 유프라테스 강과 티그리스 강의 합류지점에 있는 성경에서 언급되어 잘 알려진 칼데아 도시는 우르(Ur)였다. 북쪽 멀리에서는 셈족이 살고 있었는데 그때까지도 야만에서 벗어나지 못했고, 메소포타미아 유역을 점령하지도 못한 시기였다. 수메르가 이 지역을 점령하여 살기 시작한 지 많은 세월이 흘러가면서 쐐기문자도 발명해서 일상생활의 살림살이에 크게 도움이 되어갔다. 이 시기는 히브리민족의 아버지 아브라함(Abraham)이 우르 즉 칼데아 지역에서 이주해 갔던 시기를 생각하면 되는데 이때가 약 B.C. 1700년경 함무라비정권 때이다.

수메르인들이 아끼고 사랑한 문학에서 밝힌 그들의 고향은 딜문(Dilmun)이라고 했다. 그 곳은 현재의 바레인(Bahrain)과 페르시아 만 사이에 있는 섬들 중에 하나다. 여러 가지 증거를 살펴볼 때에 딜문은 바레인 섬이었다는 것이다. 수메르인들은 고향에서 무역을 해서 먹고살았다. 그들이 숭상한 신들을 모신 신전에서 동물들이 자주 등장하는 것을 볼 때에 옛날의 목가적인 역사를 암시하고 있다.

수메르인은 약 B.C. 5500년경에 남부 메소포타미아에 도착해서 정착한 것은 모두가 인정한다. 문제는 이들이 어디에서 여기로 왔을까 에 대한 것이다.

수메르인들이 어느 큰 집단에 소속되지 않았다는 것을 짐작하는 단서는 그들이 사용한 언어에서 추측한다. 즉 수메르어가 어느 큰 어족에 속해 있는 것이 아니고 현재에 알려진 어족들에 속하지 않은 것을 생각해 보면 그들은 어느 시골지역에 속한 소수 민족이란 것을 추측하게 한다. 그들의 언어가 알려진 어족들과는 완전히 다르고 관련된 어족이 없다는 것은 교류가 많지 않은 고립된 언어에 속한다고 추측이 된다.

일부의 추측에서 수메르인이 인도에서 이주했을 것이라는 주장을 근거로 아쇼카 말호트라(Asok Malhotra)학자는 두 가지 방법을 동원하여 수메르와 인도와의 관계를 찾으려고 했다.

첫째, 인도에서 수메르어와 비슷한 언어그룹을 찾는 것인데, 인도에서는 크게 두 언어그룹으로 나눈다. 산스크리트어에서 파생되어 나온 인구어 그룹과 토박이 언어인 드라비다어 그룹이다. 인도에서 콜즈족(Kols)은 벵갈(Bengal) 또는 초타 나그푸르(Chota Nagpur)지방에 거주하는 사람과 브힐즈족(Bheels)들 같은 인도인은 그들의 일부가 오스트렐리아로 향해서 이동해 갔다. 그래서 수메르어와 오스트랄로이드 또는 오스트릭(Australoid/ Austric)과 유사성을 찾을 수가 있다는 것이다. 이 가설을 가지고 한 연구는 상당히 진척되어왔는데 이 연구를 하는 학자들은 상당히 긍정적인 답이 나오리라고 희망하고 있었다. 두 언어의 유사성이 우연이 아니고 그 유사성이 너무 많고 명확해서 우연의 결과가 아닐 수가 있는 것으로 생각하고 있다. 아쇼카는 확실하게 말할 수가 있다고 한다. 즉 고대 수메르인은 언어적으로 고립된 언어가 아니라는 것이다. 수메르어는 오스트랄로이드어 또는 오스트릭어의 어군에 속하는 언어라는 것이다. 수메르가 이 언어그룹에 속해 있었는데 고대시대에 인도 서부해안지역에 있던 이 민족이 같은 그룹의 민족이었고, 여기에서 그들은 메소포타미아 지역으로 이주 했다는 것이다. 즉 오스트랄로이드어와 오스트릭어의 두 형태의 언어가 인도에서 발견되었고, 수메르로 이민 간 것이 어떤 지역보다도 확실하다는 것이다. 이 서부 인도는 지리적으로 남부 메소포타미아 지역과 지역적으로 아주 가깝다. 남동 아시아와 오스트렐리아와 비교해서도 그렇다.

둘째는 수메르인의 두개골을 조사해보고서 민족을 결정하는 일이다. 벅스톤(Buxton)과 라이스(Rice)가 26개의 수메르인의 두개골을 조사했는데 그중에서 22개가 오스트랄로이드족이나 오스트릭족에 속한 것이고 4개는 아르메노이드(Armennoid)이다는 보고가 있었다. 또 다른 수메르 지역의 두개골을 연구한 페니만(Penniman)에 의하면 오스트랄로이드족, 유라프리칸족(Eurafrican), 오스트릭족과 아르메노이드족 등은 모두 수메르인과 관계가 있는 종족으로 밝혀졌다고 했다. 그는 오스트릭족 형태에 대해서 '이 사람들은 중간 체격에, 유라프리칸 인과 같은 얼굴과 머리털을 가졌는데 유라프리칸인들은 검은눈에 타원형 얼굴, 약한 턱'을 가지고 있다는 설명이다.

오페르트는 메소포타미아 문명의 설립자는 그들 스스로 '키-엔-기 (ki-en-gi)' (land of the true lords)라고 불렀고, 아시리아인들은 키-엔-기 민족은 수미리투(Sumiritu=the sacred language)라고 불렀다. 오페르트는 수메르인은 그 당시 알타이어와 우랄-알타이어를 말하는 사람들과 연관이 있다는 생각을 널리 일반화 시켰다. 오페르트는 이 사람들은 터키어와 마기야르어(Magyar=Hungarian)를 말하는 사람이라 했다. 오페르트는 또한 아카디아인들은 셈어족이라고 단언했던 적도 있다. 그는 수메르어와 알타이어와 사이에 어형적인 특이성이 존재하는데 그것은 교착성 (Agglutination)이라고 했다. 물론 혈족으로 연관 지을 만한 많은 단어가 수메르어의 중요한 부분을 차지하는 것은 사실이라 하더라도 수메르어와 터키어와는 혈족의 관계가 없다고 했다. 힝크스는 로린슨의 연구결과와 같이 수메르인을 우랄-알타이어족으로 밝힌 바 있다. 오페르트는 로린슨이 쐐기문자를 판독하기 위해서 아프리카 언어를 이용했던 것을 알고 있었지만 수메르어를 아프리칸어와 비교하지 않았다.

결과적으로 오페르트 생각은 수메르어가 세상에서 사용되는 어떤 언어와 연관이 없는 고립된 언어라는 것이다. 그러나 언어의 형태상 특징은 알타이어와 같은 특성을 가지고 있기는 하다.

또 다른 주장은 수메르인이 흑인이라는 것이다.

더 라 쿠페리(Albert Terrien De La Couperie(1845-1894)는 수메르인, 아카디아인, 아시리아인들 조차도 그들 스스로 검은 머리가진 사람'Salmat Kakkadi'(black headed people)이라고 부르는 사람들은 모두 쿠시인(Cushite = 아프로-아시아어군)기원의 흑인들이라고 주장했다. 쐐기문자를 증거로 하면 수메르인, 아카디아인, 아시리아인은 스스로 흑인'black heads'이라고 인정했다는 것이다. 이 사실은 구데아의 조각상이 흑인의 증거가 되고, 아카디아와 아시리아인의 조각상에서도 인정이 된다는 주장이다. 여기에 더하면 베히스툰의 기념비에도 엘람인들이 또한 흑인임을 명확하게 해 준다는 주장이다.

그러나 일반적으로 인정하는 수메르인의 모습은 첫째, 깨끗하게 면도한 얼굴과 머리털이 있는 머리를 가졌고, 셈족보다는 이집트나 그리스인의 코모양을 하고, 짧은 주름 잡힌 치마를 입었고, 상의를 벗은 맨몸으로 다니고, 셈어가 아닌 언어를 사용했다. 둘째, 그들은 농업에 기반을 두고 문명생활을 했고, 상당한 문화생활을 즐겼다. 셋째, 그들의 모습은 머리털이 곧고 부드러웠고, 턱수염이 없는 눈은 사시 눈(Oblique eyed)을 가진 몽골인이라 추측한다.

위의 이러한 가설들은 수메르의 초기시대에 출토된 조각상에 나온 돋을새김을 면밀히 검토하고 유추해서 짐작한 증거에 근거한 이론이다.

언어는 교착어이므로 그들은 고대 파르티아의 고향에 있던 중국인과 같은 조상에서 뻗어 나온 민족이라고 추측되고 있다.

다음은 메소포타미아의 조각품을 근거로 민족의 차이점을 생각해 본 것이다.

우선 아카디아인의 조각모습에서 첫째, 풍부한 머리채 둘째, 길고 풍부한 턱수염 셋째, 두툼한 일술 넷째, 도드라지게 튀어나온 코 다섯째, 왼쪽

어깨에 걸려있고 발목까지 내려오는 길고 주름 잡힌 관복을 입었다.

수메르인들의 조각상에서 보면 첫째, 깨끗하게 면도한 얼굴모습과 머리털이 있는 머리 둘째, 이집트인과 그리스인의 코 모양 셋째, 짧고 주름 잡힌 치마를 입었다. 넷째, 고대시대에서 이집트 고관들과 같은 모습의 상체를 옷을 입지 않고 들어내는 형상을 하고 있었다.

수메르사람들은 자기들 스스로를 '우그 사그 긱 가'(ũĝ saĝ gíg-ga)로 불렀는데, 현대음으로 발음하자면 웅 상 기가(uŋ saŋ giga)이다. 글자대로 번역하면 '검은머리한 민족'이란 뜻이다.

이번엔 몽고족인 한국인과 수메르인과 관계에 대해서 추측해 보고자 한다.

한글이라는 글자를 만들어 지금까지 600년 이상 사용하고 있는 현재 한국인의 조상이 인류 문명 발생에 크게 기여한 메소포타미아 지역 쐐기문자 창제와 연관이 있지 않을까 하는 의문이 생겨 몇 가지 증거를 가지고 추측해 보고자 한다.

첫째, 이라크 지역의 쐐기문자를 처음 그림에서 문자로 만든 사람은 수메르 또는 수미르(Sumir 또는 Sumer) 민족이라는 것은 이미 인정된 사실이다. 그 중에 이 수미르라는 말은 강 유역이란 뜻으로 유프라테스와 티그리스 강 사이 하류에 세워진 나라이름이다. 이들 민족은 카스피 해 등에서 침입해와서 이미 그곳에 살고 있던 야만 흑인을 전부 몰아내고 나라를 세운, 머리털이 검고 황색 인종인 몽골족이라고 메이슨(Mason, 1928)은 밝혔다. 그들의 말은 셈 어족이 아니라고 드라이버(Driver, 1944) 교수는 확인해 주고 있다. 그런데 이들의 주변에는 모두 셈족으로 둘러싸여 있었고 수미르만이 몽골족이거나 만주족(로린슨의 주장)이었다. 결국 후에 가서 이 수미르는 셈족인 바빌로니아에 의해 정복당하고 말았다. 그러나 그들이 만들어 사용했던 쐐기문자는 수미르족 즉 몽골족 또는 만주족의 말을 표기하기 위해 만든 것이지만, 정복자 셈족은 문자 만들 능력이 없어 수미르의 쐐기문자를 차용해서 자기들의 셈어에 알맞도록 뜯어 고쳐서 계속 사용해 왔다. 원래 몽골족이나 만주족의 언어인 수미르어는 모음도 자음처럼 음가의 가치를 가진 말이기에, 문자로서도 자음과 모음을 가진 문자로 발전시킬 밑바탕을 만들고 있던 차에 셈족의 침입으로 인해 셈족은 그들의 언어에 알맞게 자음에 기반을 둔 문자로 만들어 나갔던 것이 아닌가하는 추측을 해본다.

둘째, 이 수미르 말은 형태로 볼 때 한국어와 같은 교착어라고 가우어(Gaur, 1984)는 밝히고, 또한 어족으로는 한국어와 같은 우랄-알타이 어족에 속한다는 것을 메이슨을 포함한 서양 문자학자들은 다 인정한다.

또한 어순이 한국어와 같이 주어+목적어+동사 순으로 사용된다. 지금까지 밝혀진 세 사실에서 수미르인은 황인종인 몽골족 또는 만주족, 어족은 우랄-알타이 어족, 그리고 언어 형태는 교착어를 사용했으므로, 이런 조건을 갖춘 민족은 수미르와 아주 깊은 관련 대상이 되는데 그 중에서도 한국인과 인연을 가졌을 것으로 추정해 본다.

셋째, 한국이 메소포타미아 문명을 일으킨 수미르와 깊은 관계가 있다는 자료가 한국에서 몇 년 전에 나왔다. 『한단고기』라는 책에 보면 '수밀이국'에 대한 내용이 있다. 수미르를 한자로 '수밀이'로 표현한 것이다. 그 동안 그 책의 몇 가지 내용을 들어 어느 종교 단체의 교리 책이라 하여 진실성에 문제가 제기되었다. 그러나 그 책 내용 일부는 중국과 한국의 역사서에 기록된 것도 있고, 또 어떤 것은 몇 년 전에 어느 방송국에서 사실 여부 실험을 통하여 사실 확인도 됐던 것이다. 그 책에 보면, 단군 이전 환인시대의 환국(桓國)은 12개 연방을 가진 큰 나라였고, 그 연방 이름을 보면 비리국, 양운국, 구막한국, 구다천국, 일군국, 우루국, 객현한국, 구모액국, 매구여국, 사납아국, 선비이국, 수밀이국 등인데 맨 마지막에 나온 수밀이국이 바로 이라크 남부에 있었던 수미르와 이름이 같고 위치가 동일하다. 12개 연방의 진실성에 대한 검증의 예로, 중국의 진서에 보면 12개 연방 중에 비리국, 양운국, 구막한국, 그리고 일군국 등 4개의 연방 이름이 기록돼 있고, 또한 중국『삼국지』'동이전 마한 편'에 비리국이라는 연방 이름이 나와 있다. 특히 한국의『삼국사기』에 2개의 연방과 비슷한 이름을 가진 구다국과 매구국 등이 기록돼 있는데 이는 구다천국과 매구여국과 인연이 있는 것이 분명하다.

이처럼 중국이나 한국의 역사서에서 기록된 12연방의 예를 보면 허구가 아니라 실존 했을 수도 있다고 추정을 한다. 앞으로 중국과 한국의 옛 사료를 좀 더 찾아보면 반드시 더 많은 자료가 나올 것이고, 환국의 12 연방국 존재에 대한 확실한 사실을 더욱 톡톡히 뒷받침해 줄 것으로 예상한다.

따라서 지금까지 위의 사료를 바탕으로 생각해 보면, 쐐기문자는 메소포타미아에서 오직 머리가 검은 황색 인종인 몽골족 또는 만주족의 문자이고, 그 민족의 말은 우랄-알타이어이며 교착어이다. 어순이 한국어와 같이 주어+목적어+동사 순이다. 그 수밀이 나라 이름이 한국의 한 종교단체의 교리 책에 나왔지만, 그 부분에 있어서 분명한 역사서 기록이 있는 것을 보면 그 수미르국은 한국인과 연관이 있는 나라이거나 그 나라를 세웠다고 추정할 수가 있지 않을까 한다. 그렇다면 쐐기문자는 당연히 몽고족, 만주족 등과 함께 한국인도 창제에 가담했을 여지는 있지 않을까 추측해 본다.

한국의 조상이 메소포타미아 지역에서 나라를 세우고 세계 최초의 문자를 만들었다고 생각해 보면 가정이 좀 지나친 것일까? 한국 민족의 문자 창제 능력을 세계에 자랑하고 싶고, 또한 그 능력을 계승하여 세종대왕이 한글을 창제했다는 사실을 새겨 보면 한국 민족의 문자 창제 능력과 저력은 알아주어야 한다. 비판은 확실한 증거나 근거를 가지고 해야지 감정적으로 대하는 일은 없어야한다. 위의 주장은 몇 가지 증거를 가지고 주장하는 것이지 추상적이고 상상에서 나온 것이 아니라는 것이다. 물론 상상으로 끝날 수도 있는 사안이다.

5. 쐐기문자를 수메르어로 또는 아카디아어로 읽을 것인가 문제

고대 유프라테스유역의 언어는 다음절어(셈어)로서 충분한 음절을 가진 기호가 필요했는데, 그 음절은 여러 자음들이 뚜렷하게 나오는 복합음절일 수도 있고 아니면 하나의 자음과 하나의 모음으로 구성된 단순 음절일 수도 있었다. 바빌로니아의 도서관에서 실라바리아 (syllabaria)라고 불리는 문법사항을 벽돌위에 기록된 기록물이 발견되었다. 기록을 보면 철자의 목록이 기록되어 있고, 이 기록 한편에는 단순 음절로 설명 된 음성기호가 있고, 다른 편에는 그 기호가 뜻글자로 사용될 때의 설명 기록이 있다.

수메르 단어에 보면 루갈 lugal은 lu + gal(man + big)로서 두기호가 복합되어 소유자(배나 밭), 우두머리, 지도자, 왕을 뜻한다. lugal은 수메르어의 왕이나 귀족을 호칭하는 호칭중의 하나이다. 주로 도시국가의 지배자를 지칭하는 말이다. lugal과 같은 급으로 사용되는 말은 en과 ensi도 있다. 아카디아어 중에서 šar 또는 šarrum(왕)에 기반을 둔 음절 šar가 쓰인다.

B.C. 3차 천년 때에 수메르어에 쓰인 lugal의 의미에는 여러 가지 해석이 있는데 첫째, 일반적으로 도시국가의 지배자호칭은 ensi라고 했다. 둘

째, 여러 도시 국가의 연합체나 큰 국가의 전체 통솔자로서는 lugal 이란 호칭을 사용한다. lugal의 임무는 제사의례를 주관하고 영역 분쟁 시 중재자로 외부의 침입에 대한 방어책임자로서의 임무가 있다. lugal은 세습제라 장남이 승계한다. 셋째, 라가쉬의 ensi는 그 도시를 지원하고 후원하는 신 닌기르수(Ningirsu)를 그들의 lugal로 지칭하고 있다. lugal은 이집트의 지역 아마르나에서 발견된 편지에서 왕이나 파라오를 지칭한다. 그 밖에는 왕을 다양한 표현으로 사용하고 있다. 부하들이 봉건시대에 왕에게 편지를 쓰는데 제일 첫 도입부분에 šar-ri(šarr um의 뜻)라고 적는 관습이 있었다. 그들은 또한 lugal + ri 즉 šar-ri를 사용하기도 했다.

우르 왕에 대한 호칭 문제 때문에 많은 학자들이 수메르어를 알게 되고 연구를 하게되자 수메르인에 대한 이름에도 상당한 변화가 일어났다.

우르 왕의 이름이 처음에는 우르-바우(Ur-Bau)로 하다가, 후에 가서는 우르-엔구르(Ur-Engur)라 했고, 현대에서는 우르-남무(Ur-Nammu)또는 우르-남나(Ur-Namna)라고 한다. 우르크의 왕 이름을 루갈-자게시(Lugal-zagesi) 또는 운갈-자기시(Ungal-zaggisi)라고 부른다.

쓰인 철자를 수메르어로 읽어야 될지 아니면 셈어인 아카디아어로 읽어야 될지 망설이는 일이 자주 발생한다. 그 이름을 쓰는 자가 수메르인인지 아니면 셈어족인 바빌로니아인 인지 확실치 않을 때가 많다. 그러나 그가 수메르인이면 그의 이름을 수메르어로 읽어야 되고, 그의 이름이 셈어족이면 셈어에 해당하는 이름으로 읽어야 될 것이다. 비록 셈어족이 순수한 수메르어의 이름을 가졌다고 하더라도 셈어로 읽어야 된다. 그런데 문제가 있다. 셈어 이름을 표기하는 철자가 음성표기 기호로 할 수도 있고, 뜻글자를 섞어 혼합어로 표기할 때도 있다.

예를 들면 키쉬(Kish)를 통치하는 셈족 통치자의 새김글에 그의 이름이 우루-무-우쉬(Uru-mu-ush)로 기록되어 있었다. 그런데 처음 판독되었을 때에는 뜻글자로 여겼다. 왜냐하면 우루 무-우쉬는 수메르어로 '그는 도시를 창건했다'로 읽을 수가 있기 때문이다. 학자들이 그것을 다시 판독해서 원래의 셈어로 아루-우샤르쉬드(Alu-usharshid)로 읽었다. 훨씬 뒤에와서 우루(uru)는 리(ri)로 읽어야 올바르기 때문에 그 이름을 셈어로 읽어보니 아카디아 왕 리무쉬(Rimush)의 이름이라는 것이 확인되었다.

제9장 쐐기문자 판독에 로린슨과 힝크스의
협조와 갈등

1. 로린슨의 초기역할

쐐기문자 판독의 로제타 돌은 다름 아닌 현대 이란 자그로스 산맥에 위치한 베히스툰 새김글이다. 1835년에 베히스툰 새김글을 연구하기 시작한 사람은 영국 군인이며 외교관인 헨리 로린슨이었다. 그는 알지 못하는 쐐기문자를 복사하기 위해서 험한 바위벽에 기어 올라가서 복사하고자 노력했다. 시도한지 2주 만에 3개의 새김글중의 하나가 42개의 쐐기문자 철자를 사용하고 있다는 것을 밝혀냈고, 또한 그리스 역사가 헤로도투스가 밝힌 사람과 동일한 페르시아의 다리우스 왕에 대한 기술문 번역을 시작했다. 3년 이내에 로린슨은 고대페르시아어 새김글의 200줄을 판독해 냈다. 다리우스 왕이 권력을 잡게 된 내용을 학회에 발표했다.

1844년에 베히스툰에 새김 된 모든 쐐기문자를 복사하는데 성공했다. 그리고 가정하기를 3개의 다른 언어로 된 쐐기문자는 같은 내용을 기술하고 있다고 생각했다.

처음 로린슨이 복사한 것은 베히스툰의 새김글이 아니고 하마단에 가까운 엘윈드(Mt. Elwend)산 바위에 새김 된 3개의 언어로 된 새김글이었다. 그래서 이 복사본을 근거로 로린슨은 처음 판독에 나섰던 것이다. 특히 1802년에 물론 독일의 그로테펜드가 판독한 것에 자극도 받은바 있었다.

1838년에 베히스툰 새김글에서 고대페르시아 텍스트 첫 두 단락을 판독한 것을 로린슨은 왕립아시아학회에 보냈었다. 그 이후 아베스타어에 대한 개척자 적인 부르노프의 'Commentaire sur le Yaçna (1833)'논문을 연구한 후에 더욱 전진이 있었다.

로린슨은 덴마크의 언어학자 라스무스 라스크가 1826년에 세운 그의 업적을 보게 되었는데 라스크는 두 철자에 대한 음가 m과 n을 밝혀냈다. 이 결과로 '왕 중의 왕' 구절에 소유격 어미 -anam을 알 수 있게 되었다. 이것이 산스크리트어 소유격 복수의 어미였다. 따라서 고대 페르시아어가 산스크리트어와 관계있다는 것을 증명한 것이고 이것은 아주 중요한 발견이었다.

로린슨은 독일본에서 인도어 문학의 교수로 있는 라쎈과 의사교환을 했다. 1844년에 로린슨은 9월에 베히스툰에서 고대페르시아어를 다시 복사했고, 엘람어 텍스트와 바빌로니아텍스트 몇 개를 다시 복사했다. 1845년에 로린슨은 고대페르시아어를 판독을 거의 완성했고, 바로 그때에 그 새김글에 대한 라쎈의 마지막 연구논문을 받았다.

웨스트가아드(1844, 1845)와 힝크스(1846)는 베히스툰에서 복사한 로린슨의 복사본에 있는 엘람어를 판독하지는 않았고, 대신에 웨스트가아드는 페르세폴리스와 나크시-이-루스탐(Naksh-i-Rustam)에서 엘람어를 복사해서 판독에 임했다.

1853년에 가서야 노리스는 로린슨이 베히스툰에서 복사한 엘람어를 발행을 했고, 로린슨과 같이 그 언어가 스키타이어(Scythic)로 불렸다.

2. 로린슨과 베히스툰 새김글과 인연

1847년에 로린슨은 베히스툰에서 바빌로니아어 텍스트를 복사했지만 1851년에 가서야 발행을 했기 때문에 일반적으로 알려진 것과 달리 베히스툰의 바빌로니아어 복사본이 아카디아어 판독에 결정적인 역할을 하지 못했다. 그로테펜드와 힝크스가 전부 페르세폴리스와 나크시-이-루스탐 새김글을 이용해서 판독에 임했고, 베히스툰 새김글은 로린슨이 희망했던 되로 주요 연구대상이 아니었다. 로린슨은 회고하기를 '베히스툰 새김글 복사가 나크시-이-루스탐 새김글 만큼만이라도 완벽한 상태로 복사가 되었더라면 근본적인 판독의 어려움은 즉각 극복되었을 텐데...'라고 아쉬워했을 정도다. 1846년 로린슨은 그가 심혈을 쏟아 쓴 저서 'The Persian Cuneiform Inscription at Behistun, Deciphered and Translated, with a Memoir'를 발행했을 때까지도 페르시아어쐐기문자가 반-음절문자라는 사실을 알지 못한 상태였다.

1846년 8월에 그는 바그다드에서 페르시아어 쐐기문자가 반-음절문자임을 발견했다고 메모를 보낸바있다.

1846년 몇 달 후에 가서 로린슨은 그의 발견이 힝크스가 1846년 그해에 이미 발견해서 발표했다는 사실을 알고 창피와 모욕감을 느꼈다. 힝크스는 그의 논문 'On the First and Second Kinds of Persepolitan Writing,'에서 그 사실을 밝혔었다. 물론 힝크스는 이미 고대 이집트어에 대한 논문도 발표했었고 1846년 이전까지 그가 쐐기문자 새김글을 연구하고 있다는 것을 그의 편지에서는 전혀 언급한 적이 없었다.

로린슨은 그가 쓴 베히스툰 새김글에 대한 저서에 대하여 힝크스가 우호적인 평가(1847년에 한 것임)를 했던 것에 놀랐었다. 이미 힝크스는 고대 페르시아어에 대해서 많은 지식을 가지고 있었다. 그래서 힝크스는 로린슨의 연구업적을 높이 평가하면서도 로린슨이 고대페르시아어 쐐기문자 판독에 대한 공헌은 크지 않다고 생각하고 있었다. 일반적으로 로린슨이 고대 페르시아어를 알리고 이해하게 하는 데에 큰 공헌을 했고, 베히스툰의 고대 페르시아어 새김글을 편집하고 판독한 것에 대한 것에는 높은 칭찬을 받고 있지만 사실 과장된 면이 상당히 있다.

3. 아카디아어 쐐김글 판독에서 로린슨과 힝크스의 공헌

쐐기문자로 표기된 아카디아어는 쐐기문자로 된 고대 페르시아어와 큰 차이가 난다. 우선 고대 페르시아어 쐐기문자는 43철자(36음기호, 7개 표의문자)로 구성되어있다. 처음에 판독가들은 엘람어 기록에 사용된 글자는 100개 이상이고, 바빌로니아어 쐐기문자는 그 보다 더 많은 숫자의 기호가 사용된다고 파악했다.

최초로 힝크스가 1846년에 'On the First and Second Kinds of Persepolitan Writing'(1846)논문의 말미에 세 번째 페르세폴리스 새김글을 판독하는데 약간의 진전이 있었다고 기록했다. 힝크스의 언급을 요약해 보면 세 번째 페르세폴리스 새김글이 철자에서 바빌로니아 새김글과 일치하고 슐츠(Friedrich Edward Schulz)가 연구한 새김글에서 아시리아어 새김글에도 일치한다고 했다. 그러나 자료가 부족해서 이들 글자의 알파벳을 밝혀낼 수는 없다고 했다. 또한, 바빌로니아와 아시리아 쐐기문자가 두 번째 페르세폴리스 새김글, 즉 엘람어 쐐기문자와 근본적으로 일치함을 확신한다고 했다. 아카디아어 쐐기문자는 기본적인 철자 수에 있어서 엘람어 쐐기문자보다 더 많이 사용되고 있었다. 두 쐐기문자에서 철자 몇몇은 기본적인 음과 약간의 음의 연합을 보여주고 있고, 두 개 내지 세 개 이상의 철자들이 같은 음을 보여주고 있다고 했다. 두 쐐기문자에서 모음이 생략되어 있지 않고, 모음과 자음은 연속되는 철자로 반복되고 있다고 했다. 엘람어에서 m은 w로 철자되지만 바빌로니아에서는 b로 철자된다고 밝혔다.

힝크스는 새김글에서 바빌론(Babylon)이란 이름을 발견했고, 벽돌 새김글에서 니네베(Nineveh)라는 이름을 찾았다고 언급했다. 아시리아어와 바빌로니아어 둘 다는 많은 부분 셈어족과 동일한 것을 소유하고 있는 것으로 나타나 있는 것을 발견했다. 엘람어와 두 언어가 공통된 철자를 소유하고 있어서 엘람어의 pa는 아시리아어에서 pa이고, 바빌로니아어에서는 ba로 나타났다. 그러나 처음의 페르세폴리스의 알파벳은 나머지 다른 언어와 공통으로 갖고 있는 것은 거의 없다고 차이점을 밝혔다. 1846년 초에 쓴 이 발표가 1846년 12월에 발행되었지만 힝크스가 다른 학회 회원에게 보낸 편지에서도 같은 내용을 보내고 있었다. 힝크스는 1846년 6월 11일 문학 학회에서 발표한 논문에서 바빌로니아와 아시리아어 판독에서 다른 사람들이 올바른 방향으로 판독을 해 왔는지, 또는 하고 있는 지에 대해서는 알지 못하고 있다고 했다. 그는 바빌로니아와 아시리아어 판독을 시작함에 있어서 큰 어려움은 이미 극복했다는 자신감이 든다고 언급했다.

처음에 바빌로니아와 아시리아어 기호들이 고유이름에 쓰인 것을 비교함으로서만 판독이 진척될 수가 있었다. 그런데 힝크스는 그 철자들이 어떻게 사용되는지를 재빨리 간파했던 것이다. 즉 자음-모음과 모음-자음 기호들이 합쳐서 자음-모음-자음 음절을 표현한다는 것을 알았다. 힝크스는 한 걸음 더 나아가 여러 벽돌 쐐기문자에서 'Nebuchadnezzar, king of Babylon'를 읽어냈다. 문학 관보에 쓴 편지를 보면 그는 그의 앞선 연구가들이 한 것처럼 단순히 추측에 의존한 것이 아니고 확실한 증거에 입각해서 연구한 것이라고 밝히고 있다.

로린슨은 1846년 10월 27일에 친구에게 쓴 편지에서 그는 힝크스의 여러 가지 중요한 발견에 대해서 감사하는 마음을 전하고 있다. 이것은 그의 베히스툰 열쇠보다 그에게 더 유용한 것으로 증명되고 있다고 생각을 피력했다.

벽돌에 새겨진 텍스트에 나온 언어를 보고 힝크스는 주저 없이 "그것은 셈어이다"라고 밝혔는데 그 이후로 그는 그 텍스트에서 1인칭 대명사 anāku를 밝혀냈고, 처음으로 고유이름이 아닌 최초의 아카디아어 단어를 읽어냈던 것(Hinks, 1847b: 247)이다. 판독의 초기에 힝크스는 글자조직을 부분적으로 자음글자이고 부분적으로 음절문자로 생각했으며, 또한 몇몇 철자는 하나 음가이상을 가지고 있음을 발견했던 것이다. 힝크스는 옳고 바른 방향으로 연구를 진행하고 있고, 큰 진전을 이루리라고 자신했다.

그러나 로린슨은 리노아르드(Renouard)에게 쓴 편지에서 그들이 지금 아케메니드 페르시아어에서 가지고 있는 통찰력을 바빌로니아어에서도 같은 통찰력을 가질 수가 있을지에 극도로 의구심이 든다고 (Cathcart, 2007: 159) 고민을 내비친 적도 있다. 1847년 2월에 같은 맥락으로 글을 쓴 것을 보면 '나는 아직도 바빌로니아어와 아시리아어 새김글을 독자적으로 읽고 해석할 평가 실력이 훨씬 부족하다. 왜냐하면 나는 그 언어에 부족한 점이 너무 많기 때문이다. 그 언어가 고대 이집트어나 혹은 에디오피아어에 잠재해 있지 않았다면 그 언어를 찾을 곳이 없다고 생각 한다'고 언급 (Cathcart, 2007: 190)했다. 아카디아어가 이집트의 언어와의 관계를 생각하는 대목이다.

로린슨은 1846년 12월과 1847년에 힝크스가 찾았다고 발표한 76개의 음가는 모두 틀린 것이라고 주장(Hincks, 1847b: 245)하면서, '나는 힝크스가 12개 이상 올바른 음가를 찾아내지 못한 것에 안도한다'라고 레이야드에게 편지로 썼다(Larsen, 1996: 181). 그러자 힝크스는 그가 밝힌 음가 중에 틀린 것도 있고, 부분적으로 맞는 것도 있음을 곧 알아차렸다. 그 후에 그것들을 고쳐서 1847년 1월에 학회(Royal Irish Academy)에 발표했다. 이 논문에는 처음으로 쐐기문자로 된 숫자를 제시했다.

힝크스는 논문과 여러 편지 등에서 이전에 발표한 알파벳이 완전무결한 올바른 것이라고 기대하지는 않았다고 지적했다. 그가 치음의 수가 너무 적다는 것을 알아차렸다. 라르센(Larsen 1996: 181-182)은 1846년 12월에 발표한 힝크스의 첫 목록표의 음가에 대하여 평가를 했는데 음가 중에 23개는 완전히 올바른 것이었다고 평가했다. 즉 힝크스는 음절에서 자음은 올바로 찾아냈지만, 모음은 잘 못 찾아냈다고 평가했다. 즉 힝크스는 ri로 읽어야 될 곳에서 ra로 읽고, ni로 읽어야 될 곳에서 nu로 읽은 실수를 범했다고 지적했다.

힝크스의 해석에 대한 로린슨의 평가는 대단히 광범위하게 했기 때문에 라쎈은 로린슨의 해석에 대한 기본적인 신뢰성에 의문을 제기했다.

힝크스는 1847년 6월 21일과 8월 23일자 문학부에 편지를 보냈는데 그 편지엔 밴(Van)새김글 판독에 상당한 진전을 보았다고 했다. 이 밴 새김글은 아르메니아에 있는 밴 호수 주변에서 1820년대에 슐츠가 발견했던 것이다.

슐츠가 복사한 복사본이 아시아신문(Journal Asiatique(Schulz, 1840))에 게재되었다. 이것을 보고 힝크스가 판독을 시작했던 것이다. 새김글의

39개는 우라르트어로 되어있고, 3개는 페르세폴리스의 새김글처럼 3개의 언어로 기록돼있었다. 힝크스는 그 언어를 아시리아어로 불렀고, 이것은 바빌로니아어와 차이가 있었다.

1847년 8월 23일에 쓴 힝크스의 편지가 있는데 새김글에 대한 그의 의견을 피력했다. 즉 힝크스가 생각하기로는 밴 새김글의 철자들은 분명히 바빌로니아 철자에서 파생되어 나온 것이 분명하다. 그러나 철자 사용 방법에서 상당한 차이점이 있다. 바빌로니아어 철자가 사용될 때에는 일반적으로 히브리어나 다른 셈어 철자에서처럼 특별한 모음이 존재하지 않는 자음을 표현하지만 밴 철자들은 완전한 음절을 나타내며 모음은 모두 독립된 철자로 표현되거나 모음이 그 속에 존재하는 음절로 표현되어 있다. 이 새김글에 새겨진 언어를 판독하는 방법은 결과적으로 어떤 다른 특별한 쐐기문자의 경우에서 보다 더욱 한정적이다. 놀라운 사실은 이 언어가 산스크리트어와 유사하고, 옛날 페르시아어 유사성보다 더욱 가까운 모습을 보이고 있다. 문법에 보면 그리스어에 보다 닮은 모습을 보이고 있어 언어학이나 인류학을 연구하는 사람들에게 아주 흥미로운 대상이 된다고 했다.

1847년 10월 19일에 노리스가 힝크스에게 편지(Cathcart 2007: 213)를 썼다. '밴 언어에 산스크리트어의 특성이 있다는 언급을 읽었다. 많이 놀랍지만 그 분야에 대한 나의 연구는 매우 일천하다. 그래서 인내를 가지고 그 방향으로 힝크스의 발전을 기대한다. 나는 그 분야에 연구할 여가가 없다.'라고 했다. 그가 인구어를 다루고 있다는 확신은 잘못된 것이었다. 그러나 그가 밴 언어가 셈어가 아닌 것을 밝혀낸 것은 올바른 판단이었다.

로린슨의 의견을 보면 밴 새김글에 있는 언어는 셈어 기원을 갖고 있다는 것인데 이 셈족은 이집트에서 페니키아지역에서 온 사람들이라는 것

(Cathcart 2007: 215)이다.

1847년 12월에 힝크스는 "On the Inscriptions at Van"에 대한 논문을 발표했는데 이 논문은 우라르트어를 다루고 아카디아어를 다루지 않았지만 그 논문은 아주 중요한 논문이었다. 힝크스는 밴 언어에 관한 후속 논문을 준비하고 있었다.

노리스는 1857년 1월에 쓴 편지에서 힝크스에게 밴 기념비에 대한 연구에 더 이상 견디기 힘들다. 그러니 빨리 결과물을 가져오기를 기대한다고 했다. 힝크스가 밴 새김글 연구에서 얻은 통찰력이 아카디아어 쐐기문자에 사용된 조직을 보다 명확하게 또한 보다 빠르게 해석하는데 도움을 주었다. 1847년 말에 힝크스는 아시리아어와 바빌로니아어 텍스트가 음절문자로 기록되어 있다는 것을 발견했고, 또한 표의문자도 아니고 오로지 음절문자이며, 하나의 자음도 홀로 있지 않다는 것을 발견했다. 1849년에 힝크스는 기호를 둘이상의 음으로 읽을 수 있다는 것을 발견했다. 1850년에 발표한 논문 "On the Khorsabad Inscriptions"에서 그는 표의문자의 본질을 설명했고, 또한 동음이의어의 본질을 파악하고서, 일반사람들에게 외형적으로 차이가 있는 두 세 개의 기호들이 실지로는 같은 음을 갖고 있다고 설명도 했다.

로린슨은 힝크스의 "On the Khorsabad Inscriptions." 논문을 분석하고 나서 힝크스의 여러 발견들이 로린슨을 당황하게 만들었다. 그렇지만 그는 레이야드에서 말하기를 힝크스의 논문을 보니 힝크스의 이전의 논문처럼 거칠고, 이해할 수가 없는 것이 많고 운 좋게 올바로 판독한 것은 몇개 되지 않는다고 비판 했다. 그러나 힝크스가 1850년 1월 19일과 2월 16일에 왕립아시아학회에서 발표한 내용에 대해 내심 힝크스의 통찰력에 크게 당황한 모습을 로린슨은 보였던 것이다. 힝크스가 1850년에 왕립아시아학회에서 발표한 내용을 보면 '나는 아카디아어 표기문자의 구조와 본질에 대하 몇 가지 언급을 하겠다. 아시리아어 표기 쐐기문자가 이집트에서 차용되었다는 것을 나는 받아들일 수가 없다. 아시리아어 철자의 구조를 살펴보면 분명히 이집트 철자를 차용한 것은 있을 수가 없는 구조라는 것을 밝힌다. 이 문자는 부분적으로 표의문자이고 부분적으로 음절문자이다. 한 철자가 하나의 음절을 표현할 때에 그 음절은 그 철자가 표현한 대상물의 구체적인 이름이라고 추정한다.'라고 주장하며 로린슨이 이집트철자 차용한 언급에 대해서 단호히 반대하고 있다. 1846년 5월 초에 힝크스는 엘람어에서 음절 tash이 ta-ash는 쓸 수가 있으나 ta-sh로는 쓸 수가 없다는 사실을 지적했다.

바빌로니아어 텍스트를 로린슨이 편집한 책에서 보면 단일 철자로 표현된 쐐기문자의 예가 많이 나온다. 특히 1846년에 힝크스가 밝혀낸 바 있는 1인칭 단수 대명사 anāku도 로린슨은 anak로 판독하고 이것을 이집트어 anok와 비교했다. 로린슨은 1850년에 아시리아어 철자는 미완성이 많고, 불편할 정도로 애매함이 있고, 동음이의어로 모호하게 얽혀있는 철자라고 평한바 있다. 그러다가 1년 후에 말하기를 그 애매함은 보다 엄격한 조사 연구를 통해보니 해소되었고, 한 철자가 여러 비슷한 음들을 표현하는 자질을 가진 철자로 이해하게 되었다고 했다.

힝크스는 1850년 7월에 "On the Language and Mode of Writing of the Ancient Assyrians."라는 주제로 영국 에딘버러에서 논문발표를 했는데 1851년에 초록문이 발간되었다. 이 초록문에서 힝크스는 아시리아어 철자는 모두 확고한 음절음가를 가지고 있다고 주장했다. 힝크스는 로린슨이 참석한 그 모임 청중들에게 다시 한번 확신시켰다. 1852년에 왕립아이리쉬학회의 발표에서 아카디아어 음성철자의 목록 중에 100개의 음가를 발표했고 그해 말에 그 논문이 발간이 되었다. 아카디아어에 사용된 표기 철자는 모두가 음절을 표현하고 있고, 이 철자들은 원래 비 셈계언어를 표현하기 위한 철자라는 것을 밝히는데 힝크스는 만족해야 했다. 셈어에 모음은 표현되는 것이 아니고 구두점 정도로 표기되는 정도이지만 쐐기 문자 새김글에서는 모든 모음이 분명히 표현되고 있었다. 철자의 음가를 확인하는 유일한 방법은 고유이름을 분석하는 방법이 유일한 방법임을 상기시켜주었다. 그러나 힝크스는 생각하기로 이 방법도 모든 곳에 다 적용되는 것이 아니라 한정된 것에 국한하기 때문에 정확한 지식을 주기보다는 대강의 지식을 주는 정도로 만족하고, 힝크스는 정확한 방법은 동사 명사를 분석해야만 정확한 지식을 얻을 수가 있다고 생각했다. 셈어에서는 특히 기본적인 3개의 자음으로 어근이 구성된 동사나 명사를 분석하는 것이 정확하다고 생각했다. 이 3개의 어근은 생략할 수도 변경시킬 수도 없는 근원적인 것이기 때문이다.

1852년과 1853년은 힝크스에게 아주 중요한 해였다. 레이야드(Layard)는 니네베와 바빌론유적지에서 발굴한 새김글들을 연구해 발표할 준비를 하고 있었다. 그는 근동에서 가져온 새김글 자료를 해결해 줄 가장 적절한 사람은 힝크스라고 생각하고 있었다. 그가 힝크스를 만나고 나서 힝크스의 지식과 열정에 감동되어 레이야드는 영국 박물관 이사들을 설득하여 힝크스를 1년간 영국박물관에서 연구하도록 주선했고 그래서 1853년 5월 1일부터 영국박물관에서 힝크스가 연구를 시작했다. 박물관에 온 힝크스는 새김글을 접하게 되어 매우 기뻐했다.

그가 영국 박물관에서 연구하면서 중요한 발견을 했는데 그것은 음절표라는 텍스트였다. 그것은 영국박물관에서 레이야드가 최근에 보여준 흙 판에 새겨진 새김글 가운데에서 그 중에 하나가 아시리아어 음절표라는 것을 힝크스가 밝혀냈던 것이다. 그 흙 판은 파편조각에 불과했지만 그 파편조각만으로도 음절표라는 것을 밝히는데 지장이 없었다. 그 평판의 음절표는 4칸으로 구성되어 있었고, 각각의 칸은 규격화된 선으로 3개로 나뉘어져있었다. 중앙에는 평가되는 철자가 나오고, 좌측에는 음가들이 나오고, 오른쪽에는 복수형태가 첨가될 때에 그 철자가 가지는 음가가 있었다. 이 음절표는 그 철자들이 음절문자라는 것과 많은 음가들이 같은 철자를 가지고 있다는 것을 보여주고 있었다. 다니엘(Daniels, 1994: 48)은 힝크스의 발견이 대단히 중요하고 학자들의 시선을 처음으로 모으게 했으며, 이것이 판독의 전진에 획기적인 역할을 했다고 역설하고 다녔다.

이 파편 조각의 음절표는 오늘날에는 음절표 A(Syllabary A: Hallock, 1955))라고 부르고 있다. 힝크스는 이 발견을 가능한 빨리 발표 했으면 하고 기대했지만 결국에 로린슨과 노리스가 1866년에 힝크스가 사망한 해에 발간하였다.

힝크스는 또 음절표 B(Syllabary B: Landsberger, 1955))라고 알려진 음절표를 다른 흙 평판에서 찾아냈다. 그는 이 흙 평판에 기록되어 있는 음절표를 찾아냄으로서 철자의 음가를 밝혀내고, 판독하는데 크게 기여를 했다.

1849년 힝크스가 쐐기문자를 발명한 사람의 모국어는 아카디아어가 아니라는 결론을 내렸다. 그 다음해인 1950년부터 그는 그 사실을 설명하면서 학자들에게 기정사실화 시켜나갔고, 아시리아인들은 그들 철자의 음가는 물론이고 그들의 글자 조직까지도 비-셈계 언어를 사용하는 사람들에게서 가져온 것이라고 기정사실화 시켜나갔다.

1856년에 힝크스는 셈어족이 그들의 언어에 그토록 맞지 않은 글자조직을 발명했을 리가 없고, 따라서 이 글자조직은 비-셈계 민족에게서 기원이 이루어졌을 것이 분명하다는 것을 확신했다. 그리고 1850년에 에딘 버러 발표회에서 힝크스가 발표했을 때에 참석한 로린슨이 힝크스의 강연을 듣고 참석자들에게 이러한 새로운 발견 사실은 당연한 결과로서 그 글자는 "비-셈계의 기원이다"라고 동감한다고 밝혔다. 그 때까지도 로린슨은 글자 조직이 이집트인의 기원 (Rawlinson, 1850: 404)임을 확실하게 주장할 때인데 이상한 일이었다.

힝크스는 이중 언어 평판에서 나타난 비-셈언어 규명에 연구를 집중했다.

1856년에 독일 친구에게 9개의 이중언어 텍스트를 담은 한 논문을 보냈고 물론 독일어로 번역도 준비해 보냈다. 이 중 8개 텍스트가 편찬 되었다. 1856년 1월 11일 힝크스의 일기장에 적은 것을 보면 '아침 내내 마기야르어(Magyar)와 몽고어에 대해서 생각해 봤는데, 그들을 이중언어 평판의 글자와 비교하면서 이 언어의 일반적인 원리를 찾으려고 애쓰고 있다.' 고 적고 있었다. 이렇게 고민에 고민을 거듭한 끝에 수메르어는 몽고어 및 만주어와 관련 있다고 주장하는 로린슨의 관점에 반대하게 되었다. 힝크스는 수메르어는 여러 면에서 우랄-알타이어와 비슷하다고 주장했는데 우랄-알타이어에는 터키어와 닮았고, 첨가어의 형태를 가지고 있다는 의견을 피력했다.

1874년에 핼리비는 수메르어와 수메르인이 존재하지도 않는다는 이론을 책으로 발표했고 그에 대해 오페르트는 1869년에 수메르어가 올바른 이름이라는 제안했음은 물론이고 핼리비의 이론을 받아들이지도 않았다. 여러 학자들 사이에 논쟁이 벌어졌고, 논쟁이 뜨거워지자 부적절한 언사도 교환되었다.

힝크스는 쐐기문자가 1849년에 비 셈어계의 기원을 가졌을 것이라고 주장했을 때만 해도 그렇게 증오를 불러일으키리라고는 전혀 생각도 못했던 것이다.

1861년 12월 28일에 힝크스는 폭스 탈보트에게 보낸 편지엔 다음의 내용이 담겨져 있었다. '나는 당신이 칼디아어로 새겨진 새김글을 햄어 (Hamitic)로 생각해 판독하기가 어렵다고 주장하는 것을 보고 대단히 놀랐다. 나는 그들 새김글 언어가 아시리아어라 생각해서 판독하기가 매우 쉽다고 생각하고 있었다. 그 언어는 이집트어와 조금도 유사하지도 않다. 그 언어는 첨가어로 된 우랄-알타이어에 속하는 언어가 분명하다.'라고 적고 있다. 폭스 탈보트는 이 편지의 답장에서 다른 이름을 찾아보겠다는 의견을 제시했다. 이때부터 힝크스와 로린슨 두 사람은 고대 칼디아어라는 용어를 쓰기 시작했다.

다음은 힝크스가 1863년에 발표한 논문 '아시로-바빌로니아어 쐐기문자의 동형 다음다의어에 대해서(On the Polyphony of the Assyrio-Babylonian Cuneiform Writing)'에 대한 것이다. 이 논문은 편지형식으로 이집트 학자 르노프(Peter Le Page Renouf)에게 보낸 것이다. 이 논문은 르노프 같은 학문이 깊은 학자들조차도 실제적으로 어렵다고 하는 쐐기문자의 양상에 관한 내용이었다. 파리스(S. A. Pallis, 1956: 155)는 로린슨이 아카디아어의 동형 다음다의어의 발견자라고 생각하지만 로린슨이 제시한 예문(모음 a 음은 또한 표의문자 뜻 'son'을 나타냈다 (Rawlinson, 1850, 405 n.2에 나와 있다.).)은 이미 힝크스가 발표한 논문에 제시된 예문 (논문 'On the Khorsabad Inscriptions'(1850, 20))에 불과 하다.

1863년 9월 노리스는 힝크스가 발표한 아카디아어 동사에 대해 한 예문을 담고 있는 동형 다음다의어에 대한 논문을 읽고 난 후에 힝크스에게 왕립아시아학회 논문집에 논문을 발표하도록 간곡히 추천을 했다 (Cathcart 2009, 203-204)고 한다. 힝크스가 운명한 그해에 노리스로부터 재정지원을 약속 받고 발표에 동의했다. 논문 제목은 'Specimen Chapters of an Assyrian Grammar'(1866)인데 내용은 아카디아어 동사에 관한 분석을 주로 했다.

학자들은 힝크스를 아시리아-바빌로니아어 쐐기문자를 진정으로 판독하고자 노력한 인물로 평가하고 있다. 1846년에서 1852년 까지 발표한 논문을 꼼꼼하게 조사해 보면 그가 쐐기문자 연구에서 올바른 방향으로 연구를 계속하고 있구나하고 평가하지 않을 사람이 없을 정도였다. 사실 아카디아어 쐐기문자 판독에 밑거름은 로린슨의 업적보다 더 우수한 면을 보여주고 있다.

제10장 쐐기문자를 차용한 언어들

쐐기문자는 고대 세계에서 최소한 15개의 언어를 표기했다. 쐐기문자는 수메르인이 처음 만들었고, 그다음 셈족인 바빌로니아인들이 차용해 가서 세련되게 다듬어 사용한 문자이지만 그 문자가 3000년 이상이나 사용되면서 메소포타미아 주변 지역의 언어를 표기하는 데에 차용되어 갔다. 그래서 적어도 15개의 언어를 표기하는 문자로 사용되어왔다. 이 15개의 언어들은 수메르-바빌로니아의 기호와 음절을 사용했다. 수메르-바빌로니아의 철자 조직은 여러 철자들이 같은 음가를 갖거나 한 철자가 여러 가지 뜻을 갖고 있는 것으로, 이 철자조직을 채택한 각 언어는 분석과 판독과정에서 많은 복잡한 과정을 갖게 되었다. 몇몇 민족은 쐐기문자의 개념을 차용해가서 그들 자신의 언어에 알맞게 고안을 해서 만들었기 때문에 그들의 쐐기문자들은 각 언어를 판독을 할 때에 개별적으로 적용해야만 한다. 이런 철자를 만들어 사용한 언어는 고대 페르시아어, 우가리트어 등 쐐기문자의 알파벳으로 표기한 언어들이다.

15개 언어 중에 쐐기문자로 표기한 대표되는 7개 언어는 에블라어, 엘람어, 힛타이트어, 후르리어, 우라르트어, 우가리트어, 고대페르시아어 등이다.

1. 에블라어(Eblaite)

에블라어는 지금은 없어진 셈어족에 속한 에블라 왕국의 언어이다. 현대 서부 시리아의 알레포(Aleppo)와 하마(Hama)사이에 있었던 고대 에블라도시에서 B.C. 제3차 천 년경에 사용된 언어다.

1964년부터 이탈리아 발굴단이 알레포와 에블라에 대한 발굴을 시작했다. 1974년과 1976년 사이에 이 고대 에블라 도시에서 17,000개의 평판이 쐐기문자로 쓰인 채로 발견되었다. 이 평판에 새겨진 쐐기문자는 독일의 아시리아학의 전문가인 페티나토(Giovanni Pettinato)에 의해 판독되었다.

에블라어(Eblaite)는 당시 아카디아어를 주로 사용하는 동부 셈어족의 언어들과 우가리트어, 아람어, 가나안어 등이 대표되는 북서부 셈어족의 언어들 사이에 에블라 지역에서 사용된 언어이다.

에블라 민족은 아부 사라비크(Abu Salabikh)에서 발굴된 평판에서 밝혀진 사실로 당시 수메르 국가와 공통적으로 광대한 무역과 상거래계약, 서자생들 양성과 문학 전통을 공유한 주요한 도시문명을 소유한 민족으로 밝혀졌다. B.C. 2500-2400년의 초기 왕조시대의 후기에 속한 일만 여 점의 평판이 에블라에서 발견되었는데 이 평판에 새김된 글자가 표의문자로 쓰여 있었기에 에블라 왕국 언어에 대한 음성 정보를 얻기가 어렵다. 예를 들면 수메르 표의문자로 3udu-meš로 쓰인 것을 뜻은 읽을 수가 있지만 이 뜻을 에블라 서자생들도 '3마리 양'으로 의미 파악은 할 수가 있었다. 에블라 서자생들이 어떻게 이 철자들을 소리 내어 읽었는지는 알 길이 없다.

에블라인들은 수메르인들로부터 흙을 이용해서 글쓰는 평판을 만들고, 동시에 쐐기문자를 배워서 그 평판에 글자를 새겼다. 편리성 때문에 에블라인들은 수메르기호를 이용해서 대부분의 사물과 행동을 기록했는데 주로 그들의 살림살이 기록(장부 정리) 등을 했다. 따라서 에블라 텍스트의 80%가 수메르 단어였다. 나머지 20%에 해당하는 단어가 수메르기호에 약간의 변화를 가미한 형태로 사용된 에블라 단어가 사용되었다. 일반적으로 경제에 관계되는 기록에서 나오는 대부분의 명사, 동사, 형용사는 수메르어였고, 전치사, 대명사, 접속사, 인명은 에블라어의 음절로 표시하고 있다.

텍스트의 기본 개념은 수메르어로 기록되었기에 텍스트 내용파악은 쉽지만 에블라어의 본질을 찾는 데는 여간 어려운 일이 아니다. 에블라어의 음절로 된 텍스트가 거의 없고 있다 해도 주로 시 부분에 조금 있다.

에블라어는 셈어족에 속한 것은 분명하지만 다른 셈어족인 아카디아어, 아모리어, 히브리어와의 관계는 분명하지 않아 아직 연관된 언어를 찾지 못하고 있다. 복잡하게 얽힌 쐐기문자가 수메르어를 기록하는 데에 부적절성 때문에 에블라어 파악이 더욱 어렵다.

2. 엘람어(Elamite)

엘람어(Elamite)는 엘람인이 사용한 언어로 B.C. 3000년경부터 시작해서 B.C. 400년 가까이 사용된 언어로 지금은 사라진 언어이다. 엘람인은 현재 이란의 남부 쿠지스탄(Khuzistan)주와 파르스(Fars)주 지역에서 거주했다. 엘람은 바빌론 동쪽 페르시아만 북쪽 평지의 서남아시아에 위치하고 고원지대인 이곳에 엘람인들이 거주하게 된 배경은 카룬(Karun)강과 케르카(Kerka)강의 물을 공급받을 수 있는 유리한 지정학적인 위치에 있었기 때문이다.

엘람인들이 거주하였던 주변 지역에는 B.C. 4000년 후반부터 거주하고 있던 수메르, 바벨론, 아시리아인들과 그 후 페르시아인들이 거주하고 있었다. 엘람인들의 역사는 메소포타미아 문명의 간접적인 영향을 받고 있었으며 엘람 왕들의 역사 기록문서에는 쐐기문자로 기록되어 있었는데, 주로 이들의 기록 평판은 그 당시의 수도 수사에서 발견되었다.

엘람어는 그 언어가 가지고 있는 불규칙성과 자료부족으로 인하여 풀어야 할 문제가 많이 있다. 엘람어는 인구어족이나 셈어족과 전혀 연관성이 없는 독립적인 언어라서 그 기원에 대한 여러 가지 가설만 있을 뿐이다. 엘람어는 근동지역의 어떤 다른 언어와도 직접적인 관계가 없다. 그래서 엘람어의 판독은 아케메니드 왕조 시대의 베히스툰 새김글의 쐐기문자에서 페르시아 왕에 대한 3개 언어 새김글의 도움을 받을 수밖에 없었다. 그래서 이용할 수가 있는 새김글들이 한정된 주제에 국한되어 있으므로 그 언어의 정보도 극히 한정적일 수밖에 없다. 또한 엘람어를 연구하는 학자들도 거의 없다.

엘람어 문자를 찾을 수가 있는 곳은 돌, 금속 및 흙 평판에서 새겨져 있는데, 원시 엘람문자는 아마도 수메르 쐐기문자에서 가져온 것으로 생각되는 그림문자와 그다음에 선형 음절문자에 약간의 뜻글자형태가 가미된 문자이고, 가장 발달된 문자가 쐐기문자인데 이 문자는 음절문자로서 아카디아어 쐐기문자에서 발달되어 나왔다. 원시 엘람문자와 선형 음절문자는 판독이 되지 않았지만 엘람 쐐기문자만 판독이 되었다.

엘람쐐기문자는 두 가지 변이형이 있는데 첫째 것은 아카디아에서 파생된 것으로 시기는 B.C. 3차-2차 천년기간에 사용된 것이고, 둘째 것은 B.C. 1차 천년 기간의 것으로 첫째 것보다 훨씬 간편한 것으로 되어있다. 약 130개의 기호가 사용되며 전체 문자역사에 보면 약 206개의 기호가 사용되었다.

지금까지 알려진 가장 초기의 엘람 쐐기문자 텍스트는 아카드와 엘람 사이에 맺어진 협정문서인데, 그때가 약 B.C. 2200경이었다. 그 협정서에 새김 한 평판의 보존상태가 좋지 않아서 한정된 기호만 읽을 수가 있고, 그 텍스트는 대략 아카드 왕 나람신과 엘람 왕 히타(Hita)와의 협정서로 알려져 있다.

엘람쐐기문자의 판독은 1840년대에 와서 거의 완성되었지만 아직도 자료 부족 등으로 엘람쐐기문자의 판독은 완결을 보지 못하고 있다. 엘람 어 쐐기문자는 수메르의 문자와 혼용되어 사용되었으며 수메르를 정복하고 아카드 왕조시대를 연 사르곤 1세(Sargon 1, B.C. 2360-2180) 시대가 시작되면서 엘람어는 사라지게 되었다.

엘람어는 고대 페르시아제국에서 3가지 공용어 중 하나였다. 공용어는 고대페르시아어, 아람어와 엘람어이다. 이 세 가지 언어 중 2가지 언어가 여러 고대페르시아 제국시대의 기념비 새김글로 사용되었고, 베히스툰의 바위벽에 새김글로 된 쐐기문자가 처음 판독하는 계기를 마련한 것이다.

엘람어는 다른 두 개의 언어와의 관계는 밀접하지 않았는데 이 언어의 그림문자형태는 수메르의 우르크(B.C. 3100-2700)에서 나온 최초의 텍스트만큼 일찍이 그 지역 수사에 나타났기에 많은 관심을 모으고 있다. 특히 그 텍스트의 내용이 수메르의 텍스트내용과 질적인면에서 떨어지지 않는다는 사실이다. 엘람어 텍스트는 우르크에서 나온 텍스트와 그림문자를 비교하면 부분적으로 해석이 가능했다. 그러나 우르크에서 나온 것처럼 충분히 언어로서 읽혀지지는 않는다.

아카드 왕조시대에 엘람의 수사지역 서사생들은 기념비의 새김글로서 수메르글자를 채택했지만 엘람에서 온 침입자는 원시 엘람 철자에 기본을 둔 지방의 선형글자를 도입해서 사용했다. 현재 이중 언어텍스트에는 원시 엘람어와 고대 아카디아어로 새김 되어 있다 하더라도 선형 글자는 아직도 부분적으로만 판독이 되었을 뿐이며, 곧 사라졌기에 다음 6세기 동안 대부분의 엘람기록물은 수메르어나 바빌로니아어로 기록되어 있었다. 이 시대에 나온 4가지 기록물만이 엘람어 쐐기문자로 기록된 것으로 알려져 있다. 함무라비 1세(B.C. 1792-1750)이후 중기 엘람시대에 다시 엘람어 쐐기문자로 된 새김글이 발견되고 있다. 이때에는 다소의 뜻글자를 포함한 음절 엘람어를 기록하기 위해서 한정된 철자를 바빌로니아에서 차용해서 사용하고 있다.

대부분의 텍스트는 수사지역에서 나온 벽돌이나 비석 기념비에 쓰여 있다. 경제관계 텍스트들은 탈-이-마리안(Tall-i-Malyan)지역에서 미국인에 의해서 발굴되어서 발견되었다.

엘람어 텍스트의 역사는 2500년 이상이 되지만 쉽게 읽고, 이해할 수가 있는 평판은 B.C. 5세기에 페르세폴리스에 수도를 정한 페르시아의 아케메니드 페르시아 왕의 경제 고문서 평판뿐이다. 그 당시 실제로 사용된 언어는 페르시아 궁정에서 뿐만 아니라 페르시아의 사람들에 의해서 셈어인 아람어가 이미 사용되고 있는 여러 증거들이 나오고 있었다. 아케메니드 왕조 다리우스 1세 왕 때에 이미 고대 페르시아어, 엘람어 이외에 아람어가 페르시아의 궁정과 관료사회에서 공용어로 사용되고 있었다. 바빌로니아어와 수메르어는 문학, 종교, 과학 분야에서 전문어로 사용되었지 일반인들은 사용하지 않았다.

다리우스1세의 지시로 베히스툰 암벽에 새긴 언어로 일반인이 사용하는 고대페르시아어와 엘람어를 넣었으나 아람어가 아닌 바빌로니아어를 넣은 이유는 학문적인 언어로 오래 갈 것으로 여긴 때문이다. 엘람어는 베히스툰 암벽에 새겨진 것이 남아있는 가장 긴 자료로 큰 자산이 되었고, 또한 후세사람들이 엘람어를 알게 되는 계기가 되었다.

다음은 엘람어로 된 쐐기문자다. 베히스툰에서 따온 것이다.

이 엘람어 쐐기문자는 단어분리표가 수직 형 Y이 사용되고 있으나 예외적으로 6째줄 좌측 두 번째 기호로서 수평 ▶ 단어분리표시도 있다. 분리표시와 분리표시 사이에 있는 모든 글자가 한 단어를 구성하고 있다고 보면 된다.

첫줄을 보면 분리표시가 먼저 있고 그다음 분리표시까지 6개의 음절이 있다. 이것은 da-ri-ya-ma-u-iš이며, Darius(다리우스)를 나타낸 것이다. 그 다음 계속해서 둘째 줄 두 음절까지 연결되면서 5개의 기호가 있는데 이 기호는 '왕'을 뜻하는 뜻글자로 sunki라고 읽는다. 그 다음의 4개 기호는 ir-šá-r-ra로 읽는다. 뜻은 '위대한 왕'이다. 그 다음에 분리표시 다음에 sunki(왕)다음에 분리표시가 있다. 그 다음에 또 다시 sunki가 나오고 다음 기호가 3개가 나온다. 즉 sunki-ip-in-na(왕 중의 왕)이다. 그 다음에 분리표시가 있고 sunki가 있고 끝에 분리표시가 있다. 둘째 줄 끝 단어는

'왕'을 나타내는 sunki이다. 따라서 둘째 줄 전체를 보면, '왕 중의 왕, 왕'으로 된다.

셋째 줄 처음부터 da-a-ú-iš-be-na 다음 분리표시가 있다. 이것은 '모든 나라의'로 판독하고 있다. 다음은 8개음절로 mi-iš-ba-za-na-áš-be-na와 넷째 줄에 3개의 음절 다음에 분리표시에서 mi-iš-da-áš-ba로 '히스타스페스의 아들'이다. 다음 ša-ak-ri 로 한 단어 다음에 ha-ak-ka₄-man-nu-ši-ya 끊고 다음 ak-ka로 끝나지만 단어 분리표시는 없다. 여기까지의 뜻은 '아케메니아'이다. 여섯째 줄에 ḫi에 수평의 단어 분리표시가 있다. 그리고 da-iš-ṣa-ra-um ḫu-ut-taš-da 로 끝난다. 끝줄의 뜻은 '이 궁전을 건축한 사람은'이다.

엘람어가 페르시아 제국의 초기에는 중요한 3대 언어중의 하나였지만 B.C. 5세기이후에 사라지면서 대신 아람어가 점차 세력을 얻어 페르시아의 공용어가 되고 국제어로서 자리를 굳히게 되었고, 엘람어는 많은 추측만 남기고 사라진 언어가 되었다.

3. 힛타이트어(Hittite)

쐐기문자는 하나의 기호에 3가지 기능을 가지고 있다. 쐐기문자가 수메르어표현에서는 거의 뜻글자 기능을 하고, 후기 쐐기문자에서는 음절문자와 뜻글자 혼합의 기능을 갖기도 하고, 단독으로 음절문자의 기능을 갖기도 한다. 좀 특이한 경우 즉 우가리트에서 쐐기문자는 알파벳의 기능을 발휘하기도 한다.

수메르 쐐기문자가 자연스럽게 셈족의 언어를 표기하기 됨에 따라서 쐐기문자의 형태가 뒤틀어지기도 하고 생략되기도 하면서 변화되어 갔다. 그 이유는 수메르어에 어느 정도 알맞게 맞추어 만들어 쓰고 있던 철자를 언어 본질이 전혀 다른 언어를 표기하기위해 맞추다 보니 괴상한 형태가 되었다.

힛타이트어의 텍스트에 dingir 글자는 힛타이트 음절에서 'an'으로 발음되기도 하고 아카디아어에서 한 구절의 일부분으로 음절 'il'을 나타내기도 한다. 수메르어의 뜻인 창조자'creator'를 뜻하고 있는 3가지 용도로 사용된다. 문제는 같은 글자가 음역에서 여러 가지 음을 표현하는 경우 문맥에 따라서 선택되어야 한다. 그래서 dingir 다음에 mu가 오는 텍스트는 단어 'ana', 'ila', 또는 God +'a'(대격어미), God +'water' 의 뜻 또는 신 이름인 'A' 또는 'water' 등을 나타낼 수가 있다.

따라서 이 글자를 쓴 사람이 이 글자가 어떻게 읽혀야 된다는 것을 결정하고 그래서 글자를 'ana', 'ila', 'Ila'(god +대격) 등을 조합한다. 그러나 이들 철자의 음역은 -(dash)을 넣어 철자를 분리시키는 경우가 많다. 즉 'il-a', 'an-a', 'dingir-a'로 분리되어 사용된다. 이렇게 하면 원래의 쐐기문자 기호보다 읽고 이해하기가 수월하다. 문제는 읽는 사람이 그 음을 추측해서 원래 글자를 찾아와야 하고, 그것을 어떻게 읽는 것이 올바른 것인가를 결정해야하는 지식이 필요하다.

B.C. 17세기에서 13세기까지 현재 터키지역의 대부분을 통치했던 힛타이트족은 구약성경, 이집트와 바빌로니아 왕들의 역사 속에서 간혹 나오는 것만으로 알고 있었을 뿐 그 제국의 위치가 19세기 이전 까지는 알지 못했다.

힛타이트의 문학과 예술이 처음 목격되었던 것은 스위스 태생이지만 영국국적을 취득한 버처하르트(Johann Ludwig Burchhardt)가 그 지역을 여행하면서 발견한 것이다. 그는 영국-아프리카학회의 대표자격으로 중동지역을 여행했다. 그 후에 그는 아랍인으로 귀화하여 이슬람교도가 되었다. 이브라힘(Ibrahim)이라는 아랍 이름을 갖기도 했다. 그는 아랍문화와 언어를 잘 이해했기에 메카를 두 번씩 방문하는 기회를 가졌다. 1809년부터 1817년 그가 사망할 때까지 중동지역을 자주 여행을 했고, 시리아 하마(Hama)에서 상형문자식 암각선화를 발견하기도 했다. 이 글자를 그의 비망록에 기술해 놓았는데 이것이 후에 힛타이트 글자로 밝혀졌다.

그로부터 60년이 지난 후에 여러 사람들이 하마에서 상형문자들을 발견했다. 이 상형문자는 이집트의 상형문자가 아니었다. 계속해서 다른 예들이 아나톨리아와 이집트에서 계속해서 발견되었다. 이집트에서 발굴작업하던 학자들이 이집트의 람세스 2세와 힛트이트 왕과 맺은 협정서를 발견했다. 이 협정서는 이집트어와 힛타이트어로 기록되어 있었다. 이 기록문서는 이집트의 상형문자와는 전혀 다른 상형문자를 판독하는데 절대적인 도움을 주는 이중 언어문서의 예이기도 하지만 그 상형문자가 힛타이트의 상형문자라는 것을 밝히는 단서를 제공했다.

1887년에는 이집트 아마르나 지역에서 이집트 왕과 힛타이트 왕 사이에서 주고받은 편지에서 쐐기문자로 기록된 것이 아마르나 문서 보관소에서 발견되었다. 이 쐐기문자는 남서부 아나톨리아에 위치한 아르짜와(Arzwa)시의 이름을 따서 아르짜와라고 했다. 이것이 쐐기문자들을 힛타이트 상형문자와 연결시키는 고리 역할을 한다.

힛타이트 문명의 재발견은 영국인 세이세에 의해 이루어졌다. 암석화에 새겨진 상형문자에서 밝혀진 예술품들은 아나톨리아 여러 지역에서 발견되었고, 다른 지역 즉 중동지역에서도 이 문명과 제국의 흔적들이 도처에서 발견되었다. 세이세가 힛타이트 제국의 존재를 주장했지만 처음 제시한 일이라 인정을 받지 못했다. 독일의 고고학자 윙클러(Hugo

Winkler)가 1906에서 1908년까지 터키의 보가즈코이(Bogazkoy)을 발굴하면서 이 지역이 힛타이트의 수도 하투사스(Hattusas)임을 증명했다. 이 발굴에서 이 지역이 힛타이트 수도임을 증명했을 뿐만 아니라 힛타이트 쐐기문자인 아르짜와로 쓰인 25, 000개의 기록물을 보관하고 있는 왕의 문서 보관소를 찾아냈다. 이때만 해도 힛타이트어가 셈어족의 언어라고 생각했다. 윙클러는 힛타이트 왕들의 궁정에서 수 만개의 평판을 소장하고 있는 왕의 서고를 발견했다. 이 평판들 중에 상당수가 바빌로니아어로 쉽게 읽을 수가 있었지만 대다수의 평판은 전에는 알려지지 않았던 힛타이트 어로 새김 되어 있었다. 다행인 것은 힛타이트의 서자생들은 바빌로니아 글자를 사용했고, 힛타이트어를 표현하기위해 많은 수의 수메르 단어나 바빌로니아 단어를 사용했다. 마치 바빌로니아인들이 수메르 단어를 가져왔던 것처럼 했다. 역사, 법이나 제례용의 텍스트를 작성할 때에 서자생들은 그들의 고유 단어나 같은 뜻의 수메르단어나 바빌로니아 단어 중에 하나를 자유로 선택할 수가 있었던 것이다. 그래서 힛타이트어의 판독은 시작부터 쉬운 듯 했다.

이때에 체코출신 셈어학자인 흐로쯔니(Hrozny)가 힛타이트 쐐기문자를 판독하고자 자료를 모으려고 이스탄불을 방문하고 보가즈코이에서 쐐기문자 텍스트를 복사 했다. 그는 한 텍스트에서 운율을 맞추고 있는 두 줄이 특히 판독의 실마리일 것으로 생각했다. 그는 이미 그 쐐기문자의 음성음가를 알고 있었기에 두 줄을 라틴알파벳으로 옮겨 보았다.

nu NINDA-*an e-ez-za-at-te-ni* ạ*a-a-tar-ma e-ku-ut-te-ni*

흐로쯔니는 쐐기문자의 뜻글자 ninda는 '빵'을 뜻하는 것을 알았다. 이 것을 근거로 생각해보니 그 두 줄에 있는 다른 단어도 '먹는다'는 것과 연관을 있을 것으로 추측했다. 그때까지도 그도 힛타이트어가 셈어족의 언어라고 생각하고 있을 때였다. 그는 셈어에서 '먹는다'에 대한 단어의 동의어를 찾아보려고 노력했으나 허사였다. 그는 셈어학자이면서 체코인으로 독일어를 잘 알고 있었다. 그는 '빵'과 관계가 있는 단어를 찾으려고 두 줄을 꼼꼼히 살펴보던 중에 두 번째 줄의 첫째 단어에서 'u̯a-a-ter'라는 단어가 독일어의 'wasser'일 것으로 추측했다 그 단어는 영어로 'water'라는 것이 확 들어와서 흐로쯔니는 'water'와 독일어 'wasser'와 동족어라는 것을 알게 된다. 이것을 밝히게 됨으로써 힛타이트어가 인구어라는 사실을 알게 되었다. 그는 그 줄에 있는 다른 단어들도 다른 인구어와 유사성을 발견하고 그 두 줄을 다음과 같이 판독하게 된다.

Now you will eat bread and drink water.

힛타이트어의 판독은 흐로쯔니가 여러 사람들의 도움을 받아 1933년에 완성했다. 힛타이트어는 인구어에 속하는 것으로 밝혀졌다. 그런데 음절이 모음 +자음, 자음 +모음, 또는 자음 + 모음 + 자음으로 구성되어 있어서 인구어에서 보는 보통 단어의 시작에 두 개의 자음 또는 두 개 이상의 음절을 가진 단어를 쓰는 데에는 적합하지가 않았다. 그래서 현재에 학자간의 합의로 힛타이트어의 이름이 힛타이트어의 부사인 'nešili'에서 나온 네사트어나 네시아어(Nesite or Nesian)로 부르기로 했지만 힛타이트어라고 계속 부르고 있다. 따라서 흐로쯔니와 다른 학자들이 합심해서 힛타이트 쐐기문자를 판독하게 되고, 따라서 힛타이트 제국과 문화의 역사를 되찾게 되었다.

하투시리스 힛타이트 왕은 B.C. 1600년경에 북쪽 시리아와 아나톨리아를 완전히 정복했고, 그의 손자에게 군대를 주어 바빌론 왕을 정복했다. 힛타이트 제국은 중동의 가나안지역에서 이집트 제국과 전쟁을 치렀다. 그러나 두 나라 모두 답보상태에 놓이게 되었다. 그런데 1세기 후에 갑자기 힛타이트 제국이 바다에서 건너온 사람의 침입을 받고 패망되고 만다.

붕괴되기 전에 힛타이트 제국은 철 무기를 사용한 것으로 유명하다. 철을 녹이는 용광로를 발견하기 전에 무기들은 주로 동으로 만들었는데 동은 약 10%의 주석을 섞어 만들었다. 힛타이트의 철제기술은 그들 국력의 중요 근원이었다. 동으로 만든 무기는 철로 만든 무기처럼 단단하지가 않았다.

하투사스에서 발굴된 평판에서 힛타이트의 정치 사회의 좋은 자료를 제공해 주고 있다. 평판에는 역사, 국제조약과 서신, 종교 및 재례의식, 그리스문학과 대등할 만한 신화이야기에 대한 좋은 예들을 제공해 주고 있다.

힛타이트어 이외에 인구어족에 속한 두 개의 언어가 힛타이트 국가에서 사용되고 있었는데 그 언어는 파라어(Palaic)와 루위안어 이다. 이 두 언어에 관한 평판이 하투사스 고문서 보관소에서 발견되었다. 여기에 힛타트어의 이전 언어인 하티어(Hattic)로 된 짧은 몇 줄도 함께 발견되었다. 이 세 개의 언어가 모두 힛타이트 쐐기문자로 기록돼 있다.

4. 후르리어(Hurrian)

후르리의 이름이 간혹 이라크 키르쿡(Kirkuk)지역과 북 메소포타미아 지역에서 청동기 중엽시대에 나타나고 있다. 후르리 민족이 거주한 곳은 누찌(Nuzi)와 우르케쉬(Urkesh)였다. 그 이후 카불(Khabur)강 유역에서

자그로스산맥의 가장자리에 걸쳐있는 비옥한 농토를 1000년간 점유하게 되었다. 그들의 첫 왕국은 우르케쉬 도시 주변에 시작해서 B.C. 제3차 천연간을 보내게 되는데 그들은 아카드 왕국의 나람신 왕국과 협력관계를 맺은 증거를 가지고 있다.

후르리 민족은 서쪽으로 서서히 이동하면서 B.C. 1725년에는 알라라크(Alalakh)인 북시리아까지 진출했다. B.C. 13세기에 모든 후르리 족의 국가들은 다른 민족에게 정복당했고, 후르리 족의 심장부인 카불강유역도 아시리아에게 점령당했다. 청동기시대의 말에 후르리 민족에게 무슨 일이 일어났는지는 알 길이 없다. 다음시대에 시리아에 거주하던 후르리 족은 그들의 언어 마져 버리고 아시리아어나 아람어를 사용하게 되었다.

후르리 문화에 관한 정보는 힛타이트의 수도 하투사스에서 주로 나온 쐐기문자판, 누찌와 알라라크 지역에서 발굴된 유물 등에서 찾을 수가 있다. 누찌와 알라라크 및 다른 도시에서 발굴된 평판은 아카디아어로 쓰인 것이라도 후르리족의 문화특징을 잘 반영해 주고 있다. 특히 원통 도장들은 조심스럽게 후르리족의 신화의 상징을 잘 조각돼 있다. 이것들이 후르리 족의 문화와 역사를 이해하는데 결정적인 열쇠 역할을 하고 있다.

후르리족은 B.C. 약 1500년경에 미타니(Mitanni) 왕국을 건설했다. 이 왕국에 대한 최초의 기록은 이집트의 왕 아메노피스 3세(Amenophis: B.C. 1417-1379)가 미타니 왕 투쉬라타(Tushratta)에게 보낸 편지에 나온다. 이 편지는 1887년 이집트 엘-아마르나에 있었다. 또한 그 편지가 후르리어에 대한 유일한 근거자료가 되었다. 후르리어의 텍스트가 하투사스, 우가리트, 이집트의 아마르나에서 발견되었는데, 그중에서 아마르나에서 발견된 가장 긴 편지중의 하나가 바로 미타니 왕 투쉬라타가 이집트 왕 아멘토텝(Amenthotep) 3세에게 보낸 것이었다. 그것이 1983년에 하투사스에서 힛타이트어로 번역 되어있는 후르리어로 쓴 문학작품평판 텍스트가 발견될 때 까지는 가장 긴 유일한 후르리어 텍스트였다.

후르리어로 쓴 많은 텍스트들이 B.C. 1400년경 하투사스에 있었던 힛타이트 고문서보관소에서 발견되었다. 그곳에 후르리어의 글들은 후르리리(hurlili)라는 말로 소개되고 있고, B.C. 1750년경에 마리(Mari)에서, B.C. 1500년경에는 우가리트에서 사용되었다. 우가리트에서 나온 후르리어 텍스트는 자음글자로 쓰였고, 수메르-후르리어 어휘가 나온다. 하투사스지역에서 발굴된 바빌로니아의 길가메쉬 영웅서사시가 후르리어로 번역된 것 중의 일부가 발견되었다. B.C. 1500년경에 쐐기문자가 사용된 다양한 텍스트에서 후르리의 사람이름과 용어들이 나오고 있다.

후르리어는 능격-교착어 언어이며, 이웃에 있는 셈어, 인구어와는 전혀 연관이 없는 언어다. 후르리어는 B.C. 2000년경에 그들 언어를 표기를 위해 아카디아 쐐기문자를 차용했다. 후르리어는 우라르트어의 조상언어라고 주장하는 사람이 많다. 그런데 그 조상언어라고 하지 않으면 다른 언어와 관계가 모호해지기 때문이기도 하다. 현대에 들어와서 이 후르리어를 미타니어라고 부르기도 한다. 후르리족이 중동지역에 말과 2륜 전차를 도입한 민족이다.

5. 우라르트어(Urartian)

우라르트어는 우라르트 쐐기문자로 쓰인 언어이다. 이 언어는 셈어족, 인구어족에도 속하지 않고 후르-우라르트어족(Hurr-Urartian)에 속한다, 언어형태로는 능격-교착어(Ergative-Agglutinative)에 속한다. 우라르트족은 원래 그 지방에서 발달되어 나온 상형문자를 사용했지만 뒤에 아시리아 쐐기문자를 차용해 사용했다.

우라르트어 쐐기문자는 관습적으로 우라르트어, 칼디어(Khaldian) 또는 신-후르리어(New-Hurrian)라고 부르는 교착어를 표기하고 있다. 이 언어는 셈어나 인구어도 아니다. 이 언어는 북동쪽의 코카서스언어와 아주 밀접한 관계를 가지고 있다. 최근까지 발견된 우라르트어로 된 쐐기문자 새김글 판의 수가 1000여개에 이르고, 350개의 단어가 사용되었다. 이 단어의 대부분은 우라르트어 이지만 차용어도 가끔 보인다. 외국의 차용어 중에서 가장 많은 차용어 약 70개는 아르메니아어에서 가져온 것이다. 우라르트어를 기록한 상형문자는 아직도 판독이 되지 않고 있다.

우라르트족은 B.C. 13세기에서 7세기까지 아시리아국가의 북쪽에 있는 이웃이고 경쟁관계에 있는 민족으로 기록되어 있다. 우라르트족은 수메르문자와 아시리아문자를 아시리아에서 도입해 사용했고, 그들의 언어는 후르리어와 관계가 있다. 그들이 살고 있는 지역이 반(Van)호수 주변이기 때문에 반어(Vannic)라고 하는 학자(A.H.Sayce)도 있다. 또한 그들이 믿는 중요한 신 할디(Haldi)이름을 따서 할디어(Haldian) 또는 찰디어(Chaldian)라고 부르기도 하지만 최근에 우라르트어로 통일되었다.

우라르트어는 대부분 돌 비석에 새김 되어 있는데 내용은 주로 우라르트족 왕의 역사기록이다. 간혹 투구, 방패 , 금속항아리의 소유자나 기증자의 이름이 새겨진 것이 있고, 약 30개의 흙 평판에는 경제거래의 출납과정이 기록돼있다.

1826년에 슐츠가 반호수 주변에서 42개의 쐐기문자 새김글을 복사했지만 1829년에 불행히도 쿠르드족 추장에 의해서 살해되면서 1840년에서야 그 자료가 발간되었다.

에드워드 힝크스도 1848년까지 이미 우라르트어의 판독에 첫 단계를 넘은 연구를 하고 있었고, 세이세가 판독의 결과를 발간함으로 마무리 지었다.

우라르트 왕국이 코카서스 산맥 넘어서까지 영토를 확장했기에 러시아학자들이 우라르트어 연구에 관심을 많이 가지고 있다.

6. 우가리트어(Ugaritic)

불란서 발굴단이 1928년에 시리아 해변 도시 우가리트(현재 Ras Shamra근처) 지역을 발굴하던 중에 예기치 않게 B.C. 14세기에 해당하는 새로운 형태의 쐐기문자를 발견했다. 이 쐐기문자는 단지 30개의 철자로 구성되었고, 수직의 단어분리표식을 갖고 있었다. 이 쐐기문자는 음절문자가 아니었고 알파벳문자였다. 특히 이 문자는 일 년 이내에 바우어(H. Bauer), 비로로드(C. Virolleaud)와 돌메(E. Dhorme)등에 의해서 각각이 판독되었다.

우가리트에서 발견된 풍요의 신 바알(Baal)과 그 추종자에 관한 신화들은 히브리 성경에 시편과 동등한 초기 예문을 찾던 학자들에게 중요한 근거 자료를 제공했다. 우라르트어와 바빌로니아어로 기록된 경제관련 기록들도 우가리트에서 많이 발견되었지만 주목을 받은 것은 역시 신화였다.

우가리트어로 쓰인 1000개 이상의 평판이 발견되었는데 알파벳의 순서가 몇 개의 평판에서 나왔는데 그 평판에는 교사나 학생들이 그들의 알파벳 ABC.등 순서 되로 쓰여 있었다. 이 순서는 히브리어와 페니키아어의 알파벳 순서와 거의 일치했다. 따라서 분명한 것은 그 당시에 선형 알파벳 글자가 존재했으며 그것이 우가리트식의 알파벳을 발명하게 한 것이 분명하다. 30개의 알파벳 글자는 오직 행정서류 텍스트에만 사용되었다. 문학작품의 텍스트에는 27개의 알파벳만을 사용했고, 끝에 나오는 알파벳의 3개는 사용하지 않았다.

우가리트 알파벳이 다른 지역에서 사용될 때에는 22개의 짧은 알파벳을 사용했는데 주로 키프로스, 시리아, 레바논, 팔레스타인 지역에서 그렇게 짧은 알파벳이 사용되었다.

우가리트어는 B.C. 1200년경에 바다에서 온 사람들이 그 지역을 점령하면서 역사에 등장했다. 우가리트 도시는 아마르나 평판(아카디아어로 쓰임)과 힛타이트 기록에서, 또한 이집트역사의 새김글에서 언급되고 있다. 우가리트와 이집트와의 관계는 람세스 2세 때에 가까운 사이로 지냈고, B.C. 15세기에서 14세기 때에 가장 번영한 때였다. 그 후 B.C. 14세기 중엽에 큰 지진을 만나 완전히 붕괴되었는데 이때가 성경에서 출애굽기 시대였다.

불란서 발굴단에 의해서 발견된 것 중에서 가장 의미 있는 발굴은 서자생의 학교와 흙 평판의 발견이고, 이 서자생 학교 이웃에 바알 신의 큰 신전이 있었다. 이 신전의 고위 성직자 도서관에서 나온 대부분의 평판은 낯선 쐐기문자로 30가지의 다른 기호였는데 뒤에 가서 판독이 되어 이름이 우가리트어라고 불리게 되었다. 또한 이 언어가 히브리어와 아주 가까운 언어이고, 셈어족에 속한 것이 밝혀졌다.

철자의 수는 30개였고, 27개의 자음과 3개의 모음으로 구성되어 있다. 모음 a, i(또는 e), u 등 3개로 되어 있었다. 처음에는 이 언어는 바빌로니아 쐐기문자와 낯선 쐐기문자 등 두 가지로 기록되어 있었는데 나중에 그 글자는 알파벳 글자라는 사실이 밝혀졌다.

라스 삼랴에서 나온 문자와 언어는 다양했다. 문자는 북서 셈 문자와 비슷했고, 7가지 다양한 글자가 나왔다. 즉 이집트상형문자, 힛타이트 상형문자, 키프로스-미노아 문자, 수메르, 아카디아, 후르리, 우가리트 쐐기문자 등이다. 언어로는 우가리트어, 아카디아어, 수메르어, 후르리어 등이다.

'a	b	g	ḫ	d	h
w	z	ḥ	ṭ	y	k
š	l	m	ḏ	n	ẓ
s	ʿ	p	ṣ	q	r
ṯ	ġ	t	'i	'u	s₂

우가리트 쐐기문자의 예

우가리트에서 발굴된 평판은 상당이 중요하다. B.C. 1300년경에 우가리트 고대도시에서 발굴된 우가리트 쐐기문자로 새김 된 흙 평판은 고대 가나안에 관한 정보를 얻는데 중요한 정보원이 된다. 이 평판은 가나안의 문명을 알려주며 고대 이스라엘 종교를 이해하는데 결정적인 역할을 한다. 이스라엘은 가나안 문화에서 발달되어 나왔기 때문이다.

불란서의 발굴단이 1928년에 폐허가 된 현대의 라스 삼랴지역 근처에서 우가리트 언어가 표기된 쐐기문자를 발굴하였다. 이것의 발굴은 구약

성경을 연구하는 학자들에게는 히브리 성경의 텍스트를 명확하게 해석하는 데 결정적인 도움을 주었고, 또 고대 이스라엘 문화가 이웃 문화와 나란히 하고 있음을 알려주는 것 이상의 정보도 제공해 주고 있다.

우가리트 문자는 이집트의 상형문자와 메소포타미아 쐐기문자의 판독이 이루어진 이후 고대 문명의 발굴에서 가장 중요한 문자의 발견이다.

우가리트 문자텍스트에는 케레트(Keret) 전설, 아카트(Aqhat) 서사시(또는 다네(Danel)전설), 바알-아리얀(Baal-Aliyan)의 신화, 바알 신의 죽음 등이 있는데 이 모든 것이 가나안 신화학을 밝혀주는 것이다.

우가리트어는 B.C. 14세기에서 12세기까지 텍스트에 기록되었지만 우가리트 도시가 B.C. 1180경에 파괴되면서 우가리트어도 소멸되었다.

7. 고대 페르시아어(Old Persian)

고대페르시아어를 표기한 쐐기문자가 세계 역사상 최초로 판독된 문자다. 일반적으로 하나의 문자를 판독하는 데에는 많은 텍스트를 이용해도 하기 힘든 일인데, 고대 페르시아어를 표기한 쐐기문자의 텍스트는 바빌로니아와 수메르의 텍스트의 양에 비해서 무척 부족했고, 소수에 불과했다. 다행스러운 것은 그 때에는 고대페르시아어의 쐐기문자로 된 텍스트를 접하기가 쉬웠다.

최근의 여러 가지 설에 의하면 고대페르시아어 쐐기문자가 아케메니드 왕조 다리우스 1세 왕(B.C. 521-486)의 지시로 발명되었다는 설도 있다. 그 이유는 바빌로니아 왕이나 아시리아 왕들의 비문과 비교해서 그의 비문에는 좀 다른 색다른 문자로 새겨지길 바람에서였다고 한다. 키루스(Cyrus: B.C. 559-530) 왕의 돌기둥비석에 새긴 쐐기문자도 다리우스 1세 왕의 지시로 새겨졌다고 전해지고 있다.

고대페르시아어 쐐기문자가 새겨진 재료는 여러 가지였다. 즉 바위 돌을 새김에, 파사르가다에(Pasargadae)와 페르세폴리스에 있는 아케메니드 왕조에 건축된 궁전 건물 돌 벽에 금, 은, 돌로 만든 기념 평판에 많은 도장에, 방해석 병에 새겨져 있다. 그러나 흙 평판에는 아주 조금 새겨져 있을 뿐이다. 일상생활에서 페르시아 궁중과 행정 관청에서는 주로 엘람어 쐐기문자나 아람어 알파벳을 사용했고, 고대 페르시아어의 쐐기문자는 아르타크세르크세스 3세 왕(B.C. 358-338)이후에는 사용되지 않았다. 고대페르시아어의 쐐기문자 판독은 그로테펜드에서 시작되어 로린슨에서 완결되었지만, 로린슨이 판독에 사용한 베히스툰 바위의 다리우스 왕 새김글은 고대페르시아어로 된 모든 텍스트 중에서 제일 긴 예문이었다.

쐐기문자 철자 수는 모두 36개였고, 3개의 모음 a, i, u가 있다. 모든 음절은 자음 + 모음(3개중의 하나)으로 구성되어 있었다. 또한 단어 분리표시로 사선 쐐기문자 하나가 있다. 그 외에 5개의 뜻글자 형태가 있는데 '왕', '국가', '땅', '신', '아후라마즈다 신'(페르시아 신 이름)을 뜻한다. 그리고 1, 2, 3, 10, 20, 40, 100을 나타내는 숫자 표시가 있다.

위에 예로 든 7개의 언어를 모두 쐐기문자로 표기했지만 더 많은 언어들도 쐐기문자로 쓰였다. 정상적인 쐐기문자로 쓰인 것이 아닌 많은 언어들이 쐐기문자 텍스트에 나타나고 있다.

카사이트 언어도 개인의 이름을 통해서, 이 카사이트어의 이름을 번역한 사전인 바빌로니아의 두 개의 평판을 통해서만 알게 된 언어이다.

제11장 메소포타미아 문명의 연대기

메소포타미아 문명은 옛날 페르시아 만과 코카서스 산맥 사이에 있는 평지에 살았던 사람들의 역사다. 이곳에 살았던 사람들이 인류 최초 문자를 만들어 사용했고 인류 문명을 일으켰던 사람들이다. 옛날이나 지금이나 그리스어로 메소포타미아로 알려진 곳 즉 티그리스강과 유프라테스강 사이 유역에 자리 잡은 평야지역에서 어떤 지역보다도 먼저 문명의 동이 틀 기세가 있었다. 아주 옛날에 현재의 이라크지역인 모술과 바그다드가 위치한 이 유역에 보면 후손에게 물려 줄 문명의 씨앗들을 많이 뿌려 놓은 흔적을 여러 곳에서 발견할 수 있다. 그들이 남겨놓은 기록에서 후손들은 B.C. 4500년경에 상당한 문명을 이루어 놓은 사실을 발견하게 된다. 인류의 역사적인 전통이 시작된 시점에서 그 유역에서 우랄알타어를 사용하는 몽고족으로 추측되는 민족이 동쪽의 아라라트 산과 카스피 해 지역과 메디아에서 들어온 흔적이 발견됐다. 이 시기는 셈족이나 아리안족이 그들의 고향인 코카서스 지방에서 이주하기 오래전에 일어난 일이었다. 그들은 돌판이나 바위에다 새긴 그림문자를 통해서 이들 몽고족들은 그들보다 먼저 이곳에 들어온 검은 얼굴의 민족을 내몰고 그 지역을 점령했다고 전하고 있다. 이 검은 얼굴의 민족은 과연 누구이며 어디서 왔었는지에 대한 정보는 없다. 그들이 그들의 흔적을 충분히 남기지 않았기 때문이다. 추측컨대 그들은 그때까지도 야만족이었을 것이고, 문명화되지 않은 민족이었을 것으로 생각될 뿐이다. 몽고족이 메소포타미아로 들어올 때에 두 갈래로 들어왔다. 그들의 한 무리는 메소포타미아의 북쪽 지역에 들어와서 그들을 아카드(Akkad는 수메르를 처음에 부른 명칭)인이라고 부르고 있는데 이 아카드의 뜻은 '산맥'이란 의미를 갖고 있다. 또한 그들이 사용한 언어를 아카디아어(뒤에가서 수메르어로 명칭 변경됨)라고 불렸다. 또 다른 한 무리는 메소포타미아의 남쪽지역에 거주하게 되었는데 그들을 수메르(Sumer 또는 Sumir)인으로 불렸는데 이 수메르의 뜻은 '강 유역'이란 의미를 갖고 있다. 그들의 언어를 수메르어로 불리고 있다. 이 두 언어는 실제로 한 언어였다. 이들 두 언어는 다 같이 우랄-알타이어의 구조를 갖고 있었다. 남부지역에 도착한 수메르인들은 세력을 모아 바빌론 지역에서부터 메소포타미아의 최남단인 티그리스 강과 유프라테스 강의 만나는 지점인 칼두(Kaldu) 즉, 성경에 나오는 칼데아(Chaldea)까지 영토를 확장했다. 성경에서 언급되어 알려진 이 도시는 우르(Ur)지역으로 두 강의 합류지점이다. 이 두 아카드와 수메르지역의 북쪽에는 셈족이 살고 있었는데 이들은 아직 미개인으로 살고 있었고, 메소포타미아를 침입하기 훨씬 전의 일이다. 이들 수메르인들은 수세기에 걸쳐서 문명을 발달시키면서 문자를 발명하여 사용하게 된 것이다. 이 문자가 그 지역에 알맞게 만든 쐐기문자이다.

초기 시대라는 말의 기본적인 개념은 B.C. 1770년경 바빌로니아 왕 함무라비(Hammurabi)가 통치하던 시절 히브리의 아브라함이 우르 지역 즉 '칼데아의 우르'를 떠나 히브리국가를 설립한 그 시절을 말하는 것인데,

그 때쯤 해서 바빌로니아 왕 함무라비는 수메르의 도시국가들을 완전히 점령해서 다시는 수메르 국이 역사에 등장하지 않게 되었다.

1. 수메르 도시국가 이전

메소포타미아 지역에 사람의 거주 흔적은 B.C. 5500년 이전으로 보고 있다. 아마도 더 일찍 거주 인이 있었던 것으로 추정된다. 페르시아 만 물의 수위가 올라가자 거주지를 북쪽으로 옮겨갔을 것이다. 이러한 초기 거주지는 남쪽의 습지지역 주변이었다. 이 첫 거주 인이 어디에서 온지를 알 수가 없는데 그들의 신분을 알 수가 있는 흔적을 남겨놓지 않았기 때문이다. 그들이 사용한 언어는 수메르어가 아닌 것으로 추측될 뿐이다. 우르, 우르크, 니플, 에리두 등에서는 수메르어가 사용되었기 때문이다. 이들이 거주했던 곳은 아주 조그마한 마을이었고, 그들의 집 모양새는 잡초엮음, 흙, 태양에 말린 흙벽돌로 만든 집에서 가축을 기르고, 고기잡이와 농사 일 하면서 생활을 했다. 이때에 조그마한 마을이 형성되었고, 잉여농산물 등을 저장하는 창고를 갖고 있었고, 종교적인 대상물 등이 있었다. 세월이 지나면서 저장창고가 사원으로서의 역할을 하게 되고, 그 장소를 중심으로 축제 등이 열리곤 했다. 처음에는 이 종교적인 장소가 그 마을을 중심지가 되고 종교행사를 거행하는 사람이 그 마을의 대표자가 되었다.

우르크 이전시대를 우바이드시대(Ubaid period)라고 하는데 B.C. 6000-4000경에 있었다는 고고학에서 지적하고 있다. 우바이드라는 말은 여러 가지 뜻을 갖는다. 첫째, 고고학적으로 지역명칭이다. 남부 메소포타미아의 텔-알-우바이드(Tell al-Ubaid)지역이고, 둘째, B.C. 5000년-4000년 기간을 우바이드 시대라 하고 셋째 그 당시에 나온 예술품 즉 체색 도기류를 포함한 그 당시의 예술품, 건축물을 우바이드 문화라고 한다.

우바이드 시대에 나온 도기 특징을 보면, 아래의 첫 번째 예에서 여인의 머리를 적갈색으로 빚은 점토로 된 도기이다. B.C. 4500경의 것으로 남부 메소포타미아의 우바이드시대를 대표하는 예술품이다.

대영박물관 소장

B.C. 6차 천년 후반기에 남부에 홍수가 난 평원에 아주 초기에 정착지로 생각되는 우바이드 지역의 이름을 따서 우바이드문화라고 한다.

다음 두 번째 예를 보면 B.C. 4500년경으로 추측되는 우르지역에서 출토된 여인이 젓을 먹이는 점토 상이다.

대영박물관 소장

세 번째 예를 보면 에리두(Eridu)지역의 우바이드 무덤에서 출토된 흙으로 만들어 구운 남성 모습이다. 양쪽 어깨 쪽까지 문신을 한 모습인데 남쪽의 우바이드 남자모습이다.

대영박물관 소장

네 번째 예는 대부분의 메소포타미아에서 발견되는 우바이드 말기 시대의 도기형태를 갖추고 있는 우바이드지역에서 발견된 도기류이다.

후기 우바이드 시대에 나온 도자기(wikipedia에서)

우바이드시대는 메소포타미아와 페르시아 만 일대에 산재해 있는 질 좋은 색채도기의 특징 있는 모양으로 구별되는 시기이다. 이 시기에 남부 메소포타미아 지역에 정착한 사람들은 B.C. 5300년에 에리두에 터전을 잡았던 것이다. 이들은 농사에서 중요한 물을 관리하는 법을 배워 농사를 지었다. 에리두는 점차 이웃하는 우르크와 크기 면에서 점차 앞서가면서 종교의 중심지가 되었다. 지혜의 신이자 에리두의 중요 신 엔키(Enki)가 문명의 선물을 우르크의 신이자 사랑과 전쟁의 신 이난나(Innana)에게 전한 전설은 바로 힘의 경쟁에서 변화를 상징하는 것으로 생각된다. 초기 문화는 세 가지의 특징이 하나로 혼합되는 문화의 양상을 보이는데 그 세 가지는 첫째, 시골 농사꾼 문화 즉 흙벽돌을 만들어 집을 짓고 관개수로를 이용한 농업을 하는 것과 갈대를 역어 만든 집에서 살며, 둘째, 늪에 배를 띄워 고기잡이 하든가 사냥을 하는 사냥꾼과 어부들(즉 원시 수메르인), 그리고 셋째, 검은 텐트에서 유목 생활하는 원시 아카드인 목장주인들의 문화가 혼합되어 어울려 나오는 문화의 시대이다. 수메르는 신석기와 초기 청동기 시대에 현재 이라크인 남부 메소포타미아에서 하나의 문명을 일으킨 역사적인 지역이다. 수메르에 B.C. 4500-4000년 사이에 셈족이 아닌 민족이 정착을 했는데 이들 사람들은 알타이어 계통의 언어를 쓰고 이미 정착한 얼굴 검은 민족을 내쫓고 그 지역을 차지한 사람이 우바이드인으로 부른다. 우바이드인은 수메르에서 최초로 문명을 일으킨 세력이다. 늪지에서 농사를 짓고, 무역을 해서 산업을 일으키고, 베를 짜고, 가죽 옷을 해 입고, 금속공예를 하고, 도자기를 만든 민족이다. 우바이드 시대 다음으로 우르크시대가 도래했다.

초기 마을의 인구수가 우르크를 예로 들면 2000명에서 8000명이나 되었고, 가장 큰 마을은 일만 명이 넘는 곳도 있었다.

고고학자들에 의하면 수메르인 들이 B.C. 4차 천년의 후반에 티그리스

강와 유프라테스 강의 사이의 비옥한 지역에 도착했다고 추정한다. 물론 그들이 어디에서 왔는지는 알 길이 없다. 그들의 언어도 서로 연관관계가 있는 언어가 없다. 쉽게 말해서 하늘에서 뚝 떨어져 온 느낌을 줄 정도다. 수메르인들이 오자마자 갑자기 그 지역이 성장과 발달이 촉진되었다. 손으로 하던 농사를 소를 이용하고 쟁기로 밭은 가는 형국으로 바뀌게 된 것이다. 경제가 발달함으로서 자기 재산 보호를 위해서 집에 대문을 열어 놓고 살던 시대에서 대문을 잠그고 남을 두려워하는 마음이 솟아나기 시작했다. 계속되는 이웃의 침입을 걱정하게 되니 자연히 보다 많은 사람이 뭉쳐서 마을을 지키는 공동체의 개념이 도입되면서 점차 큰 마을로 자연히 이루어지게 됐다. 서로의 교류가 활발하게 되면서 건축, 농업, 공업에서 혁신적인 변화가 증대되어 갔다.

이때에 중요한 혁신적인 변화의 양상은 글자의 발명과 사용이다. 이것은 아주 서서히 약 B.C. 4000년경부터 시작되었다고 추정된다. 글자의 사용은 일반 생활에서 필요에 의해서 이루어 졌다. 물건이 들어오고 나가는 품목과 수량을 기록하고, 상거래에서 필요한 지출과 수입을 기재하는 필요한 요소가 차츰 글자의 형태로 변화되어 갔던 것이다. 물론 문자는 처음에 사물의 그림에서 비롯된 것이라는 것을 금방 알 수가 있다. 이 그림문자는 처음에 보리, 양, 밀을 그려서 뜻을 전했을 것이다. 이 그림문자를 진흙에서 만들어진 조그마한 원판모양의 흙을 약간 동그랗게 만들어 갈대 줄기에서 필기구를 만들어 흙 판에 갈겨쓰는 모양을 내었다. 그러다가 곧 그림문자의 한계를 느끼게 되고 그것을 극복하고자 노력의 결과로 표의문자의 시작에서 다음에 음절문자로 전환되고 형태는 쐐기문자로 태어났던 것이다.

2. 수메르의 초기 왕조시대(Early Dynastic: B.C. 2900-2600)

초기 왕조시대는 수메르인들 간 도시국가 사이의 뭉치고 흩어지던 끝없는 전쟁의 시대였다. 서로 수메르 평원의 비옥한 땅을 많이 차지하고자 하는 욕심에서 일어난 전쟁과 전투였다.

원인은 도시의 인구가 증가 일로에 있는데 그때 우르크의 도시인구가 약 오만 명에 육박하고 있었고, 개인의 땅 차지가 점차 줄어들어가므로 남의 땅이나 다른 도시의 땅을 더 많이 확보하기 위한 전투가 잦아질 날이 없었다. 거기에다 전쟁을 부추겨 이기면 전리품을 갖고 싶어 하는 지도자들도 전쟁을 일으키는데 한몫을 했다. 그 당시의 도시국가간의 전쟁의 큰 목적은 수메르인의 통일된 국가를 건설하고자 하는 왕들의 꿈이었다.

이런 저런 이유로 해서 문 열어 놓고 평화롭게 지내던 시절은 지나가고 전쟁의 그늘에 모두가 놓이게 되었다.

전쟁준비로 인하여 도시 주변에 큰 벽이 생겨나고 청동기 무기가 만들어지면서 질적 향상도 가져오게 되었다. 전투에서 잡아온 노예에 대한 첫 기록문서가 나오게 된다. 식량사정이 나아지자 다양한 직업군이 형성하게 되는데 구리그릇 제작자, 도자기공, 석공, 직공(베짜는 사람)등이 있었다.

계속되는 전쟁은 왕의 지위를 향상시켜 영구화 하는데 크게 기여했다. 그 이전에는 도시나 마을에 위기가 닥쳐오면 힘세고 담력 있고 지혜로운 사람을 선발해서 비상사태 동안에 지도자의 역할을 부여했지만 이때의 지도자(lugal = big man)는 임시직에 불과했지만 전쟁이 계속되는 상시전이 되었을 때는 지도자 직위가 항구적인 위치로 바뀌게 되었다. 그들의 임무에는 신에게 예를 올리는 성스러운 예식을 주도하고, 가을마다 풍년을 기약하고, 경제를 안정시켜 거주민을 평화롭게 살 수 있도록 하는 의

무도 함께 부여되었다. 많은 신하들은 왕이 그 직위를 계속 잡고 있는데 크게 기여했다. 왕은 이 신하를 소유하고 있고, 신하들은 운하를 파고 건물을 짓는 공공의 일을 책임지고 있으며 또한 군인으로서의 역할도 담당하여 왕에게 꼭 필요한 사람들이었다.

역사적으로 확인된 최초의 왕은 키쉬의 왕 엔 메 바라게 시(En-me-barage-si: B.C. 2615-2585)이다.

역사가 기록된 시기는 초기 왕권시대 후반부터다. 이때에는 우르, 우르크, 키쉬 세 도시국가간의 경쟁 시대였다. B.C. 2600년경에 우르크 왕 길가메쉬가 키쉬를 정복함으로서 키쉬의 첫 왕조시대는 종말을 고하게 된다. 메스-아네-파다(Mes-Ane-Pada: B.C. 2650-2525)가 우르의 첫 왕조시대를 열고 '키쉬의 왕' 칭호를 요구하면서 수메르 모든 지역으로 지배권을 확대할 때에 우르크의 첫 왕조시대가 종말을 고하게 된다. 이로서 우르의 지배시대가 열리게 된다. 그 이후 움마(Umma)와 라가쉬(Lagash) 사이의 국경분쟁을 잘 조정한 메사림(Mesalim: B.C. 2500) 왕의 덕분으로 지배권이 다시 키쉬에게 넘어왔다. 움마와 라가쉬의 분쟁은 움마가 라가쉬를 침입해서 정복함으로서 끝이 났다.

라가쉬는 결국에 엔안나툼 1세(Enannatum: B.C. 2400) 왕의 지배하에 있을 때에 반항을 해서 다시 메사림 왕이 설정한 국경선을 다시 탈환했다. 그 뒤 B.C. 2351년에 우루-이님-기나(Uru-inim-gina)가 라가쉬 왕위에 즉위해서 국가를 잘 다스렸다. 그는 사회 및 도덕 혁신에 공헌했고, 가장 초기 법전을 정비했는데 이 법전의 정비목적은 가난한 사람과 사회적 약자를 보호하는데 두었던 것이다. 불행히도 B.C. 2350년경에 움마의 왕 루갈-자게-시(Lugalzagesi: 2340-2361B.C)가 수메르를 통일하면서 라가쉬를 정복함으로서 우루-이님-기나 왕의 통치는 끝이 났다.

루갈-자게-시 왕의 시대는 셈족의 아카드 사르곤 왕의 침입으로 우르크의 국가는 끝이난다. 아카드 왕 사르곤은 우르크의 왕 루갈-자게-시에게 목에 목칼을 채워 자기 앞에 데려오도록 했을 정도다. 사르곤 왕은 수메르와 아카드를 통일하였다. 그의 후계자들은 통일을 유지하는데 계속되는 수메르인들의 반항에 시달려야만 했다.

3. 구티(Gutians)의 침입 시대

아카드의 나람-신(Naram-Sin, B.C. 2254-2218) 왕조 시대에 북서쪽 산맥에서 온 구티족이 마을과 여행자들을 괴롭히기 시작했다. 그들은 치고 빠지는 게릴라식 전투를 하기 때문에 정규군으로서 방어하기가 매우 난감한 상황이었다. 그들의 간헐적인 침공으로 수메르의 경제가 크게 위축되어갔다. 마음 놓고 여행을 할 수가 없을 뿐만 아니라 밭에 나가 농사를 짓기도 겁이 나서 기근을 맞이할 정도가 되었다. 이때를 이용해서 구티족은 아카드의 나람-신 왕조 때에 구티 왕조를 설립해서 아카드를 위협했다. 움마 왕국은 아카드와 투쟁 중에 힘을 다시 회복했었는데 다시 한 번 시련을 겪게 되었다. 움마가 구티족에게 굴종하고서야 다소 회복을 시작했다. 구티족은 움마의 남쪽지역을 점령하지는 못했다. 우투-헤갈(Utu-hegal: B.C. 2133-2113)이 우르크의 왕이 되면서 B.C. 2130년에 티리간(Tirigan)을 패배시킴으로서 구티족을 몰아내는데 성공했다. 우투-헤갈의 승리로 해서 남부 수메르지역의 정치 경제가 다시 살아나게 되었다.

4. 우르 제3 왕조(Third Dynasty of Ur) 시대

우르크의 왕 우투-헤갈은 라가쉬와 우르사이에 국경분쟁에 개입을 했다. 그런데 우투-헤갈은 우르 국에 신하들과 친지들이 있는데도 불구하고 라가쉬를 지원했다. 이 무렵 우르-남무(Ur-nammu, B.C. 2112-2095)가 등장해서 우르의 지휘권을 휘어잡고 왕(B.C. 2112)으로 등극하자마자 라사쉬를 공격했다. 그는 라가쉬의 도시를 침공해서 정복하고 라가쉬에 그의 총독을 임명했다. 그 이후 정세가 안정이 되어서 우르-남무 왕은 구티족으로부터 받은 피해들을 복구하고 새로운 계획을 수립하고 시행하면서 여러 가지 사회문제를 잘 해결해 나갔다.

우르-남무 왕의 뒤를 이어 술기(Shulgi: B.C. 2094-2047) 왕이 즉위하자마자 점점 증가되고 있는 이웃 유목민족 위협으로부터 국토를 방위하고자 북서쪽 국경을 따라 방호벽을 쌓아 국방을 튼튼히 하여 국민을 안심시킬 수가 있었다. 그 뒤에 입비-신(Ibbi-Sin: B.C. 2028-2004) 왕 때에 결국 마르두(Mardu)족이 방어벽을 뚫고 침입하여 공포에 휩싸이고 상호간의 의사교환이 두절되는 사태가 발생했다. 결국에는 입비-신 왕은 전체 국가를 통치하는 것을 포기하고 우르지역만을 통치하는 쓰라림을 맛보게 되었다. 더구나 왕의 부하 장군인 이쉬크비-에라(Ishkbi-Erra)는 왕을 배반하고 그를 회유하는 계략에 빠져 이신(Isin) 왕국에 넘어가 버렸다. 엘람 족이 다시 적대행위를 시작하는 재앙이 발생했다. 엘람족과 마르두족이 침입을 감행해 왔다. 결국에는 오랫동안의 포위공격을 겪은 후에 우르의 입비-신 왕의 통치가 끝나면서 우르 제3 왕조는 패망해 버렸다.

5. 이신(Isin) 왕국 시대

이쉬크비-에라는 이신 국에 넘어가서 권력을 잡았고 그는 B.C. 2016에 수메르 전체 통치를 공개적으로 요구하기 시작했다. 그는 실제로 북쪽에 있는 여러 도시 국가를 정복하기 시작했다. 엘람족들이 예전에 우르를 점령하고 군대를 주둔시켰기 때문이 이 군대를 이쉬크비-에라가 10년에 걸쳐 물리치고 전 수메르를 통일했다.

6. 라르사 왕조 시대

라르사의 군군눔(Gungunum: B.C. 1932-1906) 왕의 시대에 세력이 크게 융성하게 커나갔다. 라르사 왕은 우르를 점령해서 국위를 떨치고 있었다. 그 뒤에 B.C. 1834경에 셈어족의 아모리 족이 침입해서 라르사를 점령했다. 아모리 족 출신 두 명의 왕이 나라를 다스린 후에 바빌로니아의 함무라비 왕이 쳐 들어왔다. 이때에 라르사의 마지막 왕 림-신(Rim-Sin: B.C. 1823-1763)은 함무라비 왕에게 붙잡히는 신세가 되었고, 이것으로 수메르국은 바빌로니아제국에 합병됨으로서 역사 속에서 사라져 버렸다.

7. 카사이트제국

카사이트 제국(Kassite Dynasty)은 두 번째 바빌로니아 왕국에서 국가를 설립한 고대민족이다. 그들은 현재 이란의 자그로스(Zagros)산맥지역에 기원을 가진 민족으로 알려져 있다. 엘람 텍스트에 보면 B.C. 3차 천년 후기에 처음으로 언급되었고, 그 뒤에 그들은 B.C. 2차 천 년경에 메소포타미아에 쳐들어왔다. 바빌로니아의 왕 함무라비의 아들에 의해 격퇴되었지만 바빌로니아의 국경지역인 티그리스-유프라테스유역에서 자리 잡고 있다가 후에 두 번째 바빌로니아 왕조를 설립했다. 연대와 왕의 이름들은 정확하지 않지만 카사이트 왕들이 576년간 바빌로니아를 통치했고, 첫 바빌로니아 왕조의 마지막 왕들이 아마도 첫 카사이트 왕들과 동시에 통치했을 것이다. 아마도 카사이트 왕의 첫 왕 간다쉬(Gandash)는 B.C. 18세기 중엽 경에 통치를 시작했지만 바빌로니아에서는 하지 않았다.

카사이트 왕들은 작은 군사집단의 일원이었으나 능력있는 통치자였고, 인기가 대단했다. 그들의 수도는 두르-쿠리갈쭈(Dur-Kurigalzu)이다. 카사이트민족이 신성시 하는 동물인 말이 처음으로 바빌로니아에서 도입되어 이용되었다. 카사이트의 기록물은 많지 않았다. 대부분이 니플의 지방 관리의 고문서에 속한 것이고 이것은 B.C. 13-14세기동안에는 봉건 사회조직임을 암시하고 있다.

카사이트의 발명품은 바로 경계석인데 일종의 돌 벽담 모양으로 왕이 훌륭한 부하에게 땅을 하사한 기록서 역할을 했다. 이 경계석은 현대 학자들에게 경제적, 종교적, 예술적인 연구 자료로 활용되고 있다.

B.C. 12세기에 엘람족이 바빌로니아에 있는 카사이트 왕국에 일격을 가했다. 이미 지방에서는 거의 점령을 당해서 허약해진 상태였다. B.C. 1차 천년에는 카사이트족은 세력이 약화되어 이란의 자그로스 산맥지역으로 철수 했다. 그곳에서 아시리아의 동방진출을 막고, 페르시아에게는 조공을 바치면서 연명 했다. 그 후에 알렉산더 대 왕의 침입으로 정복은 당했으나 다시 독립을 쟁취한다. 카사이트는 B.C. 1800년까지 이란의 서부인 하마단-케르만샤(Hama dan-Kermanshah)지역에 정착했다.

카사이트의 언어로 새김 된 돌이나 기록물이 거의 보존되어 있지 않다. 단지 약 300개의 카사이트 단어가 바빌로니아 기록물에 간접적으로 발견되고 있을 뿐이다. 그래서 카사이트의 문화나 사회적인 구조에 대한 정보를 거의 알지 못한다. 세습된 왕국이 없었던 같았고, 종교도 다신교로 30개 신들이 있었던 듯하다.

바빌로니아지역에서 카사이트 족의 통치가 시작된 시기도 정확히 알 수가 없고, 에이굼(Agum) 2세라 불리는 왕이 유프라데스강 유역의 중부 지역에 진출하여 국가를 형성했다한다. 24년 후에 힛타이트족이 바빌로니아의 신 마르둑 동상를 빼앗아갔다. 그러나 에이굼은 그 신의 동상을 다시 빼앗아 왔었고, 그 신을 카사이트 신 슈카무나(Shuqamuna)와 동등하게 대우했다. 한편 바빌로니아 왕자들은 남부 바빌로니아지역을 계속 통치를 해왔다. B.C. 1450년경 이 지역을 병합하고 그 다음에 시리아까지 점령한 후에 이집트와 협상을 시작했다. B.C. 1420년경에 우르크에서 부조장식을 가진 사원도 건립했고, 바빌론과 경쟁하기위해서 바그다드 서쪽에 새로운 수도 두르-쿠리갈쭈를 건설했는데 이 도시이름은 쿠리갈쭈 1세(Kurigalzu 1: B.C. 1400-1375)의 이름을 따서 이름 지었다. 그의 후계자들은 이집트의 왕 아멘토텝 3세와 그의 아들과 교류했다.

그들은 보석과 금을 거래했고, 정치적인 혼인관계도 맺으면서 국가를 유지했다.

쿠리갈쭈 2세(B.C. 1332-1308)는 아시리아와 전투를 했으나 참패당했다. 그래서 그의 후계자들은 힛타이트와 방위협약을 맺고 아시리아를 경계했다. 그 뒤에 바빌로니아는 아시리아뿐만 아니라 엘람의 침공을 받게 되어 나라가 위기에 처하게 되었다. 엘람의 잔인하고 거친 침공으로 카사이트 왕국은 결국 B.C. 1155년에 종말을 고하게 된다.

그 동안의 기록과 편지들을 살펴보면 카사이트가 정복한 후에도 카사이트 민족은 항상 소수파에 속했고, 대부분 바빌로니아화 되었다. 심지어 카사이트 왕족 중에서도 바빌로니아의 이름이 등장할 정도였다. 그러나 사회구조에서 봉건적인 특징이 나타남으로서 카사이트의 영향을 보이고 있다. 바빌로니아 도시생활은 상업과 수공예 산업으로 되살아나고 있었다. 카사이트족은 많은 땅을 소유해서 부자로 성장하고 있었다. 이것은 왕의 하사품으로 소유하게 되었고, 이것은 관리나 지방을 다스리는 녹봉에 해당하는 것이었다. 쿠리갈쭈 2세 때는 이 하사품의 목록을 돌 평판이나 쿠둘루스(Kudurrus)라고 칭하는 경계석에도 새겨놓았을 정도였다. 차츰 이러한 평판이나 경계석이 늘어난 것을 목격하게 되는데 특히 경계석에는 돋을새김까지도 볼 수가 있다. 간혹 경계석에는 많은 종교적인 상징물이 그려져 있고, 보다 상세한 새김글을 새겨서 재산의 경계를 구분 지었다. 간혹 땅을 받은 사람의 공적이 기록된 것도 있고, 그들의 특권도 기록되어 있다. 그러나 결국 침입자들은 원주민들에게 욕을 얻어먹고 위협을 당하는 경우도 있었다. 농업과 축산이 그들 재산의 주류를 이루고 있었다. 말은 가벼운 전차(chariot)에 사용할 필요성으로 키웠다. 이 당시에 말과 수레를 물물교환용으로 무역거래도 했다.

카사이트의 점령기간에 바빌로니아의 문명은 쇠퇴했지만 카사이트족의 특이한 건축양식과 조각형식을 선보이고 있다. 특히 쿠리갈쭈 1세는 건축예술의 후원자로서 우르도시에서 중요한 역할을 했다. B.C. 1400년 이후로 점차적으로 시문학과 과학문학이 발달되어갔고, 초기 작품들이 존재하는 것으로는 시문학, 철학, 예언서들이다. 이것들은 힛타이트 수도 하투사스나 시리아의 수도 우가리트에서, 멀리 팔레스타인에서까지 발견되었다. 상당히 후기에 속하긴 해도 의학 진단서와 처방전, 수메르-아카디아 단어목록, 천문학과 예언서들이 발견되었다. 그러나 이 시대의 기록물에 선 카사이트 언어의 단어가 거의 보이지 않고 있다. 그 이후에 바빌로니아 문화 발달의 근본적인 기초는 카사이트 시대의 후기 동안에 설립되었다는 것이 많은 학자들의 의견이다.

8. 메소포타미아 문명의 통치 시대 종합

선사시대를 지나 기록을 하기 시작한 역사시대에 들어와서도 정확한 연대를 설정하는 데에는 상당한 어려움이 있다. 고고학의 연대는 추측이나 여러 가지 증거를 비교해서 가장 적합한 시기를 정하게 되지만 이것 역시 쉬운 일이 아니다. 그래서 근동의 역사에 전공한 학자들의 자료를 바탕으로 연대기를 작성할 수밖에 없다. 우선 영국인 워크(Walker, 1987)의 저서에 제시된 연도를 주축으로 하고 그다음 미국인 안드레아 세리(Andrea Seri, 2010)의 자료를 보충하는 방법으로 그 연대를 살펴보면 다음과 같다.

B.C. 3300-2900: B.C. 3200 우르크(Uruk) IV-III기와 잼대트-나스르
(Jemdet Nasr)시대
* 문자가 발명된 시기(Seri에 의하면)
우르크 III기, 라르사(Larsa), 잼대트-나스르, 우카이르(Uqair), 텔 아스모르(Tell Asmor)에서 확인된다.

B.C. 2900-2600: 초기 왕조 I-II시대 * B.C. 2900 초기 왕조 I시대--키쉬가 중심
* 우르(Ur)에서 B.C. 2800 원시 평판 텍스트가 나옴
* B.C. 2700 처음 왕에 대한 새김글이 나옴

B.C. 2600-2334: 초기 왕조 II-III 시대
* B.C. 2600 엔메바라게시(Enmebaragesi of Kish) 키쉬 왕으로 밝혀짐
* 쐐기문자가 기록유지 문자에서 언어표현 형태로 전환 시기
* 문학 텍스트 등장

* 쉬루팍(Shuruppak)(파라(Fara))에서 평판새김
* 아부 사라비크(Abu Salabikh)에서 나온 평판: 최초의 셈어로 기록된
  사람이름
* 에블라(Ebla) 문서평판
* B.C. 2500 쐐기문자가 메소포타미아와 시리아에 셈어를 기록하는
  문자 채택됨.
* B.C. 2500 키쉬의 메사림(Mesalim) 왕이 아답(Adab), 움마(Umma),
  라가쉬를 통치
* B.C. 2424-2415 엔사그쿠산나(Enshagkushanna) 왕 통치
* B.C. 2400 기르수(텔로) 엔안나툼 I(Enannatum 1) 왕 통치
* B.C. 2400 최초 수메르어 편지 나타남
* B.C. 2340-2316 우르크 루갈자게시 왕 통치
    위에 기록된 시대는 수메르인에 지배된 시대

B.C. 2334-2154: 셈족 수메르인 점령시대 시작 -고대 아카디아어 사용
* 아카드 사르곤 왕 통치(Sargon of Akkad: B.C. 2334-2279)-최초 아
  카디아어 사용
* 나람-신(Naram-Sin: B.C. 2254-2218) 왕 통치
* 라가쉬 구데아(Gudea of Lagash: B.C. 2141-2122) 왕 통치

B.C. 2112-2004: 우르 III 왕조시대(다시 수메르인 통치 회복)
* 관공서에 전부 수메르어 사용, 북쪽 약간의 아카디아어사용
* 우르-남무(Ur-Nammu: B.C. 2112-2095) 왕 통치
* 술기(Shulgi: B.C. 2094-2047) 왕 통치
    이 이후 수메르는 셈족에 멸망 다시는 역사에 등장하지 않음

B.C. 2004-1595: 셈족 통치시대 고대 바빌로니아와 고대 아시리아시대

고대 바빌로니아 시대
* 이신, 라르사 왕조와 함무라비(B.C. 1792-1750)(성경 창세기 14장1
절 암라펠(Amraphel)이 함무라비 왕임)시대
* 고대 바빌로니아 아카디아어 증거: 평지 법과 경제 기록물, 왕의
새김글 기도서 및 문학 텍스트
* 사무이루나(Samuiluna: B.C. 1749-1712) 왕 시대
　고대 아시리아 시대
* 아나톨리아(Anatolia)지역 아시리아 식민지건설, 고대아시리아 아
카디아어사용 증거-카네쉬(Kanesh)나온 고문서, 아쉬르(As hur)통
치자 새김글, 학자들의 편지, 몇 개의 마술 기록서 등

B.C. 1500-1100: 중 바빌로니아와 중 아시리아 시대
중 바빌로니아 시대
* 카사이트 왕조시대 중 바빌로니아 아카디아어는 증거자료가 빈약. 주
로 다양한 주제의 편지, 왕의 새김글, 경계석, 경제 및 법기록물 등
* B.C. 1160 엘람인 바빌로니아 침입
* 이신의 두 번째 왕조 설립

B.C. 1000-600: 신 바빌로니아제국과 신 아시리아제국 (Neo Babylon ian
　　　　　　Empire and Neo Assyrian Empire) 건설
신-바빌로니아 제국
* 신-바빌로니아 아카디아어-편지, 경제 및 법기록 문서, 왕의 새김글
증거
신-아시리아 제국
* 아쉬르, 칼두, 니네베 에서 나온 고문서
* 아쉬르나시르팔 2세(Ashurnasirpal II: B.C. 884-859)통치
* 샬마네세르 3세(Shalmaneser III: B.C. 858-824)통치

* 티그라트-피레세르 3세(Tiglath Pileser 3: B.C745-727)통치
* 사르곤 2세(Sargon 2: B.C. 721-705)통치
* 센나케리브(Sennacherib: B.C. 704-681)통치
* 에사르하돈(Esarhaddon: B.C. 680-669)통치
* 아쉬르바니팔(Ashurbanipal: B.C. 668-627)통치
  신-바빌로니아에 흡수
신-바빌로니아 제국
B.C. 625-539: 후기 바빌로니아-칼데아 왕조 수립
* 네부차드네짜르 2세(B.C. 604-562) 통치
* 나보니두스(B.C. 555-539) 통치
페르시아제국 키루스 왕에게 멸망됨

B.C. 559-331: 페르시아 아케메니드 왕조 통치 (메소포타미아지역을
          지배함)
* 표준 바빌로니아 아카디아어가 사용되어 바빌로니아와 아시리아
  왕의 새김글과 문학작품이 있음.
* 키루스(B.C. 559-530) 통치
* 다리우스1세(B.C. 521-486) 통치
* 크세르크세스(B.C. 485-465) 통치
* 아르타크세르크세스(B.C. 358-338)통치
* 다리우스 3세(B.C. 336-330) 통치
  마케도니아 알렉산더 대 왕(Alexauder the Great)에게 패망당함
B.C. 336-323: 알렉산더 대 왕 통치
B.C. 311: 셀레우시드(Seleucid) 시대가 열림
* 안티오쿠스 1세 소터(Antiochus 1 Soter: B.C. 281-260)통치
  A.D. 75: 마지막 쐐기문자로 천문학에 관해 바빌로니아 평판새김

제12장 수메르인의 문자해독능력과 서자생 교육

메소포타미아 문명에서 쐐기문자가 발명되어 사용되었지만 글자를 쓰고 읽는 사람들이 오늘날의 한국인과 같이 누구나 글을 쓰고 읽을 수가 있는 수준은 결코 아니었다. 문자를 사용하는 사람은 수메르국민 중에서 극히 일부만 한정되어 있었다. 왕들 중에서도 수메르의 루갈자게시 왕과 술기 왕 정도가 글자를 읽었다. 그 당시 왕들의 문자해득력을 짐작할 정도다. 그 당시에는 글 쓰는 것을 전문업으로 하는 사람 즉 서자생들을 교육시키고 있었다. 교육을 받고 나온 사람에게 '서자생(dubsar)'이란 호칭을 부여했다. 이 사람들은 일반인들로부터 부러움과 시샘의 대상이 될 만큼 특권층의 대접을 받았다. 서자생 들은 수메르 여신 니사바(Nisaba)이름으로 임명장을 받았기 때문에 굉장한 특혜를 누렸다. 서자생은 장편 문학작품을 새김하고 나서 새김글의 말미에 니사바 잠미(Nisaba Zami(Oh Nisaba, praise))라고 끝마무리를 하곤 했다. 세월이 지나면서 여신 니사바를 쓰는 대신에 남자 신 이름 보르시파 나부(Nabu of Borsippa)를 쓰고 끝을 맺는 경우가 생겨났다. 뒤에 가서 끝맺는 상징에 동물이나 별을 신으로 상징하기도 하지만 쐐기문자를 쓰는 필기구가 신으로 상징되기도 했다.

수메르의 학교모습을 알 수 없지만 바빌로니아 학교생활의 모습은 고대 바빌로니아 시대의 수메르 문학작품에 기초를 두고 있었다. 그들의 상당수는 표준 문학전통의 기준이 되었고, 아쉬르바니팔 도서관 보관용으로 복사해 놓기도 했다.

서자생의 교육은 어린 나이에 '평판의 집'(è-dubba(tablet-house))에서 시작된다. 그 학교의 교장은 움미아(ummia)라고 했다. 초기 교육과 훈련은 주로 상급반 학생들이 맡아서 했고, 훈련을 맡은 상급반 학생은 권위를 내세워 흔히 친구들을 못살게 구는 상급생의 모습이 그려져 있다. 하급생들은 매나 처벌을 피하기 위해서 뇌물 등을 상급생에게 주거나 아양을 떠는 행위도 자주 해야만 했다.

짐리-림(Zimri-Lim) 왕 궁전에서 흙으로 만든 걸상이 몇 열을 지어 놓여 있는 방 하나가 발굴되었는데, 이 모습이 바빌로니아 학교의 예를 보여주며, 설명할 때에도 자주 그 예로 등장한다. 그러나 지금까지도 학교의 모습이 어떤 것인가를 정확하게 보여주는 평판은 발견된 것이 없다. 아마도 학생들은 야외 마당에서 공부했을 것으로 짐작할 뿐이다. 야외 마당이 고대바빌로니아 어떤 집에서든지 흔히 볼 수가 있는 생활의 중심지였기 때문이다.

우르나 이신에서 발굴된 개인 집들은 대개 하나 둘의 학교 텍스트를 소유하고 있는 것을 볼 때에 부유한 가정의 아들들은 거의가 학교에 다닌 것으로 추측이 된다. 니플에서 발굴된 것에는 그 도시의 한 부분이 문자로 된 평판이 가득 찬 것이 발견되었는데 아마도 이곳은 특정한 서자생의 숙소였을 것으로 추측하고 있다.

학생들이 제일 먼저 하는 일은 흙 평판을 만드는 일이고, 그다음이 글 쓰는 도구인 필기구를 만드는 일이었다. 글을 쓸 때 첫 단계는 흙 평판에

다 간단한 쐐기문자를 눌러쓰는 연습을 하는데 수메르에서는 게(ge)라고 간단한 쐐기문자를 말한다. 학생은 쐐기 모양을 수평으로도 수직으로도 또는 비스듬히 눌러쓰는 연습을 반복해서 손에 익히게 한다. 그 다음 단계가 기본적인 쐐기문자를 눌러쓰기 단계다. 이때에 쐐기문자의 기호를 배울 뿐 아니라 그 기호가 표현하는 여러 음절까지도 배워서 눌러 쓸 줄을 알아야한다. 즉 말하자면 기호 A는 á, ya, duru, e와 a를 나타내는 등을 알아야 된다. 학생은 A는 그 기호의 기본이름이란 것을 배워야했다. 그리고 학생은 그다음으로 수메르단어, 다른 형태이지만 같은 의미의 바빌로니아 동류 단어는 무엇인지 다른 음가는 무엇인지를 계속 배워 나갔다. 기본적인 철자를 다 익힌 다음엔 수천단어의 수메르어를 익혔다. 서자생의 전통이 그대로 전수된 증거가 나오기도 했다. 아주 초기 우르크에서 서자생들이 공부했던 글자들 형태가 수백 년 이후에 우르크와 시리아 아부 사라비크지역에서 그 글자들 그대로 순서도 틀리지 않은 채 발굴되었고, 고대 바빌로니아의 철자목록이 그 당시 아쉬르바니팔 도서관에서도 발견되었다.

글자들을 모아 단어로 쓰는 것을 배우는 학습은 이름을 계속 쓰면서 연습을 해왔던 것 같아 보인다. 서투른 솜씨로 세 개 내지 네 개의 수메르인 이름을 새김한 작은 새김 평판이 많이 발견되는 것은 그 이름을 익히기 위한 학습의 결과물이라고 생각된다. 바빌로니아 서자생은 몇 가지 경우를 제외하고는 거의가 수메르어와 아카디아어를 일관성 있게 쐐기문자로 표기해 왔다.

한 음절의 첫 자음은 앞의 음절의 모음과 연결이 언제나 잘 되지 않고 있다. 그래서 단어 'to'는 아카디아어로 ana인데 이것은 언제나 a-na로 써야 되고 an-a로는 쓰지 않는다고 배운다. 이것은 지극히 간단한 예이지만 이런 원칙이 아카디아어를 음성표현 전반에 걸쳐 이행되고 있으며, 학생들에게도 반드시 가르쳐 왔다.

이런 것을 전부 습득한 후에 학생들은 다음 단계로 넘어간다. 다음과정은 여러 종류의 평판과 둥근 빵모양의 평판에 글쓰는 연습을 한다. 우선 교사가 평판의 한 표면에 세 줄을 긋고 난 다음 신의 이름, 기술용어 목록, 짧은 단편 문학작품이나 격언 같은 것을 반듯하게 새김 글씨를 쓴다. 그리고 나면 학생들은 교사가 쓴 평판내용을 공부한 후에 평판을 뒤로 돌려서 교사가 쓴 내용을 그대로 베껴 쓴다. 일반적으로 학생이 쓴 평판과 교사가 쓴 평판을 구별하는 것은 쉬운 일이다. 학생이 쓴 평판은 서툰 글씨로 쓰여 있기 때문이다.

마지막 단계로 수메르의 문학을 배우고 쓰는 과정이다. 고대 바빌로니아 시대에서 읽혀졌던 수메르문학의 많은 부분이 학교에서 복사한 것만이 현재까지 남아 있다. 문학의 복사부분을 보고 알 수 있는 부분은 학생들이 받아쓰기로 복사했던 것 같이 보인다. 하나의 텍스트가 약간의 차이가 나는 복사본이 많이 있는 것을 볼 때에 받아쓰면서 약간의 차이가 나지 않았나 생각된다. 이것은 텍스트의 원본을 복원하는데 어려움을 주고 있다. 문학교육은 매우 광범위하고 대부분 전통적인 것이 긴 해도 고대 바빌로니아 시대에서 새로이 창작된 문학이 첨가 되었는데 주로 왕을 위하여 신에게 바치는 기도문들이었다.

교과 과정 중에서 독립된 부분이 수학인데 여러 명의 전문 서자생이 가르쳤다. 수학에는 산수 서자생(Scribe of accounting), 계측 서자생(Scribe of measurement), 측량 서자생(Scribe of the field)등이 교사가 되어 수업을 맡았다.

지금까지 알려진 것 중에서 제일 오래된 셈족의 쐐기문자의 예는 왕 사르곤 1세의 반암원통도장(porphyry cylinder seal)이다. 이 원통도장에는 다음과 같은 내용이 적혀있다. 영어로 쓰면 이렇게 'Sargon, King of the city of Akkad, to the Sun-god(Sarnas) in the city of Sippara I approached.'

또 다른 유명한 쐐기문자 유물은 독수리 돌기둥이다. 이 돌기둥의 큰 부분이 불란서 루브르 박물관에 보존되어 있다. 그 돌기둥에 조각된 여러 구획이 있는데 그 중의 하나에는 전쟁에서 사망한 사람의 머리를 독수리들이 옮기는 것을 묘사하고 있는데 거기에 시르푸라(Sirpurra)의 성직자이자 왕인 이-안나-두(E-anna- du)가 엘람 변경에서 '보우(Bow)땅 사람들'에게서 전쟁에서 이긴 것과 정복당한 국가에 조공을 부여한 것을 기록하고 있다.

다른 새김글을 조사해 본 결과로 B.C. 제4차 천 년 기에 예술이 충분히 발달되고, 동상이 세워지고, 2륜 전차가 전쟁에서 사용되고, 은과 동이 사용되었고, 베를 짜고, 도자기를 굽고, 정교한 계산을 수천까지 하는 조직이 발전되어 갔다.

1887년에 쐐기문자로 새김 된 320개의 흙 평판을 텔-에-아마르나 이집트 나일강의 동쪽 뚝 길에 있는 아랍어이름의 마을에서 발견되었다. 이 지역은 유명한 멤피스 도시로부터 남쪽으로 180마일 떨어져 있는 곳이다. 그 마을은 아메노피스 III세가 기초한 도시지역에 위치하고 있다. 이 왕이 받은 편지의 기록물 날짜는 B.C. 1500년에서 1450년경으로 알려져 있다. 여기서 나온 두 개의 평판에는 전설이 기록되어 있고, 한 평판에는 전쟁 신에 대한 찬송가를 기록하고 있다. 그러나 대다수의 평판에는 이집트 왕들과 서아시아의 왕들과 주고받은 연락내용들이고, 그 중에 많은 평판들이 이집트의 상형문자로 적힌 발신자의 이름과 날짜가 첨부되어 있다. 한 힛타이트 왕자에게서 온 평판은 고대 아카디아어로 쓰여 있다.

이 평판들은 이집트와 바빌로니아 국가 사이의 정치 및 경제관계에 대한 아주 중요한 정보를 제공해 주고, 또한 왕들 사이에서 보조금에 대한 협상내용을 제공해 주는 중요한 자료다. 이 평판들이 전부 쐐기문자로 기록되어 있어서 이집트 궁중에서는 쉽사리 판독 되었을 것 같지 않다. 그래서 바빌로니아 왕들은 의례적인 관습으로 편지와 함께 통역사도 파견 했다. 이때에 전달자는 왕의 보증서를 지참하고 있었다. 이집트의 왕들은 쐐기문자를 읽고 쓸 수가 있는 서자생을 미리 대기 시켜 편지의 내용을 번역하고 답변을 쓸 수가 있게 준비도 했던 것이다. 이것과 관련된 평판이 남아 전해지고 있는데 그 평판 중에 왕의 답변서의 복사본이고, 쐐기문자로 쓰여 있고, 또한 신분을 증명하는 보증서의 평판도 전해지고 있다.

텔-에-아마르나의 평판의 또 다른 중요성은 B.C. 1500년경에 쐐기문자가 팔레스타인 지역에 사용되었다는 사실을 밝혀준다. 즉 창세기의 내용이 정리되기 전에 수세기에 걸쳐서 바빌로니아의 신화와 전설이 쐐기문자로 새김 되어 자유로이 그 지역에서 전파 회자되었다는 사실이다. 따라서 천지창조, 노아의 홍수 전설이 칼데아인의 기원이란 것이 팔레스타인 지역에 이미 정립된 상태일 때에 이스라엘민족이 침입해서 그들이 정복한 민족에게서 그 내용들을 배우게 되었고, 그 내용을 수정해서 히브리 문학에 나타낼 수 있는 형태로 수정할 충분한 시간을 가졌을 것이란 정보를 주고 있다.

제13장 쐐기문자 발달과정

1. 글자의 방향전환과 글쓰기 도구의 변화

아주 초기글자 형태: 그림문자로 쐐기문자의 조상(Wikipedia에서)

위의 그림문자는 쐐기문자의 초기문자로서 각 기호 모양은 그것이 표기한 물상의 모습(곡식, 손)을 보여주고 있고 초기 흙 평판 글씨는 수직으로 쓴 모습이다.

수메르문자는 처음에 물상을 그대로 그림으로 그렸다가 차츰 그 형상을 상징화하는 형태로 변천되었다. 그러다가 그 형태가 아주 단순화되어 언뜻 보면 원래의 물상을 알아볼 수가 없을 정도로 추상화 되었다. 그때 까지의 시기는 B.C. 3000년경이고 그 이후 B.C. 2800년경에는 두 가지 변화가 일어났다. 첫째 변화는 아래표에 나타나듯이 그림 형상의 방향이 좌로 90° 회전한 것이다. 이 회전과 맞물려 또 다른 변화는 필기구의 형태변화이다. 처음에 필기구를 만들 때에 갈대를 꺾어 끝이 뾰족하게 하여 흙 평판에 갈겨쓰게 되었던 것이 좌로 90° 회전하면서 글쓰는 방향이 왼쪽에서 오른쪽으로 되었고, 필기구의 끝이 뾰족한 것에서 둔하고 뭉뚝한 모양으로 변하게 되었는데 이것이 쐐기 모양으로 변천의 전 단계였다.

다음 도표는 시대별로 표기변화표와 발음과 뜻 표기 이다.

3000 BC	2800 BC	2500 BC	1800BC	600 BC	
✳	✳	✳	✳	✳	an (god, heaven)
					ki (earth)
					lu (man)
▽	▷	▷			sal (woman/female)
					kur (mountain, land)
					geme (female slave)
					sag (head)
					ka (mouth)
▽	◗	◗			ninda (bread)

출처: http://pandora.cii.wwu.edu/vajda/ling201/writingsystems/sumeriancuneiform

위 표에서 보면 쐐기모양의 문자가 쓰이기 시작한 시기가 B.C. 2500년 쯤 이다. 물론 학자들마다 시기 추정치는 다소간 차이가 나지만 대강의 시기로 잡고 있다.

쐐기문자는 B.C. 약 34세기경에 수메르인이 만들어 사용했는데 처음에는 물론 그림문자로 시작됐고 차츰 그림문자는 단순해지고 보다 추상화되어 갔다. 그런 다음에 그림에서 선형그림으로 변형되다가 쐐기모양으로 변천되어 갔다. 쐐기문자는 흙 평판에 끝이 뭉뚝한 갈대 줄기로 필기구를 만들어 사용했다. 수메르인들이 사용한 글자는 다른 민족에게도 차용되어 사용되었는데 주로 아카디아, 엘람, 힛타이트 또한 루위안, 후르리(또한 우라르티)어를 표기했고, 뒤에 가서 고대페르시아어를 표기했고, 우가리트 알파벳을 고안하게 했다.

처음에 그림문자는 날카로운 갈대 필기구로 수직 칸으로 흙 평판에 그렸거나 돌을 사용해서 바위에 새기기도 했다. 이렇게 초창기 글자형태는 쐐기 획이 없는 선형으로 구성되어 있었다.

B.C. 2900 때부터 그림문자가 원래의 기능이 퇴색 되면서 문맥에 알맞은 여러 의미를 나타내게 되었다. 이때의 기호 수는 대개 1,500개에서 600개 정도로 감소해 갔다. 반면에 표의문자보다는 음절표기의 수가 증가하게 되었다. 이런 때에 한정사의 도입이 이루어져 중의성을 차단하고자 했다. 이런 과정은 비슷한 시기에 발달된 이집트의 상형문자철자에도 같이 발달되어가고 있었다.

제3차 천년 중반에 와서 글자 쓰는 방향이 왼쪽에서 오른쪽으로 가로 열로 쓰게 되었다. 이때에 새로운 필기구가 도입되었는데 쐐기 모양의 끝을 가진 필기구가 도입되어 쐐기문자로 형성하게 되어 쓰기 보다는 물 묻은 진흙 판에 눌러 글을 써 갔다. 따라서 서자생은 다양한 쐐기모양을 내게 되었다. 쐐기문자라는 말은 후대에와서 라틴어 Cuneus(쐐기)라는 단어에서 나온 것이다.

대부분의 수메르 쐐기문자들은 수메르문자의 여러 가지 양상을 표현하고 있었다. 아카디아 문자는 수메르 음절표에서 음성부호를 가져왔고 또한 표의문자도 가져왔다. 글자에 사용된 많은 기호들은 음절도 나타내고 표의문자의 의미도 갖고 있었다. 쐐기문자가 차용되어 힛타이트어를 표기하게 되었을 때에 주로 쐐기문자가 아카디아어의 표의문자를 나타냈기에 그 결과 많은 힛타이트어가 표의문자로 사용되고 기록되는 관습에 따랐기 때문에 지금에 와서 표의문자로 된 힛타이트어의 음을 알 수가 없는 경우가 많다.

수메르어 표의문자 조직을 아카디아어 음절문자로 표기하는 체제는 마치 중국 한자를 빌려와 일본어를 음절문자로 기록하는 것과 같다.

수메르글자의 복잡성은 점차 단순화된 글자로 전환 발전되어 갔다. 고대 페르시아어 쐐기문자는 아주 간단한 쐐기문자로 발전되었다. 즉 음절도 거의 음소문자에 가깝게 발전되었고, 아시리아인이 사용했던 것 보다 더 적은 쐐기 획을 사용하게 되었고, 또한 아주 소수의 표의문자만을 갖게 되었다. 심지어 우가리트어를 표기하는 쐐기문자는 음소문자로 발전되어 모음과 자음을 각각 갖게 된 경우도 있다.

쐐기문자의 역사에서 초기 쐐기문자시대는 B.C. 제3차 천년의 중반으로 이때의 특징으로는 글자 쓰는 방향이 왼쪽에서 오른쪽으로 수평으로 쓰는 것으로 이미 변화되었고, 이와 동시에 문자가 90° 좌측으로 회전했는데, 선형글자 모양에서 쐐기글자모양으로 전환되는 시기이다. 물론 이때에 필기구가 필기구에서 뭉뚝한 필기구로 전환된 때다. 이때에 글을 흙판에 그리는 것 보다는 눌러쓰는 방식으로 바뀌어서 글을 보다 쉽게 또한 빨리 쓰게 되었다.

2. 쐐기문자 이전의 선형 문자

4차 천년 말경에 폭발적으로 새로운 기호가 생겨났다. 이러한 발달은 최초의 도시가 건설되면서, 큰 왕궁이 생기고 사원이 건설되면서 동시에 발생된 것이다. 이때에는 경제가 보다 중앙 집중적으로 되고, 마을이 보다 큰 단위로 집중되면서 일어난 현상이다.

글자의 기본 조직은 그림문자에서 발생한 것이다. 기호들의 모양은 곡선을 나타낸다.

3면체 형태로 결코 나타낼 수가 없는 기호들이 많이 나타났다.

손 🖐, 머리 𝒫, 발 𝄇, 역 삼각 : '여자' 또는 '여성' ▽, 하루(날, 낮) ◡

흙 판에서 곡선 그리기는 쉽지 않은 일이기에, 갈대 필기구로 곡선을 눌려 찍거나 아니면 곡선의 형태는 점차 직선으로 대치되어 갔다. 그래서 기호 모양이 단순화되어갔다.

구분표시를 더 추가하여 특별한 의미를 나타내었는데 그래서 나온 형태가 🖐🖐 같은 것인데 여기에서 쐐기문자가 탄생한 것이다. 아카디아어 문자에서 중간 단계를 알면 원시 그림의 기원을 알 수가 있다.

아카디아어 표의문자로 '여자', '여성'의 기호 ⊱(Munus)는 처음 역삼각형 ▽에서 90° 변화를 하여 발달되어 나온 것이다. 또 '산'을 뜻하는 표의문자 ⊁(kur)는 실제 산의 정상을 그린 그림과 같다. 메소포타미아 지역에서 실제로 산은 없고 두 강에서 나온 퇴적 흙으로 평원이 이루어져있다.

수메르 단어(후에는 아카디아어 표의문자로 됨)로 '여성노예'는 복합 표의문자로 표현되는데, 아카디아어에서 '여성노예'는 ⧗⧓(munus+ kur)는 '여성'에 '산/외국'을 복합한 복합어로 구성된다. '여성노예'는 '산' 또는 '해외'에서 온 여인을 나타낸다. (영어'slave'(노예)도 비슷한 기원을 갖고 있다. 즉 많은 수의 슬라브족(Slavic People)이 10세기경에 서유럽으로 노예로 건너왔는데 slavic에서 slave가 나온 것이다)

선형문자가 쐐기문자로 전환되기 전에 발견된 평판 중에 초기에 속하는 것을 보면 그림문자의 배치가 일정한 선을 따른다든가, 논리적인 순서를 따르지 않고 쓸 수가 있는 공간에 아무렇게나 그림을 그렸다. 그래서 해석하기가 쉽지 않다. 쐐기문자가 사용되기 전에 사용된 선형문자 중에 가장 초기의 예를 들어 살펴보고자 한다.

3   2   1

초기 수메르 그림문자 평판
B.C. 3100-2900: 우르크에서 발견(Mason, 1928)

이 평판은 쉬엘 신부(Father Schiel)가 발견한 선형문자가 새겨진 평판으로서 표의문자와 음절문자를 혼합한 글자로서 가장 초기의 평판에 속한 것 중의 하나로 인정된다.

이 평판을 관찰해 보면 우선 발(𒑐), 나무, 의자(보위), 별 도자기 모양의 형태가 있다. 이 형태가 갈대의 뾰족한 끝으로 물에 젖은 흙 판에 그린 모습이라는 사실을 직감할 수가 있다. 이 평판에서 적어도 세 가지 정도의 정보를 찾아낼 수가 있다.

첫째, 갈대를 겪어 뾰족한 끝으로 그린 선형 그림문자다. 그림문자보다 발달된 형태다.

둘째, 90°좌측으로 회전 전의 형태를 가지고 있는 선형문자다.

셋째, 이 평판 새김글에는 표의문자도 음절문자도 표현된 혼합문자 평판 새김글 이다.

쐐기모양의 문자가 도입되기 전 선형문자 형태에서 또한 90°좌측 회전 전에 이미 음절문자가 도입되어 사용되고 있었다는 사실을 알 수가 있다. 이 평판의 문자 판독에는 학자마다 약간의 차이를 보이는데 그 대표적인 예를 두 학자 바톤(Barton, 1901: 127)과 드라이버(1944: 40)의 해석을 들겠다.

두 학자는 아리비아 처음 숫자 1은 위에서 아래로 읽고, 또한 그림이 순서에 맞추어 소리나 뜻을 표현하고 있다는 데에는 같은 의견이다. 우선 문자의 읽는 순서는 아라비아 숫자 표시로 1에서 위에서 아래로 읽고 그다음 2, 3의 순서로 읽는다. 이렇게 읽는 순서는 한자 읽는 순서와 같다.

바톤(1901: 127)은 이 그림문자가 아주 초기의 것으로 간단한 새김글에 사용되었기에 현재의 지식으로는 가장 확실하게 판독하기가 어렵다는 전제하에 심사숙고 하면서 자신이 판독한 것을 다음과 같이(대문자는 수메르어 표기) 제시했다.

1. GAR-DU-EN-GUB

2. SAR GANA KI SIG(?)

3. BAL (?) LAL DINGIR EN NUN GIR

위와 같이 판독하고, 이것을 로마자와 영어단어로 표기하면 다음과 같다.

1. Gar-du-en-gub

2. 600 bur of a field in the land of_____?

3. A libation he pours out. May the God, lord of Eridu bless.

한편 드라이버(1944: 40)는 다음과 같이(수메르어표기)판독한 것을 제시한다.

1. ḪE-GI-UL-EN-DU

2. 600 BUR KI-(?)

3. DINGIR EN-SAR-NUN

이와 같이 판도하고 이것을 로마자와 영어로 표기한 것을 보면 다음과 같다.

Ḫegiulendu(the priest of)the god Ensarnun: 600 BUR of(?) land

두 명의 학자가 판독한 해석의 순서와 해석의 차이가 있다.

바톤이 읽는 방법을 보면 처음 1번을 아래로 읽고 그 다음 2번을 아래로 읽고 3번을 아래로 읽었다.

드라이버가 읽은 방법을 보면 3번의 첫 글자를 먼저 ḪE로 읽은 후에 1

번에 와서 위에서 아래로 쭉 읽고 그 다음 2번에서 아래로 읽고, 그 다음 3 번에 와서 첫 글자를 뺀 후에 그다음 EN을 읽고 다음 오른쪽 먼저 읽고 다름 왼쪽으로 읽어나갔다.

이 문자의 형태는 선형 수메르형태로 아주 오래된 선형 그림문자다. 이 글자는 수직 형을 유지하고 있어서 글자의 방향변경 즉 90°로 뒤로 눕는 방법이전의 글자이고, 읽는 방법은 오른쪽에서부터 왼쪽방향으로 위에서 아래로 읽고, 오른쪽에서 왼쪽 방향으로 읽지만 변수가 많다. 그림으로 판단할 수 있는 것은 별, 항아리, 발, 나무들, 의자(왕좌), 문으로 판단되는 그림들이다.

고유이름인 'Gar-du-en-gub'이나 'He-gi(g)-ul-en-du'는 두 학자들이 다 같이 뜻글자가 아니고 음절로 구성되었음을 알고 음절문자로 판독했다. 고유이름은 가장 임의적이기 때문에 그림으로 그 뜻을 표시할 수가 없었다. 이때는 이미 그림문자, 표의문자 그리고 음절문자를 혼합하여 사용되고 있다. 'Gar-du-en-gub'이나 'He-gi(g)-ul-en-du'는 이름을 표기하는 철자는 그림의 형식으로 나타냈다. 첫 글자는 '밤'을 나타내는 뜻글자 형식인데 이런 형태는 한자, 이집트 상형문자 등에도 밤을 표현하는 표기로 나타나고 있다. 두 번째 그림은 뚜껑을 덮은 항아리 모습이다. 세 번째의 그림은 보위(왕좌)를 표현하고 있고, 네 번째는 분명 사람의 발을 표현하고 있다. 두 학자의 일치된 판독은 음절문자로 'EN'과 'DU' 또는 GUB'정도다.

아주 초기의 그림문자를 판독하는 것은 쉬운 일이 아니므로 학자마다 약간의 판독 차이가 있을 것이다. 여기서 확인할 수 있는 정보는 아주 초기 그림문자 시기에서도 표의문자뿐만 아니라 음절문자도 그림문자로 표현하고 있다는 것이다.

3. 선형문자에서 쐐기문자로의 전환

수메르 문자가 그림에서 글자로서의 기능을 갖는 순간부터 음절문자의 사용은 불가피한 상황이었다. 음성표기 원리를 도입한 것은 문법 요소를 표현하기 위함이 아니고 고유 이름을 표기(Sampson, 1985: 54) 하기 위해서였다. 특히 장소이름을 표기하기 위해서 음성표기를 도입했는데 그 이유는 수메르인이 수메르지역에 들어올 때에 이미 먼저 들어와 살고 있던 원주민이 그들의 언어를 사용하고 있었기 때문에 장소이름들은 이미 먼저 온 원주민이 사용한 이름을 계승했기 때문이다. 메이슨(1928: 227)은 수메르인이 수메르지역에 왔을 때에 이미 그 지역에 살고 있던 검은 얼굴 사람을 몰아냈다고 했다. 정확한 정보는 없지만 문명화되지 않은 미개인이었던 것은 틀림없다. 수메르 민족은 역사적 전통이 시작될 시기에 메소포타미아 유역에 도달했기 때문에 그들이 몽고족의 일파인 것(Mason, 1928: 229)은 알 수가 있으며, 그들이 메디아와 페르시아의 아라라트 산과 카스피해지역에서 왔을 것으로 추측하고 있다. 수메르인들은 원주민이 사용하던 고유이름을 그대로 계승하여 사용하였고, 그 고유이름을 나타내기 위해서는 뜻이 없는 소리의 연속으로 구성하도록 했기 때문에 처음부터 음성표기원리를 개발해 써야하는 필요성이 있었다.

따라서 발음을 표기하는 그림과 뜻을 표기하는 그림이 연합되어 수메르 문자의 초기형태를 이루고 있었다.

그림문자에서 약간 발달된 선형문자가 쐐기문자로 전환하기 바로 이전과 바로 이후의 예를 나타내는 귀중한 흙 평판 두 개가 발굴되어 초기 그림문자의 이해를 돕고 있다.

발굴된 흙 평판에는 같은 내용이 새겨져 있는데 하나는 선형새김글이

고 다른 하나는 쐐기문자로 되어 있고, 특히 같은 장소에 나왔기에 선형
에서 쐐기형태로의 전환 시기를 추정할 수가 있는 귀중한 자료다.

메이슨(1928: 232)에 의하면 고대 도시 우르크(현대 와르카(Warka))에
서 헨리 로린슨이 발굴했던 두 새김글의 예는 다음과 같다.

A새김글(Mason, 1928: 232)   B새김글(Mason, 1928: 234)

B는 쐐기문자 이며 읽는 방향은 왼쪽에서 오른쪽으로, 각 칸 다음에 아
래로 내려읽게 되어있다. A는 쐐기문자 이전의 선형글자 이며 읽는 것도
왼쪽에서 오른쪽으로, 각 칸 다음에 아래로 내려 읽게 된다. 이 A와 B새
김글은 아주 신기하게도 똑 같은 장소에서 발굴된 것이고 내용도 같다.

헨리 로린슨이 B새김글 쐐기문자를 판독해 보니 영어로 'Beltis, his
lady, has caused Urukh, the pious chief, King of Hur, and King of the land
of the Akkad, to build a temple to her.'(Mason, 1928: 233)라는 내용이었
다.

내용 판독에서 워크(1987: 55)는 다음과 같이 판독해서 로린슨과 큰 차
이를 보이고 있다. 'For Inanna his lady Ur-Mammu, the mighty man, king of

Ur, king of Sumer and Akkad, has built her temple.'으로 번역했다. 이 판독 문의 음역을 보면 '^{D}inanna nin-a-ni ur- ^{D}nammu nita-kala-ga lugal -uri^{KI} -ma lugal-ki-en-gi-ki-uri-ke₄ é-a-ni mu-na-dù'로 구성된다.

판독의 차이점은 다음과 같다.

첫째, 신 이름이 다르다. Beltis신과 Inanna신
둘째, 왕의 이름이 다르다. Urukh 왕과 Ur-Mammu 왕
셋째, 나라이름이 다르다. Hur국과 Sumer국

이것은 수메르 시대의 그림문자와 쐐기문자 새김글 판독이 완성된 것이 아니고 계속 진행 중에 있으며, 계속 발견 및 확인을 통해 수정되고 있음을 말해 준다.

글 읽는 방식은 왼쪽에서 오른쪽으로, 위에서 아래로 읽게 되어있었다.

위의 평판 B를 발견하고 나서 로린슨은 이내 같은 장소에서 A 평판을 발굴했는데 이것에는 쐐기문자 모양의 흔적은 없지만 거의 같은 내용 새 김글로 추정 할 수가 있다. 이 평판의 그림모양이 쐐기글자모양으로 변화 되기 전 단계 마지막 선형 그림문자라는 것을 짐작케 한다. 즉 기하학적 인 윤곽을 가지고 그림문자의 성격을 가지고 있다.

이런 형태를 보면 수메르의 쐐기문자는 관습화된 표현이었고, 그것은 바로 앞의 조상인 수메르인들이 채용한 글자조직인 초기 상형문자에서 수세대에 걸쳐 변화된 용법을 사용해 오면서 차츰 만들어진 관습화된 표 현이라는 생각을 하게 된다.

쐐기문자형태는 갈대 필기구를 흙 평판에 눌러 쓰는 획의 모습으로 나 타났는데 이 형태는 B.C. 3000년경에 나타났다. 그리고 B.C. 2800년경에 는 수메르 글자에 음을 나타내기 위해 수수께끼 원리(rebus principle)을

적용하는 방법이 나타나기도 했다.

A 평판은 쐐기 획의 징후를 일부 보이는 것도 있지만 전부 선형문자이고, 새김의 내용이 B와 똑같은 내용 (Mason, 1928: 333)을 담고 있는 것이 특징이다. 이 그림문자는 그림들이 획의 왼쪽모양과 수직으로 된 획의 위쪽이 쐐기의 머리모양으로 전환하기 직전의 모습으로 별을 그린 형태에서 왼쪽 획들이 오른쪽의 획보다 좀 더 통통한 모습을 보이고 있다. 특히 A 평판에서 𐎚(a) 음을 나타내는 문자가 좌측 둘째 줄과 우측 셋째 줄 중간에 보면 B 평판의 글자와 비교해 볼 수 있는데 거의 같은 모양새를 띄고 있으며 쐐기 획의 머리모양이 곧 변화조짐을 가진 형태로 보인다.

하늘의 '별'을 나타내는 선형문자도 A평판에서 왼쪽 획들이 다소 오른쪽의 획에 비해서 굵은 흔적은 보이고 있으나 획의 머리가 뚜렷하게 못의 형상은 되지 않고 있다. 그러나 B평판은 이미 쐐기문자로서의 형태로 나타나고 있다.

왕을 표기한 철자는 A 평판에 우측 첫줄과 둘째 줄에 나오고 있다. 그런데 첫줄에 있는 선형글자와 둘째 줄에 나온 선형글자가 약간의 차이가 있다. 둘째 줄에 나온 선형글자가 더욱 단순화된 형태다. 물론 B 평판을 보면 같은 쐐기문자를 보여주는 같은 뜻을 나타낸 것이다. 그래서 추측하건데 선형 글자의 시대에 선형글자형태는 글자마다 약간 다를 수가 있고, 글 쓰는 공간의 차이에 따라서 약간 달라질 수도 있다는 추측을 하게 한다. B평판의 쐐기문자는 우측 첫줄과 둘째 줄에 나온 것은 같은 획을 가진 같은 모양의 글자로 구성되고 있다. 형태가 안정을 찾은 듯하다.

평판 A와 평판 B를 비교해 나온 결과는 선형문자에다 그 위에 쐐기 형을 갖다 얹혀 놓은 형국을 보이고 있는 점을 미루어 보면 선형문자에서 쐐기문자로 발전된 것임은 분명하다.

변화된 시기를 추측해 보면 A 평판은 선형 획에서 쐐기 획으로 전환이 진행되는 시기이거나, 쐐기문자로 전환되기 직전의 형태이고, B 평판의 쐐기문자로 전환된 직후의 모습임을 추측할 수가 있다.

그래서 위의 두 평판의 예가 최초로 수메르인들이 사용했던 글자조직이 처음에 아주 오래된 상형문자에서 세월이 가면서 차츰 형태의 변화가 이루어져 마침내 관습화된 형태로 되어 그림문자에서 90° 좌회전하여 선형문자와 쐐기문자의 형태로 나왔다는 것을 증명해 주는 듯하다.

이 평판 문자는 그림에서 시작해서 그림문자의 최후에 발달된 형태 즉 선형문자와 쐐기문자의 최초의 형태이다. 원래 그림문자 형태에서 단순화와 관습화의 과정을 거치면서 차츰 옛날의 사물형태를 찾을 수가 없을 정도로 변화된 모습을 보이게 됐다.

고대 메소포타미아의 발굴지에서 보면 파괴된 도시를 발굴할 때에 여러 층으로 된 흔적을 볼 수가 있는데 아주 깊은 곳은 아주 오래된 유물이 나오고 땅의 지표면에 가까 울수록 현대에 가까운 유물이 나오게 된다.

따라서 바빌로니아와 아시리아의 중기·후기 왕국의 문명유적층에서 나오는 것은 후기 쐐기문자 평판이 나오고 차츰 깊이 들어가면서 쐐기문자의 쐐기 획의 모양이 사라지는 평판이 나오며, 선형문자의 형상이 그다음에는 글자가 아닌 그림모양이 나오게 된다.

아주 초기라고 여긴 선형으로 된 수메르 글자는 2단계의 글자 진행단계를 거친 상태이다. 즉 음성문자의 단계 즉 음절문자의 시대에 해당되는 문자이다. 즉 첫 단계 그림문자 단계와 뜻글자의 단계를 거쳐 음절문자 단계에 이르렀던 것이다.

4. 쐐기 획의 다양한 모양

쐐기 획은 갈대 끝으로 처음에는 위에는 두툼(𝐕) 하고 아래는 뾰족한
모양(𝐘)으로 만들었다. 최초에는 기호들이 위에서 아래로 썼다. 후에 가
서 기호들이 옆으로 방향전환을 해서 왼쪽에서 오른쪽으로 쓰게 되면서
후기에 갈수록 단단한 물질에다 글을 새기게 됐다. 쐐기기호는 기본적으
로 5개 방향의 기호를 썼다. 즉 ▶ , ◤ (두개 상하대각선), ◀ , 𝐘 이다. 그
런데 상향대각선은 용도가 아주 제한적이었다. 이 5개 쐐기기호는 각각
의 용도가 있었다.

> 첫째, 작은 후크 쐐기획(◀)은 짧은 대각선 쐐기와 같이 사용된다.
> 둘째, 상 하 대각선 쐐기는 단독으로 사용되지 않는다. 다른 쐐기는
>   단독 사용가능하다.
> 셋째, 상향 쐐기 획 (⅄)은 사용이 거의 없다.
> 넷째, 좌로 보는 쐐기획(◀)은 사용되지 않았다.

쐐기 획은 세월이 지나면서 상당한 변화를 이루었다. 즉 고대 바빌로니
아 시대(B.C. 2004-1595)에서 신 바빌로니아시대(B.C. 1000-625)까지 거
의 천 년간 세월이었는데 천년의 말년에 가서 쐐기기호에는 상당한 변화
가 일어났다.

현대의 쐐기문자의 기호 목록은 신-아시리아(B.C. 1000-625)에 속한
것이고, 이 연구 분야를 아시리아학으로 칭하고 있고, 이것은 아시리아의
수도 니네베 도시에서 발견한 왕립도서관의 발견으로 시작되었다.

신-아시리아 쐐기글자의 모양은 보다 정사각형 모양을 가지고 있다.

신-아시리아 쐐기문자 ◤ 와 ◀ 모양은 신-바빌로니아의 쐐기문자에서

쓰지 않는 현상이다.

예를 보면 *ni* 의 글자를 비교해 보면 다음과 같다.

신-아시리아 쐐기문자 ◸▦ *ni*
신-바빌로니아 쐐기문자 ◿▧ *ni*

쐐기문자가 오랜 세월 사용되다 보니 처음의 자연적인 모습의 기호 형태가 많이 변화되었다. 그래서 같은 내용의 텍스트도 초기 때와 후기 때의 모습에서 큰 차이를 보여주고 있다. 특히 각 기호는 단계별로 변천되어온 형태의 추적이 가능할 정도다. 또한 서자생들에게서도 여러 파와 서자생의 개별적인 독창성이 나타는 것도 있다.

예 1) ⑂ (a)를 오른쪽으로 45° 비스듬히 쓰는 것도 있는데 이렇게 쓴 것을 카파도키아 텍스트(Cappadocian text)라고 한다.

예 2) 초서체(Cursive script)형태가 첫 바빌로니아 왕조(B.C. 2004-1595) 시대에 점점 작아지는 경향이 또렷하게 나타나는데 두 가지 경향이 있다.

첫째, 아시리아 수도였던 니네베의 아쉬르바니팔(B.C. 668-626)도서관에 나온 평판 에서 보인 신-아시리아 형태
둘째, 신-바빌로니아제국(B.C. 604-539) 형태. 이 기간에는 5가지의 특징이 나타나고 있다.

첫째, 안으로 굽은 획이 나란히 펴져 수평을 이룬다.
둘째, 많은 평행선의 쐐기 획이 크게 감소했다.
셋째, 하나의 기호를 구성한 쐐기 획들이 아무 연관도 없는 다른 기

호들을 닮아 변화를 이룬 것도 있다.

넷째, 비슷한 기호들이 합쳐지는 것도 있다.

다섯째, 하나의 기호가 두 개로 분할하는 것도 있다.

이 밖에도 서자생들이 복잡한 형의 쐐기문자기호를 피하고 간단한 기호를 사용하는 경향을 보이는데 예로 누찌(Nuzi) 서자생들이 그렇게 했다.

위에서 언급된 원칙들이 세월이 가고 세기가 바뀌면서 기호 형태가 변화한다는 원칙이 시대와 장소에 관계없이 일률적으로 적용되지는 않았다. 이런 변화는 신-아시리아 형태에서 더욱 나타나고 있다.

특히 돌 비석에 옛날 글자를 새기는 방식이 선사시대에서 역사시대까지 쭉 내려왔고, 도장 새김에서도 그 옛날의 글자가 끝까지 사용되었다. 모든 시대 장소 가릴 것 없이 도장에 새긴 글은 세로글씨가 지속 됐고, 다만 카사이트 왕조와 중-아시리아 시대 때의 도장만은 수평글씨로 새겼다. 또한 도장 글씨는 옛날 글자로 딱딱하고 정형화된 것이었다.

옛날 글자 형태가 상당히 유지되어왔는데 첫 바빌로니아 왕조(B.C. 2004-1595)시대에조차 글자들이 위에서 아래로 종서하고 세로 칸으로 오른쪽에서 왼쪽으로 새겼다. 읽는 사람들은 누워있는 글자의 각도와 관계없이 계속 읽어 낼 수가 있었다.

카사이트 왕조시대(B.C. 1550-1155)에 새로운 방식인 돌에 새김 하는 것이 도입된 것은 옛날 전통방식이 2세기 정도의 기간 동안 힛타이트의 통치기간에 잊혀 진 후에 일어난 일이다. 새로운 방식은 유치하고, 미숙하고, 뻣뻣하고, 볼품없는 상태로 상당기간 지속되었다. 그러면서 의도적으로 옛날식의 글자가 다시 사용되었고, 심지어 신-바빌로니아와 셀로우시드시대 까지도 많이 사용되었다.

B.C. 2000 경에 유별난 고대 아시리아글자가 개발되었는데, 이 글자는 바빌로니아체 보다 훨씬 규칙적이고, 보다 더 대칭적이며, 보다 덜 초서체 형이다.

단어와 단어 분리 표시에서도 여러 가지 방법이 사용되었다.

첫째, 처음에는 단어와 단어 사이에 여백을 두거나, 어떤 중지 표시를 삽입해서 단어와 단어사이를 구분하는 장치가 없었다.

둘째, 세월이 가면서 고대 아시리아시대의 평판과 카파도키아 평판에는 매우 자주 쐐기 획 ㄱ이 사용되었다. 그리고 고대 페르시아 베히스툰 새김글에서 ◀ 쐐기 획이 사용된 경우도 있다. 일반적으로 두 줄선 사이에 쓰인 단어에는 단어 분리표시가 쓰이지 않았다.

셋째, 흙 평판에 새길 때에 서자생은 평판 끝 넘어 쓰기를 좋아했다. 다음 줄 선으로 넘기기 전에 단어 쓰는 것을 끝내기위해서다.

넷째, 함무라비 법전 같이 중요한 돌 비석에 새길 때에 서자생들은 텍스트를 여러 칸으로 나누어 쓰는데 서자생은 그 칸의 줄을 넘기지 않게 하고 대신 단어를 분리해서 다음 줄에 끝내게 한다. 그때에 일반적으로 넘쳐난 기호들을 처음에 쓰지 않고 이 줄의 끝에 위치시킨다.

다음은 쐐기문자의 초기당시의 모습인 함무라비 법전이 새겨진 돌비석과 바빌로니아 함무라비 법전 중에 196번째 법조문을 3가지 다른 쐐기문자로 나타낸 것이다. 첫째 것은 함무라비 왕 통치시대 보다 약 400년 전 B.C. 2150년 경 고전수메르 글자로 표현한 것이다. 둘째 것은 B.C. 1750년경 고대바빌로니아 시대 것이다. 셋째 것은 B.C. 1000년경 신 아시리아 문자로 쓴 것이고, 음역은 아카디아어로 되어있고, 그것을 영어로 번역한 것이다.

첫째, 고전 수메르어 쐐기문자

함무라비 법전 새김비석

둘째, 고대 바빌로니아어 쐐기문자

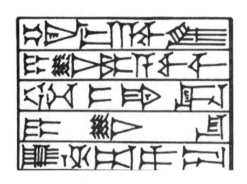

셋째, 신 아시리아어 쐐기문자

넷째, 아카디아어(고대 바빌로니아어와 아시리아어 둘 다 포함된 것) 음역

첫째 줄 šumma awīlum
둘째 줄 īn mār awīlim
셋째 줄 uḫtappid
넷째 줄 īn šu
다섯째 줄 uḫappadû

다섯째, 영어로 번역한 내용

If a man
the eye of a son of man
destroys
eye his
they will destroy.
(만약에 한 남자가 다른 남자의 아들 눈을 망가뜨리면, 그들도 그의

눈을 망가뜨릴 지어다.)
(Visible Language, vol. 15, pp. 345-72 Grumach, E. (1976))

제14장 메소포타미아 거주자들

1. 수메르인

수메르 땅에는 여러 민족이 들어와 정착을 했는데 이미 정착한 사람들은 새로 들어온 사람들의 좋은 점을 받아 들여서 서로 동화되어 가면서 새로운 곳을 그들의 고향으로 만들어 갔다. 그래서 후기 시대 바빌론 사람들은 혼합된 인종으로 구성되어 있었다. 물론 최초의 거주자는 셈족이 아니었던 것은 분명하고, 미개인이 살았고, 그 다음이 몽골족임이 추측된다. 몽골족으로 생각되는 민족은 교착어를 사용했는데 이 언어는 어휘, 어근형태, 문법 등이 셈어의 형태와는 판이하게 다른 면을 보이고 있었다. B.C. 5차 천년 시작 때의 초기 인종은 쉬르푸라(Shirpurla)(= Lagash, 현대 Telloh)에서 발굴된 얼굴조상을 판단해보면, 신장이 짧고, 땅딸막하고, 광대뼈가 툭 뛰어나오고, 밋밋한 얼굴, 넓은 코, 아몬드형의 눈, 수염이 없거나, 머리와 얼굴에 털을 짧게 깍은 형의 사람으로 묘사되고 있었는데 이런 형태는 중국인이나 한국인의 얼굴에 가깝다. 같은 시기의 다른 얼굴상을 보면 앞에 언급한 특징과 다소 다른 특징을 가진 혼합된 인종

모습으로 보인다. 더 이후에 나온 부조와 얼굴조상에 나온 모양은 앞에 나온 것과 비교해서 머리 폭이 길이에 비해서 좁고, 전형적으로 호리호리하고 매부리코의 특징을 가지고, 길고 물결치는 머리털과 턱수염을 가진 사람의 형상을 하고 있다.

수메르인들은 11개의 도시국가를 구성해서 서로 견제하면서 살았다. 그 도시국가를 보면 우르, 라르사, 우르크, 라가쉬, 기르수(Girsu), 움마, 쉬루팍, 아답, 푸즈리쉬-다간(Fuzrish-Dagan), 이신, 니플 등이다. 이 도시국가들은 서로가 강력하게 독립성을 주장했기 때문에 그들의 사회가 통일되지 못했다. 그래서 수메르인들의 실제적인 통일은 B.C. 2334년경에 북쪽의 아카드 왕인 사르곤 왕이 수메르 도시국가에 군대를 동원해 정복함으로서 강제로 통일이 이루어졌다.

수메르어가 발달되면서 많은 단어가 첨가되고 단어의 표현방식도 점점 더 복잡하게 되어 갔다. 그렇지만 수메르어는 단지 18개의 자음과 4개의 모음(a, e, i , u)만을 가지고 있었다.

수메르문명은 대체로 B.C. 3500년에서 2200년 사이에 번영했다, 수메르인은 궁전과 사원을 짓고, 우르를 비롯한 여러 개의 도시를 건설했다.

B.C. 2300년경에 바빌로니아 셈족이 침입해서 B.C. 539년까지 지배했고, 그 이후에 페르시아 인이 그 지역에 침입해 와서 B.C. 331년까지 지배했다.

사르곤 왕의 통일이후에 수메르인들은 차츰 아카디아인으로 흡수되어 갔고, 약 4-5백년 후에 메소포타미아의 왕을 '수메르와 아카드의 왕'(King of Sumer and Akkad)이라고 부르게 되었다.

가끔 역사에서 '문명은 그 문명을 정복한 자를 정복한다'는 말이 있다. 이 말이 아카디아어에 적용이 된다. 세월이 지나가자 수메르의 쐐기문자는 셈어족의 아카디아어를 표기하는데 사용되어갔고, 수메르의 문화는 그 자체로 북쪽에서 침입한 아카이아인을 정복하게된 것이다.

2. 셈족의 이주

더 이른 시기에 몽골 인으로 추측되는 수메르인 다음에 B.C. 4000년 이전에 메소포타미아의 한 부분을 점령하면서 셈족이 들어왔다. 이 땅은 다음의 수백 년 동안 완전히 그들의 통제 하에 들어갔다. 따라서 메소포타미아의 지역에 수메르인에게 제2의 대민족인 셈족이 합쳐지게 되었다. B.C. 2500년경에는 셈족의 제2차 이주가 이루어져 일차 때의 민족의 힘을 보태어 셈족의 우위를 확실히 했다. 또한 엘람 족과 카사이트 족 들이 일정한 시기를 두고 들어왔다. 또 다른 셈족이 칼두를 점령하면서 셈족의 인구가 날로 증가되어 갔다. 정복된 나라에서 강제적으로 끌고 온 식민지의 사람들로 수메르 즉 칼데아시대에 또 다른 인종을 첨가시켰다. 그래서 칼데아 시대에 인구는 단일민족보다는 이질적인 민족의 수가 오히려 많아졌다.

바빌로니아 지역에 수세기가 지나자 셈족의 왕 'King of Sumer and Akkad'의 능력이 쇄진해지자 새로운 셈족의 일파가 유프라테스 강의 유역에 나타났다. 아카드인이 사르곤 왕의 휘하에 있을 때와 같은 모양으로 이들은 지중해 근처 시리아에서 들어온 아모리족이었다. 그들이 바빌론을 점령했을 때에 그 당시의 바빌론은 유프라테스 강의 언저리에 있어서 큰 의미가 있는 지역이 아니었다. 그러나 아모리족은 이 지역을 수도로 정하고 나라를 세우고 왕을 모셨다. 그것이 바로 고대 바빌로니아 제국이다. 그 제국에서 11명의 왕이 나왔고, 이중에서 6번째 왕이 그 유명한 함무라비 왕이다. 그는 B.C. 1792-1750년까지 통치했고, 이 함무라비라는 이름의 뜻은 영어로 보면 'my father, the Amorite'의 뜻이라고 하며 아모리족의 이름이 왕의 이름으로 나올 정도로 아모리족의 영향력은 대단했다. 함무라비는 그 당시 엘람인이 정복하고 있던 수메르지역을 점령하는 데 30년간의 전투를 했다. 이렇게 해서 수메르와 아카드지역 즉 티그리스와 유프라테스 강 유역을 완전히 점령하여 통일 국가를 구축했다.

170년 후인 B.C. 1530년에 고대 바빌로니아 왕국은 인구어족에게 멸망했다. 이들은 첫 침입자인 지금의 터키동부지역에서 온 힛타이트 족으로 철기무기와 2륜 전차를 사용했다. 힛타이어족이 바빌로니아를 점령하고 난 후 곧 다른 인구어족인 카사이트족이 페르시아에서 역시 말을 타고 철기무기를 사용하면서 2륜 전차를 몰고 바빌로니아로 돌진해왔다. 그래서 약 B.C. 1100년까지 4세기 간 동안 카사이트족이 메소포타미아지역을 통치했다.

바빌로니아 언어에 대한 자료는 주로 원주민들이 생활에서 사용하던 물건에 새긴 새김글에서 수집한 것이다. 그 예를 보면 건물을 지은 벽돌, 거리나 광장에 깔아 놓은 벽돌, 신에게 바친 여러 가지 봉헌물, 흙 평판이나 돌, 조상, 여러 가지 형태의 원통도장, 원뿔형 도장, 꽃병, 주발 등에 새겨진 새김글을 보고 알게 된 것이다. 이것에 새긴 글자는 쐐기모양으로 새김 되어 있어서 쐐기문자라고 했다.

이 쐐기문자에 표현된 언어는 셈어가 아닌 수메르어인데 이것은 비셈어족인 몽골-타타르족(Mongol-Tartaric group)족이 사용한 언어에 가까운 언어라고 주장하는 학자들도 있다. 바빌로니아 제국 북쪽에 아시리아 왕국이 들어선다. 물론 B.C. 7세기경에 그 유명한 네부카드네짜르 왕이 바빌로니아를 짧은 기간에 부활시켰지만 B.C. 6세기 중엽에 메소포타미아

지역은 페르시아의 정복을 당한다.

3. 수메르어-아카디아어

이 두 언어는 어휘, 어근 형태, 문법 등이 완전히 다르다. 수메르어는
셈어가 가지고 있는 세 자음 어근을 가지고 있지 않고, 성의 기본을 가지
고 있지도 않고, 굴절도 안 되고, 복합단어를 선호하고, 독특한 수 체계를
가지고 있고, 전치사 대신에 후치사를 사용하며, 종속절이 주절 앞에 나
오고, 원인을 나타내는 부분이 절의 후미에 따라 붙는다.

두 민족이 서로 다르기에 두 가지 언어가 사용되었다. 그러나 두 민족
중에 몽골족인 수메르인은 점차적으로 셈족에게 밀리게 된다. 함무라비
바빌로니아 왕 때에 글 쓰는 방식이 두 가지가 확실하게 다르다는 것을
보여준다. 그의 백성이 두 민족으로 구성되고 두 언어가 사용됨으로서 기
대되는 것은 이중 언어를 사용하는 것이었다. 그 당시의 텍스트를 보면
한 줄은 수메르어 그 다음 줄은 셈어로 번갈아 가면서 줄을 이어간 것을
보면 그 당시의 실정을 여실히 보여 주고 있다. 또한 수메르어-셈어 사전
이나 음절표가 여러 곳에서 발견되기도 한다.

종교, 예절, 주술어구들이 거의가 수메르어로 되어 있다. 이 용어들은
수메르어가 쓰이지 않은 시기까지 계속 사용되었다. 이러한 것은 전 세계
적인 종교의 법칙에 따른 것인데, 그 법칙에 의하면 예절과 종교에 관한
용어들은 그 사용언어가 사용되지 않고 또한 이해가 되지 않을 그 정도가
된 이후 까지도 사용된다는 것이다.

더구나 수메르어를 사용한 지역은 일부분에 불과한 메소포타미아의
남부지역이며, 거기에서는 수메르어가 아주 오래도록 지속되었다. 이 지

역은 셈족들이 점령할 수가 있는 가장 남쪽지역이었는데 남쪽과 북쪽과의 적대적 관계는 민족이 다르고, 언어도 다른 것으로 설명될 수가 있다.

아시리아-바빌로니아어는 공통된 셈어의 형태를 가지고 있고, 굴절이 되고, 단어 구성에서 어근이 세 개의 자음으로 구성된 언어이다. 그 언어는 북부 셈어 군에 속하며, 그 어군에는 아람어, 페니키아어, 히브리어 등이 있다. 쐐기문자가 수메르어와 셈어를 표기하는 이중역할을 한 때는 그 시기가 B.C. 4000년까지 거슬러 올라간다. 그 후에 셈족이 수메르민족을 최종적으로 정복한 B.C. 2000년경에 수메르어의 사용은 점차 종교적인 행사와 주술적인 범주에 속하는 것에만 한하게 되었다.

제15장 아카디아어를 표기하는 문제

수메르인이 수메르어를 표기하는데 적합하도록 만들고 다듬어 가는 도중에 있던 수메르 쐐기문자를 언어적으로 전혀 관련이 없는 셈어 표기를 위해서 차용되어 간 경우에 상식적으로 생각해도 많은 문제점이 제기될 것으로 추측된다.

1. 언어적인 차이점

쐐기문자를 발명한 수메르인들은 이 글자를 수메르 언어를 표기하는데 적합하도록 갈고 다듬어 가고 있는 중이었다. 이 때에 이 쐐기문자를 언어가 다른 셈족이 그들의 언어인 아카디아어를 표기하기 위해서 차용해 갔다. 즉 어떻게 차용해 가서 어떻게 적용시켰는지 알아볼 필요가 있다.

우선 수메르어의 특징을 살펴볼 필요가 있다.

첫째, 이 언어는 언어적으로 고립되어 있고 관련 언어를 찾기가 어렵다. 마치 에트루스칸어(Etruscan)와 바스크어(Basque)등과 같이 언어세계에서 관련 언어가 지금까지는 전혀 없다.

둘째, 첨가어다. 즉 불변화하는 어근 앞뒤에 판독 가능한 형태소가 첨가되는 형태다. 미차로우스키(Michalowski, 1980: 91)가 한 예를 제시하는 것을 보면 ' ereš-e in-tud-en (The queen bore me.)'에서 동사어근 tud 앞에 형태소 i와 n이 첨가되고 뒤에 형태도 en이 첨가된 모습이다.

수메르어는 인구어와 셈어와 닮지 않은 완전히 다른 언어였다. 언어학자들은 이 수메르언어를 형태분류에서 첨가어라고 분류한다. 현대 터키어와 같은 부류다. 이 수메르어의 특징 중에 기본 개념은 변하지 않는 음절로 표현되고 일련의 접사가 붙어서 문법관계를 나타낸다. 수메르어에서 사용된 자음 모음은 모두 22개이다.

모음 ……… 4개: a, e, i, u;
반모음 …… 1개: y
자음 ……… 17개: b, d, h, g, k, l, m, n, p, r, ŕ, s, t, z, ḫ(hard h),
                     ḡ(nasalised g), š(영어sh)

셋째, 수메르어 어근이 대부분 단음절로 구성되어 있어 내부적으로 교환 변경할 수가 없고, 첨가어의 특성 때문에 수메르인이 채택한 표의문자체계는 수메르어를 표기하는데 매우 적합했다(Seri, 2010: 89).

수메르어의 존재를 알게 된 것은 수메르어와 아카디아어로 구성된 이중 언어 텍스트를 발견하고 부터서다. 그 텍스트를 B.C. 7 세기 아시리아왕의 도서관이 있는 아시리아 수도 니네베에서 찾았다. 이 이중텍스트를찾기 전에는 많은 학자들이 수메르어의 존재를 인정하지 않았고, 단지 속기를 위한 속기사들의 암호에 불과하다고 생각했을 정도였다.

수메르어의 특징에 대비된 아카디아어의 특징은 다음과 같다.

첫째, 아카디아어는 다른 언어들과 관련이 있다. 즉 아랍어, 히브리어, 아라비아어, 아람어 등과 같은 어족에 속한다.

둘째, 아카디아어에는 세 가지 방언이 있다. 즉 고대 아카디아어, 바빌로니아어, 아시리아어 등이다. 그래서 바빌로니아어나 아시리아어는 다 같이 아카디아어이다. 이들 방언을 표기하는데 쐐기문자는 약간의 차이점이 있었다. 아카디아어는 셈어이기 때문에 셈어가 가지는 특징을 모두 가지고 있다.

셋째, 아카디아어에 단어의 기본 어근은 3개의 자음으로 구성되어 있다. 이 어근 3개에 자음의 중복이 가능하다. 내부적으로 모음 형태를 가지고 있고, 접두사, 접미사, 삽입사(Infix)가 첨가된다. 예를 들면, 단어의 기본 어근 자음 셋 prs을 기본으로 하고 자음 셋에 중간에 자음을 이중으로 삽입 한다든지, 모음을 삽입한다든지, 접두사를 붙이거나 후치사를 붙이는 등의 변화를 주어 다음과 같이 iprus, purus, iparrasuni 등으로 표현할 수가 있다.

넷째, 아카디아어에는 단순하지만 엄격한 규칙, 두 개 이상의 자음 덩어리를 허용치 않는 음절구역경계 규칙이 있다. 따라서 수메르 글자조직을 차용하게 된 결정적인 이유는 셈어족에 속한 아카디아어가 단순하지만 엄격한 규칙을 가지고 있었기 때문이다. 즉 두 개 이상의 자음의 덩어리를 허용치 않은 엄격한 규칙인데, 만약에 두 개 이상의 자음 덩어리가 나오면 음절구역경계 규칙에 의해서 자동적으로 분리되게 하는 규칙이다. 달리 표현하면 아카디아어는 두 개의 자음 이상이 시작되거나 끝나는 음절을 갖고 있지 않다.

이러한 특징을 설명하는 예를 보면 다음과 같다.

예) 이 문장 *aštanapparakkim* (I will keep writing to you.)에서 어근
은 *š-p-r* 3개 자음이다. 위 문자에서 6개의 음절로 나누면
aš=ta=nap=pa=rak=kim 이다.

또한 이 문장 형태소 8개를 분석하면 다음과 같다.

a-	1인칭 단수굴절 접두사
-š-	제 1어근
-tana-	반복의 삽입사(반복적이고, 습관적이고 계속적인 행동 표현)
-pp-	제 2어근 *p*를 반복해서 현재나 미래 표시
-a-	현재 또는 미래를 지칭하는 주제 모음
-r-	제 3어근
-ak-	접미사(*m*을 가진 방향성 형태소 *-am* 이 다음에 오는 자음 *-k*와 동화됨)
-kim-	여격 대명사적 접미사, 2인칭 여성 단수.

셈어에 비해서 수메르어 단어는 단음절이고 내부적인 변화를 일으키
지 않기 때문에 아카디아어를 기록할 때에 아카디아어의 의미적인 중요
한 구조적인 특징을 전하기 위해 핵심적인 음절이 필요해서, 표의문자를
음절문자로 전환하여 아카디아어를 기록하기게 되었다.

수메르어에도 상당수의 음절을 표기하는 기호가 초기 때에 이미 사용
되었다고 하더라고 특히 접두사와 접미사의 형태소들을 위해서 고대 바
빌로니아 서자생들은 많은 선택권을 가지고 있었다. 앞에 예를 든 것을 다
른 형태로도 기록이 가능했다. 즉, *aštanapparakkim*을 9개음절 방법으로

aš-ta-na-ap-pa-ra-ak-ki-im 도 가능했다. 즉 CV와 VC음을 가진 기호들만
으로 사용가능하다. 즉 CVC형의 음절형태를 포함하지 않고도 가능했다.

아카디아어를 말하는 서자생은 수메르 기호를 이용해서 아카디아어
단어를 표현했다.

> 예) 아카디아어 *immerū* (양)을 수메르 기호로 udu-meš 로 표기한다든
> 지, 아카디아어와 수메르어를 혼합시켜 수메르어 gal(위대한)에다
> 아카디아어 *rabû*(위대한)를 혼합시켜 gal-*û*로 표현하기도 했다.

아카디아어에 사용된 자모가 모두 25개이다.

> 모음 ······· 4개: a, e, i, u (모음 o는 수메르어의 영향으로 소멸되었음)
> 반모음 ···· 2개: w, y
> 자음 ······· 19개: b, d, g, k, l, m, n, p, q, r, s, t, z, ḫ, ṣ, ś, š, ṭ ʾ(성문음)

특이한 것은 수메르 ḡ(nasalised g)는 아카디아어에서 비음이 안 되는 g
음으로 사용하고, 아카디아어는 수메르어의 영향으로 ḫ만 사용했다. 원
래 셈어에는 세 개의 h-음 즉, h, ḫ, ḥ 음이 있었다.

또 아카디아어에는 원래 3가지의 치찰음 s, ś, š 등이 있었지만 고대 아
카디아시대 이 후부터 ś음이 사용되지 않는다. 3개의 강조음 ṣ, ṭ, q와 성
문 폐쇄음ʾ과 아카디아어에서 사용되는 p등은 수메르어에서는 사용되지
않는다.

위의 예에서와 같이 두 언어의 음 체계를 비교해 보면 수메르어 철자가
아카디아어를 표기하기에 이상적인 철자가 아니라는 생각을 누구나 하게
된다. 아카디아어를 표기하기 위해서는 철자를 새로 만들거나 수메르철

자를 수정해야만 했다. 여러 가지 문제 중에 우선 성문 폐쇄음'을 표기하기 위한 철자를 새로 만들어야했고, 자음 b와 p, 그리고 d와 t의 차이, g k q와의 차이 등이 글자에서는 차이표시가 없는 것을 해결해야했다. 그리고 수메르 음절을 채택해서 아카디아어에 적용시키면서 아카디아 서자생들은 수메르 음절표에 더 많은 음가를 첨가했었다.

3차 천년 후반부터 쐐기문자 수는 600개 이며 가용할 음가 수는 훨씬 많았다.

수메르어와 아카디아어와의 관계를 좀 더 유심히 관찰할 필요가 있었던 것은 두 언어가 서로 인접해 있는 민족의 언어로서 꾸준히 민족 간에 교류가 많았던 것도 있지만 수메르어를 발견하게 된 것도 아카디아어를 판독하는 과정에서 아카디아어라는 매개체를 통해서 수메르어를 발견할 수가 있게 됐던(Edzard, 1998: 35) 것이다.

특히 쐐기문자를 아카디아어 기록에 채택하는 과정을 어느 정도 살펴볼 수 있게 된 계기는 에블라와 텔 베이달(Tell Beydar)에서 관련기록을 발견했기 때문에 어느 정도 가능했다.

2. 수메르문자가 아카디아어를 표기 시작 과정과 그 시기

지금까지 연구해온 것을 보면 아카디아어를 기록하기 위해서 쐐기문자를 채택한 것은 북 바빌로니아에서 시작되었다는 것은 거의 확실하다(Seri, 2010: 91). 지금 까지 수메르의 쐐기문자가 메소포타미아와 시리아에서 셈어를 기록하기 위해서 채택된 시기가 약 B.C. 2500(Cooper, 1999: 37)라고 제시됐지만 그 과정은 사실 그 이전에 이미 시작되었다고 봐야 한다. 그 증거를 보면 초기 왕국 3기(B.C. 2600)에 파라지역과 아부 사라비크에서 나온 평판에 셈족의 이름이 이미 음절문자로 기록(Seri, 2010: 91)되어 있었다. 그러나 정치적인 환경을 생각해 보면 채택의 시기가 그보다 이전에 일어났을 수 있는 가능성이 있다. 그 이유는 초기 왕국 1기(B.C. 2900)때에 키쉬는 북 바빌로니아의 지역 중심지가 되어 있었고, 때때로 남쪽지역에 까지 영향을 끼치고 있었던 것이다. 이렇게 초기시대에 키쉬가 이미 정치적 우위에 있었다는 것을 생각하면 이미 쐐기문자 채택 과정이 진행되고 있지 않았을까 추측하게 되는데(Cooper, 1999: 64) 물론 이것을 증명해 줄 텍스트는 없다.

셈족이 아카디아어에 쐐기문자를 채택한 방법을 구체적으로 명시한 증거가 없기 때문에 채택에 관계된 실마리를 찾아보는 정도다. 그래서 수메르문자 즉 표의문자가 음절을 표기 가능한가를 우선 시험해 보는 것도 한 방법이다.

우선 표의문자가 음절을 표현할 수가 있는 가능성은 우르크 4기 때에 이미 증명된 것이 발견되었다. 몇 개의 선형문자가 결합되어있는 상황에서 그 구성요소 중의 하나가 기호에 소리를 내어 읽게 하는 음성보어로 기능하고 있었다. 또한 파라와 아부 사라비크 지역에서 발굴된 텍스트에 보면 셈족의 이름이 음절로 기록된 증거가 나온다. 이것을 보면 이미 그 당시에 서자생들이 기호로 음절을 기록할 수가 있다는 것을 이미 알고 사용했었던 것으로 생각이 된다. 이러한 여러 증거들을 미루어 생각해 보면 단어를 음으로 표현하는 수단을 이미 발견하고 사용했음이 분명하다. 셈족들의 이름을 표기한 글자에서 목격할 수가 있는 중요한 사실은 그들 이름이 벌써 VC, CV, CVC 기호와 표의문자로 결합하고 있다는 사실이다. 아부 사라비크에서 나온 자료에서 사람이름을 분석한 것(Biggs, 1967: 62)을 보면 다음과 같다.

$iš$-lul-il → VC-CVC-VC

$uš$-mi-il → VC-CV-VC

PUZUR$_4$ -il → 표의문자-VC

i_3 -lum-GAR$_3$ → V-CVC-표의문자

즉 사람이름을 쓴 것이 처음으로 음절로 된 단어라는 사실은 사람이라는 신분을 올바르게 밝히는데 필요하다. 음절로 표기하는 것 중에 어떤 것은 중의성으로 혼란이 초래되는 것을 피하고자 하는 방지법이었던 것이다. 즉 i_3 - lum-GAR$_3$ 이름은 모두 수메르 표의문자 DINGIR-GAR$_3$을 단순하게 음절문자+표의문자로 쓴 것일 수도 있다. 그런데 이렇게 쓴 것에는 이유가 있었다. 서자생이 이 이름의 주인공은 셈족 출신 사람이지 수메르인 출신 사람이 아니라는 정보를 이런 표기에서 주려는 의도가 있었다. 즉 그 이름 구성요소 중의 하나를 셈어 음절문자로 표기함으로써 다음에 오는 표의문자도 셈어로 읽어야 된다는 것을 미리 암시해 주는 표현방법이다.

쐐기문자를 채택하는 과정에서 나타난 단계는 CVC 배열을 CV-VC로 분할 표현 방법이었다. 즉 CV-VC 음절은 CVC 음절을 표현하는 것이다. 이러한 중요한 음절분할 단계의 발전 증거는 에블라지역 텍스트에서 나온 것이다. 그린과 니쎈(Green and Nissen, 1987)에 의하면 CVC음절기호는 모두 우르크 4기에 증명된다고 한다. 예는 다음과 같다.

즉 CVC → CV-VC

lum → lu-um

mud → mu-ud

아부 사라비크지역에서 발굴된 사람이름은 분명 CV-VC로 쓰게끔 단어나 형태소 경계구역에 의해서 자동 분리된 것인데 이것과 다르게 에블라에서 나온 예는 CV-VC는 하나의 CVC기호를 음성철자로 분활해서 나타낸 것이었다. 그 현상은 구조적으로 쐐기문자 채택에 적합하고 또한 그 현상이 라가쉬 구데아 왕의 수메르 텍스트에서 사용되었고 또한 그 이후에서 더 많이 사용되었다. 음절화의 과정과 쐐기문자 채택의 과정을 이해할 수 있는 정보는 에블라지역에서 시작되었고 또한 그 기원이 되었다.

시리아 에블라지역에서 나온 초기 왕조시대 어휘 목록은 우르크 시대까지 옛날로 올라가게 한다. 어휘목록 중에 어떤 어휘들은 셈어(주로 에블라어)로 번역되어 있는 수메르단어도 있었다. 또한 어떤 어휘들은 음절문자로 수메르어 목록도 있었다. 이 어휘목록은 셈어와 수메르어 둘 다를 음절로 표현한 쐐기문자로 사용한 첫 예(Civil, 1982: 22)이기 때문에 아주 중요하다. 즉 에블라지역에서 수메르어가 음성표기로 표기되어 사용되었다는 것이다. 그 이유를 생각해 보면 시리아지역에서 수메르어는 서자생들은 익히 배워야하는 외국어이고, 특히 글자 조직을 채택하기 위해서 그 당시나 그 이후에도 서자생들은 수메르어 단어에 대한 셈어 번역서를 만들어야 했기 때문이다.

바빌로니아 도시 출신 서자생들은 이미 음절화의 잇점을 터득했을 것이고 또한 이용 가능한 음절을 교육적으로 사용했을 것이다. 왜냐하면 음절표현은 서자생들에게 표의문자에 음운 값을 부여해 줄 수가 있었고, 셈어에 굴절 형을 붙일 수가 있게 했다. 굴절형은 동사의 활용형에서 아주 잘 표현된다. 음절 음을 붙이는 것은 음절표, 기호의 목록, 기호의 음가 등의 발전을 설명해 주고, 음절표 등은 서자생 교육 훈련용으로 주로 사용되었다. 최초로 음절표의 하나가 또한 에블라지역에서 발견되었다. 그 시기는 약 B.C. 2500(Pettinato, 1981: 187-205)경이다.

위에서 살펴본 모든 자료들은 셈족 출신 사르곤 왕 통치시대 때에 쐐기문자 채택이 아주 진전이 있었음을 말해 준다. 그런데 아카디아어를 기록하기 위해 수메르 글자 조직을 채택하는데 방해요소는 어느 정도였는가? 물론 방해되는 요소가 많았을 것이다. 아카디아어는 셈어이고, 수메르어는 고립된 우랄-알타이어 계통 언어이니까 각 언어는 각각의 음운 항목을 갖고 있기에 적절한 조절과 꿰맞춤이 있어야 정확한 음운 정보를 전달할 수가 있기 때문이다. 두 언어의 차이를 하나의 예를 들어 살펴보면 다음과 같다.

예) 음소 ş는 아카디아어 항목 중의 한 부분인데 이 음소는 수메르어
에서는 존재하지 않는다.

이 음소문제를 해결하기 위해서 이미 존재하고 있는 표의문자로 된 쐐기문자에 음성으로 표현하게 하는 수수께끼 원리를 적용해서 새로운 음가를 부여하여 해결했다. 예를 들면 수메르 표의문자 ĝeš(나무)는 아카디아어로 īşum 이다. 이때에 아카디아어 명사의 기본인 īş는 수메르 기호 ĝeš의 음절 음의 하나로 채택되어 음절 īş, īz, īs 등으로 기록하게 된다.

그런데 이 수수께끼 원리현상이 언제에 일어났는지 정확하게 알지 못한다. 그러나 명백한 것은 그 발생과정이 사르곤 왕 시대에 완성되지 않았다는 것은 분명하다. 그 이유는 고대 아카디아어 음절표에 유성음, 무성음, 강세음운 등이 그 때까지 구별되어 있지 않았기 때문(Cooper, 1996: 46)이다. 그래서 고대 아카디아어 시대 동안 쐐기문자가 셈어에 채택되는 과정 중에 있었기 때문에 사르곤 왕 시대의 철자표 분석은 쉽지 않다(Hasselbach, 2005: 35). 그 이후 고대 바빌로니아 시대에 와서야 아카디아

어의 기본적인 음운적, 형태론적 특징이 어느 정도 성립되어 기록될 수가 있었다. 아카디아어가 이때에 와서 충분한 기록 글자를 가지게 된 것이다. 이때가 바로 아카디아 쐐기문자역사에서 규범적인 철자법을 만들어 쓸려고 노력한 시기이기도 하다. 물론 이 시기 이후에도 계속해서 쐐기문자의 채택이 이루어지고 있었다. 예를 들면 V+' (vowel +'aleph)와 '+V를 가진 새로운 기호가 중기 바빌로니아 (B.C. 1500-1100)시대 이후에 계속 사용되었던 것이 증명되고 있기 때문이다.

그러나 문제의 심각성은 따로 있었다. 각 언어의 음소에 대한 정의를 내리는데 크게 문제가 되는 것은 아카디아어와 수메르어가 적어도 2000년간이나 지구상에서 잊혀진 상태에 있었다는 사실이다. 이런 언어를 발견해서 그들의 음운을 재구성하는 작업이 그리 쉬운 일이 아니며 또한 그 재구성한 음운에 대한 정확성에 대한 신뢰도 문제가 재기된다.

그러므로 아카디아어의 음들은 궁여지책으로 다른 관련 셈어에서 재구성된 음들이고, 이것은 바로 아카디아어의 음운론은 추측에서 이루어진 것이라는 사실이다. 아카디아어의 음운들은 잘 알려져 있지만 실제 면에서 그 음운들은 아카다아어 음성학이 아니다. 이용할 수가 있는 증거들을 다 총동원해서 이미 존재하고 있는 기록들을 연구해도 쐐기문자의 채택 과정은 인위적인 재구성만을 표현할 뿐이다. 문자채택의 과정이 다른 지역에서 또한 여러 시기에 여러 가지 방법으로 가능했을 수도 있다는 추측이 얼마든지 가능하다. 그러므로 채택에 대한 실험은 다양했을 것으로 추정되며, 성공도 실패도 있었을 것으로 생각된다. 채택에서 음절성분 요소가 가장 중요했지만 음절로 표기하는 것이 갑작스럽게 모든 단어들까지 메소포타미아 지역 전체에 시작되었다는 것은 결코 아닐 것이다.

시리아 에블라지역에서 서자생들은 음절문자로 쓴 것은 고유이름과 언어적인 기본요소에 불과하고 명사와 동사까지 음절로 쓴 것은 아니다. 물론 그런 것을 다 쓸 수가 있었다고 하더라도 지금까지의 정보로서는 고유이름과 기본적인 언어요소에 국한된 것뿐이다. 그러면 왜 에블라지역의 서자생들은 표의문자를 지속적으로 사용했느냐하면 쐐기문자를 채택할 때에 셈족의 서자생들은 수메르 텍스트를 복사하고 재복사하면서 수메르어 어휘목록을 배우고, 그 글자조직을 배웠다는 사실과 관련이 (Krecher, 1992) 있다

결과적으로 많은 관습과 관례가 바빌로니아에서 아주 먼 어느 한 곳에서 고정된 상태에 있었던 것이다. 이러한 상태가 모든 지역 모두에게 적용된 것은 아니다. 예를 들면 마리지역에서는 글자가 종종 변화하여 바빌로니아의 관습에 맞추어 갔기(Michalowski, 1987) 때문이다.

표의문자에서 음절문자로 변화하면서 글자조직이 단순화되어 갔지만 표의문자를 결코 버리지는 않았다. 아카디아인들은 표의-음절 혼합 문자조직을 문자역사에 전반적으로 유지해왔다. 그러나 단순화과정은 진행 중에 있었던 것은 분명하다. 우르크 4기에 1200개 기호목록을 찾을 수가 있지만 그 이후에는 많이 감소되어서 B.C. 3차 천년 중반기에 와서는 150개(Michalowski, 1998)로 감소했어도 아카디아어와 수메르어를 기록하는데 아무런 지장이 없었던 것이다.

표의-음절 문자 조직을 채택해서 유지해온 이유는 무엇일까? 여러 가지 요인이 있을 것이다. 음절로 표현할 때보다 기호를 단순화 시킬 수도 있고, 표의문자로 사용하면 텍스트를 전체 파악이 용이하다. 표의문자의 사용은 경제 원리에 부합(Gelb, 1952: 69)하는데 그이유는 적은 기호를 사용할 수가 있기 때문이다. 예를 들면 '개'를 표현하고자 할 때에 수메르어로 표의문자는 UR 인데 비해 아카디아어로 음절문자 표기로 *ka-al-bu-um* 이니

경제적인 측면에서 표의문자가 훨씬 앞서 있다. 그러나 경제원리가 모든 경우에 적용되는 것은 물론 아니다(Cooper, 2004). 서자생들이 버리지 않고 계속적으로 선호해서 사용했기 때문이다. 그리고 구체적인 어느 부분에 유달리 사용빈도수가 많은데 특히 고대 바빌로니아 시대에 경제서류에 거의가 표의문자가 사용되었고, 그 옆에 음절문자로 된 철자가 동반되는 경우가 많았다. 또한 B.C. 1차 천년 후반기에 수메르어가 거의 한동안 사용되지 않고 사어가 되었을 때에도 운명 점을 보는 텍스트와 점성술 텍스트에는 85%가 표의문자(Civil, 1973: 26)로 쓰였다. 그러나 문학작품은 거의가 음절문자로 기록되어 있었다. 표의문자를 지속적으로 사용한 이유에 대해서 쿠퍼(Cooper, 1999: 73)는 그 당시 학자들이 소수만이 알 수 있는 난해한 것에 대해서 오히려 즐거움을 찾는 징후라고 했다.

3. 아카디아어 시기별 구분

아카디아어는 셈어족에 속한 언어이다. 고대 메소포타미아지역에서 아시리아인과 바빌로니아인이 일상으로 사용한 언어이다. 이 언어의 표기 철자는 고대 수메르인이 만든 쐐기문자이며, 아카디아어의 이름은 메소포타미아의 문명 중심부인 아카드 도시 이름에서 나온 것이다.

아카디아어의 방언은 지역과 시대에 따라 이름이 다르다.

고대 아카디아어 = B.C. 2500-1950
고대 바빌로니아어와 고대 아시리아어 = B.C. 1950-1530
중 바빌로니아어와 중 아시리아어 = B.C. 1530-1000
신(neo) 바빌로니아어와 신 아시리아어 = B.C. 1000-600
후기(late) 바빌로니아어 = B.C. 600-100

4. 아카디아어의 문자표기

아카디아어는 주로 흙 평판에 쐐기문자로 표기되었다. 이 아카디아어 표기에는 네 가지 표기형이 있었다.

첫째, 수메르의 표의문자 둘째, 수메르음절문자 셋째, 아카디아 음절문자, 넷째, 음성보어 등이 사용되었다.

쐐기문자는 아카디아어 표기에 알맞은 문자가 아니었다. 가장 큰 결점은 셈어에 있는 성문 폐쇄음(glottal stop), 인두음(pharyngeals), 강조자음을 포함해서 중요한 음소를 표현하는 능력이 없었던 것이다. 쐐기문자의 표기 방법은 음절표기 시스템으로 만들어져 있었다. 수메르어 표기문자는 자음＋모음이 하나의 글자표기 단위를 구성하고 있는 글자다. 그래서 이 글자 시스템은 셈어를 표기하기가 부적절한 것인데 셈어의 시스템은 기본적으로 세 개의 자음으로 구성된 어근으로 구성되어 있다.

아카디아어의 문법을 살펴보면 아카디아어는 굴절어이고 셈어족으로서 문법적인 특징은 고전 아라비아어에서 볼 수 있는 것과 거의 같다. 두 개의 성인 남성과 여성이 있고, 이인칭 대명사에서 조차도 차이나 나게 표현(you-masc., you-fem.)하고, 동사의 활용, 명사와 형용사에 3개의 격(주격, 대격, 소유격), 3수(단수, 복수, 이중 수), 그리고 일인칭, 이인칭, 삼인칭 대명사에 각각의 독특한 동사활용법이 있다.

아카디아어 명사는 성, 수, 격에 따라서 굴절한다. 명사에는 남성, 여성, 공통성이 있다. 극소수의 명사만이 공통성에 속한다. 형용사는 명사와 같이 굴절한다.

아카디아어 단어는 세 개의 자음으로 구성된 어근을 나타내고, 몇몇 동사는 2개 또는 4개 자음 어근을 가지고 있는 동사도 존재한다. 시제는 현재과거 그리고 불변시제 등이 있다. 현재시제는 행동이 완결되지 않았을 때에, 과거시제는 행동이 완결된 상태 때에, 반면 불변시제는 어떤 상태나 조건 등을 표현하지만 항상 불변화사를 동반한다.

아카디아어는 아라비아어와 달리 주로 정해진 규칙적인 복수형을 갖는데 특이한 것은 몇몇 남성단어가 여성복수형을 갖는다는 것이다. 이것은 히브리어와도 같다.

어순은 주어(S)+목적어(O)+동사(V)로 아카디아어는 SOV형 언어로서 대부분의 다른 셈어족 즉, 동사+주어+목적어로 VSO의 어순인 아랍어, 히브리어와 다른 형태를 가지고 있었다. 아카디아어가 원래는 이 어순이 아니었는데 수메르어의 SOV어순의 영향을 받아 어순 변경이 나타났다고 보고 있다. 두 가지 언어를 모국어로 사용한 자들은 아주 친밀한 언어 접촉 속에 적어도 500년 이상 동안 하나의 사회를 형성하고 있을 때에는 하나의 언어로 형성 될 수 있다는 증거가 있다.

다시 어순이 B.C. 1차 천년 후반기에서 기원 후 1차 천년까지 사이에 아람어의 영향으로 SVO 또는 VSO 어순으로 변경되었던 것 같다.

아카디아어의 쐐기문자로 기록된 문학 작품 중에 길가메쉬의 서사시와 아트라하시스 서사시(Atrahasis Epic)가 있는데 이 시들은 B.C. 2차 천년 초기에 아카디아어로 기록된 시들이다.

아카디아어의 배경을 살펴보면 다음과 같다.

B.C. 3차 천년의 기간 동안에 수메르인과 아카디아인들은 평화공존하면서 고도의 문명을 만들어 가면서 같이 함께 살았다. 몇 세기가 흘러간 후에 아카드의 첫 왕인 사르곤은 메소포타미아의 대부분의 지역을 점령했다. 고대이름 아카디아는 도시국가 아카드에서 나온 것이다. 셈어족은

수세기동안 수메르인들과 함께 살다가 보니 점차 수메르인의 문화를 완전히 흡수하게 되었다. B.C. 3차 천년기간의 초반부에 그 당시에 글자로 기록된 언어는 수메르어였다.

아카드 국가는 수메르 국을 정복한 사르곤 1세가 건립한 국가이다. 그는 B.C 2334-2279년 까지 55년간 아카드를 통치하면서 아카드국가를 세게 제일의 제국으로 발전시켰다. 따라서 아카디아어도 그 지역의 국제어가 되어갔다. 그 언어에 셈문화가 표현되어 갔다. B.C. 2000년 경 아브라함의 아버지인 태라크(Terach)의 부족 고향인 성경에 나오는 시날(Shinar)이 고대 아카드임을 알게 된다. 이후에 그곳이 바빌로니아가 되고 오늘날의 이라크가 된다.

아카디아어는 메소포타미아 지역의 위대한 문화언어 중의 하나이고 또한 유프라테스 강과 티그리스 강 사이에 있는 지역의 구어를 대표하는 언어이다. 아카이다어는 1850년대에 판독되면서 수많은 기록물의 언어였고, 거대한 문학은 물론이고 일상생활의 언어 매개체 역할을 했던 언어였다.

셈어족 중에서 가장 오래된 언어인 아카디아어는 수메르어에 이어 메소포타미아 지역의 자국말로서 바빌로니아인과 아시리아인들에 의해서 약 2000년 이상 사용되어 온 언어이다. 이 언어는 수메르인이 발명한 쐐기문자로 표기되었고, 지금까지 남아있는 기록물들은 B.C. 2350년에 시작해서 기원 5세기까지 쐐기문자로 기록 된 것들이다. 수메르인들은 셈어를 사용하지 않았다.

바벨탑에 나오는 바벨(Babel) 도시는 바빌론이었을 것으로 추정하고 있고, babel 이란 단어는 원래 아카이아어 'bab-ilu'에서 나온 것으로 뜻은 '신의 문(gate of God)'이다.

아카디아어는 A.D. 1세기경에 아람어로 대치되어 사용하지 않게 되었다.

아카디아의 이름이 수메르 흙 평판에 기록된 최초의 것이 B.C. 2900-2800년경으로 추정되는 파라지역 평판에 나온 것이다. 물론 바빌로니아의 북쪽에 있는 키쉬 도시에 있었던 왕들의 이름이었다. 이 셈족의 이름을 가진 왕들은 첫 홍수가 있은 후의 키쉬 왕들이었다. 이 왕들이 초기 왕조시대라 불리는 첫 역사시대를 열었던 왕들이다. 그 지역을 1843-1845년에 발굴했을 때에 많은 쐐기문자로 새겨진 평판이 발견되었는데 이 평판에서 성경이나 그리스어 기록에서 암시만 주었던 잊혀진 메소포타미아 문명을 밝혀주었다. 평판에 쓰인 글자의 판독으로 거기에 쓰인 언어가 1851년에 판독이 완결되었는데 처음에는 아시리아어로 불렀으나 뒤에 가서 아카디아어의 한 방언으로 여기게 된 것이다.

이크나톤(Ikhnaton=이집트18 왕조의 왕)의 임시수도인 아크해타톤(Akhetaton)은 텔 에 아마르나에 있었다. 이곳에서 1887년에 아카디아어를 표기한 쐐기문자 새김글판이 약 400개 정도 발견되었는데 이것들은 이집트의 왕 아멘토텝 3세인 이크나톤과 팔레스타인과 시리아의 왕들과의 교신한 서신자료였다. 이 자료들이 고대 이집트와 중동과의 관계에 대한 실마리를 제공해 주고 있다. 이 자료는 대영박물관과 이집트의 카이로 박물관에 보관되고 있다. 메소포타미아의 동북지역에 사용된 언어로 아카디아어가 사용되었는데 이 언어도 때로는 아시로-바빌로니아어로 통하기도 한다. 그런데 북서쪽에도 일단의 셈족이 거주했는데 이들은 가나안어(Canaanite), 우가리트어, 아람어(오랜 역사동안 시리아어를 포함해서 많은 방언을 통틀어 통칭하는 용어임)를 사용했는데 여기서 가나안어는 대체로 히브리어, 모압어, 페니키아어를 포함하고 있다.

제16장 쐐기문자 발명자에 대한 논쟁

    일반적으로 쐐기문자가 고대 메소포타미아 남쪽부분인 수메르지역에서 처음 사용되어 메소포타미아 전 지역으로 확산되어 사용되어 왔다. 그래서 최초의 쐐기문자 사용지역이 수메르지역이므로 수메르인들이 문자를 만들어 사용했다는 것이 초기의 수메르 고고학자들 사이에 널리 인정되었다. 그러나 차츰 수메르지역은 물론이고 그 이외의 지역에서도 조직적이고 과학적인 발굴 작업이 이루어짐에 따라 수메르가 아닌 지역에서도 쐐기문자의 발생에 관한 여러 단서들이 발견 되었다. 그래서 수메르인들이 쐐기문자를 발명했다는 지금까지의 기정사실에 의문이 제기되었고, 현재 수메르인이 문자를 발명했다는 사실을 지지하는 학자들과 반대하는 학자들로 나뉘어져 열띤 논쟁이 벌어지고 있는 실정이다. 우선 다음 수메르인의 발명에 반대하는 주장을 살펴보고자 한다.

1. 수메르인의 발명이 아니라는 주장

    드라이버(1976: 1-2)는 수메르인의 쐐기문자 발명 설은 그 근거의 진실성이 최근에 와서 희미해졌고 발명의 문제는 최근 여러 발견된 증거들을 보면 쉽게 해결될 것 같지 않다는 의견을 제시한다. B.C. 2575-2400시기에 수메르의 우르 첫 왕조시대에 사용된 글자는 다소 늦은 시기 쐐기문자의 원형글자인 반면에, 잼대트 나스르에서 나온 글자는 더 이른 시기의 글자조직과 같으며, 또한 더 이후의 글자조직과 똑같은 것이 메소포타미아지역이 아닌 이란지역 엘람에서 출토되었던 것이다. 우르와 라가쉬에서는 추상적인 형태의 글자를, 그리고 키쉬(B.C. 2700-2400)와 엘람에서는 그림문자형태의 글자를 사용 했을 것이라는 추측이다. 이 두 가지 종류가 동시대에 사용되었기 때문에 하나의 형태가 다른 형태에서 진화되어 나왔다고 볼 수는 없다. 그래서 이런 가설이 성립된다. 즉 수메르 글자는 그림문자에서 진화되어 나오긴 했는데 그 글자를 만든 사람은 두 갈래로 즉, 잼대트 나스르 인과 원시-엘람인들에서 기원을 찾아야 된다는 의견이다.

드라이버는 최근의 발견된 여러 가지 유물이나 유적에서 나온 지식을 바탕으로 결론을 내리고자 했다. 즉 두 가지 글자가 서로 차이가 나는 형태는 원래 한 조상에서 나온 것으로 생각하고 그렇다면 그 조상을 메소포타미아의 수메르 지역이 아닌 다른 곳에서 실마리를 찾아보는 것이 좋겠다고 했다. 다른 지역이라면 최근에 인도문명 발생지인 인더스 유역에서 수메르 글자조직과 아주 유사한 모습을 보여주는 반-그림문자(semi-pictographic script)가 새겨진 도장이 발견되었다. 이 도장에 새겨진 그림문자에 두 가지 설명이 가능하다.

첫째, 이 글자조직이 수메르글자조직과 유사성은 우연일 수 있다. 즉 각각의 글자조직은 다른 근원에서 만들어져 나왔는데 우연히 닮았을 뿐이다.

둘째, 이들 글자조직의 유사성은 어떤 내적 연관관계를 암시해 주고, 옛날로 거슬러 올라가면 결국에는 공동의 근원에서 파생되어 나온 것일 것이다. 만약에 이것이 사실이라면 남은 일은 그 근원의 지역이 어디냐를 밝히는 문제가 남는다. 그러나 아직까지 이 문제를 풀 수 있는 실마리를 찾지 못했다. 그런 가정만 해보는 정도다.

또한 최근에 수메르인이 쐐기문자를 발명하지 않았을 것이라는 견해를 밝힌 사람은 영국인 워크(Walker, 1987)다. 최근까지만 해도 메소포타미아에 관한 대부분의 책에서 쐐기문자는 B.C. 3000경에 남부 이라크에서 발명되었고 수메르의 우르크에서 수메르인이 발명했다고 기술해 왔지만 그 발명인이 수메르인라는 확신은 없다. 왜냐하면 그 당시에 발견된 것이 그림문자이기에 그 그림문자가 어느 언어로 쓰였는가를 밝히는 음성표식이 없기 때문에 어떤 언어인지를 밝혀낼 수가 없다. 단지 쐐기문자의 발명인은 우르크에 살았고, 최초의 글자의 증거가 우르크에서 발견되었기 때문에 수메르인이 발명했을 것이라는 가정에 불과하다. 그래서 글자 발명을 그 지역사람으로 단정하는 것은 성급한 해석이라는 것이다. 분명한 증거가 있어야 한다는 것이다. 최근의 연구에서 밝혀진 사실을 토대로 보면 기존의 주장과 다르기 때문이다. 최근의 연구로 밝혀진 것을 정리하면 다음과 같다.

첫째, 숫자만 새겨져 있거나 때로는 도장이 찍힌 흔적이 있는 평판이 나온 초기글자의 시대는 수메르의 우르크에서 만 발견된 것이 아니다. 다른 지역 즉 이라크의 니네베, 서부 이란의 수사, 초가미쉬(Choga Mish)와 고딘 테베(Godin Tepe), 그리고 북 시리아 텔 브라크(Tell Brak)와 하부바

카비라(Habuba Kabira)에서도 발견되었다. 이것들의 시기는 약 B.C. 4차
천년 후기에 해당된다.

둘째, 1984년에 시리아 텔 브라크에서 발견된 두 개의 평판에 염소 한
마리와 양 한 마리를 그려놓고, 숫자 10을 새겨놓은 것이 발견되었다. 아
마 이것은 우르크에서 나온 것보다 오래된 것이다. 왜냐하면 시리아의 그
림이 짐승 한 마리 온통 그렸기 때문에 동물의 머리모양만을 그린 우르크
의 것보다는 더 오래된 것으로 생각되기 때문이다. 또한 동쪽 이란 지역
수사에서도 그림문자가 발견되었다. 그 지역은 원시 엘람지역인데 이전
의 고고학적 지형계층의 높이 보다 분명한 차이가나는 높이에서 발견되
었다. 이것은 바로 새로운 문화집단의 도래를 암시하고 또한 이 원시-엘
람의 글자표시가 아프가니스탄지경의 국경지대인 세이스탄(Seistan)과
같은 먼 동쪽지역에서 까지 발견되고 있는 것을 보면 아마도 글자는 이란
고원(Iran plateau)에서 발명되었을 것으로 볼 수도 있다.

셋째, 우르크에서 나온 초기 텍스트를 조사해 보면 수메르인들이 아직
도 밝혀지지도 않았고 정확하게 뜻도 밝혀내지 못한 더 옛날 그림문자 전
통을 따르고 있는 사실을 발견할 수가 있다.

이러한 여러 가지를 생각할 때에 한명의 수메르인 천재가 글자를 만들
었다기보다는 넓은 지역에 걸쳐서 점차적으로 이루어진 것으로 봐야할
시점에 왔다. 실제적으로 중요한 논의가 시작된 것은 우르크에서 초기 고
고학적 지층계층의 높이인 우르크 4기로 알려진 곳에서 평판이 발견되었
고 또한 약간 후에 나온 우르크 3기에서 발견된 평판을 연구함으로서 시
작되었다. 우르크 3기와 같은 시기로는 북쪽에 잼대트 나스르에서 나온
평판들과 엘람의 수사에서 나온 원시-엘람에서 나온 평판이 있다. 역사적
으로 우르크 4기와 3기의 높이의 시기는 B.C. 3300-2900경이다. 우르크와

잼대트 나스르에서 나온 평판과 엘람의 수사에서 나온 평판에서 유사성도 있고, 차이점도 있다. 우르크와 잼대트 나스르의 평판은 수메르에서 글자 사용의 시초라고 보고 있고 또한 수사의 평판도 아직도 거의 판독이 안되는 엘람 언어의 첫 예로 보고 있다.

결과적으로 드라이버는 쐐기문자의 시초를 인도문명의 인더스 유역으로 보자는 제안과 함께 메소포타미아 지역을 떠나고 있다. 또한 워크도 메소포타미아가 아닌 이란 고원을 쐐기문자의 시초로 보아야 된다는 것을 지적한 것을 볼 때 쐐기문자 발명자와 그 지역을 다시 면밀하게 재조명할 필요가 생기게 되고 막연히 수메르인이 쐐기문자를 발명했다는 과거의 주장을 재고해야 될 때가 왔다고 본다.

최근의 연구 동향을 파악하고 전달하는 1999년도 뉴욕타임즈의 윌포드 (Wilford, 1999, 4.6일자)기자는 신문에서 "누가 글자를 처음 시작 했는가? 에 대해서 가설은 많고, 정답은 거의 없다."라는 제목의 글로 쐐기문자를 최초로 사용한 사람들과 어떻게 글자가 만들어졌는가에 대한 그 해의 학회 심포지엄에서 논의된 내용을 요약해 싣고 있다. 그 내용을 보면 쐐기문자발명과 수메르인과의 관계를 서사시형식으로 전하고 있다.

즉 수메르인들에게 5000년보다 이전에 글자 발명에 관한 서사시의 형태로 이야기가 전해오고 있었다. 그 이야기는 이러하다.

우르크의 왕 쿨라바(Kullaba)는 그의 메신저에게 다른 먼 지역에 있는 나라의 왕에게 말을 전하도록 보냈는데 이 메신저가 먼 길을 가는데 너무 지쳐버려서 막상 먼 나라의 궁전에 도착해서는 한마디의 말도 전할 수가 없게 되었다. 그 때에 지친 메신저를 본 그 나라의 왕은 지혜롭게 해결했다. 그 왕은 진흙 평판을 만들어서 그기에 그의 답장 메시지를 적어 보냈다는 내용이다. 글자의 기원에 대한 서사시의 내용은 학자들에게 흥미있게 하면서도 만족스럽지 못한 면을 제시하고 있다. 글자를 만들어 사용한다는 것은 역사기록의 이전 시대와 기록을 가진 역사시대로 구분하는 중요한 경계선이다. 이런 중대한 사건을 이야기 속에 재미나게 엮은 수메르의 서사시에서 충분히 찾을 수가 없다.

2. 수메르인의 발명이라는 주장

지금 까지 글자가 무슨 이유로 만들어 졌는가에 대한 논의가 있어왔는데 그 결과로 대부분의 학자들은 의식주를 위해 활동하는 과정에서 나왔다는 것에는 의견 일치를 보이고 있다. 즉 경제활동을 기록하기 위해서 어느 지역보다도 근동지역 이라크, 이란등지에서 사용되었다는 것에 이의가 없다. 특히 근동 지역에서 경제규모가 커지면서 그 당시의 사원이나 왕궁에서 재정을 관리하기 위해 특히 곡식의 출납 과정과 가축의 사육과 매매의 범위가 사람의 기억력에 한계를 느낄 정도로 거대해지면서 기록해야 할 필요성에 의해서 글자가 발명되었다는 것이다.

사용지역에 관해서 최근까지만 하더라도 거의 모든 역사교과서에서 메소포타미아 문명을 기술할 때에 글자는 남부 이라크에서 B.C. 3000년 또는 그 이전에 옛날 우르크 도시에 살던 수메르인에 의해서 발명되었다고 기술하고 있다. 문제는 발명자가 수메르인 인지 아닌지에 대한 확실성이 없는데도 그렇게 기술하고 있다. 왜 수메르인들이 글자를 만들었다고 주장되었는가 하면 수메르 사람들이 그 당시 우르크 도시에 살았고, 글자의 아주 초기형태가 그들이 살고 있었던 지역에서 발견되었다는 근거에서 주장된 것이다.

쐐기문자 발명한 민족에 대한 논의는 상당히 어렵고, 규명하기에는 너무 많은 세월이 흘렀고, 기록이나 증거물이 많지 않아서 누구의 단정적인 주장도 받아들이기가 쉽지가 않다.

최근에 수메르인의 발명으로 주장하는 학자는 우드(Woods, 2010: 44)이다. 그는 지금 까지 발견되어온 15개 정도의 음성 글자의 예를 가지고 면밀하게 조사 연구해 보니 사실 원시-쐐기문자에 나타난 언어가 수메르어라고 단정하기에 증거가 매우 불충분하다는 것은 인정한다. 그러나 B.C. 4차 천년 후반기와 3차 천년 중반기 사이에 있어 왔던 문화적인 연속성을 고려하고 환경적인 요인을 살펴보면 그 당시에 표현된 언어는 수메르어라는 것은 분명하다. 특히 인류최초로 알려진 원시-쐐기문자의 기록서가 현재 이라크 남부 바빌로니아에 위치한 도시국가 우르크에서 사원 에안나(Eanna)경내에서 발견되었다는 사실로도 어느 정도 사실적인 증거가 될 수가 있다고 주장한다.

글자의 발명은 또한 메소포타미아의 문명을 급속하게 발전한 것과 연관이 있다. B.C. 4차 천년 말기 때에 발생한 특별한 변화의 증거를 찾아보면 우선 B.C. 3350-3100 후기 우르크 시대에 우르크가 크게 발전하여 도시화가 되고 인구가 2만에서 5만으로 크게 늘어났고, 크기가 2.5km²이고 그 당시로서는 세계 최대의 도시(Sampson, 1985: 47)로 되었다. 도시에 많은 인구가 모인다는 것은 사회, 경제, 정치면에서 발전했다는 증거이기도 하다. 생산품, 물품, 노동력, 복잡한 행정들이 수반되면서 기억으로서 한계점에 이르렀고, 기록유지가 필요함으로서 글자라는 것이 탄생된 것이 분명하다. 수메르인이 세계 최초의 서자생이 되었다는 것은 바로 글자가 도시생활의 기본적인 필수요건 (Wheatley , 1971: 401)이었던 것이다. 우드의 주장에 보다 많은 사람들이 수긍하고 있다.

결과적으로 초기 대부분의 텍스트들은 본질적으로 행정 및 관리가 글자발명의 실제적인 요소로 볼 수 있으나, 반면에 문학은 메소포타미아의 문자발명에 중요한 역할을 하지 못한다.

그러면 언제 글자를 발명했는가? 이에 대한 답으로서 글자 발명의 시기는 전통적으로 B.C. 3200로 보고 있으나 이것도 다소 관습적인 시기표현이다. 글자가 언제부터 흙 평판에 쓰였고 사용되었는지 밝히는 것은 사실상 불가능 하다. 현대에 와서 발달된 연대측정 장치로 조사해 보니 우르크 텍스트는 약 B.C. 3500-3390경으로 나왔기 때문에 결과적으로 초기 흙 평판의 글자는 우르크 4기인 B.C. 3200이라는 인식을 갖게 되었을 뿐이다.

선형글자는 곡선의 상실과 함께 독특한 쐐기모습을 가지게 된다. 마치 글자가 쐐기 같은 획으로 흙 판에 눌러 만든 것처럼 보인다. 글자가 쐐기 획 모양이 되면서 두 가지에 주목할 만한 발전이 있다. 원시-쐐기문자와 그 뒤에 글자에 성숙된 모양을 뚜렷하게 구별하게 되었다.

첫째 발전을 보면 글자표기에 동원된 글자의 수이다. 아주 옛날의 글자수는 대강 1000-900개 정도가 사용되었지만 후기 쐐기문자에는 숫자가 줄어들어 600개 정도만으로도 충분하게 되었다.

둘째, 글자의 방향에 관한 큰 변화가 있었다. B.C. 3차 천년 경에 글자가 90° 좌측으로 돌아서 등으로 눕게 되었고, 따라서 글자를 왼쪽에서 오른쪽으로 쓰는 경향이 나타났다. 이러한 변화에 대한 원인은 모호하고 논란꺼리(Woods, 2010: 37)다. 하지만 드라이버(1944: 35)는 그 원인을 분명하게 규명한 의견을 제시했다.

초기 텍스트의 대다수 약 90%가 행정관리업무 처리에 관한 것이지 의사소통을 위한 것은 아니었다. 즉 경제관련 텍스트였다.

그 나머지 10%정도는 서자생들을 위한 교육용으로 사용되었다. 그 당시 지적활동을 이해하는데 아주 중요한 어휘목록이었고, 이것은 바로 고대의 사전이다. 이 텍스트는 초기 학자들 기구와 정보제공의 원공급원이었다.

제17장 수메르 문자의 한계와 보완책

쐐기문자의 기능은 기본적으로 4가지가 있다.

첫째, 음절문자의 기능이 있다. 발화음의 연합을 표현하면서 ba, ab, bab 와 같이 소리를 내면서 이것을 전체 음절을 표할 때에 음절문자라 한다.

둘째, 표의문자의 기능이 있다. 전체 단어나 개념을 표현할 때, 이것을 표의문자라 한다. 아카디아어에서 표의문자를 흔히 수메르문자라고 부른다. 그 이유는 표의문자는 원래 수메르에서 기원되었고 거의 대부분 수메르 문자는 표의문자로 구성되어 있어서 부르는 이름이다.

셋째, 한정사의 기능이 있다. 표의문자나 음절문자의 앞이나 뒤에 와서 앞에 또는 뒤에 오는 단어의 내용을 한정해 주는 기능을 한다. 즉 앞에 오는 단어가 '신', '사람', '도시', '나무로 만든 물건' 등 일정한 범위를 지적해 주는 기능을 하는데 이 한정사는 발음을 하지 않는다.

넷째, 음성보어의 기능이 있다. 표의문자에 첨가되면서 음절문자가 보완 수단으로 쓰일 때가 있다. 이것을 음성보어라 한다. 이것은 보통 표의문자로 나타내는 단어의 마지막에 첨가된다. 이 음성보어는 표의문자가 문법적인 어떤 선택을 결정하는 데 사용되고, 음성보어는 표의문자의 문법기능 역할을 한다.

수메르 표의문자로 사용된 단어는 대다수가 계속해서 표의문자로 사용되었고, 음절문자로 전환 되지 않았다. 글자가 사용된 초기에 장부정리에 필요한 단어정도가 사용되었고 거의 대부분 표의문자로 남아있었다.

수메르인들은 표의문자로서는 표기하기가 아주 불가능한 것에 한해서만 음절문자로 사용했을 뿐이었다. 그렇지 않을 때에 모두 표의문자로 표기하고자 노력했다. 수메르 초기 문자는 눈에 보이는 사물의 물상을 기술한 것에 국한 되어 있었다. 그래서 초기 문자가 표현하는 범위가 아주 제한적이었고 사용된 어휘수가 아주 제한적이었다. 그러나 세월이 가면서 이 제한적인 범위를 벗어나면서 표현의 다양성으로 발전되어 수메르 문자의 한계를 보완하는 여러 장치가 강구되었다.

여러 단어를 표기하는 하나의 표의문자가 여러 뜻 중에 하나의 뜻으로 분명히 하기위해 다시 말하면 중의성을 배재시켜야 되는 곳에서는 한정사라든가 음성보어를 도입하여 문제점을 해결했다. 예를 들면, ‘하늘, 신’에서 an(하늘)이 아닌 dingir(신)를 표현하도록 할 때에는 수메르인들은 ‘신’을 뜻하게 음성보어를 단어 뒤에 붙였다.

음성보어 만드는 방법은 필요한 단어의 마지막 자음글자 즉 ‘신’ dingir에서는 r 철자가 되겠는데 이 철자 r에다 모음 a를 붙여 *ra* 음절을 만들어 표의문자에 붙여서 사용했다. 만약 이 표의문자의 뜻을 ‘하늘’을 나타내고자 하면 an(하늘)에서 끝 자음 n+a해서 *na* 음성보어를 만들어 표의문자 뒤에 붙여 사용했다.

세월이 지나면서 구체적인 물상을 그린 기호를 사용해서 비슷한 물상을 같은 기호로 표현하기도 하고, 다소 추상적인 개념까지도 표현하고자 했다.

하늘의 '별'을 그린 그림 ✳에서 네 개의 선을 가로 겹쳐 8개의 꼭지를 만들었다. 이것을 처음에 '별'만을 나타내는 그림 기호로 사용했으나 점차 비슷한 개념을 첨가하게 되어 '하늘', '천국'의 개념도 표현하게 되었다. 수메르 말로 이것은 an이라했다. '별'을 확대 해석해서 '신'을 표기하기도 했는데 수메르에서 '신'을 dingir라고 했다. 또한 '별'이 높은 곳에 있는 것이라 생각해서 형용사로 '높이 있는'을 나타내는 등 많은 여러 가지 개념으로 확대해서 표현하게 된다.

또한 ⏚ '발'을 표현하는 그림을 보면 이 그림을 수메르어로 du라 한다. 이 그림문자도 여러 가지 다른 개념을 확대 표현하게 되어 갔다. 즉 '일어나다'gub, '가다'gin, '치우다'tum, 등의 의미를 표현했다.

위의 예 '별'과 '발'을 나타내는 그림기호는 뜻과 연관된 개념 또는 유추된 추상개념까지도 표현하게 되고 심지어는 의미적인 관련이나 논리적인 관련이 없는 개념까지 표기하는 사례가 생겨나게 되었다. 실제로 이런 일들이 많이 일어났기 때문에 나중에는 하나의 그림기호가 전혀 이치에 맞지 않은 개념까지 표현한 사례가 속출하고 있었다. 이렇게 된 원인은 처음에 수메르어의 많은 단어는 그 단어를 표기하는 고유기호를 갖지 못했고, 소수의 단어만이 기호를 가졌기에 나타난 현상이었다. 그래서 이미 만들어진 기호는 비슷한 의미를 가진 여러 물상들을 다 표기해야 했기에 개념이 두 개, 세 개 계속 늘어만 갔던 것이다. 코헨(Cohen, 1958: 83)은 수메르의 어떤 기호는 20개의 여러 가지 뜻을 나타내는 것도 있다고 했다.

원래 수메르어는 처음에 하나의 기호는 한 단어를 나타냈었다. 그 뒤에 세월이 지나면서 그림으로 홀로 나타낼 수가 없는 단어들('별'은 '신'을, '발'이 '서다'와 '가다')은 연관된 물상의 그림문자도 표시하도록 하기 때문에 각 기호들은 여러 가지 단어를 나타내게 되었다.

특히 대부분의 수메르 단어는 단음절 단어이기 때문에 기호들은 그들 원래의 의미와 관계없는 단순한 음절로 전환하여 사용하기가 용이했고 또 그렇게 사용되었다. 표의문자로서 하나 이상의 의미를 갖고 있는 기호는 여러 가지 음절을 획득하게 되었다. 이렇게 하나의 기호가 다양한 음을 갖게 된 것을 동형 다음다의어라고 한다. 반대로 수메르어는 같은 발음을 하는 단어들이 많이 있다. 이것을 동음이의어라고 한다. 초기 수메르시대를 지나서 충분히 발달된 쐐기문자의 수는 600개가 넘었다. 이중에 약 반 정도는 음절문자로 쓰이고 나머지 반수인 300개 정도는 오직 표의문자로만 사용되었다.

1. 동음이의어(homophony)와 동형 다음다의어(polyphony)

문제점으로 표의문자의 한계는 정상적인 산문을 생산할 수 없는데 있었다. 왜냐하면 '어머니', '외국인', '달려가는', '언어' 등 명사, 수, 이름, 형용사에 국한해서 표기하기 때문이다. 표의문자는 추상적인 계념을 표현할 수가 없었다. 그래서 초기의 수메르 기록물의 대부분은 물품이 들어오고 나감을 적고, 물품을 배분하는 기록물로 구성되어 있어서 초기에는 표의문자 사용에 큰 불편함을 느끼지 못했던 것이다. 그러나 차츰 사는 지역이 도시화되고, 사람들이 많이 살게 되어 기록해야 할 대상이 추상적이거나, 복잡하면서 문제가 자연히 생기게 되었다. 그래서 쐐기문자의 기능에 표의문자 기능뿐만 아니라 음절문자의 기능도 생기고 나서야 비로소 신화, 왕의 업적을 홍보할 수가 있는 산문이 등장하게 된다.

표의문자의 기능에서 음절문자의 기능으로 전환 하는데 적용되는 중요한 원리가 수수께끼 그림 원리라 한다. 기호가 단어의 뜻을 나타내는 것이 아니라 소리로 전환될 때 적용되는 원리이다. 음절문자는 단어 뜻을 표기하는 기호에서 발달 되어 나왔다. 이 전환의 첫 발단은 동음이의어의 표기에서 발단되었다. 수메르에서 문자가 사용되는 초기에는 기호가 많이 부족한 상태였다. 그래서 하나의 기호가 여러 가지 사물을 표현하는 다양한 기능을 갖게 되었다. 여기에서 나타난 현상중의 한 현상이 동음이의어의 현상이다. 수수께끼 원리가 동음이의어에 적용된 예를 보면 영어 'tycoon'(대군, 외국인의 호칭)의 첫음절을 표시하는데 넥타이의 타이(tie) 그림을, 그리고 두 번째 음절을 표시하고자 너구리(coon)를 그려서 발음 '타이쿤'을 발음 나게 하는 방법이다. 예에서 보는 것과 같이 발음은 같으나 뜻이 다른 기호를 사용하게 된다.

이 수수께끼그림 원리가 쐐기문자에 적용되어 이 쐐기문자가 표의문자에서 음절문자로 전환되어 표의-음절문자의 형태를 갖게 되었다.

여러 단어에 똑같은 소리를 내는 단어들이 완전히 다른 기호로 표기된다면 동음이의어이다. 동음이의어의 대표적인 예로 많은 책에서 인용되는 예가 gu이다. 이 gu음을 표기하는 기호는 모두 14개(Walker, 1987: 12)나 된다. 이중에서 4개만 예를 든다.

gu	gu$_2$	gu$_3$	gu$_4$
'flax'	'neck'	'voice'	'ox'
(아마)	(목)	(목소리)	(황소)

위의 예들에서 형태와 뜻이 다르지만 동일한 음을 가지고 있는데 이와

같은 단어들이 많이 있었던 것이 수메르어의 특성 중 하나이다.

또 다른 특징은 형태는 똑같은데 뜻과 음이 다른 형태 즉 동형 다음다의어의 현상이 있었다. 동형 다음다의어의 예(철자는 같으나 소리와 의미가 다른 것)는 다음과 같다.

🏳 *ni, n?, l?, l?, ?, zal*

위의 예에서와 같이 수메르 쐐기문자는 같은 음을 가진 여러 다른 기호가 있고, 또한 한 기호가 여러 가지 뜻과 음들을 표현하는 기능을 가졌기에 단어를 선택해서 의사전달을 하는데 여간 혼란스럽지가 않았다.

물론 처음에는 그림문자로 시작해서 표의문자, 음절문자로 발전하는 과정에서 초기에 그림문자만으로도 충분했다. 그러나 차츰 표의문자에서 음절문자로 발달하면서 쐐기문자의 쓰임새가 많아지고 운문 텍스트에서 산문 텍스트로 기록하게 되면서 혼란이 생겨났고, 이 혼란을 막을 장치를 개발해 나갔다. 이 장치가 한정사와 음성보어이다.

2. 한정사와 음성보어

표의문자는 또한 그 단어가 속한 계층 분류 즉 인간, 나무, 돌 등을 지적해주는 한정사로서도 사용되었다. 쐐기문자가 최후에 사용될 때까지 표의문자와 음절문자의 혼합으로 사용되었다.

이 문자가 다른 언어에 차용되어 갔을 때에 표의문자는 단순히 그 언어에 뜻만으로 읽혔다. 때로는 표의문자의 수가 감소되고 다의어의 용도가 감소함으로 그 문자를 단순화시키는 경향이 있었지만 한 기호가 한 음을 나타내는 알파벳으로의 전진이 쐐기문자에서는 이루어지지 않았다.

한정사의 용법은 표의문자 앞에나 뒤에 위치해서 표의문자가 뜻하고자 하는 대상물이 어느 계층에 속하고 있는가를 한정해 주는 역할을 한다. 어느 계층에 속하느냐 하는 범위는 대개, '신', '인간(남자)', '여자', '짐승', '새', '물고기', '식물', '나무', '돌', '강', '도시', '국가', 등으로 한정시키고 있었다. 중요한 것은 한정사로 사용되는 기호는 소위 핵심적인 단어를 뜻하는 기호들이었다. 표의문자가 사용되는 문맥에서 주의할 사항은 그 표의문자의 기능이 음절문자인지, 표의문자인지, 한정사인지 등 3가지를 살펴야한다.

표의문자는 단어를 나타내거나 형태소를 표기한다. 한정사로 쓰인 표의문자는 한정하는 단어의 앞에 오거나 뒤에 와서 단어의 범주를 나타내는 기능을 하며 전혀 발음되지 않는다. 한정사는 같은 표의문자로 나타낸다.

수메르어 표의문자는 다음의 세 가지 용법이 있다.

첫째, 표의문자는 한 가지 이상의 뜻을 나타낸다. 각기 다른 발음을 갖는다. 하나의 문자는 하나 이상의 뜻을 나타낸다. 수메르인들은 비교적 한정된 단어 수를 가지고 여러 가지 뜻을 나타내고자 해서 한 단어가 여러 가지의 뜻을 나타내게 되었다.

둘째, 표의문자의 뜻 중의 하나는 한정사로 쓰인다.

처음에 '별'만을 나타내는 그림 기호로 사용됐으나 '별'모양의 수메르 문자는 다음의 여러 가지 기능과 뜻이 행사되었다.

다음의 **✳** 쐐기문자는 3가지 기능을 갖는다.

첫째, 수메르어 표의문자로 '별'은 an으로 발음하고 '하늘, 천국' '높은 곳'과 '하늘-신'뜻을 나타낸다. 또한 수메르어로 '별'을

dingir로 발음하면 '신, 여신'을 뜻한다.

둘째, '신' enlil을 뜻하는 한정사로 쓰인다.

셋째, *an* 음절로 사용된다. 즉 *mu-an-an-ššúm* (he gave it to him)에서 중간음 an으로 사용된다. 음절 보어 *an₆*(고대수메르어에서)의 예 즉, lugal-*an₆*(he is king)

또한 쐐기문자를 차용한 아카디아어에서도 수메르어와 같이 쐐기문자 ▶▶▼도 3가지 기능을 가지고 있다.

첫째, *an* 음을 나타내는 음성기호로 사용된다.

둘째, '신'의 이름을 나타내는 한정사로 사용된다.

셋째, 2가지 표의문자를 나타낸다. '신'을 뜻하는 단어 *ilum*(아카디아어임. 수메르단어로 '신'을 dingir로 표현 한다.)와 '천국의 '신'*anum*(표의문자 아카디아어) 나타낸다. '천국'을 뜻하는 단어 *šamû*(음절문자: 아카디아어)를 나타낸다.

위의 예 ▶▶▼ An은 두 가지 기능이 있다. 즉, '신'을 뜻하는 단어이고 또 한정사로 사용되어 다음에 오는 단어가 '신'을 뜻하는 단어라는 것을 알려준다. 새김글에서 그 기호는 수메르의 '신'을 의미하는 것으로 약자로 위첨자로 *d*를 붙인다.

한정사로 붙은 예) ▶▶▼ 釗 *d* utu, 태양신(Shamash, Sumerian) (여기에 utu는 아카디아어 표의문자이다)

'신' anum 은 표의문자로 또는 음절 ▶▶▼ an으로도 쓰이면서 한정사가 붙지 않는다. 위의 설명을 종합해서 표현한 쐐기문자 ▶▶▼의 기능은 다음과 같다.

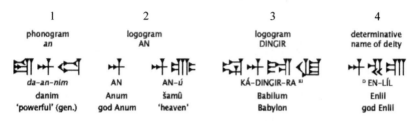

1	2	3	4
phonogram *an*	logogram AN	logogram DINGIR	determinative name of deity
da-an-nim	AN · AN-*ú*	KÁ-DINGIR-RA ^{KI}	^D EN-LÍL
danim	Anum · šamû	Babilum	Enlil
'powerful' (gen.)	god Anum · 'heaven'	Babylon	god Enlil

(www.ancientscripts.com/akkadian)

위의 아카디아어 표기에서 음절은 이탤릭체(1에서)로, 표의문자(2에서)는 대문자로, 또한 수메르단어(3에서)도 표기한다. 다만 표의문자가 수메르어보다 아카디아어에서 더 많은 의미를 갖는다면 아카디아어 표기로 쓴다. 위첨자는 한정사 표시이고, 대문자표시로 한다. 다만 '신'이름의 한정사는 예외로 하는데 dingir 대신 ^D로 쓴다.

위의 예 1을 보면 𒀭은 음절 *an* 이며 *da-an-nim* 단어의 중간 음절을 구성하고 있다.

예 2에서는 AN-*ú*는 단어 *šamû*를 뜻하지 '신'anum를 뜻하지 않는다. 표의문자로서 AN으로 수메르 표의문자로 나타나서 뜻을 나타내는데 '신' anum을 표현한다.

예 3에서 표의문자가 나타내는 단어를 지적해 주는 표시는 한정사로 기능을 하는데 그 예에서 ká-dingir-ra 순서는 그 다음에 한정사 ^{KI}가 오는데 이것은 도시이름임을 한정해준다. 그 '도시'는 ká-dingir-ra 라고만 쓴다. 그 도시는 바로 바빌론이다. 표의문자 ká는 단어 *babu* ("gate")를 나타내고, 단어 dingir는 *ilum* (신)를 뜻한다. ra는 수메르에서 dingir에 대한 소유격 표시이다. 그래서 합쳐서 보면 babilum '신의 문'을 뜻한다. 그기에 쓰인 '신'은 바빌론의 후원 신 마르둑이다.

위의 예를 보면, 같은 문자가 여러 가지 기능과 뜻을 나타내는 것을 알 수 있다. 이러한 다양한 표현은 수메르시대에 발생했으며, 같은 표의문자가 다양한 발음을 가지고 연관된 단어에 사용되었다. 그래서 다르게 읽고 여러 가지로 해석하는 단어를 구별하기 위해서는 그 단어가 사용된 문맥이 아주 중요했다. 표의문자가 나타내는 단어를 지적해 주는 표시 중에 하나가 음성보어이다. 음성보어는 표의문자가 나타내는 단어의 일부분을 차지하는 음성표시다. 그리고 독자에게 그 단어가 어떻게 읽고 해석하는지 안내해 준다.

아카디아어는 문법관계를 굴절형으로 나타낸다. 그런데 표의문자는 단지 단어의 어근 형 즉 기본형만을 표시한다. 따라서 굴절된 형을 나타내기 위해서 음성보어가 표의문자에 첨가되어 굴절 형을 표시하게 된다. 다음의 예를 보면 알 수가 있다.

(www.ancientscripts.com/akkadian)

위의 아리비아 숫자 1은 기본 단어이고, 숫자 2는 기본 단어에 음성보어가 단어 끝에 붙어 소유격을 표시하고, 숫자 3에는 대명사 소유격을 표시한다. 수메르어에 '왕'은 lugal로 표시하고, 아카디아어에는 *šarrum* 으로 표시한다.

3. 원시 초기 글자의 90°방향 전환

수메르문자는 모든 문자가 처음에 그랬던 것처럼 물상을 그대로 그린 그림문자였다가 차츰 그 형상을 상징화하는 형태로 변천되어갔다. 그 형태가 아주 단순화되면서 언뜻 보면 원래의 물상을 알아볼 수가 없을 정도로 추상화 되었다. 그 시기는 약 B.C. 3000년경이고 그 이후 B.C. 2800년경에는 두 가지가 큰 변화가 일어났다.

첫째 변화는 그림형상의 방향이 뒤로 90° 회전한 것이다. 이런 변화는 고대 글자들 변화에서 큰 변화라고는 할 수는 없지만 글자의 변동을 경험하지 못한 현대인들에게는 아주 큰 변화로 보고 관심을 갖게 한다. 글자의 역사를 보면 오른쪽으로, 왼쪽으로, 또는 거꾸로 등 여러 가지 변화(Sampson, 1985: 51)가 일어났었다. 그 이유는 알 수가 있는 것도 있고 없는 것도 있다.

그러면 수메르 문자가 좌측 90° 전환의 이유는 무엇이었을까? 사실 수메르문자의 방향전환도 정확한 이유를 알 수가 없고 다만 추정할 뿐이다. 문제는 변화가 일어났던 만큼 그 원인은 분명히 있을 것이다.

둘째 변화도 첫째 변화와 맞물려 일어났는데 이 원인은 필기구의 형태 변화에서 생긴 것이다. 즉 갈대를 겪어 끝이 뾰족하게 하여 흙 평판에 글을 쓰게 되었던 것이 좌로 90° 회전하고 글 쓰는 방향이 왼쪽에서 오른쪽으로 되면서 갈대의 끝이 뾰족한 것이 아니고 둔하고 뭉뚝한 쐐기모양으로 변하게 되었다.

선형 바빌로니아 평판을 보면 뾰족한 필기구로 선을 그려 그림모양의 글자를 썼다. 그 이후에 선을 긋는 뾰족한 끝이 뭉툭한 끝으로 바뀌고 선을 그리는 방식이 아니고 뭉툭한 끝을 흙 판에 대고 눌러쓰는 방식으로 점차적으로 전환된 것이다. 이렇게 하면 이미 쓴 글씨를 망칠 염려가 없어 좋은 면이 있다. 끝이 뾰족한 필기구로 물기 있는 흙 판에 선을 그어 선형을 새기면 선을 그릴 때에 생겨 나오는 흙덩이들이 이미 써놓은 글자에 들어가기도 하고 글자전체가 뒤범벅이 되기도 했다. 이때에는 주로 글자를 오른쪽에서 왼쪽으로 글을 쓸 때에 일어나는 현상이다. 그러나 필기구의 끝이 뭉툭한 것으로 물기 있는 흙 판에 눌러쓰면 생기는 흙덩이가 없어서 효율적인 글쓰기가 된다.

이 시기에 변화가 두 가지 일어난 것은 확실하지만 글자 쓰는 방향 전환에 대해서는 여러 의견이 있다. 결과적으로 글자를 좀 더 편리하게 쓰기위해서 필기구의 뾰족 끝이 뭉툭 끝으로 변함에 따라 글자 형태가 선형에서 쐐기모양으로 전환된 것은 문자 역사에서 특이한 현상이다. 이 시기에 대하여 웅거(Unger, 1921: 9)는 쐐기문자 형태가 흙 판에 나타나기 시작한 시기는 B.C. 2300 경에 엔테메나(Entemena) 왕 시대에 라가쉬지역에서 나타나기 시작했고, 돌에 새기기 시작한 것은 B.C. 2090 경으로 우르-바우(Ur-bau) 것에 새겨진 것이라 했다. 쐐기 획의 모양은 흙 평판에는 B.C. 3100년경 시작되었고 돌에 새김글에서는 B.C. 2090년경이고 사용지역은 라가쉬 지역이라 했다.

쐐기문자의 발달과정에서 서자생들의 글쓰기 관습이나 변덕스러움이 여러 시대와 여러 지역에서 나오는 평판을 살펴보면 명백하게 들어난다. 만약에 서자생이 글자 획을 눌러 쓸 때에 필기구의 머리로 했을 때 나오는 모양은 쐐기모양이었다. 그리고 필기구의 옆이나 가장자리로 눌러 찍으면 거의 직사각형모양이 찍혀 나온다.

기호 90° 좌로 방향전환에 대한 원인에 대해서 의견을 제시한 사람은 드라이버(1944: 34)다. 드라이버는 서자생들이 기호를 쓸 때에 글자 방향

전환이 일어난 시기는 대략 B.C. 2700년경이라고 추측했다. 90° 방향전환에 대한 설명을 보면 초기에 아주 작은 흙 평판을 왼손 손바닥에 잡고, 오른 손에 필기구를 잡고 글을 새길 때에는 왼손 손바닥에 흙 평판이 자연스럽게 우측으로 45° 각도가 된다. 이때에 오른 손으로 필기구를 눌러 쓸 때에 마치 위에서 아래로 새김하는 꼴이 된다. 이때의 흙 평판 모양은 직사각형으로 높이 보다는 넓이가 약간 긴 모습이다.

그런데 문제는 흙 평판의 크기가 점점 커져 가면서 왼손 안에 잡을 수가 없을 때다. 평판크기가 커지면 손으로 잡을 수가 없어서 책상이나 받침위에 평판을 놓는다. 평판의 위치는 책상에 반듯하게 올려놓은 경우에 글쓰는 사람의 몸과는 90° 각도가 유지된다. 이때는 평판의 각도는 자연히 90° 좌로 회전한 꼴이 된다. 이때에 평판이 실제로 45° 각도로 뒤로 돌지만 기호는 90° 각도로 좌로 누운 형상이 되고 기호는 그대로 전에처럼 쓰게 된다. 이때에 새겨진 텍스트의 기호는 등을 대고 좌로 누운 모습이라는 설명이다. 포월(Powell, 1981: 125)도 기호의 90°전환은 기호를 새김할 때에 평판과 필기구를 편하게 잡는 방법과 연관되어 일어난 것이라고 했다.

샘슨 (1985: 51)은 글자가 처음 사용이 시작한 뒤에 곧 모든 기호가 90° 좌측으로 방향전환은 괴상하고 희한한 일이라 했다. 그렇지만 문자의 역사를 보면 여러 가지 변화들이 무수히 일어났는데 몇 개의 기호 혹은 전 기호가 한 쪽으로, 또한 반대쪽으로 방향전환을 한 경우도 있다.

크라우포드(Crawford, 2004: 195) 설명에 따르면 이렇게 된 것에 명백한 이유는 알지 못하지만 물기 있는 흙 평판에 쓴 글씨의 훼손위험을 최소화하기 위한 방법과 연관되어 있는 것 같다고 했다. 일반적으로 아시리아학 전문가들은 글자 쓰는 방향이 오른쪽에서 왼쪽으로부터 왼쪽에서 오른쪽으로 변경된 것에 대해서 이미 써놓은 글씨의 훼손을 방지하거나 최소화 하기위해서 글쓰는 방향이 바뀐 것이라 설명해 왔다. 워크(, 1987: 14)도 수메르 글자 90° 좌로 회전에 대해서는 특별한 의견을 제시하지 않고 어느 시점에 90° 좌회전해서 등을 대고 누운 상태라고 사실 발생만을 언급하고 그 발생 이유에 대해서 언급이 없다. 사실 어떤 설명이라도 사실일수도 거짓일수도 있는 것이기 때문이다.

4. 글쓰는 방향전환

드라이버(1944: 229)에 의하면 글쓰기 방향에 대한설명에서 최초 수메르 서자생은 오른쪽에서 왼쪽으로 글을 쓰기 시작했고 셈족인 바빌로니아 사람들이 수메르인의 쐐기문자를 도입했을 때에 글쓰는 순서가 변해서 왼쪽에서 오른쪽으로 글을 썼다고 한다.

글을 오른쪽에서 왼쪽으로 쓰는 이유를 종교적인 이유로 보는 관점도 있다. 신의 보좌가 있는 곳은 천국에 변함없는 고정된 지점으로 아주 먼 북쪽 즉 북극성 근처로 여기고, 북극성 근처 산위에 있는 것으로 생각했다. 그래서 북쪽을 향해서 신을 보는 사람은 오른쪽이 동쪽이고, 왼쪽이 서쪽으로, 서쪽은 죽은 사람이 가는 곳으로 생각해서 불행을 가져온다고 믿었다. 또한 사람이 북쪽을 향하면 태양은 오른쪽에 떠서 왼쪽 즉 서쪽으로 진다고 생각했다.

히브리 사람들도 역시 신의 보좌를 북쪽에 안치하고 아침 희생양을 도살 할 때에 성단의 북서 모서리에서 살육하는데 성전의 동쪽 벽에 방해되지 않게 아침 햇빛이 희생양에게 비치게 하고, 저녁 희생양을 도살할 때는 태양의 빛이 서쪽 벽에 차단되지 않도록 북동 모서리에서 살육하게 했다고 한다.

글자의 기원도 중세시대의 사제의 기술에서 나왔다고 보고 있다. 사제가 글쓰는 서자생이었다. 그가 글을 쓸 때에는 신의 축복을 받기 위해서 북쪽에 있는 북극성을 향해서 글을 쓰고 또한 북쪽을 향해서 별이 이동하는 길을 따라서 오른쪽에서 왼쪽으로 글쓰는 방향을 잡았다. 이러한 것은 종교적인 것에서 글쓰는 방향을 제시하는 내용이다.

그러나 이런 주장들은 과학적이지 못하므로 과학적 사고를 하는 사람들에게는 받아들일 수가 없고 실제적면에서 대부분의 사람들은 글을 쓸 때에 오른 손을 주로 사용한다. 일반 서자생들은 글을 쓸 때에 단순하게 왼손에 평판을 단단히 잡고 오른 손으로 글을 새기게 된다. 즉 그림문자를 눌러 새기거나, 보다 복잡한 것을 정교하게 새기게 된다. 왼손이 평판을 잡은 각도는 좌로 45° 각도를 유지하게 되고 오른 손에 잡은 필기구의 끝은 평판의 상단 오른쪽 모서리에 놓이게 된다. 오른 손을 앞으로 당겨 쓰는 것이 손을 밀어내는 것보다 더 쉬워서 서자생은 평판의 오른 편 밑으로 기호를 쓰는 경향이 생겼다. 즉, 서자생 자신을 향하게 써내려 갔다. 그리고 서자생은 첫줄을 끝내면 곧 이전 줄의 상단 왼쪽에 다음 줄을 시작한다. 그렇게 해서 위에서 아래로 좌측으로 한줄 다음에 또 한줄 씩으로 써내려 갔다.

그 다음 흙 평판에 쐐기문자가 새겨진 글을 읽을 때에 텍스트 글이 왼쪽에서 오른쪽으로 향했다면 오른쪽에서 불빛을 비추어서 읽어야 했고, 만약에 오른쪽에서 왼쪽으로 텍스트가 향해 있으면 불빛을 왼쪽 편에 놓고 읽어야 했다. 또 햇빛을 이용하고자 했을 때에 오른쪽에서 왼쪽으로 쓴 텍스트라면 그는 북쪽을 향해 앉아 있어야 아침에는 오른쪽에서 햇빛을 보게 되고, 저녁에는 왼쪽 편에서 햇빛을 보게 된다. 반대로 왼쪽에서 오른쪽으로 쓴 텍스트를 보면 아침에 남쪽을 보라보게 되고, 저녁에 북쪽을 바라보게 되어서 빛이 그를 돕게 된다. 그의 위치는 태양 자체의 이동에 의해서가 아니라 태양빛을 사용할 필요에 의해서 정해지는 것이다. 그 태양이 하늘에 어디에 있던지 간에 평판에 각도를 햇빛에 적절히 조절하게 된다. 즉 평판을 움직여서 빛을 이용하게 된다.

워크(1987: 14-15)도 지적했듯이 흙 평판이 작을 때에는 왼손 손바닥에 쥐고 필기구를 오른쪽 손에 잡고 평판을 여러 방향으로 돌려 새기니까 문제가 안 된다. 서자생이 여러 각도로 그들의 글씨를 새길 수도 있고 볼 수도 있기 때문이다. 또한 우르 제3기(B.C. 2112-2004)와 고대 바빌로니아(B.C. 2004-1595) 시대의 서자생들은 옛날 방식으로 쓰여 진 기념비문을 읽는데 익숙했음이 틀림없다고 생각하고 있다. 워크는 글자 쓰는 방향변화에 대해서는 아주 자세히 의견을 피력하고 있는데 그의 의견을 요약하면 다음과 같다.

글쓰는 방향변화가 무엇으로 인하여 발생했으며, 어떤 식으로 일어났는지는 아직 밝혀지지 않았다고 전제하고 그의 생각을 제시하고 있다.

첫째, 어떤 시점에서 글쓰는 방향이 바뀌었다. 우르크와 잼대트 나스르 시대(B.C. 2900)의 평판은 높이보다 넓이가 더 길었다. 그때 기호들은 사각이나 직각 내에서 질서 없이 나열되었다. 글 쓰는 방향은 우측에서 좌측으로 읽도록 배열되었다. 그 후 세월이 흘러 B.C. 2000 경에와서 평판의 형태는 높이가 넓이보다 더 높아졌고, 그 때의 기호들은 왼쪽에서 오른쪽으로 방향전환을 해서 글을 썼다. 즉 방향전환을 했던 것이다. 간혹 우르3기 시대(B.C. 2112-2004)에 평판의 표면에 대개 한 칸(세로줄)만이 있었지만 최고 11칸도 있었다.

둘째, 잼대트 나스르 시대만큼 일찍 글쓰는 방향의 전환이 일어났다는 주장에 반박을 하고 있다. 또한 글쓰는 방향전환의 원인으로 오른쪽에서 왼쪽으로 글을 쓰면 이미 쓴 글씨가 훼손되기 때문이라고 주장하는 기존의 주장도 반박한다. 그는 흙 평판에 쐐기문자를 실제로 새겨보니 좋은 흙으로 된 평판에는 오른쪽에서 왼쪽으로 글을 쓰더라도 거의 훼손이 일어나지 않았고 의도적으로 글씨를 훼손하려고 해도 상당한 노력이 필요할 정도였다고 주장한다. 그래서 그는 글씨전환 시기가 잼대트 나스르 시대보다 한참 후대에 속한다고 생각하고 여러 증거들을 다음에 제시한다.

첫째, B.C. 2차 천년 중반까지 대부분의 돌 기념비와 새김된 원통도장들 모두 옛 날 글씨 쓰는 방황을 그대로 유지하고 있다.

둘째, 바빌로니아 왕 함무라비(Hammurabi B.C. 1792-1750) 법전의 새김글을 읽을 때에도 오른쪽에서 밑으로 읽게 되어 있다.

셋째, 글 쓰는 방향은 분명히 고대전통을 이어가고 보존하고 있다는 여러학자들의 주장이 있다. 그런데 만약 글 쓰는 방향이 기념비에 새김글이 새겨지기 전인 잼대트 나스르 시기처럼 일찍이 방향전환을 했더라면 오른쪽에서 왼쪽으로 글쓰는 방향이 전통으로 간수될 수가 없었을 것이다.

그래서 워크(1987: 14-15)는 언제 방향전환이 일어났는가에 그의 견해를 다음과 같이 제시한다.

첫째, 직접 답하기 보다는 다른 학자의 주장을 들어 설명하고 있다. 즉고 아담 포컨스타인(Adam Falkenstein, 1936)이 초기 왕조시대의 말기(B.C. 2334년)쯤에 변화가 일어났다고 한 주장을 인용하고 있다. 그 시대에 나온 기르수Girsu) 도시국가(Enannatum 1 B.C. 2400)평판에 동물그림이 있는데 글자를 초기시대의 예처럼 읽는다면 그림을 오른쪽 위에서 보는 시각으로 해야만 읽을 수가 있는 그림이라고 했다. 즉 글쓰는 방향이 바뀌었다는 것이다.

둘째, 한 칸에 새겨진 아주 초기 평판들은 그 새긴 시기가 우르크의 왕 루갈자게시(B.C. 2340-2316)시대 또는 사르곤 왕 동시대와 바로 전임 왕 시대에 속한다. 이것 또한 글 쓰는 변화가 바로 직전에 일어났음을 암시한다.

이렇게 글쓰는 방향전환이 이루어지고 난 후에 여러 현상들이 뚜렷하게 나타난 사실을 증거로 제시하고 있다. 다양한 쐐기 형들이 감소했다. 즉 초기 왕조시대(B.C. 2900-2334) 평판에는 다양한 쐐기 획이 사용되었는데 그 중에서 특히 수직으로 아래에서 위로 향하는 쐐기기호가 있었는데, 그 이후 고대 아카드(B.C. 2334- 2154)시대부터 이러한 쐐기기호는 거의 없어졌다. 다만 쐐기 못머리는 항상 위에나 혹은 좌측에만 나타나게 되었다.

그러나 문제는 평판이 손안에 쥘 수가 없을 정도로 크기가 커져서 책상이나 기타 받침대 위에 놓고 글을 새김 할 때에는 별문제 없다.

5. 문자발명의 이유

문자의 발달은 경제적인 면에서 필요했기 때문에 발명되었다. 쐐기문자의 형태는 메소포타미아의 강 유역에서 이용할 수가 있는 수단 때문에 형성된 것이다. 엘람어와 수메르어의 기록을 판독해 보면 흙 평판에 그림이나 물건이 그려져 있고 그 옆에 숫자가 기록되어 있는 단순한 목록표들이 있다. 그림은 단순한 획과 원, 반원 등으로 구성되어있다. 이 목록표는 고대시대의 예배당이나 광장에서 발굴되고 있는데 그곳에서 나온 목록표는 사원의 재산과 회계장부를 보여주는 것이다. 그들의 내용물은 순전히 생활 경제적이거나 행정적인 것에 불과하며 결코 종교적이거나 역사적인 것은 아니다. 사실 이런 글자의 용도가 약 500년 이상이나 계속되었지만 예외적인 것은 서자생을 교육하는 교육텍스트용으로 필요한 단어와 철자목록표등이 사용되었을 뿐이다.

글자의 사용 동기는 일상생활에 경제적인 이유이고 재산관리와 가계부 정리를 목적으로 사용되었고, 또 다른 이유라면 강 유역에 거주하기 때문에 항상 비가 많이 와서 홍수의 피해를 걱정하므로 달력을 만들어 날씨의 흐름과 비의 량을 측정기록해서 가능한 풍성한 가을걷이를 할 수 있도록 관리를 하고 또한 홍수의 크기 등을 기록 보관하여 다음세대에 참고 자료로 활용토록 했던 것이다. 이러한 기록에 글자와 숫자를 사용했던 것이다. 또한 많은 성직자들이 여가를 활용해서 글자의 예술적인 비법을 개척하는데 많은 시간을 투자했다.

1) 가장 초기의 흙 평판 새김글

가장 이른 시기에 수메르 땅에서 발견된 기록물은 우르크도시에서 모래와 석고를 섞어서 만들어 불에 구워진 조그마한 평판들이다. 모양은 표면이 약간 볼록하게 나온 사각모양이지만 네 모서리는 둥글게 다듬어놓았다. 이 평판에는 원통도장이 찍힌 흔적도 있고, 숫자를 나타내는 하나 또는 여러 개 눌린 흔적이 있다. 이들 평판은 같은 장소에서 발견된 글자 새김 흙 평판과 같이 아주 오래된 것이다. 도장이 찍는 행위는 아주 옛날에 개인이 소유주를 표하는 역할을 했기 때문에 아주 오래전의 것으로 인정된다. 이런 평판이나 기록물에서 글자의 발달이 있기 전에 광범위하게 도장 찍는 형태가 사용되어 그들의 사용 시기를 정확하게 밝히는 것은 어려운 일이다.

기록문서로 생각되는 최초의 평판은 남부 바빌로니아에 있는 네 개 지역에서 나왔다. 이 지역에서 평판은 상당히 많은 양이 발굴되었다. 이 네 개 지역은 우르크, 잼대트 나스르, 텔 엘 무카이야르(Tell-el Muqaiyar), 파라 등 이다. 약 B.C. 3500년에서 2900년 사이 대략 600년간의 기간에 해당되는 평판이다. 이곳에 나온 평판만이 쐐기문자 기원 연구에 중요성을 가지고 있다.

셈어족 세계에서 나온 아주 최초의 평판중의 하나가 키쉬에서 나온 평판이다. 그러나 그 평판을 읽을 수가 없어 내용을 무엇인지 알 수가 없다. 대개 이 평판과 동시대의 평판으로 생각되는 평판이 570개 정도가 우르크에서 제 4차 층과 가장 저층에서 발굴된 것들이다. 이 평판들은 의미를 추측만 할 수가 있는 그림문자로 새겨져 있다. 우르크의 발굴에서 제3차 층과 제 2차 층에서 34개의 평판이 나왔고, 이 평판들도 의미를 추측은 할 수가 있지만 정확히 알 수는 없다.

다음으로 중요한 평판은 우르에서 유명한 왕족의 무덤에서 나온 것이다. 드라이버의 견해는 우르크와 잼대트 나스르에서 나온 평판글자는 학자들이 거의가 수메르-아카드글자의 초기형태라는 의견을 모으고 있으나 그 글자가 표기한 언어는 수메르어인지에 대해서는 이견이 많다. 이러한 논쟁의 핵심은 잼대트 나스르에서 나온 텍스트 때문이다. 이 지역에 나온 고고학적인 유물들이 엘람인의 유물과 유사하고, 서자생들이 사용한 숫자개념이 엘람의 것과 같은 10진법 개념의 숫자를 쓰고 있었는데, 수메르인들은 60진법을 더 선호해 왔기 때문에 차이가 나서 여러 가지 의문이 제기되었다.

따라서 다음과 같은 이론이 제기된다. 즉, 잼대트 나스르의 인구 대부분은 수메르인이 아니며 문화적으로 엘람인과 연관이 있고, 수메르어를 사용하는 사람들이다. 이러한 이론은 긍정도 부정도할 수가 없는 것이다.

그러나 최근의 연구에서 텍스트를 분석해 보니 그 언어는 수메르어가 분명하다는 것이다. 그 이유를 보면 음성 보어가 간혹 나오고, 수메르어의 복수기호도 나타나고, 고유이름의 철자와 단어구성에서 수메르형태이고, 그리고 여러 가지 수메르의 요소들이 보여 이것을 다 합쳐보면 수메르어가 분명하다는 견해다. 또한 곡식에 사용하기위해서는 10진법이 유지되어왔고, 그 이외의 사용은 60진법이 적용되어왔다는 것을 발견했다. 따라서 우르크 IV기의 언어는 십중팔구 수메르어일 것이고, 잼대트 나스르의 언어는 확실히 수메르어이다.

2) 흙 평판에 관해서

수메르 지방과 바빌로니아와 아시리아에 나온 최초의 글 쓰는 재료는 희반죽이나 석고 등이 간혹 쓰이긴 했지만 대부분은 질 좋고 접착력이 강한 진흙으로 이루어졌다. 삼각주에 있는 이 나라의 토질은 충적토여서 진흙 평판을 만들기에는 아주 좋은 조건이었다. 이 이외의 나라에서는 이러한 질 좋은 충적토를 구하기가 어려운 실정이다. 그래서 흙 평판이 이웃나라에서 종종 사용되긴 했지만 간혹 쓰이다가 사용하지 않게 되었다. 이들 나라를 보면 엘람과 페르시아, 반(Van)과 힛타이트, 시리아와 팔레스타인, 이집트, 크레타 등이다. 그렇지만 수메르, 바빌로니아와 아시리아에서는 지속적으로 사용되었고, 그 기간이 무려 4000년이나 된다.

6. 표의문자에서 음절문자로

수메르어의 표기기호는 쐐기문자인데 이 쐐기문자는 표의문자이기 때문에 음을 표현할 수가 없어서 이 표의문자가 음을 표현하기 위해서는 반드시 거쳐야 되는 과정이 있다. 이것이 바로 수수께끼 그림 원리이다.

쐐기문자의 뿌리는 표의문자에서 시작되었다. 표의문자는 소리표현이 아니라 한 낱말의 뜻을 표기한 것이다. 경우에 따라서는 단어 그룹으로도 표현된다. 의미적으로 서로 연관된 단어들이니 공통된 기호로 부여한 것도 경제적인 관심에서 이루어졌다. 공통된 기호는 경제적인 관심에서 글자조직에 필요한 기호의 수와 그 글자를 배우기 쉬운 기호의 수를 제한했다. 예를 들면 '발'의 그림 𒂸인데 수메르어로는 du이고 이는 동사 gen '가다', gub '일어서다', de₆ '이동시키다'를 다 같이 표현한다. 이 모두는 의미적으로 서로 관련이 있다. 여기서 발달되어 나온 쐐기문자 기호는 주어진 문맥에서 구체적인 단어로 표현된다. 이때에 표의문자 기능을 발휘한다.

수메르 단어는 주로 단음절로 구성되어 있어서 표의문자는 단어의 의미와 그 단어를 소리로 발음하는 음절 등 두 가지를 가지고 있다.

위 예에서 du 기호는 표의문자 𒂸은 '발'이라는 의미와 수메르어로 'du'라고 소리내는 음 즉 du소리를 갖고 있다. 이러한 표의문자는 그 표현하는 물상과 그 물상을 표현한 그림문자와 분명한 서로 연관관계를 이룬다.

또 다른 예를 보면 머리(𒊩)에 대한 그림은 𒊩(sag)이고 수메르어로 머리란 말은 'sag'라 발음했다. 여기서 지적해야 할 중요한 사항은 소수의 표의문자는 그 표현대상의 물상과 전혀 다른 자의적인 모습을 갖는 것도 있다는 것이다. 그 중에서도 유별난 것은 '양 또는 염소'의 그림문자는 ⊕

로 원안에 십자가 그어져 있는 형태다.

표의문자가 표음문자로 전환의 중요한 발판은 바로 동음이의어에서 나왔다. 김진우(1985: 295)는 영어 sun '해'와 son '아들'이 동음이지만 뜻이 다르고, I '나'와 eye '눈'이 동음이지만 뜻이 달라서, sun의 기호로 son을 표시할 수가 있고, eye의 기호로써 I를 표시할 수가 있는데 만약 그렇게 표시하게 되면 sun과 eye의 기호는 그 원래의 의미를 버리고 그 음만즉 소리만을 나타내게 된다. 상형문자가 그 원래의 의미를 잃고 음만을 지니게 되는 과정은 어떤 언어든지 외국의 문자를 빌려 쓸 경우 더욱 더 쉽게 일어난다. 왜냐하면 외국의 문자는 자국에선 아무런 의미도 없기 때문이다. 그 예로 일본어가 중국의 한자와 그 소리만을 빌려서 '가다가나'라는 음절문자를 만들었다. 예를 들면, 한자 加 , 多 등이 간소화되어 力, 夕이 되어서 ka와 ta 음만을 나타내고 원래의 뜻 '더하다', '많다' 가 이 글자 力, 夕에는 없다. 이러한 원리를 사용해서 첫 번째 단어의 기호가 동음이의어를 표현 하는데 사용된 곳에서 두 번째 기호는 의미가 아니라 소리만을 갖는 음절문자로 된다.

이 수수께끼원리는 글자에서 아주 필수적인 원리이다. 즉 소리로 쉽게 표현할 수가 없는 언어의 여러 요소를 표현할 수 있게 만들기 때문이다. 특히 문법적인 접사, 전치사, 특히 쐐기문자의 역사발전에 상당히 중요한 사람이름, 지역이름, 외국단어를 음성표현 글자로 쉽게 표현 할 수 있게 했기 때문이다. 특히 단음절 단어가 많은 수메르어에서 동음이의어가 많은 것은 곧 수수께끼원리의 적용이 쉽다. 수메르문자는 거의 절대적으로 표의문자로 표현한다. 수수께끼 원리로 생성된 음절문자는 원시-쐐기문자에서는 극히 소수에 불과했고 음절문자로 표현하지 않으면 안 되는 곳에서만 음절문자로 표기했다.

인류가 만든 최초의 기호는 눈에 보이는 구체적인 사물의 형상만을 그리는 것에 한정했고, 인류 최초로 만든 수메르 글자 조직의 표현 한계도 이와 같이 매우 엄격하게 한정된 표현만을 했다. 그러나 세월이 가면서 그 한계를 벗어나게 하는데 도움을 주는 여러 장치들이 개발 되면서 표현의 한계도 상당히 넓어졌다.

첫째, 눈에 보이는 구체적인 사물만을 그리는 기호의 용법이 그 범위가 점차 확대되어 비슷한 개념이나 심지어 추상적인 개념까지도 유추해서 포함하게 되었다. 예를 들면 원래 그림문자 ✳는 원래의 뜻인 an '하늘, 천국'뜻과 dingir '신'을 뜻하는 기호였던 것이 그 뜻을 조금 확장해서 형용사로서 '높은' 뜻을 비롯해서 많은 다른 개념을 표현하게 되었다. 또 다른 예를 보면 du '다리' 뜻을 가진 그림문자 𒆳은 동시에 여러 동사의 뜻 즉 gub '일어서다', gin '가다', tũm '이동시키다' 등의 동사 뜻도 표현하고 있다.

이러한 용법과 원리는 상당히 주의 깊게 살펴보아야 한다. 왜냐하면 기호의 용법이 의미적 것이나 논리적인 연관이 없는 단지 비슷한 음에 까지도 표현하게끔 그 범위를 넓혀 나갔기 때문이다. 한 기호를 이렇게 변칙적으로 사용한 가장초기의 예는 잼대트 나스르에서 발굴된 여러 개의 평판에서 나타나고 있다. ti '화살'이 ti(l) '인생, 살다'의 용법으로도 사용되고 있다. 이와 같은 글자표기 조직의 결점으로 인하여 뜻에 중의성이 나타나고, 또한 표현의 범위가 크게 제한되어 있지만 최초의 텍스트는 주로 물품 목록, 영수증 등이 전부였기 때문에 초기 사용자의 요구에는 충족을 줄 수 있는 글자조직이었다. 하지만 종교적이거나 역사적인 텍스트와 같이 연결된 텍스트를 작성하고자 할 때에는 이와 같은 순수한 그림문자의 표현

방식은 매우 부적당하다는 것을 알게 되었다.

둘째, 그래서 글자 사용에서 크게 진전을 보게 된다. 음절 음성을 표현하기 위해 많은 기호가 채택되어 사용되었다. 그 예를 보면 이미 ti(l) '인생'을 표기하는데 까지 용법을 넓힌 ti '화살' 기호는 다른 단어들에 음성 표기에서 단순히 음절로서의 표기로 ti와 til을 표기하기 위해서 사용되었다. 다시 말해서 원래 단어 뜻만을 갖든 기호가 음절의 구성요소를 이루는 음으로 음가를 획득했다. 이러한 용법이 실제로 사용된 곳은 잼대트 나스르에서 시작되었다. 잼대트 나스르에서 음성요소인 meš는 명사에 첨가되어 복수 형태를 표현하게 되었다. 예를 들면 ab '어르신'에 meš가 첨가되어 ab-meš '어르신들'로 됐다. 이런 용법 다음에 나타난 것이 문법 형태다. 즉 문법에서 굴절형의 행태가 생겨났다. 그래서 우르에서 나온 텍스트를 보면 몇 개의 음성 표현이 동사 굴절형태로 쓰였고, 격을 표시하는 보어가 표기되었다. 음성으로 읽을 수가 있는 최초의 단어는 쉬르팍에서 출토된 텍스트에서 나온 것인데 무게 재는 단위인 mana 'maneh'와 상인을 뜻하는 tamkar이었다.

이런 굴절형태의 장치가 고안된 계기는 단어가 모여서 하나의 산문을 형성하는 문장을 형성하게 되면서 문법적인 관계를 지적할 필요성이 생겨나면서 부터이다. 이 방법은 수메르어에서 변하지 않는 어근에 단음절로 구성된 접두사나 접사들을 첨가해서 만들고 있다. 이 장치는 외국에서 들어온 단어에 더욱 필요했는데 사람의 이름과 장소의 이름을 쓰기가 쉽지 않은 외국단어를 읽는 데에 필요했고, 공부하는 학생용 음절표로 만든 방언 형태와 뜻글자의 발음을 지적해야할 필요에서 시작되었다. 또한 음절표기는 어떤 한계 내에서만 엄격하게 제한되었다. udu '양'와 siba '목동' 같은 일반단어는 어떤 시대에서도 대개 철자되어 나오지 않았고 특수한 곳, 즉 학교 텍스트나 이와 비슷한 용도의 책에서만 나왔다.

물건을 나타내는 기호나 단어에서 음절로 변화 즉, 뜻글자에서 소리글자로의 전환은 어려움 없이 순조롭게 진행된 것은 아니다. 원래 교착어인 수메르어 표기를 고려해서 만들어진 기호들이 굴절어인 아카디어어에 적용되면서 여러 가지 어려움이 생겨나고 있었다.

수메르인들은 쐐기문자 글자조직을 음절문자로 하느냐 아니면 음성문자로 만드느냐의 실현가능성이 목전에 다가왔을 때에 수메르인들은 멈칫했지만 극소수를 제외하고는 뜻글자로 남기로 하고 음절문자로 전환하는데 극히 소극적이었다. 이에 비해서 바빌로니아인들은 곧장 뜻글자에서 음절문자 개발에 박차를 가해 성공시켰다. 그래서 언어표기에 단순하고 이해하기 쉬운 글자를 만드는데 온 힘을 다했다. 수메르인들이 멈칫거리고 소극적인 태도로서 음성문자를 만들지 않은 이유에는 여러 가지가 있었다. 수메르인들은 그들이 사용하는 기호들은 그들이 일상생활에 사용하는 일용생활 품목의 이름이 고작이고, 그들이 사용한 단어는 주로 단음절 단어로서 단순한 접두사와 접미사가 붙어서 굴절형태를 만들어도 단어의 내부적인 변화를 겪지 않기 때문에 음절을 표현할 기호를 더 이상 필요하지 않았다. 이에 비해서 셈족인 바빌로니아인들은 모든 단순 단어를 음절로 표기하도록 강제하고 있었다.

따라서 이들 뜻글자 기호를 음절문자로 발전시킨 것은 바빌로니아인들의 업적이다. 그래서 수메르어 글자조직은 단어 뜻을 표기하는 것이 기본이라면, 아카디어어의 글자조직은 음절 음가를 표기하는 것이 기본이 되었다.

하나의 기호에 뜻글자로서의 뜻과 음절소리를 표현하는 음절 등 이중적인 용법을 가지면서, 또한 전혀 다른 두 언어에 적용시킴으로 발생되는 결과는 무엇이었을까? 말할 것도 없이 거의 모든 기호가 결국 독자에게 큰 혼란을 주는 다음자, 다음가 기호가 되어버렸다는 것이다. 그 결과로 예를 들면 원래는 떠오르는 태양을 뜻하는 기호 즉 날(하루)이 무려 70개 이상의 다른 단어(명사, 동사, 형용사, 등)로 표기하게 되고, 12이상의 각기 다른 음절로 표기하게 된 것이다. 그것은 또 170 개 정도의 복합 뜻글자의 첫 구성요소가 되었고, 다른 많은 단어에 중요한 기본요소가 되었다.

대부분의 기호가 각 발음이 다른 많은 다른 단어를 표기하기 때문에 많은 음절을 표기하기 위해 더 많은 기호들이 생겨나게 되었다.

하나의 뜻글자 기호로 여러 가지 많은 사물이나 개념을 나타내고 또 여러 방법으로도 읽혀지면서 많은 중의성이 나타나서 혼란을 초래하게 되는데 그러나 실제로 글로 쓴 텍스트를 해석하는 데에는 사실 큰 혼란이 발생하지 않았다. 그 이유는 수메르인들은 이런 혼란을 피하기 위해서 이미 두 가지의 장치를 만들어 배치해 두었던 것이다. 즉 한정사를 개발하여 뜻을 한정하도록 활용하는 방법과 음성 보조어를 배치해서 활용하는 방법이 사용되었던 것이다.

한정사 기호는 뜻글자 기호의 전후에 붙어서 뜻하는 목적물이 어느 범주에 속한 목적물인지를 한정하는 것이다. 원래 한정사의 위치는 자유로웠지만 쉬루팍에서 이미 고정된 형태로 사용되고 있었다. 이곳에서는 uru '도시'는 앞에 놓이고, ki '장소'는 뒤에 놓인다. 우르크 IV시대에서 한정사 dingir '신'는 자주 나오고, ki '장소' 한정사는 처음 잼대트 나스르에 사용된 것이 보이고, lu '사람'은 키쉬에서 발굴된 텍스트에서 나오는데 쉬루팍에서 나온 한정사들과 동시대의 것이다. 이러한 초기시기에 한정사가 중요한 역할을 한 텍스트는 쉬루팍에서 나온 학교용 텍스트이다. 거기에는 길게 쓰인 기호들과 단어들이 있었는데 이것들은 신의 이름, 물고기 등의 한정사 기호들에 의해서 그들의 속성에 따라 분류되어 있었다. 한정사 사용법은 계속 발달되어 나갔다.

음성보어는 잼대트 나스르에서 발굴된 텍스트에서 이미 사용된 것이 확인되는데 이것은 간단한 기호로서 하나의 음절을 나타내면서 자음으로 시작되고, 모음은 주로 a로 끝나는 음절로 되어있다. 위치는 다음자, 다음가 기호의 다음에 놓여서 의도하는 음가를 지적한다. 음성보어의 기호는 음절의 끝 음이 음성보어의 시작 음이고 끝은 모음a가 된다. 따라서 du '다리'는 gub '일어서다', gin '가다', tum '가져오다'의 뜻을 표하고 있는데, 음성보어 na가 붙어 쐐기문자+na는 gin을, 쐐기문자+ba는 gub를, 쐐기문자+ma는 tum을 나타낸다. 이렇게 덧붙여진 이런 기호들은 읽지도 발음하지도 않지만 여러 음가 중에 어느 음가가 글쓴이가 의도한 기호인가를 눈으로 보고 확인하는 기호이다.

결국 수메르인은 음절에서 모음을 분리해 내서 유별 난 기호로 그 모음을 표현하는데 성공했지만, 자음을 분리하는 데는 실패했다. 모음분리의 성공이유는 모음 4개는 수메르어에 실제 단어에 표기되어 왔던 것이고, 자음분리의 실패이유는 이들 자음은 모음과 같지 않게 각각의 독립된 단어로 된 어떤 존재감을 갖고 있지 않았기 때문이다. 수메르인과 반대로 이집트인은 그들 언어의 본질 때문에 자음을 음절에서 분리해 내는데 성공했지만 모음을 음절에서 분리해 내는데 실패했던 것이다.

이러한 정교한 조직으로서 이 글자의 형태와 기호들의 용법은 이미 우르크 1(B.C. 2900년)기에 충분히 발달되었으며, 또한 문장을 구성하는 단어의 순서에 따라서 단어가 잘 배열되고 글자 쓰는 방향도 고정된 것은 라가쉬의 사제이자 왕인 에안나툼(Eannatum)의 시대에 이루어졌었다. 거의 3000년 동안에 실질적인 변화가 어떤 것에도 일어나지 않았다.

7. 서자생의 훈련과 역할

수메르인이 발명하고 아카디아 셈족들이 발전시킨 쐐기문자는 그 당시의 일반 평민들은 알지도 못하고 알기를 기대할 수도 없는 것이고, 특별한 전문적인 교육을 받은 서자생이나 또는 서기들만이 사용할 수 있는 신비로운 것이었다.

메소포타미아의 역사에서 가장 전성기 때에 조차도 일반평민은 비록 쐐기문자를 읽을 수는 있어도 쓸 수는 없는 처지였다. 땅을 사거나 팔 때에 일반인은 서류를 작성하기위해서 전문 서자생에 의뢰해서 해결해야만 했다. 그리고 서자생 들은 이런 법적인 문서를 대신 작성할 경우 보증인이름 다음에 서자생의 이름도 그 서류에 기입하는 것이 일반적인 일이었다. 계약 당사자는 서류에 이름을 기재하지 않고 글 쓴 흙 평판이 마르기 전에 도장을 찍고 흙 평판을 봉함했던 것이다. 만약에 도장을 준비 못했다면 주로 엄지손가락으로 지장을 찍거나 외투의 끝자락을 흙 판에 눌러서 증거로 남겼다. 그 당시 도장은 소유자의 이름을 새긴 것인데 계약에 동의한다는 표시로 서명대신에 도장을 찍었다. 문제는 손으로 찍은 지장이나 옷 끝자락으로 찍은 흔적은 지문과학이 발달하지 않았기 때문에 계약의 동의를 표하는 역할을 하지는 못했다. 지문은 단지 증인들이 확인한 계약서에 문맹 인으로서 동의 표시이고, 반면에 옷자락의 표시는 의복을 입은 사람이 계약에서 의무사항을 충실히 이행하겠다는 것을 평판에 표시하는 일종의 상징적인 표시행위였다.

그래서 사원이나, 정부 및 민간인들이 거의 전부 서자생의 도움을 크게 받기 때문에 전문 서자생 계층이 크게 형성하게 되었고, 이들은 그들끼리 모여 협회를 만들어 힘을과시하기도 했다. 그들을 후원하는 신 이름은 나부(Nabu)이다. 성경에는 이름으로 네보(Nebo)이름으로 나온다. 그 신은 평판에 쐐기문자로 표시되는 것도 있고, 또는 평판에는 없고 쐐기문자와 필기도구로 구성되어 있는 것도 있다. 서자생들이나 사람들은 이 신을 여러 가지 이름으로 불렀는데 이 이름을 보면 '서자생들의 문자발명가', '뛰어난 서자생', '신들의 서자생, 갈대 펜의 권력자'등이 있다. 여신 니다바(Nidaba) 또는 니사바(Nisaba)는 '우주의 서자생', '사무총장', '천국의 대서자생', 이라고 했고, 여신의 배우자 하니(Hani) 또는 하야(Haya)는 '도장의 왕', '도장 찍힌 평판', '서자생의 신'으로 불렀는데 이들은 가끔 학문의 후원자로 지칭되기도 했다.

여신 벨리트-쉬리(Belit-siri)가 가진 필기구는 보석 또는 홍옥석이라는 알려졌는데 그녀는 지하세계의 여 왕 비서로 기술되고 있다.

문자 쓰기훈련은 '평판의 집'이라고 하는 곳에서 훈련을 받았다. 이 곳은 대부분 중요한 사원 마다 부속으로 딸려있었다. 이 곳에서는 남자 아이 뿐만 아니라 여자아이도 문자를 읽고 쓰는 공부를 했다. 이 평판학교는 이름에도 암시 하듯이 글자를 쓰고 읽는 것만을 공부하고, '지혜의 집'이라고 하는 다른 종류의 상급학교에서 깊이 있는 학문을 하게 된다. 평판학교에서 졸업을 하고 나면 지혜의 학교에 들어가게 된다. 지혜의 집에서 거주하는 학식 있는 사람들은 신비술 등을 가르친다. 이 학교에서 야망을 가진 젊은 청년들은 등받이도 없는 돌 의자에 앉아서 수학, 점성학, 의학, 마술, 신학 및 다양한 칼데아인의 학문과 언어(셈어)를 공부했다.

지혜의 집에 간 학생은 이름을 빛나게 할 만한 가치가 있고, 명예를 가질 만한 자격을 갖추게 된다. 칼데아인(셈족)의 학문과 언어를 배우는 과정은 3년에 끝나지 않고 성년이 될 때까지 계속된다. 그 당시의 교육방법을 간접적으로 나마 알 수가 있는 것은 학생과 스승이 문답 형식으로 된 평판이 발굴되었기 때문이다. 문답방식과 반복훈련으로 공부가 계속된 것으로 파악이 된다. 문자 연구는 장래가 촉망받는 학생에게 학교의 서자생 교사와 언어전공자로 만들기 위해 옛날 수메르 언어와 모국어인 아카디아어에 대한 공부도 시켰다. 많은 옛날 텍스트는 주로 종교, 예배의식, 마법과목을 다루었는데 전부 수메르어로 공부한다. 수메르어로 된 법에 관련된 관용어구는 셈어족의 기록문서에 나타나고 있다. 많은 수메르어 뜻글자들은 주로 문어에 유지되어 왔는데 특히 일종의 생략형이나 속기형으로 아카디아어 텍스트에서 나타나고 있다. 어떤 텍스트계열은 수메르어로, 다른 텍스트 계열은 아카디아어가 주로 사용되었다. 일반적인 현상은 점차적으로 수메르어의 텍스트는 아카디아어 텍스트로 전환되는 경향이 있었다. 그래서 결과적으로 뒤범벅이 된 상태가 된 꼴이다. 단어를 읽기가 어려운 현상은 독자가 수메르 기호들을 아카디아어 단어로 읽기 때문에 일어나는 현상이다. 그래서 읽는 것과 번역하는 것과 서로 혼합되어 있는 꼴이기 때문이다. 수메르어가 점차 잊혀져가는 언어로 되어가면서 더욱 잘못 표기되는 경향이 나타남으로서 더욱 읽기에 혼란이 가중 되었다. 이에 비례해서 아카이디어어는 문자기호의 수가 증가되면서 각각의 기호가 가지는 음절의 수도 증가되고 있었다. 결국에는 그 수가 음절을 표기하기위해 적용되었던 550개중에 거의 300개 정도가 사용되게 되었던 것이다.

따라서 문자조직이 거대하게 복잡해지고 따라서 사용하기에 어려움이 따르게 되자 많은 문학작품을 예로 들어 문자를 가르치고 배우게 되었다. '텍스트' 라는 말 자체가 두 언어의 행간번역본일 수도 있는데 한 언어가 다른 언어를 설명하게 되거나 단어풀이목록을 제공해 줄 수도 있고, 또는 다른 언어의 어려운 텍스트에 대한 해설형태로 제공되기도 한다. 이미 쉬루팍에서 발굴된 평판은 이러한 초기형태를 보여준다. 우르제 3 왕조시대(B.C. 2112-2004)와서 이와 같은 기호목록이 증가하는 것을 보게 되고 이 목록은 재 복사되기도 했다. 그래서 수메르 단어는 그 이후시대에 계속해서 바빌로니아어로 번역되었다. 또한 이 시기에 많은 일들의 사연을 묶어놓은 것이 있는데 이것이 뒤에 가서 학교의 텍스트역할을 하게 되었고 그중에서 제일 유명한 것은 두 개의 시리즈 하라(Harra)로 알려졌는데 그것에는 단어와 어구 설명이 들어있다.

이러한 어휘목록을 새겨 놓은 평판에는 여러 가지의 형태와 계층이 있다. 이 평판 중에 어떤 것은 3개의 칸으로 나누어, 기호나 뜻글자에 그들의 이름과 발음이 붙어있는 칸, 그 어휘들의 수메르어와 아카디아어 단어의 음가의 칸, 그리고 그들의 뜻을 담고 있는 칸 등을 이루고 있다. 또 다른 평판에는 표준 수메르 단어와 방언 수메르 단어를 나란히 실고, 그다음에 아카디아어로 설명이 첨가되어 있는 것도 있다. 또 다른 평판은 아카이어어의 동의어나 의역으로 주석을 달고 아카디아어로 수메르 뜻글자를 설명하는 것도 있다. 신 이름이 두 언어로 되어있는 목록이 있고, 신의 명칭, 역할, 사원 등이 있고, 나라와 도시 이름 목록이 두 언어로 된 것도 있다. 또 다른 몇 개의 평판에는 순수한 아카디아어 동의어를 두 가지 언어로 두 칸으로 구성된 목록이 있고, 또는 힛타이트, 카사이트어, 심지어 후르리어의 단어와 구에 대한 주석을 달은 목록이 있다. 관용어구집 역시 수메르어와 아카디아어의 단어에 명사나 동사의 굴절 형태를 가진 것이 발굴되었다. 왕의 목록, 동시대의 왕조와 지배자시대의 중요한 사건 기록들이 고대 학자들의 임무의 중요한 부분으로 언급되고 있다. 과학에 관한 평판기록도 중요한 요소를 차지하는데 주로 수학, 점성학, 천문학, 의학처방, 마술 등이 기록되어 있다.

수메르어와 아카디아어의 문학작품 특히 종교 및 기술 분야에 대한 정보를 보존해 온 많은 내용은 분명히 학생들이 복사나 연습용으로 사용한 학교 연습용 텍스트에 있는 것들이었다. 이 내용들은 학생들이 복사할 때에 많은 잘못한 부분을 고스란히 그대로 간직하고 있다. 이런 학교 연습용 텍스트에는 다음과 같은 특징이 있다.

첫째, 많은 복사본에는 종종 철자 변화를 보게된다. 그것은 쐐기문자 음절표는 쉽게 몇 가지 음절을 덧붙이기도하고 떼어내기도 할 수가 있기 때문이다. 이러한 현상이 일어난 것은 이 학습용 텍스트가 반드시 모범적인 눈으로 보고 복사되지 않고, 흔히 말을 받아쓰기하는 가운데 복사하는 현상 때문에 일어난 것이다.

둘째, 학습용 텍스트는 이야기의 시작도 맺는말도 없는 것이 특징이다. 이것은 연습용으로 아무 곳에서나 취해 인용한 것이기 때문이다.

셋째, 긴 고전 텍스트가 복사될 때에 시작되는 몇 장의 복사본은 숫자가 많이 있는데 그 복사일이 진행되면서 복사본의 숫자가 감소하는 양상을 보여주는 것이다. 이 경우 학생들이 전체 텍스트를 다 복사하지 않고 중간에 다양한 문학 분야를 경험하고자 다른 텍스트를 복사하기 위해서 처음복사본에서 다른 복사본으로 바뀌었기 때문에 중간에 중단된 상태가 된다. 여러 잘못이 있긴 해도 복사본에는 일반적인 간행기가 쓰여 있다. 이 간행기엔 비슷한 단어로 이 평판이 언제 이루어졌고, 그것을 새긴 서자생의 이름을 첨가해서 보증을 하게 했다. 이 간행기엔 작품의 명칭, 앞에 나온 평판과 뒤에 나오는 평판을 연결해주는 연결문구 등이 나오는 동시에 작품에서 일련의 숫자, 원본 평판 만든 날자와 복사된 날짜, 평판에 글줄의 숫자까지도 나와 있다. 간혹 복사자들이 '그는 어떤 실수도 하지 않았다.'든가 '그는 복사본에 단 한 마디도 첨가하지 않았다.'등의 말을 기록해 놓은 것도 있다.

넷째, 복사자는 그가 텍스트를 올바로 이해할 수가 없다는 것을 선언할 수 있다. 학생의 선생은 학생에게 평판 글쓰기 공부를 습득하도록 유도한다. 첫 단계는 독서로서 듣거나 보고 독서연습을 하고 그다음에 텍스트 쓰기연습을 하게 한다. 학생이 읽고 쓰는 것이 숙달될 때까지 연습을 계속한다. 그렇게 하지 않고는 못하겠다. 또는 할 수 없다고 주장하면 포기하도록 한다. 서자생을 고용하는 사람들은 그가 쓰고 싶은 것을 서류로 받아 적을 수가 있어야만 되고, 서자생은 그의 고용주가 지시하는 것을 받아 적을 능력이 있어야 했다. 이와 같은 능력이 있는 서자생을 초기에는 젊은 도제나 학동, 또는 젊은 서자생이라고 불렀다. 그가 충분히 능력이 있고 자격 갖춘 서자생이 되면 그는 작가 'penman'이나 평판작가'writer of clay-tablests'가 되든가 책임 서자생이 되기도 했다. 서기라는 명칭을 가진 목록이 음절표에 나오는데 그 표에는 여러 가지의 직업을 표시한 서자생의 진로가 나온다. 서자생들은 국가 행정기관, 군 기관, 법원, 사원에 서자생으로 고용된다. 역시 수학자로서 내과의사의 서기로서 직업을 갖게 된다. 따라서 서자생들에게는 여러 가지 직업의 영역이 열려 있었다. 심지어는 도시의 책임서자생이나, 국가의 총서기관이 되기도 하고, 궁중의 서기관, 궁중의 규방장, 왕의 서기관, 왕의 총서기관 등 고위직까지 승진을 할 수가 있었다. 심지어 역병의 신 이라(Ira)의 신화에서도 서자생의 중요성을 인정하는 내용들이 나온다. 서자생은 쐐기문자를 잘만 쓰면 국가의 가장 높은 지위에 까지 오를 수가 있는 것이 인정되고 있었다.

일반적으로 왕은 쐐기문자를 쓸 줄도 읽을 줄도 몰랐던 것으로 알려져 있다. 왕은 왕의 서류를 작성하는 책임자를 두어 그 일을 처리케 한다. 그러나 예외가 있다. 아시리아의 아쉬르바니팔 왕(B.C. 668-627)은 글을 읽고 쓸 줄을 아는 몇 안 되는 왕 중의 한명이었다. 아쉬르바니팔 왕은 세자 시절에 그가 사용한 평판이 대영박물관에 보관되어 있는 것을 보면 그가 아마도 쐐기문자를 읽을 수가 있었던 첫 왕이었던 것이다. 그는 그가 쓴 평판의 간행기에 보면 그가 그 이전에는 어느 누구도 획득하지 못했던 서기의 기술을 습득했다고 자랑하고 있고, 그는 평판에 세로 칸에 쐐기문자를 잘 정돈 배열해서 쓰는 법을 알고 있었다고 하고, 그는 수메르어의 정교한 평판을 읽고, 올바로 사용하기가 쉽지 않은 난해한 아카디아어를 읽었다는 것을 자랑하고 있는 것이 간행기에 나와 있다. 또한 그는 대 홍수가 나기 전에 기록된 평판을 읽기를 즐겨하며, 흙으로 만든 평판과 나무로 만든 평판에 쓰인 텍스트를 읽고, 또한 아시리아, 수메르, 아카드에서 나온 복사본을 읽었고, 그 당시에 사용되고 있었던 셈어의 바빌로니아와 아시리아 방언들도 이해하고 있었던 것이다.

제18장 새로 제기된 쐐기문자 발명 이론

쐐기문자가 처음에 그림문자라는 확고한 증거가 초기 그림문자 새김판이 발견될 때까지는 짐작에 불과했다. 하지만 1897년에 독일 학자 들리츠쉬(Friedrich Delitzch)는 쐐기문자가 처음에 그림문자에서 나왔다는 주장에 반대했고, 대신에 쐐기문자는 비교적 작은 수의 기본 기호에서 차츰 발달되어 나왔다고 주장했다. 그가 주장하기로 기본적인 기호들이 합해져서 수백 개의 쐐기문자가 발생했다는 것이었다. 그 이론은 소수 인이 인정했을 뿐이고 나머지 대다수의 학자들은 그림에서 기원 했다는 이론에 동조해 왔다.

문자가 그림에서 발달되어 나왔다는 이론은 1913년 에 미국의 동양학자 바톤(George Aaron Barton)이 'The Origin and Development of Babylonian Writing'라는 논문에서 그림문자기원에 대한 기반을 놓았다. 그는 초기 쐐기문자 새김글에서 발견된 288개의 그림문자를 수집해 그 발달과정을 추적해 이론을 정립했다. 바톤에 따르면 원래 초기 기호들은 인간의 몸체와 그 수족, 포유동물, 새, 곤충, 물고기, 나무, 별, 구름, 땅, 물, 건물, 배, 가구, 일용생활용품, 불, 무기, 의복, 경배도구, 거물, 덫, 도자기, 악기 모양을 본떠서 그렸던 것이라 했다. 1928-1931년 까지 독일 고고학자들은 우르크에서 발굴 작업을 한 끝에 흙 평판에 새겨진 아주 옛날의 것으로 알려진 그림문자 예들을 찾아냈다.

이와 같이 지금까지 문자발명의 이론에서 수메르 초기 문자기호는 그림에서 시작하여 점차 발달되어 초기의 그림이 선형 형태로 되어갔다는 것이 일반적인 시각이었다. 이 일반적인 시각에 정면으로 부인하는 새로운 이론이 제시되었는데 이 이론이 바로 물표(token)이론이다.

문자는 문명의 기본이며 또한 특징이다. 문명은 바로 도시화, 자본형성, 문자 등이 서로 맞물려 있다. 문자의 기본 동기는 경제활동에서 나온 것이다. 즉 경제 및 무역거래를 관리하고자 하는 욕망에서 기인된 것이다. 그래서 거의 모든 초기 쐐기문자 텍스트와 B.C 2차 천 년경에 나온 텍스트들은 경제 및 장부관리와 관계가 있다.

문자기원에 대한 새로운 물표 이론이 미국의 쉬만트-베세라트 교수(Denise Schmandt-Besserat, University of Texas)에 의해서 제기되었다.

1. 물표 이론의 제기

최근까지의 문자기원에 대한 이론은 그림에서 그림문자로 그림문자에서 표의문자로 표의문자에서 음절문자로 발전되어 왔다는 이론이 일반적이었다. 그런데 이러한 기존의 이론과는 전혀 다른 이론이 최근에 제기되었다. 문자가 발명되어 나오는 과정에서 그림에서가 아니라 물표를 사용하는 과정에서 문자가 창조되어 나왔다는 이론이다. 즉 물표이론이다. 이 이론은 많은 학자들의 관심을 끌고 있다.

그 이론을 한번 살펴보면, 어떠한 문자에 관한 이론 중에서도 가장 논란의 대상이 되고 있다. 이 이론은 능력 있고 실력 있는 문자 학자들이 시간을 두고 심사숙고 하여 여러 가지 방법으로 검증을 해야 함에도 불구하고 이 이론이 제기되자마자 반대 의견부터 제시되는 양상을 띠고 있는 것이 지금의 현실이다.

이 이론의 단서를 제공한 사람은 불란서 루브르 박물관의 학예사 피에르 아미(Pierre Amiet, 1966)였다. 그는 메소포타미아 유적지에서 발굴이 이루어질 때마다 조그마한 흙덩어리 물체가 많이 출토되는 것을 파악하고 또한 고고학자들은 이 물체에 대해서 전혀 관심을 두지 않고 단순히 그 시대의 오락용이거나 부적의 일종으로 여겨 별 다른 관심을 주지 않아 왔던 것에 초점을 맞추어 논문을 발표했다.

그리고 이 논문을 근거로 물표를 문자 창제의 근본이라는 이론으로 까지 발전시킨 사람은 미국 텍사스 대학의 슈만트 베세라트(1978, 1979a, 1979b 이하 베세라트 교수로 줄여 표기함)교수이다. 다음에 보는 것이 작은 흙덩어리 물표들이다.

베세라트 교수가 제시한 예

이 흙덩어리 물체를 물표라 한다. 이 물표가 남부 이란의 수사지역에서 출토된 것을 보면 양, 염소, 가축의 수를 기록하거나 올리브유 항아리 등의 물품들을 기록하기 위한 기억장치의 형태로 사용하려고 만들었다고 생각을 하게 한다. 그 이후에 그 흙 물표가 언어기록용으로 채택되었으며 한번 채택되고부터 계속해서 사용하게 되었다(Schmandt-Besserat(1978, 1979a, 1979b)고 추정한다.

문자의 기원은 하나의 기원에서 발달되어 왔다는 일원성이론과 각 지역마다 그 지역에 알맞은 문자를 만들어 사용해 왔다는 다원성이론이 제기되어 왔다. 그 중에 다원성이론이 다수의 지지를 받는 이론이다. 즉 글자는 지구상의 여러 지역에서 독립적으로 발달되어져 왔다는 이론이다. 그중에서도 B.C. 3500-3200년경에 수메르인과 이집트인들이 세상에서 문자를 사용한 최초의 사람들이라고 알려져 왔다. 그런데 이 두 민족 중에 누가 먼저 처음 문자를 발명한 사람인가에 대해서는 명확하게 밝혀진 것은 없다. 그렇지만 이집트의 문자가 수메르 문자의 영향을 받은 흔적이 여러 군데에서 보이는데 반해서 수메르 문자는 이집트 문자의 영향을 받은 흔적을 찾을 수가 없다고 알려져 있다. 이런 면을 보면 수메르 문자가 단연 앞선 것으로 판단되고 있다.

수메르인들은 수 천 년 동안 농사일을 해왔던 민족이다. 그들은 농장에서 생산한 곡식의 이름들을 구별하는 표시장치를 원했고, 그래서 어떤 방안을 강구하고자 고심을 거듭했다. 또한 도시국가가 형성되었을 때에 도시국가에서는 곡식 산출량에 따라 세금을 매겨야 했을 것이고, 세금을 거두어 궁전도 짓고, 군대도 유지하고 관리들의 녹봉도 챙겨주어야 했을 것이다. 또한 개인들의 물건거래에 있어서도 물건을 표시하는 장치의 필요성을 크게 느끼고 있었을 것이다. 이러한 가운데 도시가 형성되고, 바퀴를 만들어 사용하고, 베를 짜는 베틀을 만들어 사용하면서 아마도 문자의 발명은 또한 당연히 발명되어야 되는 발명품이었을 것이고, 이 문자 발명은 그 어떤 발명품보다 더욱 귀하게 편리하게 사용되었으리라 생각된다.

이러한 시대에 농업은 물론이고 가축업도 번영하게 되어 거래상에서 물품명과 사람이름을 표시하는 것이 더욱 중요해 졌다. 물품명이나 가축명이나 그 수량을 표시하는 장치는 원시적이긴 하나 사실 아주 옛적에서부터 시작되었다. 중동 시리아지역에서는 약 일 만 년 전에 이미 농산물을 표시하는 여러 가지 모양의 흙물표가 사용되었음이 입증된 사실이다. 출토된 물표에 보면 동전크기의 둥근 모양 표면에 열십자 표시를 가진 물표는 하나의 양을 표시했고, 양 중에서도 숫양과 새끼 양을 구별하는 물표에서도 약간씩 차이 나게 새겼다. 원뿔 물표는 옥수수를 표시하고, 계란모양 물표는 기름항아리를 나타냈다. 위의 그림 예에서 보듯이 물표는 모양도 다양했고, 물표에 새겨진 표시도 여러 가지였다.

양 10마리를 나타내고자 하면 10개의 물표가 필요했다. 이런 제도가 수천 년간이나 사용되어 오다가 B.C. 3500년경에 와서야 물표 주인이 물표가 흩어지는 것을 막기 위해서 흙 봉투(bulla)를 만들어 그 안에 물표를 넣어 보관했고 또 그다음에는 흙 봉투에 담은 물표를 흙 봉투 표면에 표시하기 시작했다. 그 이후 약 300년이 지나서 물표들은 사용되지 않고, 또한 흙 봉투는 흙 평판으로 대치되었고, 그 흙 평판에 간단하게 물표 모양의 그림을 새겨 사용되었던 것이다. 이 흙 평판이 무거운 흙 봉투보다 더욱 작아지고, 또한 사용하기에 더욱 편리하게 발달 되어 갔다. 그래서 이전의 삼 면체 물표가 이면체 평판으로 바뀌어 사용하였을 뿐만 아니라 보관하는 데에도 더욱 손쉽게 되어 갔다. 다음이 베세라트교수가 제시한 물표의 예이다.

베세라트교수가 제시한 예

흙 물표가 가축이나 농산품을 표시함. B.C. 3차 천년 초기에 만들어짐

2. 물표에 표시가 문자로 전환

이 물표가 문자 발명과 관계가 있다고 베세라트교수는 주장했다. 출발점은 메소포타미아 유적지를 발굴하다 조그마한 흙덩어리가 주로 곡식 저장소 등에서 많이 발견되었는데 이 흙덩어리가 문자발명과 관계가 있다는 것이다. 이 발견된 흙덩어리를 고고학자들은 놀이용 흙덩어리이거나 부적 같은 용도로 쓰인 것으로 생각하고 별다른 관심을 보이지 않았다. 이 흙덩어리의 모양이 여러 가지 기하학적 형태로 둥근 구 모양, 원판 모양, 원뿔모양, 사면체모양, 삼면체 모양이 있고, 어떤 모양에는 선이 새겨진 것도 보였다. 위에 예에서 보듯이 열십자 표시, 일자표시, 여러 수직선 표시등이 새겨져 있다. 이들의 크기는 일반적으로 1.27센티미터이나 긴 것은 3.17센티미터가 되는 것도 있다. 주로 흙으로 만들어졌으나 간혹 돌로 만들어 진 것도 있다. 다음의 물표에 여러 모양의 선이 그어져 있는데 이것이 어떤 사물을 표하는 것으로 생각했다

양   가죽   의복

(일부 학자에 의하면 이 원판은 각 항목이 계산된 형태를 보이고 원판에 새긴 모형은 물품이름, 형용사가 있는 명사를 표시한다고 함)

다음의 예는 흙 봉투와 그 안에 담긴 물표들의 모양을 제시한 것이다. 물표에는 단순하고 평범한 것이 있고 또 여러 가지 형태의 복합적인 것도 있다.

B.C. 3700-3200년경 근동지역에서 발견
(위의 예는 흙 봉투와 11개의 평범한 물표와 복합물표 예)

물표가 증가된 시기는 B.C. 4차 천년 이후인데 도시생활이 시작되면서 물표 목록이 증가된 양상을 보이고 있다. 새로 제시된 모양은 비교적 자연의 형상에 가깝게 만들어 졌지만 아주 관습화 된 동물의 머리 형상, 도자기 형상 등의 모양도 나온다. 이 시기는 유목생활에서 농경문화시기로 접어 들어간 시기이다. 농경사회는 한 곳에 정착해서 농사를 짓고, 가축을 기르고, 이웃과 물물교환 거래를 시작하면서 개인의 재산을 축척하고 안정된 생활을 영위할 수가 있는 시기이다. 이시기에 흙 봉투에 담겨져 있는 한 세트의 물표들을 볼 수가 있다. 이 흙 봉투에 여러 가지 물표를 담은 후에 봉함되어 있는 것도 있다. 이 경우에 흙 봉투 표면에 안에 담긴 물표와 똑같은 모양이 그려져 있었다. 어떤 것은 물표 모양을 표면에 눌려 새긴 것도 있고, 물표모양을 모방한 형태를 흙 봉투 표면에 새긴 것도 있다. 평범한 물표는 농경사회가 시작되자 곧 생겨난 것이지만 도시생활이 시작되면서 더욱 거래가 증가하게 되자 복합형 물표가 등장한다.

처음 아미(1966)가 발표한 논문에는 이 물표는 회계 사무에서 물품을 표시하기위해 사용했음을 주장하고 이 물표사용 조직을 수메르인이 아니고 B.C. 4차 천년 경에 이란 남부의 엘람지역에 거주하는 사람의 발명품이라고 주장했다.

그러나 베세라트교수(1978, 1979a, 1979b)는 아미의 주장에 따라 엘람지역을 조사해 보니 만족할 만한 수준의 물표가 나오지 않아 조사 지역을 확대하여 메소포타미아지역 뿐만 아니라 근동 전 지역에 걸쳐 조사해서 그 결과를 아래 지도에 표시했다.

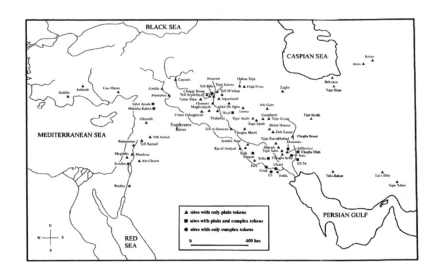

위의 지도에 나온 물표분포지역을 보면 메소포타미아를 포함해서 현재의 이란지역과 그 위의 지역까지, 터키지역까지 광범위하게 분포되어 있는 모습을 보이고 있다.

물표의 사용 시기도 어떤 지역에서는 B.C. 9차 천년까지 거슬러 올라간다. 이때는 수렵시대를 접고 처음으로 한곳에 정착해서 처음 농업을 시작한 시기이다. 사용된 물표 중에 최초의 것은 불에 구운 흙 덩어리인 모습을 보이고 있다. 같은 세트 형태로 사용된 물표는 계속 사용된 것이 고고학적 기록에 나오면서 B.C. 3차 천년까지 사용된 흔적을 볼 수가 있다. 그 중에서 물표가 가장 많이 생산된 시기는 B.C. 3500년경이다.

베세라트교수는 농경사회가 시작됨과 동시에 물표사용이 시작됐다는 것은 충분히 납득이 가는 일이라고 했다. 이것은 바로 수렵시대의 종말을 표시하는 것이다. 수렵시대에서는 수렵한 동물을 수렵과 동시에 소비해야 하지만, 농업을 시작한 사람들은 일정한 시간 계획을 세우고 그에 따라 추수의 일정 양을 배분했다. 일용할 곡식과 씨앗으로 사용할 곡식으로 나누어 계획성 있는 삶을 살아야 되는 것이 농경시대의 필수조건이었다. 곡식 표시뿐만 아니라 가축을 길러서 매매할 때에도 기억의 보조역으로 흙덩어리가 도움을 주었을 것이다. 특히 도시가 생겨나고, 거래할 품목의 수와 량이 늘어나면서 물표 사용증가는 당연한 일이다. 물론 물표의 형태나 짜임새가 단순하던 것이 수량과 품목의 증가로 인하여 자연스럽게 복잡한 표시의 물표가 되었을 것이다.

대량의 물품거래와 수와 양의 증가로 인하여 발달된 것이 흙 봉투사용이었다. 농부들은 이 흙 봉투를 시장에 농산물이나 가축을 위탁하는 하나의 화물 증서로도 활용했다. 이 흙 봉투는 물표를 보관 할 뿐 만 아니라 부정하게 내용을 변조하는 것까지도 미연에 방지하는 효과를 가지고 있었다. 처음에는 흙 봉투 안에 보관한 물표를 조사하기 위해서 흙 봉투를 깨부수어야 했지만 나중에는 상시로 흙 봉투에 있는 물표를 조사하기 위해서 흙 봉투 표면에 안에 들어있는 물표를 기록해 놓는 방법이 도입되었다. 물표에는 구멍이 나 있는 것도 있는데 그 구멍은 한 줄에 꿰어 보관하기 위한 방도일 거라 추측하고 있다.

아미(1966)는 사람들이 흙 봉투 표면에 내용물을 표시하는데 익숙하게 되면 그다음 단계로는 흙 봉투의 표면 기록을 없애고 대신에 흙 평판에 내용물을 새긴 것을 주고받게끔 편리하고 간단하게 사용하는 과정으로 발전되었다고 주장했다.

베세라트교수는 바로 이 단계가 문자사용 단계 또는 그와 유사한 단계라 보고 있다. 결과적으로 각 물표의 형태표시가 바로 수메르 글자에서 여러 모양의 기호로 발전했다는 것이다. 또한 이것이 바로 글자의 조상형태라고 주장한다.

베세라트교수는 물표 봉투 안에 들어 있는 물표를 봉투 표면에 새김하는 것이 바로 글자탄생의 전 단계임을 주장하고, 이후 시대에 글자로 사용된 표시들과 그와 비슷한 표시들을 가지고 있는 흙 평판은 뾰족 끝으로 새긴 것 보다는 물표를 흙 평판에 눌러서 만든 표시들만을 가진 흙 평판이 사용된 짧은 기간이 고고학적 시대에 있었다는 것을 증거로 보여주고 있다. 사실, 수메르 시대가 끝날 때까지 숫자 표시는 쐐기문자의 기호로 기록되기보다는 필기구의 머리끝을 여러 각도로 눌러서 만든 기호로 기록되어 있다. 이러한 숫자 표시는 마치 갈대 필기구의 끝에 둥근 모양 형태로 된 것으로 흙 판에 눌러 숫자 표시를 했을 것으로 짐작되는 숫자형태가 흔히 볼 수 있는 흙 평판 있다.

베세라트교수가 아미(1966)가 제시한 것보다 한 발 더 나아가 글자의 기원이론을 제시하고 짧은 기간에 정말 엄청나게 많은 홍보를 했다. 베세라트교수는 흙 평판에 표시한 것이 일반적인 의사소통 원리의 기원일 뿐 아니라 수메르 글자의 기원을 이루고 있다고 주장한다.

아주 초기에 사용된 많은 수메르 표의문자는 그림모양에서 발달되어 관습화 되었기에 연고성이 강하게 남아있는 형태가 아니라고 강조하고 있는데 이 지적은 일반적인 수메르 문자의 기원에 정반대되는 주장이다. 그가 제시한 예를 보면 '양'을 표기하는 기호는 원안에 열십자가 들어있는 형태(⊕ sheep) 인데 이것은 이 동물 즉 '양'의 그림과는 관련이 없는 기호라는 주장이다. 그래서 실제 물건 대신에 등장한 물표는 자료를 추상적으로 다룰 수가 있는 다양한 방법을 제공한 셈이 된다. '양' 모양을 그린 단어와 그것에 해당하는 물표 즉 원판에 십자의 글자 새김 등이 종합자료를 추상화하는 계기를 제공했다고 주장한다.

결과적으로 신석기 시대에서 셈을 하는 사람은 더 이상 수동적인 수혜자가 아니고 계산기에서 암호화된 눈으로 볼 수가 있는 정보를 암호화하는 능동적인 참여자로 여기게 된 것이다. 또한 물표는 인간 상호거래의 영역을 넓히고, 기억하기 어려운 계산 자료의 목록을 기억하는 고달픔을 완전히 제거해 주었다. 기억하는 대신에 기록해 놓으면 되었기 때문이다.

3. 석기시대의 의사교환

구석기 시대의 의사교환 수단은 오직 구어체 말뿐이었다. 구어체 말은 인류가 타고난 능력으로 자연스럽고 공통적인 인간의 의사소통 형태이다. 구석기 시대의 특징은 얼굴과 얼굴을 마주 보면서 말하는 사람의 목소리의 여러 형태를 참조하면서 의사표시를 행한 직접성과 참신성, 정교성을 가진 말로써 의사교환을 했다.

신석기에 들어와서 중동지역의 농부들은 흙 물표를 사용하면서 물건을 계산하고 물건의 단위를 셈하는 조직을 만들어 사용했다. 물건을 물표로 바꾸어 사용하면서 눈으로 확인하고 손으로 만지면서 촉각으로 확인하는 매개체로 전환 하면서 실제 물건을 추상적으로 다루는 인간 능력을 고양시키고, 중요한 인식의 변화를 촉진 시켜주었다.

물표는 인간의 마음을 움직여서 실제 세계를 보다 큰 추상적인 세계에까지 다룰 수가 있게끔 하는 도구 역할을 했다. 그래서 물표는 의사교환의 방법을 말로 하는 것에서 눈으로 볼 수가 있는 형태로 전환시켜 글자를 발명하게 하는 기초를 만들어 주었다는 주장이다.

4. 베세라트 교수의 저서 "How Writing Came About"에서의 주장

물표에서 수메르문자가 나왔다는 이론을 제시하고 정리한 "How Writing Came About"(1996)라는 책은 베세라트의 저서로 여러 면에서 고고학 전공자에게 도움이 되는 책이다. 이 책 내용을 살펴보고자 한다.

고고학자들이 문자 기원을 찾으려고 노력하는 가운데 증거가 될 만 한 것을 찾아서 설명한다. 이 일은 결코 쉬운 일이 아니다. 왜냐하면 증거가 될 만 한 것이 얼마나 널리 분포되어 있는지 그리고 문자에 관한 생각과 추측이 얼마나 깊이 숨어 있는지를 알기위해서는 고되고 힘든 작업이 요구된다. 베세라트 교수가 서두에서 밝혔듯이 신화에서는 문자는 신이 주신 선물이라고 했다. 그 이후 18세기 때는 그림문자 이론을 받아들였다. 즉 문자는 그림에서 진화되어 나왔다는 이론이다. 이러한 때에 유적지의 발굴이 점차 시작되면서 작은 흙덩어리인 물표들이 발견되기 시작했다. 이것이 바로 글자의 전조라는 것이다.

물표들의 형태는 원뿔, 구, 원, 둥근 통, 등등 여러 가지 형태를 구성하고 있었다. 이 물표가 선사시대 근동지역에서 계산자의 역할을 했다. 이 시기는 B.C. 8000년 까지 거슬러 올라간다. 이 물표들은 발전되어 오면서 경제에서 필요한 요구사항을 해결해 주고 있었다. 처음에는 농장에서 나오는 농장물의 출입관계를 기록하다가 그 다음에는 도시가 발달되면서 공장에서 제조되는 상품의 출입관계를 기록하게 되었다. 그래서 물표의 발달과정을 사회구조의 향상과 밀접한 관계가 있게 된다.

물표는 숫자표시다. 이 숫자표시는 물품의 출입을 관리하는 장치이다. 어느 정도 시간이 지나자 이 물표를 가지고 다니기가 매우 불편을 느꼈다. 그래서 사람들은 이 불편을 해소하기 위해 여러 방법을 강구해서 보관하고 편리하게 가지고 다니는 방법을 고안했다. 그 중에 하나가 흙 봉투가 등장한다. 이 봉투는 안이 텅 비어있는 공 모양으로 그 안에 물표를 채우고 봉함을 했다. 물표를 흙 봉투 안에 넣기 전에 흙 봉투 표면에 안에 넣는 물표의 모양들을 찍어 눌러 표시함으로 안에 들어 있는 물표의 종류와 개수를 알 수 있게 했다. 고고학적 시대에서 회계원들은 곧 흙 봉투 외부에 표기하는 것이 물표에 불필요하다는 것을 알게 되면서 그 뒤에 나온 조치로는 단단한 흙 공 모양(흙 평판)을 만들어 그 표면에 물표표시를 새겨서 사용하기 시작했고, 그다음에 필기구를 사용해서 물표의 흔적을 그려 모방하기 시작했다. 이 기호들은 그들이 나타내고자 하는 항목의 그림이 아니라 이전의 회계조직에서 숫자로 사용된 물표의 그림이었다. 견고한 흙으로 만든 둥근 모양 즉 평판이 전환점이 되었다. 왜냐하면 흙으로 만든 평판에 표시하는 것이 흙 봉투에 하는 것과 표면적으로는 같지만 전혀 새로운 기능을 가지게 된 것이다.

흙 봉투에 표시하는 것은 봉투 안에 들어있는 물표에 암호화된 정보를 반복하는 것 뿐 인 반면에 평판에 새긴 기호들은 흙 봉투의 표시와는 달이 전달 의미를 나타내는 것이기 때문이다. 흙 봉투가 흙 공(평판)으로 바뀐 후에 물표에 눌러 찍은 새김에서 그림문자 표현으로 이동하는데 걸린 기간은 적어도 200년 이상 걸렸다. 다소 간단한 물표는 눌려 찍은 것으로 통용되었고, 좀 복잡한 복합 물표는 그림문자를 새겨 넣어서 통용되었다. 사실 두 가지 통용 기호가 있는 셈이 되었다. 물표도 기관에서 취급되는 방법에 달랐다. 단순 물표는 흙 봉투에 보관되기 때문에 눌러 찍었고, 복합 물표는 그 조그마한 구멍을 뚫어 실끈으로 꿰게 되어있었다. 그래서 이 복합물표는 실끈이나 가죽 끈으로 꿰어 보관했다. 단순 물표는 농장이나 시골지역에서 생산되는 물품을 표현했고, 복합 물표는 도시에서 제조된 물품을 표현하는데 사용 되었다. 그래서 이 두 물표들은 차이가 나는 기관에서 서로 다른 손길에서 다루어졌었다고 보는 것이 타당하다. 그러나 결국에 가서 나타난 글자조직에서 합해져 사용되었다.

베세라트 교수는 글자가 생성된 환경에 대해서 주목을 한다. 그녀는 환경에 관한 연구에서 글자생성 이전시대에는 동물의 뼈에 새김흔적을 발견하여 제시하였다. 신석기 시대에 농업이 발달하게 된 환경과 관계가 있는 신석기 시대의 상징물 까지 제시하고 흙 물표의 발생과 물표의 모양이 각양각색이며, 각각이 생산품의 명확한 량을 나타내고 있다는 것을 제시했다. 이전의 상징물과는 달리 물표는 전부 사람의 손으로 만들었고, 그 물표는 오직 유통과 기록 보존을 위한 것임을 주장한다.

베세라트교수는 물표조직이 나오기 이전에 수를 셈하는 용도로 자갈, 조개껍질, 작은 가지, 또는 곡식알 등을 사용했다고 지적한다. 그러나 구석기나 중석기 시대에는 어떤 것이 사용되었는지 알 길이 없다. 그 이후 수를 셈하는 방식에서 한 묶음을 한 세트로 각 물표는 기본적으로 기하학적인 모양을 바탕으로 했는데 주로 둥근 구, 원뿔, 사면체, 삼각형, 사각형, 정육면체 형체로 만들었다. 어떤 물표들은 우상의 모양들이고 그 외에는 모양을 본 따기보다 자의적인 모양을 나타냈다.

물표조직이 보다 광범위하게 사용되었지만 물표조직이 단계적으로 잘 진전되지는 못했다. 그 이유는 물표는 항목과 숫자를 구별하는 능력이 부족했고, 또한 물표 형태 종류의 수가 세월이 지나면서 회계에 보다 더 구체성을 띄는 조직의 필요성이 요구되었기 때문이다. 이 기호들의 증가는 결국에 물표조직의 붕괴를 가져왔다. 바로 그 다음에 나온 것이 글자이다.

베세라트교수가 제시한 각 시대마다 사용된 형태를 보면 다음과 같다.

첫째시대는 B.C. 30,000-12,000 줄이나 빗금을 새김
둘째시대는 B.C. 8,000 물표사용시대
셋째시대는 B.C. 3,100 문자탄생의 시대

베세라트교수는 이러한 여러 다른 조직을 사회경제면으로 설명을 하
는데 눈금 또는 빗금 사용시대는 시간을 기록하고, 단순 물표와 복합물표
는 다양한 농산물 품목의 물건과 제조업물품의 입·출입과정을 기록했다
면, 이 조직들은 각각의 다른 경제와 사회구조의 필요에 응했던 것인 반
면에 글자의 탄생은 다른 자극의 결과로 보고 있다.

베세라트교수는 농경사회에 들어오기 전에 부족민은 시절의 변동을
주의 깊게 추적해서 음력계절변화를 잘 기억해 흩어진 가족들이 일정한
기간을 두고 만나서 유대를 강화하고 의식을 공동으로 거행하는 행사를
가졌다고 주장한다. 수렵생활의 시기에 사람들은 많은 음식물을 축적하
지 못했다. 그래서 그들은 계산법을 강구할 필요가 없었다. 막대기에 금
을 그어서 시각을 표시하는 조직만으로 만족한 시대였다. 베세라트교수
의 추정으로 수렵시대의 평등주의 시대의 인구는 많아야 300명의 단위로
구성되어 있었다고 했다.

그 다음 농경사회는 계산서가 필요했다. 그래서 물표가 등장했지만 처
음에 거래용으로 사용되지는 않았다. 농업이 점차 발달하면서 물물거래
가 활성화되고 물표조직의 활용범위가 확대되어 갔고, 그래서 처음으로
복합물표가 등장하게 된다. 이 물표는 완제품을 나타내는 정형적인 방식
인데 예를 들면 의복, 배, 도구, 빵, 케이크, 향수, 보석 등 사치품의 종류
를 표현했다. 복합물표는 줄 끈에 꿰어져 있었고, 단순 물표는 흙 봉투에
담겨 보관되었다.

농경사회는 일종의 계급사회를 형성했는데 이 사회에서 총명한 사람이 제 분배 경제를 감독하였고, 이 계급사회는 제 분배와 통제로 구성되어있었고, 글자가 제 분배기능의 골격을 유지하고 경제는 수메르 국가의 번영을 가져왔다. 국가는 결과적으로 복합물표를 사용하게 되었는데 복합물표는 주로 메소포타미아의 사원조직에서 사용되었고, 그곳에서 물표는 기념비적인 건축, 군의 통제, 사회의 자본을 한데 뭉치는 새로운 전략을 세우는 관리들과 같은 사회경제적인 변화에 동참하고 있다. 이러한 변화들에서 세금제도를 포함하고 있다.

그런데 문자는 추상적인 계산법에서 산출된 것이다. 수메르지역에 사원이 세워지면서 좀 더 복합 물표가 나타나서 같이 사용하게 되었다. 평범한 물표는 농장에서 생산된 농작물을 나타냈다면 복합 물표는 공장에서 제조된 물품을 표현하는 용도로 사용되어서 수메르 경제의 한 축을 이루고 있었다. 이 두 종류의 물표는 사원 행정에서 두 가지의 용도로 사용되었다. 평범한 물표는 둥근 흙 봉투에 저장하여 보관했고, 복합 물표는 줄에 꿰여 보관했다. 이것이 수메르글자의 기원에 중대한 결과를 가져왔다. 즉 평범한 물표는 뒤에 가서 눌려 찍은 표시로 대치되었고, 복합 물표 계산서는 자국을 낸 그림문자로 대치되었다. 이 두 가지의 물표 조직은 그대로 글자표현에 옮겨지면서 두 종류의 상징물의 차이도 점점 멀어져 갔다. 눌려 쓴 기호는 차츰 계산된 항목의 양적 표시를 하는 것으로 발전되어 갔고, 자국을 가진 그림문자형태는 계산된 항목의 성질을 나타내게 되었다.

숫자표시와 문자를 사용하는 글자조직의 이중성이 이미 물표를 사용하는 첫 계산방법에서 예견되었다. 평범한 물표와 눌려 찍은 기호들은 추상적인 숫자용법을 가져왔다. 그런 반면에 복합 물표와 자국을 낸 그림문자는 차츰 뜻과 음가를 가진 기호로 발전이 이루어졌다고 주장한다. 다음은 베세라트교수가 주장하는 물표에서 문자로 전환 단계를 제시한 것이다.

1) 물표의 발달단계

이란의 수사에서 출토된 평범한 물표들
B.C. 4차 천 년 후반. 루브르 박물관소장.

이란 수사에서 출토된 복합물표
B.C. 4차 천 년 후반 루브르 박물관소장.

제 1단계: 흙 물표와 흙 봉투

3면체 흙 물표는 B.C. 9차 천년부터 계속해서 물건 모양을 나타내면서 추상적인 수를 나타내는데 사용되었다. 오늘날에는 아프리카 수단에서 이란에 까지 사용되고 있다. 이 흙 물표의 모양은 나라마다 민족마다 조금씩 다르다. 이 물표 모양의 예로 보면, 물소 머리, 양, 바구니, 금 막대기 등등이 있다. 이들 물표는 구체적인 물건의 모양을 나타내기도 했다. 물표는 어떤 언어에서는 의미를 나타내기도 했다. 구체적으로 기호표시를 가진 것도 있고, 가로 세로의 획을 그어서 사용하기도 했다. 이것이 추상적 개념을 표현하는 하나의 첫 단계였기도 하다.

물표는 가축과 같은 동물이나 곡식과 같은 물건을 표현한 것이고, 속이 빈 공 모양의 흙 봉투는 보안용 장치로 사용되었다. 이러한 흙 봉투의 용도는 거래자가 많은 가축을 중간 상인으로부터 거래할 수가 있으며 이때에 중간 상인이 상당수의 가축을 부정하게 소유해서 속임 거래를 할 것이라는 걱정을 없애는 방법이었다. 중간 상인은 이미 흙 봉투에는 흙 물표의 형태로 만들어진 가축의 수만큼 들어있다는 알고 있게 된다.

B.C. 4차 천년 후반기에 흙 봉투가 계발 되어 사용되었다. 이 흙 봉투는 물표를 담기위한 것이었다. 이 봉투는 물물 거래에서 거래 내역서, 운송계약서, 화물운송장 등으로 사용되었다. 그 내용을 보장하기 위해서 원통도장을 젖은 흙 판에 찍어 사용했다.

원통도장과 원통도장을 찍은 표식

http: //en.wikipedia.org/w/index.php?title=Homophony_(writing)&oldid=454179345
(원통도장과 진흙판에 굴려서 표시한 표식. 원통 도장을 만들기는 고대 수메르시대에는 고도의 예술적 작품이었다. 도장 파는 사람은 간단한 도구를 사용해서 단단한 원형 돌에다 조각을 했다. 그림과 글자는 도장을 찍으면 반듯하게 나오게 거꾸로 새겼다.)

흙 봉투 표면에 물표를 표시하는 단계로 발전했다. 이렇게 함으로서 흙 봉투 안에 들어있는 물표들을 확인하기 위해서 흙 봉투를 개봉하지 않고 밖의 표식으로도 확인이 가능하기 때문이다. 이 단계가 문자발달의 첫 단계였다. 숫자들은 단순한 획으로 표식 했는데 하나는 획하나, 둘은 획 둘로 나타내게 되었다. 숫자 단위가 높은 것은 갈대 필기구를 반대 끝으로 눌려 찍어 표시했다. 마치 그 모습은 ●와 같았다. 또한 원뿔과 비슷한 모양인 ☐ 도 사용되었는데 보다 큰 숫자표시는 위의 두 가지가 복합된 형태로 ◉ 사용되었다. 이 숫자는 실제 의미는 측정된 단위에 따라 약간씩 다르다.

3면체 흙 물표에 대한 기호 표시는 흙 봉투의 겉 표면에 명확하게 표기하기 쉽지 않았다. 그래서 손으로 새겨 넣기도 했다. 그러나 이면체 형태에서 ⊞ 표시는 양을 표시하는 것인데 이때에 더 이상 그림문자가 아니다. 더구나 한 면을 제거한 기호⊞는 암양을 표시하는 것이고, 두 면을 제거한 표시는 임신한 양을 표시하는 기호로 사용된다.

제 2단계: 흙 봉투의 표면에 벤 자국이나 눌러 찍은 표시는 흙 봉투에 안에 있는 물표의 정보를 흙 봉투 표면에서 나타나 있었다. 흙 봉투 표면에 안에 있는 물표의 기록은 중간상인에게 거래자는 그를 속일 생각이 없다는 점을 확인시켜주는 것이다. 왜냐하면 표면에 있는 수치와 안에 있는 수치가 동일하기 때문이다. 조금이라도 차이가 나면 그것은 범죄에 해당되는 일이 된다.

제 3단계: 흙 평판 즉 문자의 탄생
최초 평판은 쐐기문자이전 시대에 해당된다. 최초 평판은 숫자를 나타내는 기호가 쓰여 있다. 물물거래와 같은 경제적인 거래에 있어 행적을 유지하는 중요한 증거는 숫자다. 이와 같은 기록은 기본적으로 숫자의 행적을 유지하는 방법이다. 즉 가축의 숫자, 보리와 같은 곡식의 량, 노예의 수 등이다.

메소포타미아에서 최초의 글자는 물론 쐐기문자이다. 이 글자를 서자 생들은 흙 평판에 기록을 한 후에 불에 구어서 보관했다. 일단 기호가 도입되자 곧 그것이 문자로 발달되어갔다. '머리'를 기술하는 기호는 아주 분명한 그림문자인데 B.C. 3100년경에 우르크시대에 사용된 사람머리를 닮은 그림이다. 수백 년 이후 B.C. 2500년경에 수메르의 '머리'표현의 기호는 보다 추상성을 띄는 형상이고 머리모양이 분명하게 나타내지 않았다. 물론 문맥에 연결되어 있을 때에는 연관관계를 찾아볼 수가 있었다.

우르크에서 출토된 그림문자 평판
B.C. 4차 천년 후반. 중앙상위에 양 표시와 5개의 쐐기모양은 숫자5. 독일 베르린 박물관 소장.

이 물표가 수메르 문자에서 기본적인 물품 품목을 나타내는 그림기호의 원조로 보고 있다. 또한 최근에 발행한 저서에서 베세라트교수는 물표 조직이 어떻게 문자로 전환되었는가를 설명하고 있고, 문자가 나타나면 서 물표조직은 시들해지고 축소되었다고 지적했다.

물표는 보관과 제조과정에서 지역마다 차이가 났다. 물표제조는 물론 손으로 이루어지고, 그 증거로 물표에 손가락 지문이 남아있는 것도 있다.

이러한 물표들은 정돈되지 않은 환경에서 발견되었는데 이 물표들은 사용하고 나면 폐기처분된다. 발견된 물표 중에 88.5%가량이 종교시설 지역에서 출토되었다.

복합 물표는 이란의 수사지역에서 발견 되었는데 수사의 사원이 잘 관리가 될 때에는 발견되지 않았다가 전쟁이 나서 다른 나라의 정복자들이 이 사원을 불로 태워버린 후에 나타났다고 한다. 이 말의 뜻은 정복자들이 복합 물표를 가져와 사용하게 되었다는 뜻이 된다.

이 물표는 대부분 물품저장소나 흙 간 같은 곳에서 발견되고 상당수가 집에서도 또는 무덤에서도 발견된다. 흙 봉투에 담아 보관하는 물표들은 크기가 점점 작아지고 다루기 쉽게 되어 갔다. 즉 물표가 쉽게 부셔질 수가 있었다. 흙 봉투에 표시된 것은 흔하지는 않았지만 표시된 것을 대강 3가지로 나누어 보면 물표를 흙 봉투 표면에 눌러서 흔적을 남긴 것과 흙 봉투 표면을 필기구나 예리한 끝으로 물표 모양을 그린 것 그리고 물표를 흙 봉투에 깊이 찔러 넣어 만든 표시등이 있다. 흙 봉투에 물표의 모양을 표시한 중에는 물표 그 자체를 눌러 찍어 놓은 것이 대부분이지만 막대기나, 필기구, 엄지손톱을 이용한 경우도 있었다. 물표로 직접 눌러 물표의 모양을 나타낸 것이나 필기구 같은 것으로 표시한 것은 바로 문자의 시초가 된 것이다.

그림문자 사용을 시작할 때 쯤 해서 초기 서자생 들은 숫자를 **빼버리고**

사용하는 전진된 용법을 사용했다. 물표는 1:1로 일치되도록 반복적으로 표시를 했지만 그림문자에는 그렇게 하지 않았다.

이 책에서 다룬 베세라트교수 주장을 요약하면 다음과 같다.

문자의 발달을 문명발달과 결부시켰다. 농업을 시작하기 전 인간들은 문자사용과 같은 행위는 거의 찾아 볼 수가 없었고, 단지 잡은 짐승 뼈에 눈금을 그어서 양적 기록을 한 것 등이 있었을 뿐이었다. 농업을 시작하면서 정착성에 기반을 둔 새로운 경제, 마을에 정착, 땅을 개간하고 돌을 다듬는 새로운 기술개발, 새로운 소재로 흙을 이용하여 수렵시기에 사용했던 것과는 내용과 형식면에서 전혀 다른 새로운 상징물 즉 흙 물표사용과 함께 시작하였다.

이 물표들도 나뭇가지, 막대기, 곡식과 같은 자연의 소재를 사용하였던 그 이전의 조직에서 진화 발달되어 나온 조직이다. 이 물표조직은 기록보존을 위한 목적으로 사용된 유일한 형태다. 가장 중요한 참신성은 바로 이 형태들이 하나의 조직을 가지고 있다는 것인데 그것은 확장될 수도 있고, 질적인 정보와 양적인 정보 둘 다를 나타낼 수가 있는 조직형태이다.

특이한 것은 이 새로운 계산법이 물품 거래와 어떤 연관관계를 가지고 있는 것 같지는 않고 오히려 새로운 농업에서 관리 행정과 연관관계가 있다. 실제로 사회구조는 글자의 기능을 결정하기도 한다. 즉 평등사회구조는 단지 계산만을 필요하지만 반면에 계급사회구조는 회계법을 개발해서 재분배 경제를 바라보는 엘리트 집단을 지원해왔다. 그래서 각종증거에서 보면 숫자계산은 신분의 상징으로도 발달되어왔다. 그래서 글자는 통치자에게 사회 재산의 입력에 대한 충분한 통제권을 부여하고 동시에 출력권도 확보해주었다.

국가가 형성되면서 복합 물표가 등장하게 되는데 이 복합물표는 사원,

기념물건축, 전매청과 자원관리청과 같은 데에서 사용되었다. 이런 환경에서는 봉투와 흙 봉투는 지불되지 않은 세금을 표시하기위해 사용되었다.

물표는 추상적인 숫자를 표현하지도 않았다. 즉 물표는 조직이 점차 복잡하게 됨에 따라서 추상적인 숫자를 나타내게끔 되었고, 그것이 첫 그림문자 평판에 모습을 나타내게 되었다. 베세라트 교수의 생각으로 추상적인 숫자는 이름 없는 개인에 의해서 발명되었고, 급속히 펴져나가 사용되었다고 생각한다. 베세라트교수는 주장하기를 진정한 그림문자는 추상적인 계산법에서 나온 결과라고 생각하고 있다. 베세라트교수가 문자기원으로 물표이론을 설명해왔는데 이 이론은 비판을 많이 받고 있지만 부분적으로는 일리 있다. 흙 물표는 서남아시아의 많은 신석기 유적지에서 발견되는데 형태는 원뿔, 원판, 구, 반구 등등이다. 크기는 평균 높이가 2Cm이다.

한 마을의 예를 보면, B.C. 8500년 순수한 초기농촌마을 자르모(Jarmo)에서 구 모양의 흙덩어리가 1, 150개, 원판 모양이 206개, 원뿔 모양이 106개 모두 1465개가 발굴되었다. 이것은 주로 집의 창고지역에서 발견되었는데 숫자들은 저장된 물품을 나타내며, 초기 농촌지역을 중심으로 주로 발견되고, 목축을 하지 않은 지역에서 주로 발견되었다. 이 물표가 기록보존의 시초라면 그것은 곡물을 경작하고 저장하는 것과 동시에 시작되었다.

B.C. 5000년경에 우르크시대에 가까이 올수록 소수의 물표형태만이 첨가되었을 뿐이고 우르크시대에 와서는 새로운 많은 복합형태의 물표가 첨가되었고, 물표에 보다 많은 벤 자국이 남아있다. 물표조직의 확장은 아마도 다양한 물품의 증가와 기술전문가들이 만든 상품의 증가와 다양성과 관계가 있다. 새롭고 복합적 물표는 작은 마을에서보다는 도시에

한정되었던 같고, 이 물품들은 전문가의 손에 생산된 상품과 연관이 있다. 이 물표들은 어떤 의미에서 숫자 표시를 나타내게끔 사용용도가 확대되었다. 몇몇 물표는 숫자 표시 쐐기문자의 기호보다 이전 형태에 속한 것이라고 생각된다. 물표 중에 작은 원뿔 = 1. 구 = 10, 더 큰 원뿔 = 60, 등등으로 생각 된다. 그 때 쯤에는 물표는 이미 하나의 상품을 표시하지 않고 보다 복합적인 표시로 전환되고 있었다.

우르크시대에는 구멍 난 물표를 줄에 꿰어 보관하고 줄의 매듭을 흙으로 덮었고, 그기에 하나 이상의 도장을 찍어 놓았다. 줄에 꿰지 않은 것은 물표 봉투에 넣어서 보관하고 대부분 두 개의 도장을 찍은 흔적이 있는데 이것은 두 사람과의 거래나 계약을 뜻하는 듯했다.

세월이 지나자 봉투 안에 있는 물표가 반드시 봉투표면에 표시할 필요가 없어져갔다. 점차 물표를 다루는 괴로움을 줄이고 대신 작은 흙 판이나, 흙 평판에 정보를 기록하기 시작했다. 그래서 정보 기록의 기호가 점점 복잡해져 감에 따라 문자가 출현했다는 의견이다. 즉 복합적인 경제효율성의 출현이 글자의 발달을 촉진시킨 계기가 된 것이다.

최초의 글자는 B.C. 3400년경에 나타났고 후기 우르크 시대의 초기에 흙 평판에 글을 쓰기 시작했다. 기호는 처음에 젖은 흙에 선을 그었지만 이것은 우르크 시대의 쐐기문자 이전이었다. 우르크의 쐐기문자 이전시대에 적어도 기호는 1,500개 정도가 사용되었다고 추측되고 있다. 쐐기문자 이전 우르크시대에는 적어도 1,500개의 기호가 사용되었고, 그 중에서 몇 개는 읽을 수가 있다. 그중에서 몇 개는 손, 머리, 보리, 등등의 그림문자로 되어 있었다.

초기 때 부터 기호의 반 이상이 추상적인 형태를 보여주고 있고, 우르크 시대에 조차도 상당수의 기호가 음절기호로 사용되고 있었고, 주로 단음절 단어로 표현되고 있었다. 그 이후 500년 간 이상 그림문자는 단순화를 거쳐 왔다. 초기 왕조시대인 B.C. 2900년에서 2300년까지 그림문자는 쐐기문자로 전환 발전되었다. 쐐기문자는 기호의 형태가 변화되어 사용되었는데 주로 끝이 뭉뚝한 필기구로 끌듯이 쓰기보다는 눌러 쓰게 되었다. 그 표현 모양이 마치 쐐기모양의 형태를 나타냈다. 그렇게 변화를 이루면서 나타난 현상은 그림문자를 쓰는 것보다도 쐐기문자를 눌러 표시하니까 글 쓰는 속도가 상당히 빨라졌다. 그 대신 기호의 그림형태는 거의 사라져서 매우 추상적인 형태로 전환되어 갔다. 그리고 기호의 숫자도 현격하게 줄어들어 700개 정도가 사용되었다. 물론 글쓰는 방향도 왼쪽에서 오른쪽으로 위에서 아래로 쓰게 되었다.

쐐기문자의 아주 후기 형태가 B.C. 516년에 페르시아 다리우스1세가 베히스툰 암벽에 새기게 한 세 가지 언어로 된 새김글의 연구로 밝혀지게 되었다. 이 새김글이 더 옛날 시대의 쐐기문자형태를 판독하게 하고 쐐기문자 이전시대의 기호 몇 개를 판독하게 한 계기가 되었다. 그 기호는 처음에 숫자였고, 명사들이었고, 몇 개의 형용사들이었다. 그들은 주로 회계장부 기록을 위해서 사용된 기호이고, 그 후에 점점 음절기호가 발전되어 가면서 다른 언어요소를 첨가하게 되었다. 초기에 일반적으로 사용된 글자 사용처는 계약서에 이용되었다. 때로는 흙 봉투를 사용해서 그 표면에는 흙 봉투 안에 들어있는 내용과 같은 것을 적어 놓고 뚜껑을 봉함해서 사용했다. 이 전통적인 흙 봉투의 표현 표기현상이 상당기간 사용되었는데 그 다음에 충분히 발달된 쐐기문자 사용법이 발달되어 나왔는데 이것을 나타내는 증거가 후에 B.C 1400년경에 쓰인 것으로 생각되는 평판이 이집트에서 발견된 아마르나 편지들이다.

우르크 평판은 사원, 개인 집 등에서 발견되었는데 주로 밀봉 도장이 찍혀져있는 것으로 미루어 보아 보관과 관련이 있는 듯하고 사용된 대부분의 기호는 빵, 맥주, 양, 소, 의류, 등이다. 보관이나 거래기록을 암시하는 것에서 쐐기문자표시와 봉함에서 사용된 기호와는 별 차이를 보이지 않고 있는데, 중요한 것은 사용자의 신분을 나타낸다는 사실이다. 이것은 추상적인 기호나 음성기호로 기록할 필요가 없도록 사용된 듯하다.

쐐기문자가 사용된 이후에는 대량으로 평판에 기록되어 있는데 그 기록은 주로 계산목록, 편지 등으로 훈련받는 서자생들이 작성한 것이다. 이것들에는 같은 내용을 자주 반복한 모습을 보이고 있다. 그래서 글자표기는 기록보관과 물품보관에 관한 계약 그리고 이동관계, 상품교환기록 등에서 발달되어 나온 것이 분명하다. 그리고 계속해서 그런 식으로 사용된 평판기록물이 기록 창고나 보관소에서 대부분 발견되고 있다.

기록보관소는 처음에 사원에서 시작되었지만 나중에는 궁전에서도 사용되었다. 시간이 지남에 따라서 이 문서 사용이 왕이 이웃 왕에게 전하는 편지와 같은 외교문서에서도 사용되었다. 그 다음으로 땅의 소유, 형법과 같은 법을 기록하고, 그 다음에 가서는 미신, 신화, 시, 등등이 기록되어 보관되었다. 서사시의 예는 길가메쉬가 있다.

다음은 샘슨(1985: 57-61)이 베세라트교수가 발표한 논문에서 주장한 내용을 간추려서 기존의 정설과 새로 주장을 비교해 설명하고 있는 것을 참고하고자한다.

새로운 이론이 제기된 동기를 보면, 불란서인 박물관 학예사 피에르 아미(1966)가 처음 제시한 것을 미국인 베세라트 교수(1978, 1979a, 1979b)가 이 주장을 보다 확대하고 구체화시켜서 고고학계에 제시한 이론이다. 이들의 주장은 메소포타미아 유적지를 발굴하면 자주 많은 작은 흙덩어리가 발굴되었는데 그들의 모양이 둥근 구 , 원뿔, 4면체의 모양 등으로 되어있고, 형체는 여러 가지 기하학적인 모양을 나타내고 있었다. 이 작은 흙덩어리를 여기에서는 물표라 한다. 이 물표의 추이를 보면 B.C. 4차 천 년 후기에는 도시생활이 시작되면서 물표의 항목도 증가되었고, 새로 생긴 물표는 비교적 자연형상과 비슷하게 만들어져있었다. 이런 물표는 동물머리, 항아리 등으로 표현 되고 있었다. 같은 시기에 이런 물표를 보관하는 흙 봉투가 만들어 졌는데 이 모양을 항아리 모양으로 텅 빈 공간을 가진 것으로 물표를 그 안에 넣고 봉인하게 되어있었다. 대부분의 흙 봉투 표면에 안에 넣은 물표와 일치하는 표시를 해 놓았다.

표시 방법 중에는 물표를 안에 넣기 전에 흙 봉투 표면에 물표를 눌러 표시를 했고, 대부분 흙 봉투 표면에 물표 모양을 그대로 흉내 내어 그린 것이었다.

아미(1966)의 주장은 이 흙 물표는 틀림없이 그 당시 회계조직으로서 상품을 표현하는 것임을 주장한다. 그는 또 이 회계조직은 B.C. 4차 천 년 경에 수메르인이 아니라 수메르의 이웃인 엘람인들이 발명한 것이라고 주장했다. 아미의 주장을 접한 베세라트교수의 주장은 아미의 주장중에 사용범위를 더욱 확대해서 메소포타미아 지역뿐만 아니라 근동지역으로 더욱 확대해서 그 지역에서도 사용되었다고 주장하고, 또한 사용 시기도 아미의 주장보도 더욱 옛날로 넓혀 B.C. 9차 천 년에서 까지도 물표를 사용했다고 주장했다. 즉 이때가 수렵생활을 접고 농경생활을 시작할 무렵이라는 것이다. 초기의 물표는 불에 구워서 사용된 물표가 나왔다는 주장이다. 이와 같은 물표는 그 이후에 계속 사용되어 B.C. 3차 천 년까지 고고학적 기록에 나오는데 이때가 물표사용의 전성기였다는 견해였다. 베세라트교수의 주장은 최초의 물표사용과 농경사회의 시작이 일치하는 것은 쉽게 이해할 만 하다고 한다.

문자가 발명되기 전에는 곡식과 가축을 작은 물표로 표시하면서 농업활동을 나타내는 모형을 만들어 사용하는 것은 아주 편리한 제도라고 생각했다. 특히 인구가 많이 모여 도시가 형성되면 거래되는 물품의 량도 많아지고 따라서 물품의 모양을 표시하는 물표의 증가도 뒤따를 수밖에 없었다. 물론 물표도 처음에는 단순한 물표가 사용되었지만 나중에 거래물품의 종류가 많아짐에 따라 복합 물표가 등장 했다.

도시생활에는 대량의 물품 거래가 필수적인데 이때에 흙 봉투가 등장한다. 농부들은 일상 사용할 돈은 집에도 보관하지만 물건을 사고 팔 때에 돈을 다른 사람과 교환해야 한다. 이때에 흙 봉투는 일종의 화물목록 증서 역할을 한다. 흙 봉투는 물표를 안에 넣어 보관도 하지만 한편으로 부정하게 변조하는 것을 막는 역할도 한다.

아미의 주장은 흙 봉투 표면에다 흙 봉투 안에 들어있는 내용물을 표시하는 데에 익숙해지면 그 다음에는 봉투의 내용물을 줄여서 일을 좀 더 간단하게 하고, 내용물을 표시한 흙 평판만을 교환하는 단계까지 발전한다고 했다. 이 경우에 바로 문자 또는 문자와 비슷한 것이 등장하는 계기가 된다는 주장이다.

샘슨(1985)의 의견으로 베세라트 교수의 문자기원의 이론은 아미(1966)가 제시한 이론보다 한발 앞서 가고 또한, 너무 급진적으로 형태로 주장하는 면이 있다고 한다. 예를 들면, 베세라트교수는 물표조직이 흙판에 여러 표시를 해서 일반적인 의사교환의 원리 기원을 나타내는 것은 물론이고 더 나아가서 상세한 수메르 문자 기원까지도 나타낸다고 주장하고 있는데 이런 주장은 너무 급진적이라는 견해다.

베세라트교수 주장은 아주 초기에 수메르의 많은 표의문자는 전혀 연고성이 없는 자의성을 가진 형태라 한다. 이 주장도 아주 급진적이며 일반적인 이론에 정반대의 주장이라는 지적이다. 일반적인 이론은 문자의 어떤 기호든지 간에 처음에는 자연스럽게 그림에서 시작하여 점차적으로 그림과 상관없는 형태로 발전한다는 이론이다. 베세라트 교수는 자기의 주장을 뒷받침하는 예로 '양'을 들어 설명하고 있는데 이것을 보면 '양'을 뜻하는 표시는 원안에 열십자 표시가 들어있는 형태(⊕sheep)다. 이것은 전혀 '양'하고는 연고성이 없는 자의적인 표시라는 것이다. 만약 연고성이 있다면 '양' 모양의 일부나 전부 아니면 관습화된 그림이나 스타일화 된 그림이 제시되어야 하는데 원안에 열십자를 보고 동물 '양'을 상상할 수가 전혀 없다고 주장한다. 베세라트교수의 주장은 수메르 글자의 초기 목록을 물표 형태의 목록과 서로 비교해 보니 그들 사이에 나타난 일치성은 놀라울 정도라고 주장했다.

베세라트의 주장을 극구 반대하는 학자 중에서도 대표적인 학자 스테판 리베르맨(Stephen Lieberman(1980)의 주장을 보면 다음과 같다.

첫째, 베세라트교수는 물표조직과 초기 수메르글자사이에 일치성을 너무 과장하고 있다. 두 개 또는 더 이상의 수메르 글자와 단 하나의 물표와 동일성을 보이고 있을 뿐, 아니면 한 개 내지 더 이상의 물표와 단 하나의 수메르글자와 동일성을 보일 정도다.

둘째, 물표사용지역을 메소포타미아 지역에 국한 시켜서 조사해야 하는데 그렇지 않았다. 물표사용지역을 아주 넓게 잡은 것이 문제 인데 수메르 글자와 가장 모양이 비슷한 많은 물표들이 메소포타미아 지역에서는 결코 발견할 수가 없다는 사실을 살짝 은폐시켜 반대파의 주장을 비켜나가고 있다.

셋째, 베세라트의 논문 주장과 고고학적 증거에 대한 설명에서 조화를 이루지 못하는 부분이 종종 나타난다. 베세라트교수의 주장에는 자료가 부족한 면이 있다. 베세라트교수는 두 개의 예를 들고 있는데 하나는 '기름'으로 해석하는 물표인데 그 예는 그런 데로 이해가 된다. 그러나 다른 하나는 '양'으로 해석하는 물표를 제시했는데 이것이 문제점을 안고 있다. '양'의 경우 뿔이 4개가 달려있어서 얼핏 보면 열십자 모양으로 얽혀 있는 뿔이 4개 달린 '양'이 아주 초기시대에까지 살아남은 품종이 실제로 있었다. 그리고 이 '양'이 수메르인들에게 익숙하게 지내는 '양'표시 물표와 '양'을 표기하는 표의문자는 아주 연고가 깊은 행태라고 샘슨(1985)은 지적했다.

스테판 리베르맨이 제시한 의견을 종합하면 다음과 같다. 즉 수메르 글쓰기의 어떤 형태가 물표의 사용에서 유래되고, 흙 봉투의 표면에 그려진 표시들과 동일한 표시를 하는 습관에서 유래되었다면 그것은 분명히 글자조직이 아니고 숫자 조직일 것이라는 것이다. 수메르글자와 전혀 다른 모습으로 전 역사에 나오는 형태는 숫자인 것이 분명하다고 주장한다. 아미(1966)도 원래 모든 물표들은 상품종류를 나타내거나 구체적이 상품의 세트 량만을 표현한다고만 언급했지, 어떤 물표 모양은 수메르 문자의 어떤 요소와 동일하다는 것을 제시하고 하지는 않았다. 베세라트 교수가 결정적으로 확대 해석해서 동일하다고 제시한 것이다.

흙 봉투에 표현된 의사교환 표시에서 숫자 표시 기호가 어떤 특별한 역할이 주어졌는지 분명치 않다. 글쓰기에서 열 마리의 '양'과 스무 마리의 '암소'를 '양10 암소20'로 표기하는 것이 양을 열 마리 표시의 기호로 나열하고, 암소 스무 마리의 기호로 열거하는 것보다 더욱 편리하다.

샘슨(1985: 61)은 베세라트의 여러 주장을 세밀히 분석한 후에 아주 신중한 평가를 내리고 있다. 즉 흙 봉투 표면에 기록된 표시들은 순수한 숫자표시였을 것이다. 그러나 아미(1966)가 제시한 바와 같이 많지 않은 물표의 종류만을 사용하는 단순 회계계산법이 흙 봉투를 이용한 방법을 거쳐서 점차 문자발명으로 이어졌을 수도 있다는 가능성을 샘슨은 제시하고 있다. 흙 봉투를 이용해서 숫자표시 물표의 유통과정에서 부정을 방지했다면 자연스러운 다음단계로서 숫자 표시 물표를 흙 봉투 표면에 그 물표를 다시 재현시켜 상시적으로 검사를 용이하게 했을 것이다. 그 다음으로 사람들이 이 방법을 도입해서 실천했다면 다음 단계로 흙 봉투에다 물표 표시를 재현시키기 보다는 아주 단순하고 편하게 흙 평판에다 비슷한 표시를 해서 교환하는 것이 정상적인 단계일 것이다. 흙 평판에 눌러 새긴 숫자 기호를 이용해서 단순한 회계장부를 기록했다면, 그 다음 단계로 숫자 표시와 함께 수로 세어진 항목그림을 보충하기 시작했을 것이라고 평가하고 있다.

샘슨(1985: 61)은 베세라트의 공로보다는 아미(1966)의 공로를 강조하고 있다. 즉 샘슨의 마지막의 평가에서 아미의 공로는 그 당시에는 아무 가치가 없는 것 같았던 일련의 흙덩어리 모양이 여러 단계들을 거치면서 인류역사 최초로 한 민족이 그전에는 분명히 문자를 갖고 있지 않았던 시대를 분명히 문자를 가진 시대로의 전환점을 만들게 한 길을 인류에게 보여 주었던 공로를 아미에게 주는 것이 이치에 맞는다고 평가했다.

제19장 쐐기문자의 소멸

　수백 년 또는 수천 년 이상 사용되던 문자가 여러 가지 이유로 형체도 없이 사라져 버리는 사실을 쐐기문자를 통해서 알게 됐다. 그런데 문자가 없어지는 원인이 어디 한두 가지 뿐이겠는가. 그 원인을 따지고 보면 각 문자마다 사연이 있을 것이지만 일반적인 경우를 생각해보는 것으로 만족해야 할 것 같다.

　문자가 완전히 지구상에서 없어져 사람들의 기억 속에서 사라진 경우를 외부적인 충격에 의한 것과 내부적인 원인에 의한 것을 두고 생각해보고자 한다.

　1) 외부적인 충격에 의해서 사라진 경우

　옛날에 외국과의 전쟁에서 패망했을 때에 패망한 국민을 모두 잔인하게 학살하고 난 후에 그 도시를 불을 질러 완전히 잿더미로 변하게 하여 그 종족을 말살시키는 경우에는 문자뿐만 아니라 모두 것이 순식간에 소멸되게 된다.

　그 옛날의 참상을 기록해 놓은 역사서와 기독교 성경에서 몇 가지 예를 들어 보고자한다.

첫째, 그리스의 역사가 헤로도토스는 바빌론의 운명에 대해서 이런 말을 했다.

'다리우스 왕이 그 지역을 점령하자 그 지역의 벽을 허물고 문을 박살내 버렸다. 그의 전임자 키루스 왕이 바빌론을 점령했을 때에는 벽은 허물지 않고, 문도 부셔버리지 않았지만 대신 바빌론의 지도자급 인사 3만 명을 선발해 죽였다.'라고 했다. 이로써 바빌론의 재기는 사실상 불가능하게 만들어 버렸던 것이다.

둘째, 기독교 구약성경 여호수아 6장 20절에서 25절까지 보면 이스라엘 군이 행한 여러 가지 일들을 소개하고 있다. 여호수아 왕이 여리고 성을 함락시킨 장면을 보면 끔찍하기 이루 말할 수가 없다.

'이에 백성은 외치고 제사장들은 나팔을 불매 백성이 나팔 소리를 듣는 동시에 크게 소리 질러 외치니 성벽이 무너져 내린지라 백성이 각기 앞으로 나아가 성에 들어가서 그 성을 취하고 성 중에 있는 것을 다 멸하되 남녀 노유와 우양과 나귀를 칼날로 멸하니라.' 이 장면은 모든 사람과 모든 가축을 죽인 것을 표현한 것이다.

또한 구약성경 여호수아 11장 10절에서 15절까지에서 하솔(Hazor) 왕국을 함락시키면서 '하솔은 본래 그 모든 나라의 머리였더니 그 때에 여호수아가 돌아와서 하솔을 취하고 그 왕을 칼날로 쳐 죽이고 그 가운데 모든 사람들을 칼날로 쳐서 진멸하여 호흡이 있는 자는 하나도 남기지 아니하였고, 또 불로 하솔을 살랐으며 여호수아가 그 왕들의 모든 성읍과 그 모든 왕을 취하여 칼날로 쳐서 진멸하여 여호와의 종 모세의 명한 것과 같이 하였으되 여호수아가 하솔만 불살랐고 산위에 건축된 성읍들은 이스라엘이 불사르지 아니하였으며 이 성읍들의 모든 재물과 가축은 이스라엘 자손들이 탈취하고 모든 사람은 칼날로 쳐서 진멸하여 호흡이 있는 자는 하나도 남기지 아니하였으니 여호와께서 그의 종 모세에게 명하신 것을 모세는 여호수아에게 명하였고 여호수아는 그대로 행하여 여호와께서 무릇 모세에게 명하신 것을 하나도 행치 아니한 것이 없었더라'

모든 사람들을 칼날로 쳐서 죽이고 호흡이 있는 자는 하나도 남기지 말라 하였고, 숨을 쉬는 살아 움직이는 모든 것을 전부 죽였다고 한다.

셋째, 이스라엘이 전쟁에서 패했을 때에 일어난 일이다. 열 왕기 하 25장에서 바빌로니아 네부카드네짜르 왕이 예루살렘을 정복하고 유대인을 포로로 잡아간 내용이다.

'바벨론 왕 느부갓네살의 십 구년 오월 칠일에 바벨론 왕의 신하 시위대 장관 느부사라단이 예루살렘에 이르러 여호와의 전과 왕궁을 사르고 예루살렘의 모든 집을 귀인의 집까지 불살랐으며 시위대 장관을 쫓는 갈대아 온 군대가 예루살렘 사면 성벽을 헐었으며 성중에 남아 있는 백성과 바벨론 왕에게 항복한 자와 무리의 남은 자는 시위대 장관 느부사라단이 다 사로 잡아가고 빈천한 국민을 그 땅에 남겨두어 포도원을 다스리는 자와 농부가 되게 하였더라.'

넷째, 구약성서 나훔 3장 7절에 보면 페르시아 남부에 거주한 메디아인들이 B.C. 606년에 아시리아 수도 니네베를 점령해 파괴하고 그 도시의 영광이 대량살상으로 묻혀버리게 되는 장면이다.

'그 때에 너를 보는 자가 다 네게서 도망하며 이르기를 니느웨가 황무하였도다. 누가 위하여 애곡하며 내가 어디서 너를 위로할 자를 구하리요 하리라 하시도다.'

아주 옛날 메소포타미아 지역의 도시국가 왕은 어떠한 생각을 가지고 있었을까? 즉, 왕은 그가 다스리는 국민이 그들의 특성을 개발하고 강대한 이웃과 수년간 평화롭게 지내면서 국력을 키워 점차 강대국의 반열에 들어가게 하고, 그다음 힘이 약한 이웃국가를 점령하고 싶은 충동에 이웃나라를 침입해서 점령한다. 이쯤 되면 더 강력한 국가의 왕은 약소국을 점령한 국가에 대하여 여러 가지 대의명분을 붙여 침입해 처절하게 짓밟아 버리는 그런 국제사회의 역학관계에서 생존해야 했던 것이다.

방어가 튼튼하면 할수록, 전투가 영웅적일수록, 정복자는 패배자에 대한 보복은 더욱 잔인하고 처절했다. 이런 가운데 패배한 국가의 역사기록물들은 거의 가 소실되거나 분실된다.

역사서를 보면 큰 전쟁이 치려지고 난 후에 한 국가의 패망은 곧 다른 국가의 승전으로 연결되고, 따라서 패망국가의 역사는 땅 속에 묻혀 버리는 경우도 허다했다.

이스라엘 히브리 민족이 드문 경우지만은 그토록 많은 고초와 고난을 겪었는데도 불구하고 그들의 특별한 보수적인 기질과 개개인의 끈질긴 자립심으로 해서 그토록 힘든 재앙, 포로, 추방 등 여러 가지 고초 속에서도 그들의 문학을 꾸준히 보존해 온 민족이다. 히브리 민족과는 정 반대의 운명을 가진 민족을 보면 바빌로니아인, 아시리아인, 힛타이트인, 수메르인들에게는 그들의 모든 예술, 문학 및 언어와 문자들, 그들의 궁전, 인구 밀집한 도시들은 파괴 또는 파멸되어 수천 년 동안 사람들의 기억 속에서 사라져 버렸다.

강력한 아카드 왕국의 붕괴, 키루스 왕의 정복, B.C. 333년에 알렉산더 대 왕이 페르시아 수도 페르세폴리스를 파괴하는 등의 연속되는 국가적인 대재앙 역사가 있었다.

B.C. 717년에 힛타이트의 수도 카르케메쉬가 몰락하고, 그 큰 제국의

몰락으로 인한 바빌로니아와 아시리아의 쐐기문자의 소멸, 힛타이트 상형문자의 소멸, 결국에는 페르시아 쐐기문자의 소멸까지를 보게 된다. 그들이 사용한 그들의 문화에 관해서 지난 세기까지 잊혀진 체 지내왔다.

수메르가 처음에 바빌로니아에 점령당했고, 그 다음에 아시리아에 점령당했다. 그래서 그들의 민족, 그들의 나라에 정체는 사라져 잊혀졌던 것이다. 그 당시에 도시국가가 다른 힘 있는 도시국가에게 패망하면 모든 도시가 파괴되고 사람은 도륙되고 그 뒤에 도시에 불을 질러 잿더미로 만들어 버렸다. 이런 환경 속에서 문자가 살아남는다는 것은 거의 기적에 가까운 일이다.

옛날의 전쟁에서 승리와 패배의 차이는 엄청났던 것이다. 승자는 국가가 더욱 발전될 수가 있는 전리품으로 인력과 물자를 얻었고, 패자는 모든 것을 소실하는 형태였다. 그래서 그 언어와 문자를 가진 민족자체가 죽음의 세계로 사라지게 되었든 것이다.

2) 내부적인 요인에 의해 사라진 경우

쐐기문자를 차용해간 언어가 큰 언어만도 최소15개나 되었다. 이 언어를 표기한 쐐기문자가 모두 소멸되었고, 대신 아람문자를 채택하여 사용하거나 아니면 라틴문자를 차용해서 그들의 언어를 표기하게 되었다. 그런데 이들 언어가 쐐기문자를 차용해 사용했을 때에 어느 정도 불편을 겪었는지 사실 알 수가 없다.

내부적인 요인에 의해서 철자가 사라진 경우를 몇 개의 문자를 들어 보고자 한다.

첫째, 옛날 힛타이트 제국이 존재했던 터키 국가는 아라비아문자

(Arabic)로 언어를 표기해 왔지만 국민들이 아리비아문자가 복잡하고, 철자수가 100개나 되어 배우기가 힘들다고 주장해 왔다. 그래서 1928년에 터키 국회에서 아라비아 철자를 포기하고 라틴철자를 그들 국민의 철자로 채택하기로 결정했다. 이렇게 됨으로서 커다란 변혁이 생겼다. 특히 아라비아글자는 오른쪽에서 왼쪽방향으로 글줄을 써왔지만 라틴철자는 왼쪽에서 오른쪽 방향으로 글줄을 써왔기에 글줄 써는 방향을 바꾸어야만 했다. 특히 이슬람교를 숭배하는 나라들 대부분이 아라비아글자를 사용하는데 이슬람국가인 터키의 결단은 놀라운 일이 아닐 수가 없다.

둘째, 극동지역에 여진족의 문자에도 내부적인 문제로 없어진 경우다. 여진족은 퉁그스족으로 중국 동북지역에 거주한 민족이다. 여진족은 알타이어족에 속한다. 교착어의 형태를 가진 언어를 사용해서 한국어와 일본어와 유사한 언어를 사용한 민족이다. 이 민족은 이웃에 있는 거란에게 문자를 배우고 그것을 바탕으로 그들 고유의 글자 여진문자를 만들어 사용했다. 이 민족은 1115년에 완안아골타가 금나라를 세우고 그는 1119년에 완안희윤에게 명하여 여진대자라는 글자를 만들게 했고, 1138년에 희종 왕이 스스로 여진대자의 결점을 보완해 여진 소자를 만들었다. 여진문자는 표음문자와 표의문자 두 가지 기능을 가지고 있고, 쓰는 순서는 한자와 같았다. 여진문자는 중국의 명나라시대까지 여진인들이 사용했지만 이 글자가 여진어를 표기하는데 여러 가지로 불편한 점이 많아서 중국의 명나라 말기 쯤해서 그들 스스로 그 글자를 버리고 몽고문자를 차용해 사용하기 시작했다. 몽고문자도 여진어를 표기하기에 상당한 문제점이 발견되어 몽고문자를 개량해서 만주문자로 만들었다. 청나라를 세운 누루하치가 몽고문자를 개편해서 만주문자를 만들도록 했다. 이 문자는 몽고문자를 약간 개량한 것에 불과했다. 사용에 불편함이 발견되어 1632년에 다하이(達海)가 초기 만주문자에 점과 원을 추가하여 동자이음(同字異音)을 구별할 수가 있는 방법을 만들어 유권점문자라고 부르게 되었고, 그 이전의 문자를 무권점문자라 했다. 청나라가 명나라를 멸망시키고 중국을 장악하게 되자 중국인, 즉 한인은 한자를 버리고 만주문자만 사용토록 강요했다. 17세기 중엽에 만주어를 습득하도록 왕명으로 명하기도 했고, 공문서는 만주문자로만 기록하게 했다. 문제는 여진족의 문화는 미개했지만 점령당한 한족의 문화는 아주 우수해서 아무리 강제로 만주어와 문자를 강요해도 중국화를 막을 수가 없었다. 심지어 여진족출신의 왕들마저도 한자를 배워 시를 지었을 정도로 중국화는 가속화되어갔다. 그래서 자연적으로 만주어와 만주문자도 사용되지 않게 되었다. 따라서 한자와 닮은 여진문자는 물론이고 몽고문자를 기반으로 만든 만주문자 마저 중국에서 완전히 사용하지 않게 되었다.

이와 같이 문자가 문자의 자질 또는 내부적인 결점 때문에 사용되지 않는 경우, 또는 무력으로 흡수한 민족의 문화가 우수해서 자연히 피지배계급의 언어와 문자에 흡수되는 경우를 보았다.

어느 경우에든 간에 3000년간 고대시대에서부터 사용되어온 수메르 쐐기문자가 기원 75년 전후해서 기록이 중지되었고, 그 이후에 지역에 따라 사용되었다 하더라도 점점 힘과 빛을 잃고 쇠락해 소멸의 길을 갔던 것이다. 수천 년의 역사를 가진 이런 언어와 문자가 사라지는 것을 역사를 통하여 알게 되는데 그 사라지는 이유가 여러 가지였다. 현재 우리가 사용하는 언어와 문자가 완전히 지구상에서 없어져 사람들의 기억 속에서 사라질 것이라고 상상할 수가 없다. 왜냐하면 오늘날의 국제관계를 생각해 볼 때에 이러한 사건이 일어날 것 같지는 않다. 국가 간의 전쟁이나 민족 간의 전쟁이 일어나서 한 쪽이 패망한다고 하더라도 언어와 문자를 완전히 말살시키지는 않을 것이기 때문이다.

옛날에는 하루아침에 언어와 문자가 없어지는 경우가 상당히 많이 있었던 것이다. 이른바 전쟁을 통해서 이런 일들이 다반사 일어났던 것이다. 국가나 민족 간에 전쟁이 일어나 총력전을 펴다가 패하게 되면 그것은 곧 패전한 국민의 재앙이요 저주인 것이다. 정복당한 민족의 도시는 완전히 파괴되고, 전 국토는 황폐화된다. 죽음을 모면한 사람은 포로로 잡혀가게 된다. 그들의 언어와 문자는 없어지면서 죽은 언어와 문자가 되어버리곤 했다. 수메르를 비롯한 바빌로니아나 아시리아의 경우를 보면 죽은 언어와 문자가 되었다가 훗날 문자와 언어를 다시 판독하여 그들의 생활상이나 문화를 겨우 읽을 수가 있게 되었다.

제20장 쐐기문자 판독으로 알게 된 정보

쐐기문자의 판독으로 현대인들이 상상할 수가 없는 많은 정보를 얻게 되었다. 특히 중동의 메소포타미아 문명을 새로 발견하면서 인류최초로 문자를 만들고 도시국가를 건설해서 후세 인류에 무한한 가치가 있는 것들을 발명하고 발전시켰던 수메르인과 수메르 도시국가들을 알 수 있게 되었고, 그 다음에 바빌로니아국가와 아시리아국가 및 페르시아제국 등 인접한 여러 국가들과의 교류관계 등을 알게 되었다. 특히 유럽의 정신 세계를 지배해온 기독교 성경에 나오는 여러 가지 사실들이 수메르인들에 의해서 만들어지고 전수되어왔다는 사실을 증명해 주어 인류가 그동안 궁금해온 여러 가지일들을 확인하게 된 계기가 되었다. 특히 수메르인들이 인류에게 무엇을 만들어 남겼는지도 세세하게 알 수가 있게 된 것이다.

미국의 수메르학자인 크레이머(Kramer, 1963)가 수메르인들이 인류에게 남긴 유산을 정리한 것을 보니 도시국가건설, 성문법 편찬, 60진법 (천문학, 달력), 도공 물레 , 바퀴달린 차량과 전차, 범선제작, 야금술 기술 획득, 건축, 조각, 종교와 문학 등 여러 가지를 들고 있다. 그것을 참고해서 보다 구체적으로 몇 가지 살펴보고자 한다.

1) 문학의 유산으로 서사시가 돋보인다.

(아카디아어로 된 길가메쉬 서사시 홍수평판, Wikipedia에서)

서사시에 적힌 내용을 통해서 그 시대의 주변국과 관계 등을 살펴볼 수
가 있다. 우선 서사시 중에서 세계에서 가장 오래된 서사시는 길가메쉬
(Gilgamesh)서사시이다. 이 서사시는 문자를 발명하자마자 기록된 서사
시로 1872년 처음 판독해 낸 영국인 조지 스미스(George Smith: 1840-
1876)는 1853년 아시리아 수도 니네베 유적지에서 발굴한 쐐기문자 판을
읽다가 자신이 판독한 내용이 성경에 나오는 '노아의 방주'의 기원이라
는 것을 깨달았다. 이 평판에는 노아에 해당하는 우트나피슈팀
(Utnapishtim)이 방주 덕분에 홍수에서 살아남고, 니시르산에 도착해서
비둘기와 까마귀를 날려 보내서 물이 얼마나 빠졌는지를 알아보는 내용
이 담겨져 있었다. 그는 이러한 내용을 정리해서 1972년 12월에 성경의
대홍수 이야기는 수메르문명에서 남긴 길가메쉬 서사시에 나왔다는 것
을 발표했다. 이것을 계기로 스미스는 아시리아학의 거물로 대접을 받았
다. 이 큰 홍수 이야기는 길가메쉬 서사시에서 마지막장에 나온다. 이 길

가메쉬 서사시는 수메르어로 기록된 것이 아니고 아카디아어로 기록된 것이다. 이 길가메쉬 서사시는 아쉬르바니팔 왕의 도서관에 보관되어 있다가 1853년에 햇빛을 보게 된 것이다.

길가메쉬는 B.C. 2800-2700 경에 수메르지역의 도시국가 우르크 왕이었다. 길가메쉬 왕은 사실 실존인물일 가능성이 크다. 수메르인들이 그를 신격화했다고 추정된다. 길가메쉬가 다스리던 시대에 사람들은 여러 신들을 믿었다. 수메르 대지의 여신 이난나, 천둥과 폭풍의 신 엔릴, 창조의 신이자 물의 신 엔키등이 있었다.

길가메쉬 서사시의 주요 주제는 우정과 명예, 영생의 추구였다. 서사시 내용을 보면 길가메쉬 왕은 포악한 정치를 구사한다. 도시 성곽을 건설하기 위해 인력을 계속 차출하고, 결혼할 신부에게 초야의 정조를 바치라고 요구하기도 한다. 원성이 하늘을 찌를 듯하자 신들이 길가메쉬에 맞설 수 있는 영웅을 만들어 대항시키기로 작정한다. 하늘의 신 아누(Anu)는 어머니 신 아루루에게 명해서 야생인간 엔키두를 만들도록 했다. 엔키두는 털복숭이였다. 야성적인 엔키두는 우르크 도시국가에 들어가려고 했다. 엔키두를 사람으로 만든 것은 이슈타르 여신의 사제인 샴하트다. 이여사제는 엔키두에게 섹스를 가르치며 6박 7일 동안 관계를 맺었다. 우르크 국가에 들어와서 엔키두는 그 국가의 왕인 길가메쉬를 만났는데 내기 싸움을 했으나 길가메쉬에게 졌다. 하지만 그 대신에 존경과 우정을 교환하게 되었다. 신들이 엔키두를 만든 목적은 길가메쉬가 엔키두와 싸움을 하느라 백성을 괴롭히지 못하도록 하기 위해서 였는데, 이는 간접적인 목적을 달성했다.

그 다음에 길가메쉬와 엔키두는 명예를 찾아 모험의 길을 떠나게 된다. 도중에 괴물 훔바바를 만나고, 사랑의 여신인 이슈타르의 유혹도 받는다.

거절당한 이슈타르 여신은 아버지 신 아누에게 하늘의 황소를 보내줄 것을 요청했지만 길가메쉬와 엔키두의 적수가 되지 못했다. 분노한 신들은 하늘 황소와 괴물 훔바바를 죽인 책임으로 길가메쉬와 엔키두 둘 중에 한 명은 죽어야 한다고 요구했다. 마침 그때에 엔키두가 병으로 죽자 성대한 장례식을 치려준다. 그 후에 길가메쉬는 그 나라에서 일어난 큰 홍수에서 겨우 살아남았다. 그는 영생을 얻은 우트나피슈팀을 찾아갔으나 영원이란 것은 없다고 하면서 죽음에 도전하면 즐거움만 줄어들 뿐이라고 죽음을 인정하고 순종하도록 길가메쉬를 설득한다. 길가메쉬가 고집을 피우자 그러면 늙지 않는 방법을 가르쳐 주겠다며 불로초를 제시한다. 길가메쉬는 천신만고 끝에 불로초를 겨우 구했지만 운 나쁘게도 뱀에게 빼앗기고 만다. 허탈에 빠져 있는 길가메쉬에게 죽었던 엔키두가 나타나서 진흙을 먹으며 살고 있는 명계의 비참한 생활을 이야기해 준다. 길가메쉬는 크게 깨달음을 얻고 난 후에 우르크에 돌아와 훌륭한 왕이자 목자가 된다는 줄거리이다.

그 다음으로 엔메르카르와 아라타의 왕(Enmerkar and the lord of Aratta)과 루갈반다와 엔메르카르(Lugalbanda and Enmerkar)라는 두 서사시는 수메르어로 되어있는 서사시이다. 루갈반다(Lugalbanda)는 엔메르카르의 다음 우르크의 왕이고 엔메르카르는 첫 왕조의 시조로 알려지고 있다. 이 서사시의 내용은 고대 페르시아지역의 도시국가 아라타의 정치, 경제, 종교에 관한 세부사항을 알려준다. 이 서사시를 통해서 우르크국의 위상을 살펴볼 수 있다.

아라타국의 정치조직을 보면 수메르의 우르크와 같이 아라타 왕을 엔(En)이라 불렀고, 수메르식의 지도자였다. 우르크에서 처럼 왕이 거부할 수는 있지만 왕에게 충고를 해주는 의회와 같은 제도가 아라타에도 있었다. 수호신은 수메르 여신인 이난나와 같다. 특이한 것은 우르크의 첫 왕조의 시조인 엔메르카르가 숭상하는 신 엔키는 아라타 국과 그 나라의 왕인 엔(En)에게는 매우 적대감을 가지고 있었다.

서사시에 나오는 경제문제에서 아라타는 금, 은, 많은 보석들이 생산됐고, 숙련된 금속공, 석조공 및 조각가들이 많이 배출되었다. 우르크의 왕은 아라타를 점령하고자 하는 뜻을 가지고 있었다. 또한 우르크에서는 곡물이 많이 생산됨으로 해서 곡물이 풍부하지 않은 아라타사람들에게는 우르크와 합병되기를 은근히 바라고 있었다.

서사시에서 아라타 위치는 남서부 이란에 위치해 우르크와 가까운 곳으로 추정했다. 특히 다른 서사시 루갈반다와 산(Lugalbanda and Mount)이란 시에서 우르크와 아라타 사이에 후룸산(Hurum Mount)이 있다는 것을 알려준다. 이 산은 반(Van)호수 주변에 거주한 후르리족의 원래 고향으로 추정되는데 그 근처임을 짐작케 한다.

서사시 길가메쉬와 산자의 땅(Gilgamesh and the Land of the Living)에서 마간(Magan)국과 멜루하(Meluhha)국에 대한 내용이 나온다. 즉 마간과 멜루하국의 배, 곧 군사력과 관련된 사항과 그 배가 침몰하는 이야기가 나온다.

또한 엔키와 닌후르삭(Enki and Ninhursag) 신화에서 딜문(Dilmun)이라는 나라가 나온다. 이 딜문은 엔키의 본근거지였고, 엔키는 이곳에서 수많은 신들을 낳았다. 여신 닌후르삭도 이곳 딜문에서 거처했던 것으로 보이며, 수메르국의 여러 자료들에서 딜문은 배로 많은 물건들을 들여왔다는 것을 알 수가 있고, 우르 3 왕조시대에는 금, 구리, 청동, 상아, 대추야자, 양파 등이 딜문에서 수입됐다는 기록이 있다. 따라서 딜문이 어딘지 정확히 알 수는 없지만 종교적으로나 영적인 면에서 딜문은 아라타,

마간, 멜루하와 같이 우르크의 영향을 받은 낙원의 나라로 보인다.

여러 가지 서사시와 고고학적 자료를 바탕으로 추정해 보면 수메르인들이 접촉했거나 교류한 지역은 동쪽으로는 인도까지, 북쪽으로는 아나톨리아, 코카서스지역, 중앙아시아의 서쪽까지, 서쪽으로는 사이프러스와 크레타섬과 그 주변 지중해까지, 남쪽으로는 아프리카의 이집트와 에디오피아까지로 보인다. 수메르인들은 그들의 접촉지역을 이렇게 네구역(Ubda)으로 나눈데에는 나침반의 네 개의 점과 일치시키고자 한 면도 있다.

수메르의 서쪽에 살던 마르투(Martu)인은 잘 알려져 있는 것처럼 셈족 사람들이다. 수메르인들은 이들을 아주 미개하고 비천한 이들로 취급한 듯하다. 물론 이들의 문화가 그랬다는 것이다.

수메르인과 셈족과의 관계는 언뜻 보면 수메르인과 셈족인 아카디아인과의 관계는 항상 전투에서 적으로 취급되고 있다. 그런데 셈족과 수메르인들 간에 서로 평화 공존했다는 단서가 최근에 발굴된 바가 있다. 그러나 이것은 어디까지나 부분적으로 그랬을 것으로 추정한다. 왜냐하면 셈족인 아카드가 수메르를 점령하면서 수메르인들을 여러 가지 억압한 사실이 있기 때문이다. 그 예의 하나로 아카드의 사르곤 왕은 수메르 신전가운데 가장 수메르인이 숭배한 신전 니플의 에쿠르 신전 안에 자기의 동상과 비석을 세운바가 있기 때문이다. 그 밖에 수메르를 정복하고 나서 셈족출신을 행정조직의 장으로 앉혔고, 군대의 장을 셈족출신으로 임명했다. 특히 수메르어가 아니고 아카디아어로 적힌 문서들이 수메르전지역에 나타나기 시작한 때에는 셈족의 지배력은 강력했을 것이고 따라서 수메르인들의 고통은 그 만큼 더욱 심했을 것으로 추정된다.

특히, 아가드의 저주(The Curse of Agade)를 쓴 저자는 나람-신(B.C.

2254-2218)셈족 왕이 니플에 있던 에쿠르 신전을 부정하게 만들고 파괴한 사실을 신랄하게 비난하고 있는 내용을 생각해보면 셈족에 대한 수메르인들의 감정을 대강 짐작할 수가 있다.

수메르인들을 멸망시킨 사람은 셈족의 아모리족이었다. 그들은 수도를 바빌론으로 정하고, 그들은 수메르의 문명을 전부 전수받았다. 언어를 빼고는 종교, 신화, 문학은 모두 수메르의 것과 같았다. 참 희한하게도 미개한 이웃국민에게 수메르인의 문화를 전달한 사람은 바로 셈족의 바빌론 사람들이다. 이 바빌론 사람들이 이웃하는 나라들 아시리아, 힛타이트, 후르리, 가나안 등에 많은 영향을 끼침으로서 수메르인들 보다 더 강력하게 수메르문화를 전파한 사람들이다. 이 셈족의 영향 덕분에 수메르 문명, 수메르인들이 남긴 유산이 오늘날까지 전해지도록 한 공로가 있다.

2) 도시국가건설이 유산으로

수메르 도시국가들은 서로가 느슨한 동맹 체제를 갖추고 있었다. 각 도시국가에서 왕을 두고 이 왕은 최고 제사장이면서 군 최고 사령관이었으며 관개체계의 감독관이었다. 이 도시국가는 종교와 정치가 혼합된 제정일치의 사회였다. 수메르인들에게 지배자는 오로지 신이었으며, 인간의 모든 문제는 신들의 집회에서 내린 결정에 따르고 있었다. 이 신들의 집회에서 으뜸신은 하늘의 신 아누였고, 그 밖에 여러 신들이 있었다.

도시국가 체제에서 각 도시에는 신들을 위한 사원이 세워졌고, 집집마다 신을 위한 기도실이 있었다. 수메르의 신들은 정의롭고, 자비로운 반면에 악과 불행을 창조하는 신이기도 했다.

도시국가는 자유민과 의회, 귀족과 사제, 가신들과 노예, 지배하는 신과 신의 지상 부관이자 대리인인 왕, 농부, 장인, 상인, 사원 등의 흔적은 고대세계 전역에서 발견된다.

초창기에 도시국가 중에서 가장 강력했던 국가는 우르크 국가였다. 우르크는 그 당시 세계 최대의 도시로 발전했다.

3) 성문법이 유산으로

수메르 도시국가의 특징 중에 하나가 B.C. 3차 천년 대부분에 걸쳐 판매, 권리증서와 같은 법적인 서류 작성등 사소한 것에서부터 법전의 공포등 체계적인 부분까지 성문화된 법전이 있었고 이것을 후세에 유산으로 남겼다. 중요한 것은 이 성문법이 고대 근동 전역에 걸쳐 후세에 발견되기는 했지만 세부사항에서 약간의 차이가 있을지 몰라도 모두가 수메르 성문법 원형에 가깝다는 데에는 누구나 동의한다. 수메르의 성문법은 뒤에 그리스법전과 로마법전에 그대로 전수되었다. 이 성문법에는 3가지가 있었다.

첫째, 우르남무 법전(Code of Ur-Nammu)

Code of Ur-Nammu

(우르 남무 왕이 Iškun Sin의 왕 Ḫašḫamer에게 통치권 수여 장면 (원통도장찍음))

이법전이 인류 최초의 법전이다. B.C. 2100-2050년경 우르남무 왕은 우르 3 왕조시대의 왕으로서 법전을 제정했는데 이것이 인류 최초의 법전으로 알려져 있다. 이 법전이 후세에 바빌론의 함무라비 왕이 만든 함무라비 법전에 큰 영향을 끼쳤다. 바빌론의 함무라비 법전이 B.C. 1755년에 만들어진 데에 반해서 우르남무 법전이 이보다 300년 전에 만들어졌고, 이 법전은 또한 중동지방의 법체계에 큰 영향을 주었던 것이다.

우르남무 왕이 집권하던 시기는 수메르인이 약 200년간 셈족의 사르곤 왕조의 지배를 받다가 다시 수메르인이 집권을 되찾았던 시기이므로 수메르문화의 부흥기를 맞고 있던 시대였다. 법전을 편찬해서 나라의 질서와 지배 체계를 바로 잡고자 하는 의도가 있었기 때문이고 또한 어느 정도 국가가 안정을 찾은 시기에 만들었기에 당시 우르남무 왕의 집권 시기는 문화적인 부흥과 사회적인 안정을 가져왔다고 볼 수가 있다.

우르남무 법전의 정신은 뒤에 나온 함무라비 법전의 정신으로 이어지고 있다. 다만 차이점이 있다면 우르남무법전은 물리적 고통을 가하는 형벌보다는 금전적인 배상 형벌에 치중했다는 점이다.

우르남무 법전의 조문을 보면 다음과 같다.

제1조. 살인을 저지른 사람은 사형에 처한다.
제2조. 절도를 하면 사형에 처한다.
제3조. 어린이를 납치하면 그는 감옥에 가고 은 15쉐켈을 지불해야 한다.
제4조. 노예가 노예와 결혼하면 그는 해방되고 가사일은 떠나지 않는다.
제5조. 노예가 원주민(자유인)과 결혼하면 그 또는 그녀는 장남을 그 주인에게 보내야한다.
제6조. 한 남자가 다른 이의 권리를 침해하고, 젊은이의 아내를 겁탈

하면 그들은 그 남자를 죽일 것이다.

제18조. 다른 이의 눈을 상해하면 은 1/2미나를 지불해야 한다.

제32조. 경작 가능한 땅을 다른 이에게 경작시켰으나 그 땅을 경작하지 않아 쓸모없는 땅이 되면 그는 땅 이쿠 당 3쿠르의 보리를 주어야한다.

둘째, 리피트 이슈타르 법전(Laws of Lipit Ishtar)

(위 4개의 파편을 고고학자들이 조사해보니 원판은 높이가 11인치였다. 4개의 파편이 전체 법전을 나타내지 못하고 일부에 불과하다.)

리피트 이슈타르(Lipit Ishtar)는 우르 3 왕조를 멸망시킨 첫 이신 왕조(First dynasty of Isin)의 5대 왕으로 B.C. 1934-1924 BC까지 통치했다. 이신 왕조는 아무르 유목민이 세운 나라로써 피정복자인 수메르인들을 노예로 삼지 않고 그들과 대등한 권리를 부여한 대단한 관용을 베푼 왕조였다. 특히 수메르인들이 피지배민족 임에도 그들을 존중해서 수메르어로 법전을 편찬했다. 이 리피트 이슈타르 법전은 함무라비 법전보다 적어도 100년이나 앞선 것으로 전문, 본문, 후문으로 구성되어있는데 이 형식이 함무라비 법전에도 계승되었고, 특히 전문 내용이 매우 유사하다. 문제는 이 법전이 흙 평판에 새겨져 있었던 관계로 깨어져 파편으로 발굴되었을 때에 상당 부분 망실되어 전문을 해석하는 것은 불가능하다. 이 법전은 전문, 본문, 후문으로 38조항이 전해져오고 있고, 이시대의 사회규범을 연구하는데 큰 도움이 된다.

법전은 여러 조각으로 발굴된 것을 재구성한 것 중에 몇 조항만 들고자 한다.

제 9조. 한 사람이 다른 사람의 과수원에 몰래 들어가 도둑질을 하다가 현장에서 붙잡혔다면 붙잡힌 사람은 과수원 소유주에게 10개의 은 쉐켈을 지불해야 한다.

제 10조. 한 사람이 다른 사람의 정원에 들어가 나무 하나를 잘랐다면, 그는 은전 1/2미나를 지불해야한다.

제 34조. 한 사람이 황소 한 마리를 빌려갔다가, 황소의 코뿌리 살에 상처를 내었다면 황소 값의 1/3을 지불해야한다.

제 35조. 한 사람이 황소 한 마리를 빌려갔다가, 황소의 눈을 다치게 했다면, 그는 황소 값의 1/2을 지불해야한다.

제 36조. 한 사람이 황소 한 마리를 빌려갔다가, 황소의 뿔을 부러뜨렸다면 그는 황소 값의 1/4을 지불해야한다.

제 37조. 한 사람이 황소 한 마리를 빌려갔다가, 황소의 꼬리를 다치게 했다면, 그는 황소 값의 1/4을 지불해야한다.

그 당시 사회생활에서 가축을 기르는 환경에서 일어나는 일들을 조목조목 정리한 면을 보게 된다.

셋째, 함무라비 법전(Code of Hammurabi)

(함무라비 법전의 흙 평판에 새겨놓은 것임)

(함무라비 법전이 돌비석에 새겨놓은 쐐기문자새김글)

이 법전은 B.C. 1772 경에 바빌론의 첫 왕조의 6대 왕 함무라비가 만들었고, 지금까지 잘 보존된 바빌로니아 법전이다. 부분적인 법 조항을 새긴 사람 키만큼 큰 돌비석에 새겨 보존한 것과 흙 평판에 새겨진 법전이 존재하고 있다. 법조항은 282개 항목으로 구성되어있다.

함무라비 왕은 42년간 재위했고 B.C. 1792-1750경에 통치했다. 그는 법전 서문에서 밝히기를 아누(Anu)와 벨(Bel)신은 자기이름을 함무라비라고 지었는데 자기가 특이한 왕자이며 바빌론의 주신인 마르둑(Marduk)을 위협할 사람으로 바빌론을 통치할 사람으로 생각했다고 적고 있다.

함무라비 법전은 고대 근동에서 우르남무 법전, 리피트 이쉬타르 법전에 이어 세 번째로 유명하고 오래된 법전이다. 그 다음에 나온 법전이 힛타이트 법전, 아시리아법전, 모세의 율법(Mosaic Laws) 등이 있다. 공통적인 것은 비교적 좁은 지역에서 비슷한 문화적인 환경에서 나왔기에 법조항도 서로 닮은 구절이 많다. 이것의 원형은 수메르 법전에서 나온 것이기 때문이다.

함무라비 법전의 특성은 고대 바빌로니아시대에서 나온 가장 긴 조항을 가진 법전이다. 이 법전의 기본정신은 고소자와 피고인은 둘 다 증거를 제시할 수가 있는 기회를 준다는 것이다. 많은 지방의 법전은 왕의 특수한 판단기준을 법제화한 경우가 많다.

돌비석 법전은 1901년 프랑스인이 지휘하는 페르시아 탐험대에 의해서 이란의 수사에서 발견된 탑형 비문 함무라비 법전 탑이다. 높이 2.5미터, 둘레 1.8미터의 이 탑은 상부에 함무라비 왕이 태양신으로부터 법전을 인수하는 광경이 부조되어 있다. 섬록암 기둥에 쐐기문자로 새겨져 있는데, 49열 3000 행으로 되어 있고, 앞부분의 5열은 엘람 왕에 의해 지워

졌다. 함무라비 왕은 즉위 38년에 반포하여 법전비를 주요 도시의 신전 입구에 세우게 하고 일반인에게 널리 알리도록 했다. 법조문은 282항으로 민법·형법·상법·소송법 등이 있다. 먼저 종교적인 주술에 대하여 규정하고, 모든 계층에 걸친 사회생활 또는 일상생활에 대하여 규정하며, 최후로 각 계급, 직업의 임금을 규정하고 있다. 원시적인 법의 흔적도 있는데 '물에 빠뜨려서 뜨는 혐의자는 무죄'라는 항목도 있다. 특이한 것으로 첫째, '눈에는 눈을, 뼈에는 뼈를, 이에는 이를'이라는 개인적 책임 추궁도 명시하고 둘째, 신 앞에서 꼭 서약을 해야 하고 셋째, 모든 재판에는 증거의 절대성을 강조하고 있다. 리피트 이시타르 법전이 발견됨으로 해서 이 법전은 세계에서 제일 오래된 법전은 아닌 것으로 판명되었으나, 그래도 그 규모, 짜임새와 후세에 대한 영향이 컸다는 점에서 쐐기문자로 기록된 법률 중 가장 중요시 되는 법정이다.

법전의 일부 내용
* 왕궁과 사원의 재산을 훔친 자는 사형에 처한다.
* 부모를 때린 자식은 손가락을 부러뜨린다.
* 자유민의 눈을 뺀 자는 그 눈을 뺀다.
* 자기와 같은 지위에 있는 자의 이를 뺀 자는 그의 이를 뺀다.
* 농민이 과수원을 소작하면 수확의 2/3를 주인에게 바친다. 만약 수확고가 줄어들면 그 책임을 농민에게 돌려 소작지 주변의 수확고 표준에 따라 농민에게 소작료를 바치게 한다.
* 목수가 집을 짓다가 무너져 주인의 딸이 죽으면 목수의 딸을 죽인다.
* 남의 노예를 때려죽인 자는 그 주인에게 노예 값을 물어주어야 한다.
* 만일 노예가 그 주인에게 '너는 나의 주인이 아니다'고 말하면, 주인은 그에게 자기 노예임을 확증시키고 그 귀를 자를 수 있다.

* 다른 사람의 눈을 상하게 한 자는 자기의 눈을 상하게 한다.
* 만약 귀족이 평민의 눈을 못 쓰게 만들 경우에는 은 1 마나를, 노예의 눈을 못 쓰게 만들 경우에는 그 절반을 지불하면 된다.
* 채권자는 채무자의 가족을 저당품으로 가두어 두었다가 빚을 갚지 못하면 그의 가족까지 노예로 부릴 수 있다.

도시국가를 형성하면서 국가를 통치하는데 필수적으로 성문법이 필요했을 것이다. 도시국가에 사는 사람들은 서로 간에 규약들이 법적으로 뒷받침되고 글로 적어 공표해 서로가 알아서 상대방의 권리와 의무를 명확하게 할 필요가 있었다. 실제로 B.C. 2000년경에 수메르지역에서 처음으로 법률문서들이 발견되었으며, 이후 고대 근동지역에서 발견되는 법전들은 이 수메르법전에 영향을 받았고 사실 법조항들이 거의가 비슷한 것이 많다.

4) 60진법이 유산으로

수메르인들이 공헌한 가장 대표적인 것 중의 하나가 수학에 공헌한 것인데 자리에 따라 가치를 부여하는 60진법을 고안해 낸 것이다. 인도와 아라비아에서 발생했다고 여기고 있고, 지금은 전 세계에서 통용되는 10진법도 60진법에서 발전되어 나온 것이다. 오늘날 사용하는 원의 각도, 시간, 분, 초 등이 60진법으로 구성되어있다. 60진법의 영향은 원을 측정뿐 아니라, 각도를 측정하는 데에도 영향을 미쳤고, 최근까지 통용되고 있는 중량 단위와 도량 단위까지 수메르의 60진법이 계속 쓰이고 있다.

수메르인들은 10진법에 이어 60의 등급화에 기준을 둔, 위치에 무관한 숫자 체계를 개발했다. 즉 10은 작은 D로 쓰고, 60은 큰 D로 표현하는 것이다. 이것은 작은 단위와 큰 단위의 차이로만 단순하게 볼 것이 아니다.

10의 수 체계가 60의 수 체계로 전환하는 방식을 취하고 있기 때문이다.

수메르 수열의 계수는 60의 제곱으로 커지고, 60진법 등급사이에 10진법 등급이 끼워진 형태이다. 즉 아래와 같은 상황이다.

수메르어 수열

$60°$	10	60^1	10×60^1	60^2	10×60^2	60^3
aš	u	geš	geš-u	šar	šar-u	šar-gal(=šar-geš)

위에서 šar (60^2)는 수 단위와 숫자 모두에서 셈의 단위였음이 분명하다. 왜냐하면 šar-u는 $60^2 \times 10$, 그다음 $60^2 \times 60$이다. 즉 $60^2 \times 10$ 이나 $60^2 \times 60$을 부르는 새로운 언어를 만들지 않고, šar (60^2)을 사용해서 다른 수들을 나타냈던 것이다. 그러므로 60은 기준이자 단위임을 알 수가 있다.

이러한 방식을 설명한 사람은 1934년에 노이게바우어(O. Neugebauer)이다. 그는 60의 중요성을 바탕에 두고 설명했다. 바빌로니아 일상생활에서 척도에 대해 일반적인 분수를 사용할 필요성이 있었다. 바빌로니아에 사용된 분수는 1/2, 1/3, 2/3 등이다.

초기 수메르인이 사용하던 필기구가 어느 시점에 쐐기형태로 바뀌면서 삼각형 모양을 띄게 되었다. 그래서 쐐기모양(𒁹)의 표시와 갈고기 모양(𒌋) 의 표시가 만들어 졌다. 이 두 표시를 사용해서 바빌로니아에서 사용하는 모든 수 표시는 쐐기와 갈고기 표시의 조합으로 구성되었다. 1은 쐐기표시로, 10은 갈고기 표시로 60^2는 4개의 쐐기꼴 표시로 표현했다. 이렇게 되자 이전에 사용했던 작은 기호와 큰 기호의 구별이 없어지면서 표시의 위치를 기준삼아 숫자를 사용하는 방법이 만들어졌던 것이다. 예를 들면 이전에는 X와 x를 사용해서 XX xxx는 $2 \times 60 + 3$을 나타냈던 것을 크기의 구별을 없앤 xx xxx로 표시했다면 이것은 2x60+3을 표현할 수도, 2x60²+3(중간의 0이 생략된 경우)을 표현할 수도, 또한 2x60²+3x60(마지막의 0이 생략된 경우)을 표시할 수도 있다. 이런 혼란이 상당기간 있고 나서 위치기준을 정한 표기법이 완성되었다.

5) 기술 분야에서 유산

수메르인들이 굴러가는 바퀴를 고안한 것이 도자기공들이 사용하는 물레, 바퀴달린 차량과 전차 등 굴러가는 운반도구의 원형이 되었고, 돛단배, 야금술등이 수메르인의 발명으로 오늘날까지 유산으로 남아있다.

도공의 물레는 수메르에서 B.C. 4000년경에 처음 사용되었다. 물레가 발명되기 전에 도자기를 만들 때에 손으로 점토를 도자기 모양을 만들어 그 표면을 사람의 손으로 미끈하게 돌림으로서 만들었다. 많은 시간과 땀이 요구되었다. 사회가 발전하면서 도자기의 수요가 증가되면서 여러 가지 방안이 고안되었다. 도자기의 표면이 쉽게 돌려질 수 있도록 타원형의 접시를 사용하다가 그 후에 바퀴의 방식이 도입되면서 도자기 생산 작업이 획기적으로 변화가 일어났다. 시간의 절약은 물론이고 도자기의 대칭적인 공산품으로 제작되기에 이르렀다. 물레는 더욱 빨라지고, 도자기는 보다 정교해지고 아름다운 장식이 증가되어 갔다.

바퀴의 발명은 이동의 수단을 단번에 크게 변화시켰다. 바퀴의 역학적인 원리는 미끄럼 마찰을 굴림 마찰로 변화시켜 물체를 이동할 때에 저항을 감소시키는데 있었다. 역사에서 가장 오래된 바퀴는 B.C. 4000년경에 메소포타미아의 유적에서 발굴된 전차용 바퀴로 알려져 있다. 최초의 바퀴는 통나무를 깎아 원반모양으로 다듬은 형태이거나, 세 개의 널빤지를 서로 결합시켜 원형으로 만든 형태였다. 오래 견디게 하기 위해서 얇은 나무나 구리로 만든 테를 덮어씌워 사용하기도 했다. 이후 B.C. 2500년경에 우르 지역 왕의 무덤에서 나온 것을 보면 2륜차나 4륜차 바퀴는 합판 바퀴이며 일반적으로 3개의 널빤지를 잘라 가장자리를 둥글게 다듬고 여기에 2개의 가로장대를 박은 형태였다. 바퀴 테의 둘레는 가죽으로 만든 타이어를 구리 못으로 고정시킨 흔적이 있었다. B.C. 2000년경에 속하는 바퀴는 구리로 만든 테두리 쇠도 있었다. 처음에 바퀴 달린 탈것은 의식이나 행사용이었고, 이것은 전쟁에 이용되었고 물건을 나르는데 일반적으로 사용된 시기는 B.C. 1000년경이다.

수메르인이 수레바퀴로 전차를 만들어 전쟁을 주도한 덕분에 주변의 문명과 구분되는 것도 바로 이 전차가 기준이 된다. 처음에 전차는 4개의 통나무 모양의 바퀴를 이용해서 4마리 말이 끄는 형태이지만 전차는 적에게 커다란 정신적인 위협으로 존재하게 되었다. 이 수메르 전차는 뒤에 아카드인에 의해 보다 개량되어 이집트 등으로 전파되었다.

수메르인들이 범선을 발명해서 강이나 바다를 나가면서 풍력을 이용하는 법을 개발했다. 이 풍력을 이용한 이 돛단배는 이웃 여러 나라와 무역이 가능하게 됐고 외국과의 교류도 활발하게 되었다. 이 풍력을 이용한 돛단배는 어업에도 활용되었다.

수메르인들이 야금술 발전에 크게 기여했다. 수메르 야금공이 만든 생산품이 근동전역에 전파되었고 중앙 유럽까지 흘러갔다. 야금술 중에서 청동제련술이 수메르인들에게 특히 뛰어났었는데 수메르 군인의 갑옷이나 무기에서 청동 단추로 만든 갑옷이 있고 청동투구, 청동검 등이 있었다. 수메르군이 가졌던 청동검은 파괴력이 극대화되도록 여러 가지 방안이 복합된 제품이었다.

6) 건축분야 유산

건축은 수메르인들에게 가장 초기부터 중요한 예술의 한 분야였다. 이 중에서 신을 모시는 성전 건축은 돌로 기초를 쌓고 지지대를 만든 다음 그 위에 성전을 짓고, 지하실도 만들고, 성소의 안치소와 페인트칠한 벽과 제단, 모자이크로 덮은 기둥, 사원외관 등 사원건축이 주된 분야였다. 수메르 건축의 특징인 둥근 지붕, 둥근 천장, 아치형 문을 만들었는데 이 아치형 문은 바빌로니아인들과 접촉이 잦았던 그리스와 로마로 전파되었다.

최초로 도시를 건설한 수메르인들의 건축기술은 우르의 수메르 신전 지구라트는 지금도 그 웅장한 모습을 보이고 있는데 이 양식이 중동 각 지역에 세워진 신전양식의 기본이 되었다.

7) 조각상 유산

이라크와 이란 등지에서 조각상들이 많이 발견된다. 이것 중에서 특히 주의를 집중시키는 것은 신과 인간의 모습을 조각해 놓은 조각상이다. 사람과 신의 조각상을 만드는 관행이 바로 수메르 기원인 것이다. 권력자나 왕의 동상을 만들어 신의 동상 앞에 세워서 일생동안 끊임없이 신 앞에서 기도하는 모습을 보이자는 생각을 한 사람이 바로 수메르신학자들의 생각이었던 것이다.

수메르인들이 사용한 원통도장이 고대 세계 전역에서 발견되는데 특히 인도에서 키프러스와 크레타섬이 있는 지중해에 이르기까지 사용된 것을 확인할 수가 있다. 또한 오늘날 유럽에 많은 교회와 성당의 돌기둥에 관습화된 주제로 장식하는 것도 수메르 예술가와 신학자들이 최초로 생각해서 조각했던 그 장면까지 일치하고 있다.

8) 수메르의 종교, 교육, 문화 분야의 유산

최근의 연구를 통해 기독교 성경에 나오는 많은 이야기, 문화, 법전 등이 수메르의 영향 하에 탄생된 것임을 확인할 수가 있었다. 결과적으로 수메르인들이 기독교 성경을 통해 히브리인들에게만 영향을 준 것이 아니라 후세에 모든 기독교인들에게 영향을 끼친 것으로 볼 수 있다.

수메르인들의 문학의 업적은 시간과 공간을 초월해서 이웃들에게 깊은 인상을 남겼고, 또한 그것이 현대인의 문화에도 역시 큰 영향을 끼쳤다. 수메르 문학은 매우 다양하고 포괄적이어서 근동 문학작품에도 깊은 인상을 남겼다. 수메르인들이 발명한 쐐기문자를 차용해서 그들의 문학작품 즉 아카디아, 아시리아, 바빌론, 힛타이트, 후르리, 가나안, 엘람인의 문학작품들을 남겼다. 특히 수메르어를 사용한 수메르인과 달리 이웃하는 사람들은 다른 여러 언어를 구사했기 때문에 수메르어를 배우기 위해 수메르의 교양인과 서자생을 다른 민족의 학교로 파견되었다. 이 결과로 인하여 수메르문화와 문학은 광범위하게 전파되었고 그로 인한 수메르인들의 생각과 이상, 그들의 신학, 교육체계들이 다른 민족의 삶속에 스며들어갔고, 수메르인들의 문학적인 형식과 주제 또한 그대로 다른 민족 문학 속에 녹아들어갔다.

수메르 문학이 가나안, 후르리, 힛타이트, 아카디아, 바빌론 등에 영향을 끼쳤다는 것을 이미 알려져 있는데 기독교의 성경이 기록될 무렵에 아카디아어가 실제로 문학세계의 공통언어로 사용되고 있었기 때문에 아마도 히브리인들은 아카디아어 문학작품을 통해서 수메르의 영향을 받았지만 그렇다고 모든 것이 수메르의 것과 일치하거나 복사된 것은 아니다. 수세기에 걸쳐 각색되고 재 모델화되고 변형되어서 성경의 법전, 설화 등은 수메르의 법전, 설화들과 서로 유사하지만 내용이나 등장인물,

신에 대한 관점이 많은 차이점을 나타내고 있었다.

성경과 수메르문학에서 나오는 여러 가지 내용이 유사성이 있으면서도 차이가나는 것은 환경과 그 시대상이 다르기 때문에 차이가 나는 것이다.

성경에 아브라함이 칼데아, 즉 우르지역에서 탄생했고 그 당시 우르지역은 고대 수메르에서 가장 중요한 도시 중에 하나였다. 그래서 생각해 보건대 아브라함과 그 당시 선조들은 수메르문학 작품을 잘 알고 있었을 것이고, 그것들을 팔레스타인 지역으로 유입해서 그들의 전통과 융합시켜 성경의 원천자료로 활용했을 것이다. 그래서 혼돈에서 우주를 창조했다는 것, 흙으로 인간을 빚었다는 것, 큰 홍수 속에서도 한 인물을 구해준다는 것, 에덴동산 즉, 딜문의 낙원이야기, 바벨탑이야기들이 수메르의 자료를 활용해서 구성했던 것으로 생각된다.

■ 참고문헌

김진우. 1985. [언어], 탑 출판사. 서울

Amiet, Pierre. 1966. *Elam*, pp. 70-71. Auvers sur Oise: Archée Editeur.

_____, 1972. *Glyptique Susienne: Mémoires de la délégation archéologique en Iran*, no. 43, 1: 69-70. Paris: Librairie Orientaliste Paul Geuthner.

Barber, Charles L. 1972. *The story of language*, the fifth edition, Pan Books, London.

Barton, G. 1901. "Notes on an Archaic Inscription published by Father Scheil", *Journal of The American Oriental Society*, Vol.22. The American Oriental Society.

Biggs, R. 1967. "Oni romancie et magie à Mari à l'époque d'Ébla." In *Liturature and literary Language at Ebla*, pp. 151-62.

Borger, R 2003. *Mesopotamishes Zeichenlexikon*. Münste

_____, R 2008. *Mesopotamisches Zeichenlexikon*, Initiative for Cuneiform Encoding, Retrieved July 18. Fronzaroli.

Bright W. and P. Daniels (eds). 1996. *The world's writing systems*. Oxford: Oxford University Press.

Burnouf, Eugène 1833. *Commentaire sur le Yaçna*. Paris: Imprimerie Royale.

_____, Kevin J. (ed.). 1792-1866.*The Correspondence of Edward Hincks* University College Dublin Press.

_____, Kevin J. & Donlon, Patricia 1983. "Edward Hincks (1792-1866): A Bibliography of his Publications,"*Orientalia* 52, 325-356.

Cathcart, Kevin J. (ed.). 1792-1866. *The Correspondence of Edward Hincks*. University College Dublin Press.

_____, Kevin J. & Donlon, Patricia 1983. "Edward Hincks (1792-1866): A

Bobliography of his Publications," *Orientalia* 52, 325-356.

_____, Kevin J. 2007-2009. *The Correspondence of Edward Hincks*. 3 vols. Dublin: University College Dublin Press.

Civil. M. 1973. "The Sumerian Writing System: Some problems." *Orientalia*, vol. 42: 21-34.

_____, 1982. "Studies on Early Dynastic Lexicography 1." *Oriens Antiquus* 21: 1-26

Cohen, M. 1958. *La grande invention de l'écriture et son évolution* (2vols.), Klincksieck (Paris); page references are to the Text volume.

Cooper, J. 1991. "Posing the Sumerian Question: Race and Scholarship in he Early History of Assyriology," *AuOr* 9, 47-66.

_____, J. 1996. "Mesopotamian Cuneiform: Sumerian and Akkadian."In *he World's Writing Systems*, edited by P.T. Daniels and W. Bright, pp. 37-57. New York and Oxford: Oxford University Press.

_____, J. 1999. Sumerian and Semitic Writing in Most Ancient Syrio-Mesopotamia. In *Languages and Cultures in Contact: At the Crossroads of Civilizations in the Syro-Mesopotamian Realm*, edited by K. Van Lerberghe and G. Voet, pp.61-77.

_____, J. 2004. "Babylonian Beginings: The Origin of the Cuneiform Writing System in Comparative Perspective." In *The First Writing: Script Invention as History and Process*, edited by S. D. Houston, pp.71-99. Cambridge: Cambridge University Press.

Crawford, H. 2004. *Sumer and the Sumerians,* Cambridge University Press.

Daniels, Peter T. 1994. "Edward Hincks's Decipherment of Mesopotamian Cuneiform," in K. J. Cathcart, ed., *The Edward Hincks icentenary Lectures*. Dublin: Department of Near astern Languages, University College Dublin, pp.30-57.

_____, 1996. "Methods of Decipherment," in P. T. Daniels & W. Bright, eds.,

The World's Writing Systems. New York & Oxford: Oxford University Press, pp. 143-159.

____, 2009. "Rawlinson, Henry ii: Contributions to Assyriology and Iranian Studies," *Encyclopaedia Iranica.* http: //www.iranica.com/ articles/rawl inson-ii

Driver, G. 1944. *Semitic Writing, From Pictograph to Alphabet*(2nd edn), Oxford, University Press.

Edzard, L. 1998. *Polygenesis, Convergence, and Entropy: An Alternative Model of Linguistic Evolution Applied to Semitic Linguistics,* Wiesbaad en: Harrassowitz.

Falkerstein, A. 1936. *Archaische Texte aus Uruk,* volume 1. Leipzig: Otto Harrassowitz.

Fischer, S. R. 2001. *A history of writing.* London: Reaktion Books.

Friedrich, Johannes 1966. Entzifferung verschollener Schriften und Sprache. 2nd ed. Berlin & New York: Springer-Verlag. *Extinct Languages.* New York, 1957 is a translation of 1st edn.

Gaur, A. 1984, *A History of writing.* British Library, Reference Divisiou Publicatious, London

Gelb, I. 1952. *A Study of Writing,* University of Chicago Press.

Glassner, J-J. 2003. *The invention of cuneiform.* Writing in Sumer. Translated and edited by Zainab Bahrani and Marc van de Mieroop. Baltimore&London: The John Hopkins University Press.

Gordon, Cyrus H. 1968. *Forgotten Scripts: The Story of their Decipherment.* London: Thames and Hudson.

Green, P. and H. J. Nissen. 1987. *Zeichenliste der archaischen Texte aus Uruk,* Aus-grabungen der Deutschen Forschungsgemein-schaft in Uruk-Warka 11. Berlin: Gebr. Hann.

Grotefend, Georg F. 1815. "Über die Erklärung der Keilinschriften, und beso nders der Inschriften von Persepolis," in A. H. L. Heeren, *Ideenüber die Politik, den Verkehr und den Handel der vornehmsten Völker der alten Welt.* Vol.1. Göttingen: Vandenhoek & Ruprecht, pp. 397-433. Eng. trans. 1833: "On the Cuneiform Character, and particularly the Inscriptions at Persepolis," in Historical Researches into the Politics, Intercourse, and Trade of the Principal Nations of Antiquity. Oxford: David Alphonso Talboys, pp.313-360.

Halévy, Joseph 1874. "Observations critiques sur les prétendus Touraniens de la Babylone," *Journal Asiatique*, 3rd ser., 4, 461-536.

Hallock, Richard T. 1955. "Syllabary A," in *MSL* 3. Rome: Pontificium Inst itutum Biblicum, pp. 3-45.

Hasselbach, R. 2005. *Sargonic Akkadian: A Historical and Comparative Study of the Syllable Texts.* Wiesbaden: Harrassowitz.

Hayes, J. L. 2000. *A manual of Sumerian grammar and texts.* Second revised and expanded edition. Malibu: Undena Publications.

Hincks, Edward 1846. "On the First and Second Kinds of Persepolitan Writing, *ransactions of the Royal Irish Academy* 21, 114-131.

_____, 1847a. "An Attempt to Ascertain the Number, Names, and Powers, of the Letters of the Hieroglyphic, or Ancient Egyptian Alphabet; Grounded on the Establishment of a New Principle in the Use of Phonetic Characters," *Transactions of the Royal Irish Academy* 21, 132-232.

_____, 1847b. "On the Three Kinds of Persepolitan Writing, and on the Babylonian Lapidary Characters," *Transactions of the Royal Irish Aca demy* 21, 233-48.

_____, 1847c. "On the Third Persepolitan Writing, and on the Mode of Expressing Numerals in Cuneatic Characters," *Transactions of the Royal Irish Academy* 21, 249-256.

_____, 1847d. "Some Passages of the Life of King Darius, the Son of Hystaspes, by Himself": a review article on Henry C. Rawlinson, The Persian Cuneiform Inscription at Behistun, in *Dublin University Magazine* 29(January), 4-27.

_____, 1848. "On the Inscriptions at Van," *JRAS* 9, 387-449.

_____, 1850. "On the Khorsabad Inscriptions," *Transactions of the Royal Irish*

_____, 1851. "On the Language and Mode of Writing of the Ancient Assyrians," *Report of the Twentieth Meeting of the British Association for the Advancement of Science*; held at Edinburgh in July and August 1850, p.140 + 1 plate.

_____, 1852. "On the Assyrio-Babylonian Phonetic Characters," *Transactions of the Royal Irish Academy* 22, 293-370.

_____, 1854. *Report to the Trustees of the British Museum Respecting Certain Cylinders and Terra-cotta Tablets, with Cuneiform Inscriptions*. London: Harrison. See also Literary Gazette, No. 1944, 375-377; No.1959, 707-708.

_____, 1856a. "Are There Any Assyrian Syllabaries?": A Letter to the Editor, *Monthly Review* 1, 130-132.

_____, 1856b. "Brief des Herrn Dr. Edw. Hincks an Prof. Brockhaus," *ZDMG* 10, 516-518.

_____, 1858. "On the Relation between the Newly-Discovered Accadian Language and the Indo-European, Semitic and Egyptian Languages; with Remarks on the Original Values of Certain Semitic Letters and on the State of the Greek Alphabet at Different Periods," *Report of the Twenty-Seventh Meeting of the British Association for the Advancement of Science*; Held at Dublin in August and September 1857, 134-143 + 1 plate.

_____, 1863. "On the Polyphony of the Assyrio-Babylonian Cuneiform

Writing. A Letter to Professor Renouf from Rev. Dr. Hincks," *The Atla ntis* 4, 57-112.

_____, 1866. "Specimen Chapters of an Assyrian Grammar," *JRAS NS* 2, 480-519. "Fortsetzung," 467-580.

King L.W. and R.C. Thompson. 1907.*The sculptures and inscription of Darius the Great on the rock of Behistûn in Persia*, 1907 LondonRobinson, A. 1995. *The story of writing*. London: Thames &Hudson.

Kramer, Samuel Noah. 1963. *The Sumerians*, Chicago.

Krecher, J. 1992. "UD. GAL. NUN versus 'Normal' Sumerian: Two Literatures or One" IN *Literature and Literary Language at Ebla*, edited by P Fronzaroli, pp.285-304.

Larsen, Mogens T. 1996. *The Conquest of Assyria: Excavations in an Antique Land* 1840-1860. London: Routledge.

_____, 1997. "Hincks versus Rawlinson: "The Decipherment of the Cuneiform System of Writing," in B. Magnusson et al. eds., Ultra terminum vagari: Scritti in onore di Carl Nylander. Rome: *Quasar*, pp.339-356.

Lassen, Christian 1836 Die altpersischen Keil-Inschriften von Persepolis. *Entzifferung des Alphabets und Erklärung des Inhalts.* Bonn: Weber.

_____, 1839. "Die neuesten Fortschritte in der Entzifferung der einfachen perspolitanischen Keilschrift," *Zeitschrift für die Kunde des Morgenlandes* 2, pp.165-76.

_____, 1844. "Die altpersischen Keilinschriften nach Hrn. N. L. Westergaards Mittheilungen," *Zeitschrift für die Kunde des Morgenlandes* 6, 1-188.

Liebernan, S. J. 1980. "Of clay pebbles, hellow clay balls, and writing! a Sumerian view", *American Journal of Archaeology*, vol. 84. 99.339-58.

Mason, W. A. 1928. *A History Of The Art Of Writing*, New York,

Michalowski, P. 1980. "Sumerian as an Ergative Language", *Journal of*

Cuneiform Studies. Vol. 32: 86-103.

_____, 1987. "Language, Literature and Writing at Ebla." In Ebla 1975-1985: *Deici anni di studi linguistici e filologici,* edited by Li Cagni, pp.165-75.

_____, 1998. "L'adaptation de l'écriture cunéiforme à l'akkadien." In *En Syrre: Aux orgines de l'écriture,* edited by P.Talon and K. Van Lerberghe, pp.41-47.

_____, 2004. *Sumerian.* In Roger D. Woodard (ed), The Cambridge encyclopedia of the world's ancient languages, Cambridge: Cambridge University Press, 19-59.

Norris, Edwin 1853 "Memoir on the Scythic Version of the Behistun Inscription," *JRAS* 15, 1-213.

Pallis, Svend A. 1956. The Antiquity of Iraq: *A Handbook of Assyriology.* Copenhagen: Ejnar Munksgaard.

Pettinato, G. 1981. *The archives of Ebla: An Empire Inscribed in Clay.* Garden City, New York. The Mac Millan Company.

Powell, M. 1981. "Three problems in the history of Cuneiform writing: origins, direction of script, literacy", *Visible Language,* vol.15.pp.419-40.

Rawlinson, Henry C. 1846-1847. The Persian Cuneiform Inscription at Behistun, Decyphered and Translated, with a Memoir on Persian Cuneiform Inscriptions in General, and on that of Behistun in Particular. *JRAS* 10;London: John W. Parker.

_____, 1850. "On the Inscriptions of Assyria and Babylonia," *JRAS* 12, 401-83. Published separately as A Commentary on the Cuneiform Inscriptions of Babylonia and Assyria; including Readings of the Inscription of the Nimrud Obelisk, and a Brief Notice of the Ancient Kings of Nineveh and Babylon. London: John W. Parker.

_____, 1851. "Memoir on the Babylonian and Assyrian Inscriptions," *JRAS*

14, i-civ, 1-16.

_____, 1861-1884. *The Cuneiform Inscriptions of Western Asia*, assisted by E. Norris, G. Smith, and T. G. Pinches, 5 vols. London: Trustees of the British Museum. Rogers, Robert W. 1915. *History of Babylonia and Assyria*. 6th edn. Vol. 1. New York: Abingdon Press.

Rogers, R. W. 1900. *A History of Baby louia and Assyria vol I*. Jennings and Pye, Cinànati, Eatouand Malus, New York.

Sampson, G. 1985. *Writing System: A Linguistic Introduction*. Stanford: Stanford University Press.

Sayce, Archibald H. 1874. "The Languages of the Cuneiform Inscriptions of Elam and Media," *Transactions of the Society of Biblical Archaeology* 3, 465-485.

_____, 1882. "The Cuneiform Inscriptions at Van, Deciphered and Translated,"*JRAS NS* 14, 377-732.

_____, 1907. *The Archaeology of the Cuneiform Iuscriptions*, London.

Schmandt-Besserat, Denise. 1978. "The Earliest Precursor of Writing." *Scientific American*, 50-59.

_____, 1980. "The Envelopes That Bear the First Writing." *Technology and Culture* 21, no. 3 (1980): 357-85.

_____, 1981. "The Decipherment of the Earliest Tablets." *Science* 211 283-85.

_____, 1981. "From Tokens to Tablets: A Re-Evaluation of the So-called Numerical Tablets." *Visible Language* 15 : 321-44.

_____, 1983. "Tokens and Counting." *Biblical Archaeologist* (1983): 31-45.

_____, 1984. Before Numerals. *Visible Language*1848-60.

_____, 1986. "The Origins of Writing." *Written Communication* 3, no. 1: 31-45.

_____, 1992. *Before Writing*. 2 vols. Austin.

_____, 1996, *How writing came about*.University of Texas Press.

Schulz, Friedrich E. 1840 "Mémoire sur le lac de Van et ses environs," *Journal Asiatique*, 3rd ser., 9, 257-323.

Seri, A. 2010. "Adaptation of Cuneiform to write Akkadian", *Visible Language*, Vol.32. 85-93.

Unger, E. 1921. *Babylonisches Schrifttum.* Leipzig.

Vaiman, A. 1960. *Über sunerisch-babylonishe angewandte Mathematik.* (XXV Iuternatiiualer Orientalisten Kongress, Vorträge der Delegation des UdSSR), Moscou.

Walker, C. B. F. 1987. *Cuneiform*, published for the Trustees of the British Museum by British Museum Press.

Westergaard, Nils L. 1844. "On the Deciphering of the Second Achaemenian or Median Species of Arrowhead Writing," *Mémoires de la Société Royale des Antiquaires du Nord*, 271-439.

_____, 1845. "Zur Entzifferung der achämenidischen Keilschrift zweiter Gattung," *Zeitschrift für die Kunde des Morgenlandes* 6, 337-466.

Wheatley, p. 1971. *The Pivot of the Four Corners*, Edindburgh University Press.

Woods, C. 2010. "The Earliest Mesophtamian Writing." *Visible Language*, vol.32, 33-50.

■ 찾아보기